アダム・スミス研究

【新装版】

水田 洋［著］

未來社

アダム・スミス研究

目次

アダム・スミスの生涯

第一章　カーコールディとその附近

1　ストラセンリの城

中部スコットランドの東海岸に、テイとフォースというふたつの入江にはさまれた半島がある。フォースの入江の南岸には、スコットランドの首府エディンバラがあり、その対岸にカーコールディの町があって、またこの入江の奥から西にむかうフォース・クライド運河は、グラーズゴウにつうじている。半島の根もとのあたりには巨人の城塞のようなオーヒル丘陵がそびえ、その東南には前衛ローモンド山がある。この山の東北斜面には、ふるい宮殿をもつフォークランドの町があり、そこから七マイルばかり南西へすすむとリーヴン湖にたっするが、その途中にストラセンリとよぶ土地がある。スコットランドのことばで王の谷をいみするこの土地は、すでにかなり昔に定住された形跡があり、石棺や銅の槍の穂などが発掘されたことがある。おそらく、九世紀までつづいたピクト王国が、このあたりにあったものとおもわれる。

はやくからこの土地を領有していた名門ストラセンリ家は、一四九六年に男系がたえて、遠縁のフォリスター家がこれをつぎ、現存するストラセンリ城がやがてきずかれた。フォリスター家も、一六五五年にまた男系がたえて、遠縁のダグラス家があとをついだが、このダグラス家も四代目モートン伯ウィリアムの後裔で、やはり名門であった。(1)

一七二六年のある日、この城に大事件がおこった。というのは、城主ジョン・ダグラスの、三歳になる甥が、城のちかくであそんでいて、ジプシー女にさらわれたのである。この子の名前はアダム、かれは、城主の妹マーガレットが、カーコールディの税関吏アダム・スミスの後妻としてうんだ、たったひとりの子供で、しかも父はかれがうまれる年のはじめに死んでしまった。だから、かれがさらわれたとわかると、城主のおどろきといかりも当然ながら、マーガレットのなげきはとくにはげしかった。ただちに捜索隊が四方にくりだされ、ジプシーのたまりといわれる場所をつぎつぎと追求したけっか、子供はまもなく発見されて、無事に城へつれもどされた。これが、古典派経済学の建設者アダム・スミスの身にふりかかった、さいしょの大事件なのである。

だが、十八世紀はじめのスコットランドは、城主の甥が、こともあろうにその城のちかくからさらわれるほどの、無秩序な状態におかれていたのだろうか。アダムをさらったのは、本来のジプシーより下層の、ティンクラーとよばれる放浪者であったが、これらのいくつかの層からなる放浪者の群は、当時のスコットランドのもっとも深刻な社会問題だった。一六九八年にかかれたところによれば「こんにちスコットランド……には家から家へと物をこいあるく二万の人々がいる。……その数は現在の窮乏によって従来の約二倍になったのだとはいえ、いつもこのような放浪者は約一万人いたのである。……かれらのあいだではおおくの殺人が発見された。そしてかれらは、まずしい小作人たちの、まったくいうにたえぬほどの脅威であった（もし小作人が、一日に四十人もやってくるこうしたならず者に、パンやその他の食物をやらなければ、かれは侮辱をさけることはできない）のみならず、かれらは、隣人とはなれてすむおおくのまずしい人々から掠奪する。」(2) スコットランドの人口は、一七一四年に百万をわずかにこえるくらいだったというから、(3) その二パーセントが放浪者だったことになる。とくに一六九六年から一七〇三年までは、ひきつづいて凶作だったし、一七〇九年、一七四〇年と、それはくりかえされた。いまあげた引用文で、アンドリュウ・フレッチャーが「現在の窮乏」といっているのは、うたがいもなく、この継続するききんのことであろう。

もとより、ききんは、たんに自然的なできごとではない。十八世紀のはじめまでのスコットランドでは、比較的すすんだロウランド地方でさえ、小作人たちは、耕作権の不安定におびやかされながら、分散した耕地を、(4)イングランドよりもはるかに幼稚な農具でたがやしていたし、牧畜は、肥料不足と牧草増殖の欠如によって、同様におくれていた。主要産業たる農業と牧畜業の社会的技術的悪条件は、北部スコットランドすなわちハイランド地方では、さらにひどく、そこでは各氏族《クラン》は、族長の専制的裁判権に服し、小作人は軍役の義務を課せられていた。このふたつの族長的特権は、ジャコバイトの叛乱の敗北ののちに、一七四七年になってようやくかんぜんに廃止されたのである。(5) そしてハイランド農民の、ロウランド以上のまずしさをおぎなうものは、後者からの掠奪である。だから、スコットランド全体をつうじて、農民の窮乏が、放浪者をうみだす重要な一原因であり、アダム・スミスも三歳で、こうした社会情勢の波にまきこまれたわけである。

だが、スコットランドの貧困は、かならずしもこれだけの理由によるのではない。一六〇三年に、スコットランド王ジェイムズ六世が、イングランド王ジェイムズ一世となって、両国の王位は統一されたけれども、それはスコットランドにイングランドとおなじような繁栄をあたえはしなかった。スコットランド人は、すぐれた兵士として大陸にきこえていたから、これまで、大陸諸国の募兵におうじて、ときにはイングランドに敵対するようなたたかいに加わることによって、すくなからぬ財産をつくっていたのだが、王位の統一はこのような出かせぎを禁止した。しかも、他方では、イングランド貿易が「植民地制度《コロニアル・システム》」によって発展しつつあるのに、スコットランドは外国とおなじく、この貿易から除外されたのである。スコットランド人にとって、王位の統一は、スコットランドをイングランドのぎせいにしたにすぎないとおもわれたのも、むりではない。

十七世紀末の二十年間に、スコットランドをイングランドの経済的水準にまでたかめるために、産業の建設がくわだてられたが、国内の資本と技術はこの課題を遂行するには力がたりなかったし、外国市場をもとめてアフリカ、インド貿易のために設立された「デイリエン・カンパニ」も成功しなかった。スコットランド人は、ここでもイングランドの東インド会社が自分たちの利益を破かいした、とかんがえたのである。「十八世紀のはじめには、この国（スコットランド）の貧困は、極端なものだった。……貨幣は異常に欠乏して、この国はひどいデフレーション下にあり、物価はいちじるしく低かった。[6]」

イングランドとスコットランドの対立は、政治の領域でも、明白であった。一七〇一年に、イングランド議会が王位継承法 Act of Settlement によって、ハノーヴァー王朝を正統とみとめたのにたいして、スコットランド議会は一七〇三年の保全法 Act of Security によって、ハノーヴァー系を拒否した。イングランドは、エスパーニァ継承戦争（一七〇一—一七一三年）のさい中に、スコットランドの離反という危機に直面して、一方では、経済的に、一七〇四年の外国人法 Aliens Act によって、スコットランドからイングランドへの（とくに家畜の）輸出を禁止し、他方では、軍事的弾圧の用意をととのえた。この危機は、一七〇七年の合邦法 Act of Union によって、一おう解消するのであるが、そのような妥協は、スコットランドの貴族と議会の腐敗によって可能だったのであり、スコットランド全体が、キャンベル氏族の首長アーガイル公のもとに「ひとつの広大な腐敗選挙区《ロトン・バラ》」となったといわれるほどであった。[7]

だから、合邦は、すくなくとも直接には、スコットランドに経済的な利益をもたらしはしなかった。関税障壁の除去は、スコットランド産業を、先進イングランドの産業との、はげしい競争にさらし、とくに織物工業は、致命的な打げきをうけた。[8] 塩税の増大は、オランダとの競争場裡にある、にしん漁業を阻止したし、イングランドの貿易統制は、スコットランドの羊毛の輸出を禁止した。フランス貿易の喪失にかわって、やがてあらわれてくる、植民地貿易は、合邦直後には効果をしめさなかった。合邦のときに、スコットランド産業振興基金が設置されて、とくに漁業と亜麻・毛織物業の奨励がおこなわれたが、もちろんその成果は、ただちにあらわれるものではなかったし、漁業はついにたちなおることができなかった。

このような不満が、二度のジャコバイトの叛乱（一七一五年にジェイムズ・ステュアートの、一七四五年にチャールズ・エドワードの叛乱）に、おおくのスコットランド人を参加させることになったのであろう。また、一七二四年にウォールポールが、全王国に均一的に施行した一バレル六ペンスのビール税は、スコットランド民衆の攻げきにあって、翌年に改訂され、スコットランドではイングランドの半額の麦芽税をはらえばいいとされたのだが、そのような妥協も不平を解消することができなかった。麦芽税に反対して、グラーズゴウでは暴動がおこり、エディンバラでは醸造業者がストライキにはいった。麦芽税だけでなく、関税と国内消費税は全般的に、かれらの不平のまとであった。(9) ハイランド諸氏族の武装解除も、一七二五年に、やっと軌道にのった程度であるから、だいたいにおいて、十八世紀のはじめの二五年間には、スコットランドは、十七世紀的貧困を脱しえなかったということができよう。あるいは、それから脱却するための混乱期にあった、という方が正確であるかもしれない。

この混乱は、スコットランドが、たんにイギリス産業の競争にさらされたことを、いみするのではない。スコットランドじたいにおいても、封建制（ハイランドでは氏族制）がくずれおちて、資本主義がうまれつつあった。スミスは、のちに『グラーズゴウ講義』のなかで、封建的家臣団の解体が、パリやエディンバラにおける犯罪の、主要な原因であること、そして「商工業の樹立は……犯罪を防止するための最善の治政である」ことを指摘している。(10) ストラセンリの城のかげの、ジプシー女と三歳の子供は、このような過渡期の混乱の、シンボルであった。

スミスがうまれた一七二三年には、おくれたスコットランド農業にも、近代化の波がたかまってきて、「農業知識改良者協会 The Honourable Society of Improvers of the Knowledge of Agriculture」が、進歩的な地主層によって設立された。一七二七年からは、「製造業委員会 Board of Trustees for Manufactures」の積極的な活動が、とくに亜麻産業を、イングランドの羊毛産業に対応すべき国民産業《ナショナル・インダストリ》として、育成しはじめた。すでにそのまえから、グラーズゴウとグリーナックのアメリカ貿易への参加によって、合邦がスコットランド貿易にあたえたおおきな成果が、あらわれつつあった。とくにグラーズゴウは、もっともアメリカにちかい港であったし、興隆しつつある近代産業をようして、かがやかしい将来を約束されていた。

(1) W. R. Scott, *Adam Smith as student and professor*, Glasgow 1937. App. IV, The Strathenry-Forrester-Douglas Family of Strathenry, Fife. ――なお、James Douglas, 4th Earl of Morton, ?―1581 は、スコットランドのメアリとイングランドのイリザベスとの抗争時代に政治的に活躍した貴族。

(2) Andrew Fletcher of Saltoun, *Political works*, London 1732, pp. 144―5, *cit.*, W. R. Scott, p. 23. しかし、フレッチャーは、このスコットランドの疲弊を、どれい制の復活によって克服しようとした。ハーストは、フレッチャーとロード・ケイムズ（ヘンリ・ホーム）を対比して、つぎのようにのべている。「ホームは、イングランド文学のあたたかい保護者であり、それを、イングランドの犁《プラウ》やそのほかの南方の諸改良とともに、うまれ故郷に輸入するのにいそがしかった。一七五〇年のこの典型的なスコットランド愛国者と、それに対応する一七〇〇年の典型たるソールタンの冷酷な老フレッチャーとは、なんと対照的なことだろう。後者の、スコットランド病弊についての救済は、どれい制を復活し、すべての労働者を製塩夫や炭坑夫の地位におくことであった。」F. W. Hirst, *Adam Smith*, London 1904, p. 18. 遊部久蔵訳、二〇ページ。

(3) B. Williams, *The Whig supremacy 1714―1760*, Oxford 1939, p. 259.

（4） B. Williams, *ibid.*, p. 266. H. Hamilton, *The industrial revolution in Scotland*, Oxford 1932, pp. 16—9.

（5） ジャコバイト（ステュアート王朝再興運動）の叛乱（一七一五年および一七四五年）にさいして、ハイランドの諸氏族は、最大のキャンベル族をのぞいて、ぜんぶ叛乱を支持した。とくに、一七四五年には、五千のハイランド軍が、イングランドに侵入し、ダービまですすんでロンドンを恐慌状態におとしいれた。――しかし一七一五年の敗北は、全ハイランドにわたるウェイドの軍用道路建設となり、一七四五年の敗北は、氏族制度のかんぜんな解体をもたらした。ところが、氏族の首長たちが、裁判権その他の特権をうしなって、たんなる地主に転化したとき、かれらは地主としての活動を開始した。すなわち、「『土地の清掃』がほんらいなにをいみするかは、…スコットランドのハイランドにおいてのみ、しることができる。」K. Marx, *Das Kapital*, Bd. 1, Kap. 24. *MEL Ausgabe*, S. 767. Cf. A. L. Morton, *A people's history of England*, London 1938, new ed., 1948, pp. 301—3.

（6） Scott, *ibid.*, pp. 4—5.

（7） Morton, *ibid.*, pp. 300, 302.

（8） G. N. Clark, *The wealth of England from 1496 to 1760*, London 1946, pp. 133—4. 「亜麻をのぞいたスコットランド産業はたいてい、イングランドの競争によって破滅した」(Hamilton, *ibid.*, p. 3)。

（9） Williams, *ibid.*, pp. 262—3.

（10） Smith, *Glasgow Lectures*, Oxford 1896, p. 155.

2　スミス家

アダム・スミスの母マーガレットがうまれたダグラス家は、まえにのべたように、名門の郷士《レアード》で、マーガレットの父は、十八世紀はじめに、ファイフシャ選出のスコットランド議員であった。その孫（スミスのいとこ）はロバート・ダグラス大佐であり、かれの子にも三人の軍人がいる。

では、アダム・スミスの父、同名アダムの家系はどうかといえば、ダグラス家のばあいほど明瞭ではないが、[1]アバディーンシャの郷士からでていることは、ほぼかくじつである。

十七世紀のはじめ、アバディーンシャのロスィバーズベンに、ウィリアム・スミスというものがいて、土地を担保に金をかすことができるような富農であった。その孫はインヴァラムジイのジョン・スミスとよばれ、あきらかに郷士ないし地主であり、一六六〇年のステュアート王朝復辟にさいしては、この地方の代表としてモンク将軍の相談をうけるほどだった。かれはその土地と財産によって、アバディーンシャの準男爵《レサー・バロン》となったが、やがて一六八八年の名誉革命は、スミス家の勢力をうしなわせた。かれらは積極的なステュアート支持者だったからである。ところが、よくあるように、本家は旧王朝を支持していたのに、分家は逆に革命を支持した。ジョンの弟ウィリアムもそうであって、かれはディルスプロの借地農業者《タックスマン》だった。アダム・スミスは、このウィリアムの子孫であるらしい。

ハイランドのタックスマン tacksman というのは、資本主義的な借地農業家ではなく、領主（このばあいはダンファームリン伯）から保有する土地の一部を自作し、他を数人の小作人《テナント》にかすのである。だから、イングランドのジェントルマンにあたるものとみられているが、後者がしばしばブルジョア地主に転化していくのに反して、前者は例外的にそうなったにすぎない。「かれらは……二、三のばあいには企業的農業家であったが、ハイランドにおける改革は、しばしば、かれらを除去することによってのみ、保証された。[2]」かれらが、近代化にたいしてはたした役割は、陸海軍および自由職業に、その息子たちを供給することであり、ロウランド地方の郷士《レアード》のように、資本主義的農業の積極的推進者となることでは、なかったのである。

しかし、とにかく革命と合邦は、本家とは反対に、分家には幸運をあたえた。スコットランド政治機構の近代化が要求する近代官僚を、スミス家はすくなからず供給した。父アダム・スミスは、一六七九年にうまれて、アバディーンのキングズ・ユニヴァシティで、いとこのウィリアム・ブラックのもとに学び、軍法会議書記、弁護士、スコットランド相ラウドゥン伯の私設秘書となった。秘書としてのスミスは、伯しゃくの公私両方面にわたって、すぐれた能力をしめしたが、(3) 一七一四年にカーコールディ関税監督官に任命されて、秘書をやめた。カーコールディは、ちいさな町だったけれども、一六九一―四年における関税額は、スコットランド第四位であったから、税関吏の摘発手数料もおおく、父スミスがこの地位をえらんだ理由のひとつは、収入の増大だったであろう。

いったい、スミス家の人々の職業は、しられているかぎりでは、税関吏と大学教授が圧倒的におおい。ジョン・レイのことばをかりるならば、「スミスは、全関税制度をてっぱいするために大いに努力したのだが、奇妙なことに、かれはこの行政部門とみっせつなかんけいをもっていた。かれの父と、かれの父方でたった一人のしられている親戚と、かれ自身とがすべてスコットランド税関の役人だったのだ。(4)」

それで、経済学者アダム・スミスの父母の家系を要約すれば、下層郷士→官僚・学者の系統と上層郷士→軍人の系統だということになるであろう。すくなくとも、いままでのところでは、これらの家系には、資本主義的経済活動の中心で生活した人物は、みあたらぬようである。

（1）　われわれが利用しうるかぎりでの最新の資料、すなわちスコットの前掲書によればそうである。かれはこの不明瞭さを、スミスが、後述のように書類をやきすてたためだとしている。Scott, *ibid.*, App. I, The Smiths of Rothiebirsben. Inveramsay and Seaton, Aberdeenshire.

（2）　Hamilton, *ibid.*, p. 31.

（3）スコットは、『国富論』における上流階級のぜいたくの実例が、父のこのような体験からつたえられたのだと、いっている (Scott. *ibid.*, p. 10)。なお、ラウドゥン伯は、熱心な長老派《プレズビテイリアン》だったから、父スミスもそうだったと推定されている。——キングズ・ユニヴァシティというよびかたは、スコットにしたがったものだが、キングズ・カレジという方が、当時の名称としては一般的であった。

（4）John Rae, *Life of Adam Smith*, London 1895, p. 4. ただし、スコットの調査によれば、しられている父方の親戚は、たった一人ではない。

3　カーコールディ

父アダム・スミスのさいしょの妻リリイは、ヒュウという男の子をのこして死んだので、かれは一七二〇年にマーガレット・ダグラスと再婚したが、まもなくかれ自身が、子供のうまれる年のはじめに死んでしまった。父の遺産はおおくはなかったけれども、「あきらかにかれ〔アダム〕によい教育をあたえるに十分であった。[1]」だから、経済学者アダム・スミスの十四歳までの日々は、経済上の苦労はなく、フォースの入江に面したカーコールディの町を中心に、平和にながれていったのである。もっとも、かれの肉体はあまり丈夫ではなく、レイは幼年時代のスミスについて、「かれは非常に虚弱《デリケート》な子で、そのころすでに放心の発作と独語癖とになやまされ、それは生涯をつうじてなくならなかった[2]」といっている。ただ、母のかぎりない愛情が、かれを無事にそだてあげたのだった。

カーコールディは人口約千五百で、対岸エディンバラにくらべれば、とるにたりぬいなか町ではあるが、経済学者の幼年時代にとっては、めぐまれぬ環境ではなかった。一七六八年にスモレットがかいたところによれば、

「カーコールディは……勅許自治邑で……この町は人口がおおく建物はりっぱで、東西一マイルにわたる。……そして、そこでできる小麦、石炭、亜麻布、塩の輸出によって、かなりの貿易をいとなんでいる。この海岸を二マイルすすむと、われわれはダイザートにたっする。ここも勅許自治邑で、以前は、町はおおきく人口はおおく、建物はりっぱで、商業にてきした便利な港と位置をもっていた。しかし、貿易はいまではおとろえ、住民は減少し、家はこわれかけて、すべてのものごとが貧困をあらわしている。人々はちかくの炭坑や塩田ではたらき、少数の鉄器や釘の製造者が町にすんでいる。(3)」スミスの少年時代には、ダイザートの町は、まだおとろえていなかったらしく、むしろ、オランダからの屑鉄の輸入港として、この地方一帯の釘つくりにとっては、原料供給者の立場にあったようである。

すなわち、この時代のカーコールディとその附近は、製塩、製釘、炭鉱業がさかんで、またとくにカーコールディは、バルト海貿易の一中心だったので、船のりや税関吏の町でもあった。スミスの後見人であり、父の友人であるジェイムズ・オズワルドは、ダニキアの郷士だったが、ここも釘つくりの村で、かれの長男(同名ジェイムズ・オズワルド)は、スミスの親友だったから、スミスがしたしくこの製造業に接する機会はおおかったであろう。スミスがここから、分業にかんするさいしょの観念をえたとは、しばしばいわれることである。(4)

かれはまた、炭坑や塩田で、どれい的条件下にある労働者をみたであろう。一七七五年に、かれらを解放するための法律が、ようやくスコットランド議会を通過したが、その前文は、かれらの状態をつぎのようにのべている。「スコットランドにおけるおおくの炭坑夫、石炭運搬夫、製塩夫は、どれいまたはれい属の状態にある。かれらは、炭坑や塩田にしばりつけられて、そこで死ぬまではたらくのであり、鉱山とともに売られるのである。(5)」他方、かれは、母の親戚の地主たちをおとずれて、農業をしることができた。たとえば、スコットランドのコッターについて、家畜と土地改良についての、『国富論』の叙述[6]は、そのような少年時代の観察を材料としているのではないかとおもわれる。『国富論』が、かかれるころには、スコットランド農業のこうしたたちおくれは、着々と克服されつつあった。とにかく、スミスのすぐれた観察者としての才能は、少年時代のこのような環境のなかに、すでにその芽ばえをもっていたのである。

スミスが入学したカーコールディ町立学校は、スコットランド最良の中学だった。学生としてのスミスは、すでにこのときから、勤勉と読書欲と記憶力の点で群をぬき、グラーズゴウ大学にはいるに十分な古典と数学を身につけたのである。当時のスコットランドの中学では、劇の上演がさかんにおこなわれ、教会の反対も、町議会の支持にはさからえなかった。スミスも多分、カーコールディで、校長デイヴィド・ミラーのつくった劇の上演に参加したのであろう。それは、「相談会、あるいは、少年たちの正規の教育が他のすべての改良のきそである」といういかめしい題で、内容は、商人、農業者、郷士、教師、貴族たちが順々に、かれらの日常の仕事についての忠告をもとめることにあるのだが、この登場人物をみると、劇そのものの芸術的価値は別にしても、近代社会のれいめいが、やはりここにも光をなげていたようにおもわれる。

(1) Scott, *ibid.*, p. 22.

(2) Rae, *ibid.*, p. 4.

(3) T. G. Smollet, *The present state of all nations, containing a geographical, natural, commercial, and political history of all the countries in the known world*, Vol. 2, London 1768, p. 81.

(4) Rae, *ibid.*, p. 7. Scott, *ibid.*, pp. 27, 333. ——ただし、スミスが、『国富論草稿』『グラーズゴウ講義』『国富論』で、例示している釘つくりは、一日約二千本の製造能力をもっていて、かれが少年時代にみたものとは、かなりちがうようにおもわれる (Cf. Scott, *ibid.*, p. 333. Smith, *Glasgow Lectures*, p. 166. Smith, *Wealth of Nations*, Modern

library. pp. 7ff. 水田洋訳河出書房版、上巻一五ページ)。それはおそらく、産業革命開始のグラーズゴウ＝バーミンガムのものであったろう。なお、スミスがバーミンガムの産業に注目していることは、のちにふれるように、重要ないみをもつ (Cf. *W. of N.*, pp. 120—1, 243, 383. 邦訳、上巻一〇八、二一六、三四一ページ)。

(5) D. Bremner. *The industries of Scotland. Their rise, progress and present condition*, Edinburgh 1869, p. 5.

(6) *W. of N.*, pp. 116 ff., 120—2. 邦訳、上巻一〇四—五、一九四—六ページ。

第二章　産業革命の波

1　十八世紀のイングランド

スミスがうまれた一七二三年は、ブラクストン、ドルバック、ファーガスン、プライスのうまれた年であり、翌年にはカントがうまれた。そのころ活動していた思想家は、ヨーロッパ大陸では、ヴォルテール、モンテスキュウ、リンネ、ヴィコ、ヴォルフなど、イギリスでは、スウィフト、ディフォウ、ハチスン、マンダヴィル、バークリなどであった。

政治史的には、一七〇七年に、スコットランドとイングランドの合邦が、成立し、エスパーニァ継承戦争（一七〇一―一三年）は、ウトレヒト条約で、終結した。この条約の経済的えいきょうをめぐって、トーリの機関誌『マーケイタ』（主筆ダニエル・ディフォウ）とウィッグの機関誌『ブリティシュ・マーチャント』（主筆チャールズ・キング）とのあいだに、論争がおこなわれたが[1]（一七一三―一四年）、女王アンの死は、ボリングブルックのクーデタ計画を、挫折させ、さらに一七一五年のジャコバイト反乱の敗北は、トーリ反動を不可能にした。一七二〇年の南《サウス・》海恐慌《シー・バブルズ》は、国民のいかりをもえあがらせ、「上院において、〔南海会社の〕理事たちを袋にぬいこめてテムズ河になげこむべきことが、まじめに提案されたほどであった[2]」が、そのあとしまつのために登場したウォールポールの政権（一七二一―四二年）は、商人・製造業者と地主との利害の宥和のうえにたって、責任内閣制（＝ブルジョア政権の一特ちょう）への道をひらくとともに、トーリが地ならしをしたウトレヒトの平和の収穫をかりとって、富の蓄積を促進した。

しかし、ウォールポールが調停しなければならないのは、地主と商人のあいだだけではなかった。国内産業と貿易とのあいだ、あるいは国内産業相互（たとえばせんい諸産業）のあいだに、対立がようやくはげしくなっていたし、国内産業の成長は、いうまでもなく労資の対立をもたらした。ウォールポールの名が、全面的な税制改革だけでなくてってい的な買収政策に(3)、むすびつけられるのも、支配階級内部の対立の存在を、ものがたっている。もちろん、ウォールポールの買収は、労働者にたいしてはおこなわれなかった(4)。かれらがうけとったものは、一七二六年の「団結禁止法《コンビネイション・アクト》」であった。腐敗選挙区は(5)、大衆の政治的発言を、はじめから不可能にしていたから、かれらは買収の必要もないほど無力だったのである。大衆の不満は、さしあたっては、いくつかの暴動に、あるいはまたウェズリが一七三九年にブリストルで開始した、メソディスト運動に、はけぐちをみいだしていた。

ウォールポールの平和は、歴史的社会的な諸対立を、阻止するどころか、発酵させる役割をはたした。そこでたくわえられたブルジョアのエネルギーは、オーストリア継承戦争（一七四〇―四八年）および七年戦争（一七五六―六三年）となって爆発した。対フランス戦争は、ヨーロッパだけでなく、むしろそれよりはげしく植民地（東インドと北アメリカ）でたたかわれた。ウォールポールにかわった大ピットを支持するのは、植民地戦争による富の蓄積をくわだてる、好戦的侵略的ブルジョアジーであった。パリ条約（一七六三年）は、イギリスの、北アメリカにおける支配を確認し、東インドの収奪のそしき化を可能にした。ところが、ちょうどこのころからはじまる産業革命は、ブルジョアジーの内部にあたらしい対立をつくりだす。植民地を必要としない産業資本が、成長してくるのである。

アダム・スミスが、十七歳で、オクスフォード留学の旅にでたのは、ウォールポール時代の末期であった。かれは、馬にのってイングランドにはいったとき、その農業のいちじるしい発達に、おどろいたといわれる。しかし、すすんでいるとされたイングランドでも、本格的な発展は、世紀の後半になってからのことだった。まず、農業と牧畜業についていえば、「蕪のタウンゼンド」とよばれたロード・タウンゼンドによる蕪の栽培の普及は、牧草栽培の普及とともに、牧畜の飛躍的発展をもたらしたのではあるが、一七六〇年以前には、かれのその他の改良とともに、主としてノーファクにかぎられていた。(6) 家畜の品種改良も同様だったし、ジェスロ・タルの条播法も、一七三一年に著書が出版されたまま、三〇年にわたってわすれられていた。資本主義的大農経営のための土地かこいこみは、一七二〇年ごろから活潑化して、世紀の後半にはいると嵐のようなはげしさをしめす。すなわち、インクロージャー法令の数（かこいこみの件数）は、アン女王時代のわずか二件、一七一四—二〇年の五件から、一七二一—四〇年には六七件、一七四一—六〇年には二〇五件となり、一七六一—八〇年には、じつに四、〇三九件にたっしたのである。(7)

このような農業改良、農業生産力の増大は、スミスじしんも『国富論』第三篇でいっているとおり、「土地の豊饒が製造業をうみ、製造業の進歩が土地に反作用してさらにその豊度をます」というけっかをもたらす。製造業については後述するが、とにかくこれは生産力と市場の拡大であって、そのもっとも端的な表現は、交通施設の改良である。一七〇一—五〇年の道路条令四一八にたいして、一七五一—九〇年には一、六三三であった。(8) ジェイムズ・ウォットは一七五五年に、グラーズゴウからロンドンまで、悪路を馬で二日かかったが、(9) 一七六〇年をすぎたころにはすでに、ほぼおなじ距離のエディンバラ＝ロンドン間を、六〇時間でいく駅馬車が一日二回とおっていた。(10) 『国富論』第五篇にでてくるターンパイク道路が激増するのは、このころからであって、近代道路技術の始祖、ジョン・メットカーフが、一七六五—九二年にわたって、イングランドの木綿および羊毛工業の中心地（ヨークシャ、ランカシャ、チェシャ、ダービ）に、約一八〇マイルのターンパイク道路を建設した。[11] それとほとんど併行して一七五九年には、ブリジウォータ公とブリンドリによって、運河建設時代がひらかれた。[12]

イギリス最初の運河であるサンキイ運河（一七五五年完成）はリヴァプールへ、ブリジウォータ運河（一七五九―六一年）はマンチスタへ、いずれも石炭を輸送するためにつくられた。というとすぐ、蒸気機関による木綿工業が想起されるかもしれないが、この時期の石炭のおもな用途は綿業ではなく、製鉄であった。十八世紀のはじめに、エイブラハム・ダービがコークス製鉄に成功するまでは、イギリスの製鉄業は、燃料としての木材の欠乏と、この製鉄法が必要とする良質鉄鉱の欠乏とによって、滅亡にひんしていた。いくつかの製鉄所が、木材をもとめてスコットランドの森のなかにたてられた。ダービの発明は、一七五〇年ごろに、その子エイブラハムによって改良普及され、一七八三年ごろに、ヘンリ・コートによって、鍛鉄にも石炭がつかえるようになって、全製鉄工程をつらぬくにいたった。こういう製鉄技術の発展を促進したのは、一般的な機械の発展であるよりも、軍需であったようにおもわれる。スコットランドさいしょの石炭製鉄所として有名なカーロン工場は、一七五九年に建設されて翌年に操業を開始したのだが、その当時の主要製造品は、キャノン砲であり、附属的に釘のための鉄材をつくっていた。[13]

この軍需は、いうまでもなく七年戦争によるのであって、その戦費は一七五六年には千三百万ポンド、一七六〇―一年には二千五百万ポンドといわれる。チャールズ二世の第二オランダ戦争は全戦費が五百万ポンド、ウィリアム三世のときは年平均五百万ポンドだったから、百年たたぬあいだに五倍になったわけである。この百年間（ピュアリタン革命の終了から産業革命の開始まで）における、国民生活のもっともいちじるしい変化は、財政面にあるとさえいわれるが、新財政制度の中心は、スミスが『国富論』第五篇で攻げきした公債であった。[14] スミスは、公債の将来についてきわめて悲観的だったにもかかわらず、じじつはそうではなかった。このことは、しかしながら、スミスのたちおくれをいみするのではない。公債は、戦費として、あるいは「南海泡沫」や「デイリエン計画」などの投機にあてられたのだから、ステュアートのような重商主義者にとっては、奢侈とおなじく、かんげいすべきであったかもしれないが、スミスにとっては、「資本の破かい[15]」をいみするのである。したがって、スミスの公債否定論は、植民地放棄論と表裏をなすものだと、いっていいであろう。

「この期間（一七一四―六〇年）における、イングランドの最大の産業は、農業のつぎには毛織物業であった。[16]」一七〇〇年の総輸出価格六、四七七、四〇二ポンドのうち、羊毛製品は二、九八九、一六三ポンドであり、一七六〇年には、一四、六九四、九七〇ポンドのうち、五、四五三、一七二ポンドだった。毛織物工業が、はやくからイギリスの国民産業であったことは、いまさら指摘するまでもあるまいが、その王座は、すくなくともこのころまでは、ゆるがなかったようである。だが、まもなく木綿工業が、強力な競争産業として成長してくる。絹や亜麻も、ユグノーの技術移植によってかなり発展するし、とくにスコットランドでは、亜麻が国民産業とよばれるほどに奨励されるが、いずれも、羊毛をおいこしたり、木綿を圧倒したりすることはできなかった。

木綿は、さいしょ、東インドから輸入されるキャリコとして、十七世紀末のイギリスにあらわれる。そこで、東インド会社と国内織物業とのあいだに、いわゆる保護論争またはキャリコ論争が発生する。[17]そのけっか、一七〇一年には、毛織物保護のために、インド製捺染綿布の輸入が禁止されるが、それはかえって国内木綿工業を促進することになり、禁令はさらに、捺染綿布の一般的な売買や使用にまで拡張されねばならなかった（一七二一年）。[18]このときも、木綿と亜麻ないし羊毛との交織《ファスティアン》は、禁止から除外され、一七三六年の「マンチスタ法」がそれを確認した。[19]このような曲折をへて、木綿工業はしだいに発展していったが、イギリス産材料による純綿製品の使用が許可されたのは、『国富論』が出版される二年まえの、一七七四年のことであったし、じじつ、アークライトのウォータ・フレイム（一七六九、一七七五年、特許）ができるまでは、たて糸につかえるようなつよい綿糸がなかったので、純綿織物は生産不可能だったのである[20]。

木綿工業にたいしては、すでに一七〇〇年ごろから、北アメリカや西インドのプランテーションが市場を提供し、またアフリカからのどれいの代価の一部は、綿布で払われたというが[21]、本格的発展はいまのべたように、他のおおくの部門とおなじく、だいたい一七六〇年をすぎてからであった。一七一九年のパンフレットは、下層階級の衣服が、ノリッジまたはロンドン製のうすい毛織物から、キャリコまたは亜麻布に移行したと[22]、報告しているし、一七四九―六三年のインドの混乱は、インド製品の競争を除去したけれども[23]、「一七六四年においてさえ、わが綿製品の輸出額は、まだ羊毛製品のそれの二〇分の一にすぎなかった[24]。」

このようなたちおくれにもかかわらず、十八世紀後半の木綿工業の発展は、きわめて急速であった。「木綿工業は、三つの重要な点で羊毛工業とちがっていた。それは、外国から輸入された原料に依存し、主としてイングランドの一地方（ランカシャ）に限定され、はじめから資本主義的方向でそしきされた[25]」という、リプスンの指摘のうち、第一と第三の点は、この産業の急激な拡大のきそだったであろう。たとえば、あとでのべる蒸気機関の採用においても、羊毛工業は綿工業よりも保守的であった[26]。こうして、「十八世紀のさいごの二〇年間に、木綿工業は、羊毛かんけい者の政治的反対にもかかわらず、空前のはやさで発展した[27]。」前掲のパンフレットにものべられたように、木綿はなによりもまず、広汎な下層階級に、市場をもっていたのである。

一七三三年にジョン・ケイが発明したフライイング・シャトル（とびおさ）は、織布の時間を半減し、布の幅を倍加したが、これがランカシャの綿業で一般化したのは、一七六〇年代からであった。紡績においても、やはり、一七六〇年代に、ジェイムズ・ハーグリーヴズのジェニイ紡機とアークライトのウォータ・フレイムが、発明された。ジェニイは、よこ糸しかつくれなかったけれども、後者は、たて糸につかうつよい糸をつくることができた。(28) さらに、一七七九年には、サミュエル・クロンプトンのミュールの発明によって、インドと競争しうるような上質の織糸ができるようになり、モスリン工業が可能になった。そして織布能力もまた、エドマンド・カートライトの力織機（特許一七八五年）によって、飛躍的に発展した。このころはすでに、前述のように、純綿製品にたいする禁令は廃止されていたのである。

ところでこれらの機械は、なにを動力としていたかというと、ハーグリーヴズにおいては人力であり、クロンプトンは、はじめは人力、のちに水力をつかい、アークライトは水力、カートライトは牡牛をつかった。しかし、マルクスが指摘しているとおり、機械の本質は作業機であって動力機ではない。(29) いいかえれば、人間が、道具の使用者から、機械のたんなる運転者（動力）に転化することが、基本的な変革なのであり、それにつづいて、これんどは動力として、人間のかわりに風や水や蒸気を使用することが、可能になるのである。だから、マニュファクチャーのばあいの、たんなる分業による生産力の増大と、大工業のばあいの、機械の採用（人間の動力化）によるそれとは、本質的に区別されなければならない。「生産様式の変革は、マニュファクチャーにおいては労働力を出発点とし、大工業においては、労働手段を出発点とする。(30)」このいみで、「ふくろのような頬と壺のような腹をもった……理髪師」とカーライルがよんだアークライトは、れっきとした工場制の先駆者であった。

だが、それにもかかわらず、動力機としての蒸気機関の登場の、画期的な重要性は、否定しえないであろう。それによって、動力はあらゆるいみで、人間の支配下におかれた。蒸気機関は、水力のように天候や土地に左右されないし、自由に移動し集中できるからである。だから、アダム・スミスの友人、ジェイムズ・ウォットが、蒸気機関の発明者あるいは改良者として、前掲の発明者たちとならんで、産業革命の代表的人物にかぞえられるのは、もとよりとうぜんである。けれども、蒸気機関自体は、十七世紀からあったのだから、やはり問題はむしろ、それに動力としての画期的な重要性をあたえ、その線にそっての改良を要求した、作業機の発展にあったといわなければならない。ウォットの複動＝廻転エンジンの出現（一七八二年）は、このような転換期の一指標である。

こうして、マニュファクチャーが、機械の発展によって拡大され、工場制工業がしだいにすがたをあらわしてくるとき、そこには、労働者の大群が存在しなければならない。雇傭についてのギルドの統制は、すでに十七世紀後半から、消滅しつつあった。ロンドンの大火後の再建にさいして、建築業はすべての新来者に開放されたし、チャールズ二世およびウィリアム三世のときの復員兵は、どんな業務にもつくことができたし、せんい産業の雇い主は規定をこえて徒弟をやとうようになった。第三の点は、この産業の異常なぼうちょうと、産業利潤の性格の強化とをあらわしている。[31] しかし、もちろん、そのときから、労働力の「自由な」販売が一般化したのではない。ギルドの内部分化が進行して、労働者が、製品価格ではなく賃銀のひきあげを、要求するようになった[32]とはいえ、かれらは、その手段として雇傭（徒弟数）の制限を、主張したのである。資本家がわからも、労働の重要性は認識されてはいたが、一七六〇年ごろまでは、低賃銀による生産費低下と勤勉の増大（窮乏化による）、労役場制度による労働規律の強化が、経済思想の中心であって[33]、高賃銀による国内市場の形成は、ほとんどかんがえられていなかった。『国富論』が、この点でも、ひとつの画期をあらわすことは、しばしば指摘されるとおりである。[34]

一七七四年に、グラーズゴウからバーミンガムにうつったウォットが、翌年、マシュウ・ボウルトンとのパートナーシップによって設立した、ソホウ工場でさえも、近代的な労働規律、近代的な賃銀制度をもつまでには、かなりの年月が必要であった。すなわち、工作機械の登場が、全生産工程の合理化と標準化をもたらした十九世紀のはじめに、ようやくそれは可能になったのであった(35)。

(1)　大塚久雄『近代化の歴史的起点』昭和二三年、一七八ページ以下。

(2)　A. L. Morton. *ibid.*, p. 297.

(3)　当時の政治の腐敗については、たとえば、夏目漱石『文学評論』明治四二年、第二篇。

(4)　E. Lipson, *The economic history of England*, 5th edition, London 1948, p. 395.

(5)　Cf. A. L. Morton, *ibid.* p. 305. 農村では、自由に選挙権を行使しうるのは、二〇人に一人といわれ、都邑では、二〇四選挙区のうちで、一,〇〇〇人以上の有権者をもつ二二区だけが、比較的自由であった。

(6)　B. Williams, *ibid.*, p. 101. A. Toynbee, *The Industrial Revolution of the 18th century in England*, 1884. New and cheaper ed., London 1908, new impression 1928, p. 18. トインビー、原田三郎・他訳『イギリス産業革命史論』(上)、九六ページ。いずれも典拠はアーサ・ヤングである。

(7)　かこいこみの個別法令《プライヴィト・アクト》とは、個々のかこいこみ請願についてだされる法令。数字は B. Williams, *ibid.*, p. 103. 法令の実例は A. E. Bland, P. A. Brown and R. H. Tawney, *English economic history, select documents*, London 1914, p. 528. に、一七六六年のものがでている。そのすぐまえにある、一七三一年の、「領地支配人《スチュワード》への忠告」と対比せよ。

(8)　富永裕治『交通学の生成』昭和一八年、六三ページ。本書の第一篇「十八世紀イギリス交通と作家——デフォウ、ヤング、スミス——」は、交通だけでなく、十八世紀のイギリス社会およびスミスの歴史的位置をしるために不可欠の文献である。

(9)　H. W. Dickinson and H. P. Vowles, *James Watt and the Industrial Revolution*, London 1943. New ed., 1948, p. 26.

(10) J Mackinnon, *The social and industrial history of Scotland, from Union to the Present time*, London 1921, p 31 このマッキンノンの数字は、一七六〇年以後のいちじるしい発展の、例としてあげられているだけで、正確な時期はわからない。おそらく十八世紀末ではないかとおもわれる。富永、前掲書、七六ページ参照。ハンドリによれば、一七六〇年には、月一回の駅馬車で、十日ないし十五日かかった。J. E. Handley, *Scottish farming in the eighteenth century*, London 1953, p. 32.

(11) 富永、前掲書、六七ページ。

(12) 同書、七九、九五—七ページ。

(13) H. Hamilton, *ibid.*, pp. 150—7.

(14) G. N. Clark, *ibid.*, pp. 179—80.

(15) *W. of N.*, bk. 5, ch. 3, p. 878.

(16) B. Williams, *ibid.*, p. 105.

(17) 久保芳和「重商主義と東印度貿易論争」(経済学論究、昭和二六年六月)。張漢裕「名誉革命以後におけるイギリス重商主義の本質」(経済学論集、一一巻七号)。

(18) この法令は、直接には、一七一九年にスピタルフィールドの織工《ウィーヴァー》たちが、捺染木綿の使用者にたいして暴動をおこしたことによる。B. Williams, *ibid.*, p 108.

(19) B. Williams, p. 108 E. Lipson, *ibid.*, p. 96. 両者の記述には、若干のくいちがいがある。

(20) H. Hamilton, *ibid.*, p. 105.

(21) G. N. Clark *ibid.*, p. 166.

(22) J. Smith, *Memoirs of wool*, Vol. 2, ch. 117. 所収のパンフレット、The weavers pretence etc., 1719.「織工自身もキャリコ商人もみとめるであろうが、すべてのいやしい人々、すなわち下男やとるにたりぬ貧民は、……ふつうはノリッジやロンドンでつくられるうすい女物すなわちカンタルーンやクレープなどをきていたのだが、いまではキャリコや捺染亜麻布をきている。この移行は、値段がやすいこととともに、布のかるいことや色が派手なことにもよる。」(p.

195.)

(23) G. N. Clark, *ibid.*, p. 166.

(24) A. Toynbee, *ibid.*, p. 26. 邦訳、一一〇ページ。それでも、輸出価格は、一七〇一年の二三、二五三ポンドから、一七五一年の四五、九八六ポンド、一七六四年の二〇〇、三五四ポンドへと、飛躍している。

(25) E. Lipson, *ibid.*, Vol. 2, p. 93. Cf. H. Hamilton, *ibid.*, p. 118.

(26) H. W. Dickinson and H. P. Vowles, *ibid.*, p. 51.

(27) J. L. Hammond and B. Hammond, *The rise of modern industry*, London 1925, 3rd ed. 1927, p. 182.

(28) H. W. Dickinson and H. P. Vowles, *ibid.*, p. 5. H. Hamilton, *ibid.*, pp. 122—3.

(29) K. Marx, *Das Kapital*, Bd. I, Kap. 13.

(30) *Ebenda.* ただし、「ここで問題となるのは、おおきな一般的な特ちょうだけである。というわけは、社会史の諸時代は地球史の諸時代とおなじく、抽象的でげんみつな限界線によって区分されはしないからである。」

(31) G. N. Clark, *ibid.*, p. 174.

(32) たとえば、一七二一年に、ロンドンおよびウェストミンスターのマスター・テイラーは、ジャーニマン・テイラーが賃あげを要求して、ストライキないしサボタージュをおこない、「不法な団結」をしていると、うったえた。それによれば、かじ屋、帆布つくり、馬車つくり、大工などの職人も、これをみならう傾向があるという。Cf. Bland, Brown and Tawney, *ibid.*, pp. 622—4. Lipson, *ibid.*, Vol. 3, pp. 392 ff.

(33) Cf. E. S. Furniss, *The position of the laborer in a system of nationalism*, Boston and N. Y., 1920, pp. 108 ff. 服部英太郎『賃銀政策論の史的展開』昭和二三年、第一篇。

(34) 大河内一男『スミスとリスト』全訂版、昭和二九年、とくに前篇第三章「アダム・スミスと賃銀」。ただし、これにたいしては、小林昇『経済学史研究序説』昭和三二年、前編Iに批判がある。

(35) Cf. E. Roll, ***An early experiment in industrial organization, being a history of the firm of Boulton & Watt, 1775—1805***, 1930, pp. 191—7. この本は、大塚久雄編『資本主義の成立』（経済学新大系、第一一巻、昭和二八年）の第

四章に、中川敬一郎氏によって紹介されている。

2　十八世紀のスコットランド

一七〇七年の合邦条例が、直接にスコットランドにあたえたのは、経済的はんえいではなく、むしろその逆のものであった。すなわち、スコットランドは、イングランドとおなじく、フランスへの敵対かんけいに立つことになって、その貿易をうしなったが、それにかわるべき植民地貿易には、イングランドと平等な資格で参加することができなかった。スコットランド独自の植民としてくわだてられたデイリエン計画（一六九五—九八年）は、みじめな挫折におわり、スコットランドの人々は、その原因が、イングランドの競争（とくに東インド会社）にあるとかんがえた。漁業は、イングランドなみの塩税の負担と、オランダの競争とになやみ、羊毛工業は、イングランドとの競争に圧倒された。亜麻工業だけが、「国民産業」として発展する可能性を、もっているにすぎなかった。[1] イングランドにくらべて、はるかにおくれた原始的な農法は、とくに一六九五年から一七〇二年にかけて、連続的なききんをまねき、ジャコバイト（ステュアート王朝支持者）は、これを「ウィリアム王の年」とよんでのろったほどであった。[2]

政治的には、ハイランドは強固な氏族制度の支配下にあり、二回のジャコバイト叛乱の敗北が、ようやくこれを崩かいさせた。スミスの少年時代にはまだ、ハイランドの首長たちは、私兵と世襲裁判権とをもっていたのである。それだけではなく、スコットランドの選挙制度は、イングランドよりも、もっとわるかった。スコットランド全体が、最大のキャンベル氏族の首長アーガイル公の支配下に、「ひとつの広大な腐敗選挙区[3]」をなしていたとさえ、いわれるし、選挙資格は、イングランドでは、年収四〇シリングの自由保有《フリー・ホールド》であったのに、スコットランドでは、七〇ポンドの自由保有と規定されていた。[4] スミスでさえも、じぶんおよび親友ヒュームの就職については、アーガイル公の支持をもとめなければならなかったのだが、このような政治制度のもとで、十八世紀の第二四半期（スミスがうまれたころから）の経済的発展と、スコットランドの大学の高度の学問水準が、[5] どうしてうまれることができたのかは、むしろひとつの謎でさえあるであろう。

経済的発展は、まず、貿易からはじまる。その中心地は、グラーズゴウであり、ヴァージニアとメリランドが主な相手だった。一七一八年には、グラーズゴウ所有の船がはじめて大西洋をこえ、二五年ごろから、たばこ王《ロード》たちのはなやかな緋色の外套が町をいろどった。一七二三年に、グラーズゴウの貿易が、イングランドの競争港たるブリストルやリヴァプールの商人の攻げきによって、打げきをうけたということは、逆にみれば、前者が、後者に脅威をあたえるほどに成長したことをいみする。このような発展は、アメリカ独立戦争によって、打げきをうけるが、まもなく、産業革命の本格的な開始（一七八〇年）がそれを克服する。だから、スミスの時代のスコットランドは、時間的場所的な例外はあるにしても、基本的には、かなり急速な発展過程にあったといえるであろう。[6]

スミスが『国富論』第三篇で強調したように、富裕の自然的発展の、出発点は、独立自営農民である。この点から十八世紀のスコットランドをみるとどうであろうか。世紀のはじめのスコットランド農村は、ハイランドはもちろん、ロウランドでさえ、独立自営農民をうみだすほどには近代化していなかった。しいてそれに相当するものをもとめるならば、ロード・ケイムズなどを代表とするような進歩的な郷士《レアード》であるが、しかしこれは、イングランドでいうとヨーマンよりもジェントリにちかいであろう。スコットランドには、「イングランドのような、独立のヨーマン階級の興隆が、なかった。(7)」

当時のスコットランドの農村では、農地はインフィールド＝アウトフィールド制度とラン・リッグ制度の下にあった。(8) 前者は、住居にちかい土地（インフィールド）と、とおい土地（アウトフィールド）との区別であって、アウトフィールドは原則として無肥料だった。ラン・リッグ制の特徴は、耕地が細分されて、それぞれの保有者が定期的に交替することであった。だから、耕作権は不安定であり、そのうえ、各保有者の耕地は分散していた。ところによっては、世紀のおわりまでこの状態がのこっていたし、また世紀のはじめには、数人の共同保有さえ存在した。(9) 技術的にも、ひとつの犂に八頭の牡牛と二—四人の農夫が必要だったから、共同耕作が必然化された。ようするに、これらの事情は、中世の農村共同体のときからほとんどそのまま、維持されていたのである。ここから、農具の幼稚さ、収量のひくさ、耕作者の地位の劣悪さを、よういに想像しうるであろう。

農村の階級構造をみると、領主、郷士《レアード》（ハイランドではタックスマン）、小作人《テナント》、下級小作人《サブ・テナント》にわけられる。領主についてはいうまでもないが、ハイランドで、かれにたいする封建的軍役義務の代償として、その領地の一部を保有するのがタックスマンである。保有期間は、九年ないし九九年または数代で、その点ではかなり安定していたけれども、若干の例外をのぞいては、タックスマンはほんらいの農業者ではなく、自分の保有地をさらに下級小作人にだしてその地代で生活する。小作人も領主から直接に土地を保有するのだが、むしろ例外的存在で、保有条件もわるかった。すなわち、期間は、一—五年または任意解除《アト・ウイル》であり、労役義務その他の封建的諸負担を課せられていたのである。(10) 十八世紀後半になってはじめて、一般的な定期保有《リーズ・ホールド》があらわれ、小作人はたいてい富裕で、その土地を一年契約の下級小作人によって経営した。下級小作人は、領主、レアード、タックスマン、小作人のいずれに従属するばあいもあるが、タックスマンにぞくするばあいは、それの領主にたいする軍役義務の実体をなした。しかもタックスマンは、自分が領主にはらうよりもおおくの地代を、下級小作人からとり、そのうえ、自分の直接保有地をかれらに耕作させた。小作人から、現物貢納のほかに労働の三分の一を領有したともいわれる。

このような農業にともなう牧畜についても、そのまずしさはよういに想像できるであろう。イングランドでもそうだったように、根菜（蕪菁、馬鈴薯）や栽培牧草の導入までは、家畜の飼料はとぼしく、とくに冬期にそれがいちじるしかった。そのけっかが、逆に春の耕作における畜力不足となってあらわれる。だから、どこでも、農業と牧畜は、みっせつにむすびついていた。スミスはベリオル・カレジで、イングランドの牛におどろいたとつたえられるが、しかし合併のころから、おおくの黒牛が、スコットランド（イースト・ロシアンとガロウェイ）からイングランドに輸出され、牧牛のための土地かこいこみがおこったほどであった。だが、これらの黒牛は、イングランドで飼育されてはじめて、役にたったのだし、もっと重要なことに、スコットランドでは、一般には、土地かこいこみがおこらなかったのである。

かこいこみ《インクロージャー》が、とくにイングランドにおいて、資本主義農業の成立の槓杆だったことは、いまさらいうまでもないが、スコットランドでは、（十八世紀末のハイランドにおける牧羊をのぞけば）、大規模な牧畜はおこなわれなかったし、ほんらいのいみの共有地は存在しなかったから、かこいこみの主要な動機も対象もなかったのである。もちろん、十七世紀末には、若干のかこいこみ立法もできたけれども、それは分散耕地（ラン・リッグ制）の統合が目的だったし、小作権は不安定だったから、統合整理はよういだった。この統合によって資本主義的大経営が成立して、土地なき民がその対極にあらわれるということも、想像されるところではあるが、ハミルトンは、十七世紀の立法の意義を過大評価してはならぬと主張する。[11]

スミスは、最良の農業改良者として、小作権の安定強化によって生じた農民的土地所有者＝独立自営農民＝小地主をあげているが、小作権が不安定なスコットランドでは、そういうものが、小作人のなかから広汎にでてくることは不可能であり、[12] それにかわるものは、旧来の郷士《レアード》の一部であった。ラウドゥン伯、イグリントン伯、ゴードン公、ロード・ケイムズなどがその例であるが、それらは、むしろ、スミスが「大改良家であることはめったにない」といった大土地所有者なのであって、改良は、かっぱつな啓蒙活動にもかかわらず、これらの領主の直領地にかぎられていた。部分的にみれば、スコットランドでは、ジェスロ・タルの新農法はイングランドよりはやく実行されたし、馬鈴薯や蕪も一七三五年からかなりひろく栽培されたけれども、一般的にいえば、農業革命は一七七〇年代から約五〇年間にわたっておこなわれたのである。そのとき、富裕な市民から地主に転化した人々がおおきな役割をえんじたといわれる。かれらの財産は、北アメリカや西インドのプランテーション、あるいはスコットランドの国内商業でつくられた。[13]

イングランドで、農村における資本主義のひとつの中心をなしたのは、毛織物業であった。スコットランドでは、それにかわって亜麻《リネン》産業が、「国民産業」として奨励され保護されたが、そのけっかはかならずしもおなじではなかった。

亜麻は十七世紀から、スコットランドの主要輸出品のひとつで、合邦後は、イングランドと植民地の市場が解放されたので、前述の綿織物とおなじようないみでの、毛織物の競争者となった。そのため、とくに、一七二〇年代から、亜麻マニュファクチャーが発展したのである。スコットランド亜麻布は、粗製でやすかったから、主として植民地にむけられたが、そこにおいて、イングランド貿易商がもちこむオスナブリュックおよびシレジア製品と、競争しなければならなかった。貿易資本の立場からすれば、関税はらいもどしの制度によって、外国製品をとりあつかう方が有利だったのであろう。スコットランドの製造業者の陳情にもかかわらず、はらいもどしは廃止されないで、ようやく四五年に、植民地向粗布生産にたいして奨励金が交付されることになった。翌年には、イギリス亜麻会社《ブリティシュ・リネン・カンパニ》ができて、国民産業としての発展は、軌道にのったようにみえた。[14] いま販売のためにスタンプされた亜麻布の量によって、十八世紀における発展をしめすと、つぎのとおりである。

年	1723	1733	1750	1760	1776	1780	1790	1800
ヤード	2,183,978	4,720,105	7,752,540	11,747,728	13,049,535	13,410,934	18,092,249	24,235,633

この発展も内部にたちいってみると、いくつかの問題をふくんでいた。まず、栽培についていえば、亜麻はひじょうにデリケートな作物で、リスクがおおいのだが、それだけに小農の集約農業にてきしていたし、反当収量がおおいために小農をひきつけた。しかしそれは、いいかえれば、大農が亜麻をこのまなかったということであり、そのうえ、農業革命による一般的な収量増大が、亜麻にたいする魅力を減少させた。つぎに、亜麻せんいの抽出と調製は、高度の熟練を必要としたので、小農の通常の能力をこえた。政府はかれらに技術をおしえようとしたが、一般的には、「商人および亜麻製造業者《フラックス・マニュファクチャラー》と自称する人々が、成育した亜麻をかいしめて」[15] その後の工程をおこなった。こうして調製されたせんいは、ふたたび農家に配付されて、農村の婦人に、家事労働や農耕といりまじった副業を、提供することになる。織布も、ほとんど農村でおこなわれたが、紡＝織が一貫した工程とはなっていなかった。その理由をあげると、第一に、スミスがのべているように、亜麻紡績にはおおくの労働力が必要で、一人の織工にたいして三、四人の紡績工がなければならなかったから、[16] 農村の小経営では困難であったし、第二に、織布は紡績よりもおおくの資本と技術を必要としたから、かなりはやく農業から分離して、[17] 仕上＝販売過程（商人）に従属するようになった。また直接に従属しないまでも、紡績と織布の分離（経済的のみならず

地域的にもそうだった）が媒介者としての商人を必要とした。漂白・染色・仕上の工程になれば、かんぜんに商人の手に集中される。[18]

亜麻紡績の機械化は、一七八七年にはじまるが、亜麻せんいはゴム質をふくむために、機械では上質織糸はつくれなかった。この点が改良されるのは、一八二〇年代だから、さしあたってはわれわれの視野のそとにある。織布の機械化も、一般化したのは、十九世紀なかばであったが、商業資本による手織業者のそしきは、かなりまえからおこなわれていて、スミスのうまれたカーコールディでは、かれの死後五〇年ちかくの一八三六年には、千百人の手織職人が八人の商人製造業者に従属していたという。[19] 前述のイギリス亜麻会社も、原料の供給と信用の附与が主要業務であって、直接に生産過程をにぎってはいなかったらしく、とくに一七六三年以後には、銀行業務だけにその活動を限定した。[20]

このようにして、わたくしのしるかぎりでは、スコットランドの「国民産業」である亜麻は、十八世紀においてかなりの重要性をもったとはいえ、資本主義の発展の基本的な力とはなりえなかったようにおもわれる。それは、農村の近代化の中心となった階層によってでなく、貧農によって主として栽培されたし、その対極として（技術的理由もあって）商人の支配をうみだした。もっと根本的には、まえに農業についてのべたごとく、スコットランドでは、イングランドのような独立自営農民が、したがって、それを母体とする農村織布業者や資本主義的農業者が、成立しなかったのである。

それでは、十八世紀第二四半期以後の、スコットランドの経済的発展の、中心的な推進力はなにかといえば、これもまえにふれたように、植民地貿易であった。だから、スミスの自然的発展のシェーマとはまさに逆な、貿易→工業→農業という過程が、想定されるのである。スコットランドの貿易は、主として、グラーズゴウを経由する、植民地たばこの仲継貿易だった。初期の数字はわからないが、一七七一年についてみると、つぎのとおりである[21]。

スコットランドの総輸入額	1,386,329	ポンド
グラーズゴウのたばこ輸入量	47,268,873	重量ポンド
スコットランドの全輸出額	1,857,334	ポンド
〃　再輸出額	1,353,861	ポンド
グラーズゴウのたばこ再輸出量	43,000,000	重量ポンド（概算）
スコットランドの純輸出額	503,473	ポンド
グラーズゴウから植民地への粗亜麻布輸出額	452,000	ポンド

すなわち、再輸出は、価格の点で総輸入の約七三％にたっし、中心をなすたばこは、輸入量の約九二％が再輸出されたものであり、また純輸出額の約九〇％は、前述のようにして生産された亜麻布であった。だから、だいたいにおいて、この時期までの、グラーズゴウの（スコットランドの）、経済的発展のきそをなすものは、重商主義的[22]な植民地貿易（独占および仲継）だったといっていいであろう。スミスが、これをどのようにみていたかは、興味ある問題ではあるが、その点については、じゅうぶんな資料がないようにおもわれる。

「アメリカ合衆国の樹立は、スコットランドが、ふるい死につつある重商主義からひきだした諸利益に、終末をあたえた[23]。」たばこの輸入量は、一七七一年の四、六〇〇万ポンドから一七七七年には二九万五、〇〇〇ポンドへ激減し、スコットランドの全貿易は、一七七八年には、一七七一年の五八％減となった。おおくのたばこ王が破産し没落したのは、想像されるとおりであるが、スコットランドの経済は、それほど致命的な打げきをうけなかった。貿易は、大陸に方向を転じ、一七九一年には、一七七一年の水準にほぼ復帰した。たばこの仲継貿易にかわる投資部門は、新興の綿工業であり、やがて、金属、機械工業がこれにくわわる。クライドへの原綿輸入量は、一七七五年の一三七、一六〇ポンド（重量）から、一七九〇年の一、七五七、五〇四ポンド、一八一〇年の九、九六二、三五九ポンドへと、激増し、製品の市場は主として大陸であった。(24)

綿業は、原料と市場についての対外依存度がおおきかったし、新興産業(25)だから機械化が急速におこなわれたので、企業ははじめからかなりの資本を必要とした。そのような資本をもってスコットランド綿業のパイオニアとなった人々は、だいたい二種にわかれる。第一に、ラ・ロシュフーコーが指摘するごとく、「グラーズゴウのモスリン製造業者のなかには、アメリカとの戦争中に産業にはいった、若干の商人または船舶所有者がいる。(26)」すなわち、商人から工場主への転化である。第二には、亜麻の「高度に熟練した織工《ウィーヴァー》＝製造業者《マニュファクチャラー》のうち、もっとも企業的な人々(27)」であって、かれらは、亜麻のたて糸と木綿のよこ糸との混織から出発して、一七八〇年には純綿モスリンをつくるようになった。この型は、独立生産者から産業資本家への転化をいみするが、その中間過程として、織糸《ヤーン》商人を経由することがあった。たとえば、ロバート・オーエンの義父、デイヴィド・デイルは、ペイスリーの亜麻職工から、亜麻の織糸商人になって、一七八六年にはニュウ・ラナーク紡績工場をたてたのである。そうすると、以上のふたつの経路が、商人から産業資本家への転化という、同一の外見をもつことがかんがえられるであろうから、識別にはかなりの困難がともなわざるをえない。

綿業では機械化がはやいとはいえ、紡績部門で一貫的な機械生産が実現されたのは、一七九〇年以後のことであるらしく、それまでは、農村の家内工業としてもかなりおこなわれ、たとえば、レンフリュウシャとエイアシャでは、「ほとんどすべての村で、おおきな家はジェニイ紡機でみたされていた」とさえいわれるほどであった。しかし、このばあいにも、「主導性はしばしば、地主によってとられた。(28)」

織布における工場化は、紡績よりはるかにおくれて、本格的には一八四〇年代の後半以後におこなわれた。スミスが死んだ直後の事情をみると、「ラナークシャ、レンフリュウシャ、エイアシャのほとんどすべての村に、織工《ウイーヴァー》がいた。そのうち若干は、うたがいもなく独立生産者だったが、大多数は、「製造業者《マニュファクチャラー》」すなわち商人《マーチャント》にやとわれていた。他方、過渡的段階にすぎぬとはいえ、工場《ミル》所有者にやとわれているものも、いくらかあった。われわれがみたごとく、紡績工場をたてた人々のおおくは、もとは織糸商人で、国内またはイングランドで織糸をかい、それを手織職人にだしておらせた。[29]」このような「'yarn merchants and manufacturers' とみずから称する人々」が、手織職人をどんな形で支配したかという点についての詳細を、わたくしはしることができないし、「商人」のなかにも織布業者出身のものがふくまれるばあいもあったのだから、以上の叙述から、まだなんの結論もひきだしえない。

ただ、以上のスケッチから、一おうかんがえられるのは、スコットランドにおける資本主義の発達が、イングランドよりもはるかにおおくの、おくれた要素をひきずっていたこと、しかも、それにもかかわらず、かなり急激に、歴史の法則のかんてつをしめしたこと——それらの点から、スミスは、資本主義への確信と、前期的諸要素への批判の根拠とを、えたのではないかということである。そして、それはやはり、スミスが全イギリス的な、あるいは世界史的な視野で、スコットランドをみていたからこそ、可能だったのであろう。と同時に、スミスとブルジョア・ラディカルズ、あるいは、スミスとタッカーとのあいだにひかれる境界線は、スコットランドとイングランドとの境界線に、いくらか規定されていたようにもおもわれる。

（1）　B. Williams. *ibid.*, pp. 256, 260. J. Mackinnon, *ibid.*, pp. 10—4. H. Hamilton. *ibid.*, pp. 2—3.

（2）　J E Handley, *ibid.*. pp. 12—3

(3) A. L. Morton, *ibid.*, p. 302.

(4) B. Williams, *ibid.*, p 256.

(5) Cf. L. Hogben. *Dangerous thoughts*, London 1939, pp. 223—43.

(6) スミス自身によれば、「イングランドはスコットランドよりもずっと富裕な国である。……スコットランドは、富の増大にむかって前進してはいるが、イングランドよりもはるかにゆるやかにすすんでいる。」 W. *of N.*, bk. 1 ch. 11, Digression, p. 189. 邦訳、上巻一六九ページ。Cf. p. 90. 邦訳八二ページ。

(7) Handley, *ibid.*, p. 52.

(8) H. Hamilton, *ibid.*, pp. 13—6. J. Mackinnon, *ibid.*, pp. 3—4.

(9) Hamilton, *ibid.*, p. 18.

(10) 地代についてはよくわからないが、マッキンノンは、労役義務（耕作、運搬、一般労務）や製粉税、鍛冶税のほかに、現物地代をあげている (p. 4)。ハミルトンは、下級小作人について地代に言及している (p. 32)。Cf. Handley, *ibid.*, pp. 82—6.

(11) Hamilton, *ibid.*, p. 37.

(12) しかし、スミスはスコットランドのヨーマンリーについてかたっている。W. *of N.*, bk. 3, ch. 2, p. 369. 邦訳、上巻三三〇ページ。

(13) Mackinnon, *ibid.*, p. 8. Handley, *ibid.*, p. 116.

(14) Hamilton. *ibid.*, pp. 83, 90. 一七六〇—八〇年における停滞は、アメリカ独立戦争と外国品の競争による。一七三三年、一七五〇年の数字は、後掲チャーマーズの五年平均とややくいちがっている（七九ページ）。

(15) Hamilton, *ibid.*, p. 96.

(16) W. *of N.*, pp. 608—9. 邦訳、下巻三六五ページ。スミスはここで亜麻紡績を、貧民婦人の労務として指摘している。

(17) 一七七三年の議会での報告によれば、ダンディ、グラーズゴウ、ファイフで、不況のため職工の失業と暴動が生じた。これは、織布がたんなる農家副業ではなくなったことを、いみするであろう。Cf. Hamilton, *ibid.*, p. 101. ——もっとも、親方織工《マスター・ウイーバー》とよばれる独立の小生産者もかなりあったらしいが、成立の基盤はそれほど広汎なものではなかったとおもわれる。なお、この、きわめて重要な点について、わたくしはまだ十分な資料をみることができないでいる。

(18) 農村の漂白方法は、バタミルクによるもので、約八ヵ月かかったから、上質布の大量生産ができなかった。一七四九年ごろ、ローバックの硫酸漂白、一七八五年に、ベルトレーの塩素漂白（翌年にウォットが移植）が発明され、さいごに一七九八年にテナントが漂白粉を発明する。いずれにせよ、農家の技術と資本ではこんなんであった。

(19) Hamilton, *ibid.*, p. 113. 独立の織布業者が、「製造業者」の倉庫へいって、製品をわたし、原料をうける、という形態だったらしい。——もっとも、毛織物にしても、木綿にくらべれば、機械化がおくれた点では、亜麻と同様である。

(20) Hamilton, *ibid.*, pp. 86, 259.

(21) Hamilton, *ibid.*, p. 120. たばこ輸入量だけは Williams, p. 260. による。Scott, p. 80. によれば、「四千五百万ポンド以上」、ハミルトンによれば、「四千六百万ポンドをくだらぬ量」。——再輸出の大部分はたばこであり、輸出先はヨーロッパ大陸、とくにフランスであった。純輸出には、亜麻布のほかに、植民地むけの農具や家具があり、たばこ以外の植民地からの輸入品には、砂糖やラム酒があった。

(22) 「事情をもっとよくしらべてみれば、経済的社会的発展が、重商主義の廃棄によってではなくそのなかで、生じたことがわかるだろう。……発展のきわめておおきな部分は、再輸出貿易に依存していて、これは重商主義によって確保されたのである。」Scott, *ibid.*, p. 114.

(23) Hamilton, *ibid.*, p. 121.

(24) Hamilton, *ibid.*, pp. 146—7.

(25) 「新興」とはいっても、木綿は、はじめは、羊毛や亜麻の補助原料だったのだから、それらの産業をきそにして成長するのではあるが、しかし、それら自体ほどには伝統に拘束されない。

(26) ctd. P. Mantoux, *The Industrial Revolution in the eighteenth century*, Engl. tr. 1928, 10th impr. 1948, p. 248, n. 6.

(27) Hamilton, *ibid.*, p. 120.

(28) Hamilton, *ibid.*, p. 129.

(29) Hamilton, *ibid.*, p. 137.

第三章　二つの大学

1　グラーズゴウ

十四歳のとき（一七三七年）、スミスはグラーズゴウ大学に入学した。「教育施設の点では、スコットランドは、ずっとまえからイングランドにまさっていた。その諸大学、すくなくともエディンバラとグラーズゴウのそれは、この世紀のオクスフォードやケインブリジよりも、はるかに活気にみちていた」(1)といわれるように、当時のグラーズゴウ大学は、王国最高の大学のひとつであった。

グラーズゴウは、アメリカにもっともちかい港だったから、合邦によってスコットランドがアメリカ貿易に参加しうるようになると、近代都市として急速に発展し、一七一八年には、グラーズゴウで建造され所有されている船が、はじめて大西洋をこえた。スミスがうまれた年には、イングランドの競争港（主としてブリストル、リヴァプール、ワイトヘイヴン）の妨害によって、一時貿易がおとろえたが、その後十二年間にたちなおって、さらに大きくのびはじめた。だからスミスが大学にはいったころのグラーズゴウは、再飛躍の門出にあって洋々たる前途をもっていたのである(2)。

大西洋の潮風は、クライド湾をとおってグラーズゴウの町にふきこみ、大学にもあかるい空気がみちていた。グラーズゴウ大学は、スコットランドの、いなイギリス全体の、あたらしい学問の中心であり、その大学の学問的指導者は、スミスの「わすれることのできない(3)」恩師フランシス・ハチスンであった。かれは道徳哲学の教授として、グラーズゴウではじめて、旧習をやぶってイギリス語で講義をしたのみならず、同僚のギリシァ語教授アリグザンダ・ダンロップとともに、古典研究を復興した。ルネサンスのイタリアでそうだったように、古典への愛と母国語へのめざめは、ここでも近代文化のスタートであった。

　しかしながら、このかがやかしい前進は、たたかいなしになしとげられたのではなかった。民衆の生活にたいする教会の支配はいぜんとして、強固であり、一七三六年（スミスが入学する前年）まで、魔女狩が公然とおこなわれた。一七二〇年に、エディンバラには婦人装身具商がたった一軒しかなかった、ということも、教会の統制下の生活様式を、ものがたっている。(4)

　スミスが入学した年に、教会の長老会議《プレスビテリイ》は、ハチスンの講義がウェストミンスター信仰告白に反すると、糾弾した。かれらは、ハチスンが、道徳的善の基準を他人の幸福の促進におき、また善悪にかんする知識が、神にかんする知識にかかわりなくえられるとする点で、危険思想を宣伝していると、はげしく攻げきしたが、ハチスンを支持するわかい世代は、情熱的なはげしさをもって、学外の旧勢力を圧倒した。入学したばかりのスミスが、学生のハチスンようご運動に、指導的役割をえんじたとはいえないだろうが、あたらしい学問の到来をつげる明星としてのハチスンの姿は、少年スミスの心にはっきりとやきつけられたであろう。

　それよりまえに神学教授ジョン・シムスンも最高宗教会議によって異端者とみなされ、牧師職と教職とをともに停止すべきことを命ぜられたが、大学は敢然とこれを拒否した。それだけでなく、もし教会がシムスンの免職を強行するばあいには、大学はその後任を教会の外から採用する決意をもつとさえ、つたえられた。(5)そして、のちにのべるように、ジェイムズ・ウォットが蒸気機関を発明したのも、まったくこうした進歩的な大学の保護のもとに、はじめて可能だったのである。

だから、スミスがこの進歩的な大学のふんいきのなかでまなんだとき、もっともつよいえいきょうをあたえたのが、ハチスンだったことは、うたがいをいれない。もっともドゥーガルド・ステュアートは、スミスの級友だった父からきいたはなしとして、この時代のスミスの興味の中心が、数学と自然哲学にあったと、のべているし、スミスの遺著『哲学的諸問題にかんする論集』のなかには、青年時代の著作として、自然科学の論文がふくまれている。けれども、スコットがいうように、「それは、かれの全課程をつうじて、物理学が主要な関心の対象だったということとは、まったくべつである。」ステュアートでさえも、ハチスンの講義が、スミスの才能を「ほんらいの目標にむかわせるのに、おおきな役割をえんじた」ことをみとめているのだし、レイによれば、「かれ〔スミス〕は、ときどきヒュームの弟子とされたり、ケネーの弟子とされたりするが、もしだれかの弟子だったとすれば、ハチスンの弟子なのである。[6]」

ハチスンは、三代目シャーフツベリ伯を創始者とする道徳感学派《モラル・センス・スクール》の代表者であり、「スコットランド哲学の父」とよばれ、かつまた、「イギリス功利主義という強力な学派の、創始者のひとり」でもあった。[7] ホッブズ＝マンダヴィルの、いわゆる「利己心」の哲学に対抗する、シャーフツベリを、ハチスンが継承しながら、しかもそのハチスンが同時に、ホッブズのながれをくむ功利主義の、創始者のひとりであるとは、いったいどういうことであろうか。それは、むきだしのブルジョア個人主義の対立物としてあらわれた、道徳感の思想が、たんに反ブルジョア的なものではなくて、地主のブルジョア化をきそとしていること、そして、そのごのイギリス資本主義の順調な発展が、これらのふたつのながれを、妥協させ統一していったことを、ものがたっている。それは、バークリ＝ヒューム段階のイギリス経験論が、理論上は、社会を個々の経験的人間にかんぜんに分解してしまいながら、現実には資本主義社会がそのばらばらの個人を統一していることに、安住しえたのと、対応している。

利己心と道徳感、個人と社会の、ハチスン＝ヒュームにおける統一は、さらにスミスにおいて、完成される。スミスの道徳哲学＝経済学の体系は、その明確な表現なのである。

ハチスンは、一七二九年に、グラーズゴウ大学の道徳哲学の教授に任命されたが、先任者カーマイケルのげんかくなピュアリタニズムとは反対に、宗教的オプティミズムをもっていて、神は神秘なしるしによってしられるのでなく、人類の幸福のために存在するのだとかんがえていた。スミスはハチスンの神学特別講義《プライヴィト・クラス》にも参加したらしく、『国富論』の「みえない手」は、このようなハチスンの「神」を、さらに近代化したものにほかならない。したがって、経済的自由主義が、フィジオクラットによって公表されるより二十年もまえの、グラーズゴウ大学の教室に、その萠芽をもっていたとしても、おどろく必要はないであろう。

ハチスンは道徳哲学体系のなかで、つぎのようにのべている。「あきらかに、各人は自然権をもっていて、それによってかれの諸能力を、じぶんの判断と傾向におうじて、他人の身体や財産を害さぬような、産業、労働、娯楽上の目的に、使用することができる。そしてそれは、もはや公共の利益が、かれの労働を必要とせず、またかれの活動が他人の分別にしたがうことを要求しないかぎり、そうなのであって、この権利をわれわれは自然的自由とよぶ。各人は、この権利の観念《センス》をもっている。(8)」レイによれば、ここでハチスンが、個人の自然権＝自然的自由（うまれながらの自由）を確認しながら、なお公共の利益による制限をかんがえているのにたいして、スミスはこういう制限を除去した点で自由主義を発展させたといわれる。(9) スミスの自由主義が、まったくこのような制限をもたなかったかどうかについては、なお検討を要するのであるが、ハチスンがさらにつぎのようにのべるとき、かれとスミスとのちがいは、まえよりもあきらかになるであろう。すなわち「民衆はまたしばしば、かれらの身のうえのことがらを処理し職人の仕事《ミカニック・アーツ》をおこなうための、最良の方法について、おしえられ、法によって束縛される必要がある。そして、一般に、自然法がおおくの余地をのこした幾多の点について、市民法がさらに正確に決定するのである。[10]」ここから推測すると、スミスが自然法を、社会の現実のなか、民衆のなかに内在する、かなり経験法則的なものとして理解するのにたいして、[11]ハチスンは、まだ、それを外側から民衆にあたえられるものとかんがえたようである。

さらに、ステュアートは、スミスが所有権理論について、ハチスンの法学講義のえいきょうをうけていることを、スミス自身からきいたらしいが、その講義においてハチスンは、所有権のきそを、占有物享有にたいする人類一般の同感にもとめたといわれる。[12]けれどもハチスンの同感概念は、まだかなり、いわゆる主観的ないみでの同情という色彩をもっていたようであって、たとえば、「われわれは、じぶんたちの道徳感情を同感に帰することができるかとたずねて、かれはみずからこれに否定的にこたえた。その根拠は、われわれが同感をもたない人物の行為、例をあげればわれわれの敵の行為を、しばしば是認する、というところにあった」と、レイがのべるのをみると、スミスが「公平な観察者」の導入によって同感概念を客観化し、フェア・プレイ＝正義＝等価交換を基軸とする経済社会の道徳（それはすでに経済社会の論理でもありうる）をはあくした功績が、あきらかになるであろう。

けれども、このちがいは、ハチスンが経済社会をみていなかったことによるのではなく、むしろ、経済社会＝資本主義社会が、自律化したかどうか、そしてそのことを認識しえたかどうかに、もとづいている。「ハチスンの名はどの経済学史にもでてこないけれども、かれは、この問題についての体系的な講義を、自然法学講義の一部としておこなった」とレイがかいているが、ハチスンは、前任者カーマイケル編のプーフェンドルフを教科書としながら、それが法学のなかにかなりの論理と経済の問題をふくむのにたいして、次第にそれをてんとうしていって道徳哲学体系をかいた。(13) だから、いずれにせよ経済問題は、かれの中心テーマではなくても、学問的視野のなかにあったわけであって、さらに、レイの見解によれば、ハチスンはすでにマーカンティリズム的な貨幣の幻想から絶縁していて、労働が富の大きな源泉であり価値の尺度だとかんがえていた。かかる経済学的考察にかれをみちびいた学問的動機は、自然法の中心概念のひとつたる契約問題が、価値や貨幣の研究を要求したためだとも、推測される。(14)

スミスのグラーズゴウにおける学生生活については、ほとんど資料がないが、スコットは、スミスが、ハチスンの指導をうけているときにかいたらしい論文が、グラーズゴウ大学図書館のバナマン文書のなかにのこっていると、報告している。それは「社会における諸個人の行為を規制する諸法にかんする研究 Enquiry into the Laws which govern the Conduct of Individuals in Society」と題された、ふたつ折版三六ページのものであって、その内容をスコットは、つぎのように紹介している。「これは、道徳感の説明からはじまっていることによって、わかるように、あきらかにハチスンのつよいえいきょうのもとに、かかれた。そこには、アダム・スミスがのちに展開したような、倫理学説の形跡はない。もっとも、たとえスミスがこの筆者であったにせよ、十七歳にもなっていなかったかれから、それを期待すべくもない。ある程度までアダム・スミスらしいとおもわせるのは、賞罰や社会にかんする自然法というような、理論そのものよりもむしろ理論の実際的諸効果について、紙面がさかれ関心がそそがれていることである。……さいごから二ページ目で、筆者は、賞罰の究極的諸根拠を論じて、つぎのようにいう。『ものごとにかんするすべての民事的訴求《シヴィル・クレーム》やすべての争論は、正邪の規準によって調停されなければならない。なぜなら、じぶんのものと相手のものとについて、当事者たちが相違するばあいには、権利《クレイム》にかんする原告の意見は、被告のそれとおなじく、規則となりえないからである。』ハチスンは、この『規準』ということばのしたに、線をひいた。おそらくかれは、それに反対したのか、そうでなければ、道徳感がいかにしてこのような規準をあたえるかを、筆者はしめすべきだと、かんがえたのであろう。アダム・スミスは、このときにさえ、道徳感は、徳の一種の美的是認としては十分であるかもしれないが、じっさい生活上のできごとにおいて必要な判定としては、不十分だという、ほのかなかんがえをもっていたのであろうか。[15]」

この手稿がスミスのものだという、決定的な証拠はないのではあるが、スコットの推定がただしいとすれば、少年スミスは、すでに、道徳感の客観性について、ハチスンと意見をことにしたのであった。そこから出発して、スミスは、人間の行為が社会的に是認される規準をもとめ、いわば社会化された道徳感としての同感の原理に、やがて到達するのである。

ところで、この時期のスミスについては、ヒュームのハチスンへの手紙が、ひとつの伝説をつくりだした。ヒュームの処女作『人間本性論 *Treatise of Human Nature*』は、一七三九年一月に出版されたが、かれじしんが「いかなる著述のくわだても、わたくしの『人間本性論』ほど不運なものはなかった。それは、印刷機から死んでうまれた」と、『自伝』にのべているとおり、かんぜんに黙殺されてしまった。[16] スミス伝説は、この本についての、ヒュームの手紙からはじまる。出版の翌年(一七四〇年)の三月四日に、かれはつぎのようにかいた。「わたくしの出版者は、スミス氏に、わたくしの本を一部おくりました。氏は、それを、あなたの手紙とともに、うけとったとおもいます。わたくしはまだ、氏が抜萃をどうしたかを、きいていませんが、おそらくあなたはごぞんじでしょう。わたくしは、それをロンドンで印刷させましたが、『学界事情 *the Works of the Learned*』誌上にではありませんでした……。」ここにのべられた「スミス氏」が、アダム・スミスのことだという推定が、バートンの『ヒュームの生涯と手紙[17]』(一八四六年)から、レイの『アダム・スミス伝』(一八九五年)をへて、『ヒュームの手紙』（一九三二年）の編者グリーグにいたるまで、つたえられていた。

しかし、ヒュームの手紙をよくよんでみると、この推定については、疑問がおこるはずである。第一に、スミスがハチスンから「手紙」をうけとることは、ありえないわけではないが、ヒュームがとうぜんとかんがえるほどのことではないであろうし、第二に、スミスがかいた抜萃を、ヒュームが、印刷させたとすれば、「どうしたかをきいていません」というのは、なんのことかわからなくなる。レイは、第一の点について、たいへん念のいった推定をして、――この手紙では、スミスはグラーズゴウにいないようだが、おそらくオクスフォード留学のじゅんびのために、帰郷していたのだろう――とまでいっている。(18)

じつは、「スミス氏」とは、アダム・スミスではなく、ダブリンの出版者ジョン・スミスであって、ヒュームは『人間本性論』の改訂版をだすための出版者として、ハチスンにスミスを紹介してもらったので、初版の抜萃をスミスにおくったのである。そして、この抜萃は、ヒュームじしんがかいて、一七四〇年のはじめに出版されたものであった。これらの事情は、ケインズによってあきらかにされ、かれはスラッファとともに、ヒュームの抜萃のリプリントを公刊した。(19)

ヒュームは、あとでのべるように、スミスのもっともしたしい友人であったが、ふたりがしりあったのは、この時期ではなく、約十年後のことだろうとおもわれる。けれども、そのまえから、スミスは、ヒュームの本をよんでいたし、オクスフォード在学中には、そのために、処分をうけるにいたるのである。

しかし、とにかく、前述のヒュームの手紙がかかれたころは、スミスは、レイの推定のように、オクスフォード留学のじゅんびをしていたかもしれない。というのは、その年にグラーズゴウ大学を卒業して、マスタ・オヴ・アーツをえたスミスは、スネル奨学資金の二十三人目の給費生として、オクスフォードのベリオル・カレジに入学することになり、六月に馬でグラーズゴウを出発したのだからである。スネル奨学資金は、グラーズゴウ大学の卒業生ジョン・スネルによって、一六七九年に設立されたのであるが、そのほんらいの目的は、グラーズゴウ大学の卒業生をオクスフォード大学へ留学させることにより、スコットランドで、国教会の職務に従事する人材を、養成することであった。けれども、スミスの時代には、この規則はあまりまもられていなかったらしく、ハーストによると、スミスのオクスフォード在学中に、この規則の再強化のうったえは、大法官裁判所によって却下された[20]。スミスも後述のように、それをやぶってしまうのである。もともと、前述のようなグラーズゴウ大学で、しかもそのなかでもっとも進歩的な教授にまなんだスミスが、スネル資金の条件にしたがう意志をもっていたとは、かんがえられないであろう。

（1）Williams, *ibid.*, p. 268. ——エディンバラにおける数学のコリン・マクローリンと、グラーズゴウにおけるハチスンとが、あたらしい学問の明星であった。マクローリンは一七二五年に、二七歳で代理教授に、ハチスンは一七二九年に、三五歳で教授に任命された。Cf. J. Mackinnon, *The social, and industrial history of Scotland, from the Union to the present time*, London 1921, p. 38. ただし、就任の年は、*C. D. N. B.* によって訂正。
（2）Williams, *ibid.*, p. 260.
（3）グラーズゴウ大学総長就任にさいして、スミスから主席教授にあてた手紙、一七八七年一一月二〇日、エディンバラ発。Scott, *ibid.*, p. 229.
（4）Mackinnon, *ibid.*, pp. 30, 55.
（5）Scott, *ibid.*, p. 32.
（6）D. Stewart, Biographical memoirs of Adam Smith, etc.—*The collected works of Dugald Stewart*, Vol. 10, Edinburgh 1877, pp. 8—9. Scott, *ibid.*, p. 34. Rae, *ibid.*, pp. 10—1.
（7）D. D. Raphael, *The moral sense*, Oxford 1947, p. 15. のちに功利主義のスローガンとなった「最大多数の最大幸

福」ということばは、ハチスンにはじまるといわれる。Rae, *ibid.*, p. 12.

(8) F. Hutcheson, *A system of moral philosophy*, London 1755, Vol. 1, p. 294.

(9) レイによれば、逆にハチスンは、ケェネーやスミスがのこしておいた利子法定という制限を、廃棄する (Rae, *ibid.*, p. 15)。この問題が、のちに、ベンサムのスミス批判の焦点となったことは、周知のとおりである。しかし、それについては、利子の統制か放任かが、だれのために主張されているかを、つきとめなければ、ハチスンがスミスよりすすんでいたとは速断しえない。

(10) Hutcheson, *A short introduction to moral philosophy*, Glasgow 1764, p. 325.

(11) もちろん、スミスにおいても、自然法はまだかんぜんな経験法則ではない。そして、かれもまた啓蒙思想の子として、賢明な政治による民衆指導というかんがえをもっていた。しかし、サー・ジェイムズ・ステュアートのばあいとちがって、政治家は、社会の順調な発展にとって不可欠のものではなくなった。

(12) D. Stewart, *Works*, Vol. 7, p. 263. Cf. Rae, *ibid.*, p. 13.

(13) ハチスンは、教科書として、グロチウスもつかった。Cf. Scott, *ibid.*, pp. 34, 112.

(14) Rae, *ibid.*, p. 14.

(15) Scott, *ibid.*, p. 35.

(16) 山崎正一『ヒューム研究』昭和二四年、六一―七二ページ。

(17) D. Hume, *The letters of David Hume*, ed. by J. Y. T. Greig. Vol. 1, Oxford 1932, pp. 37—8.

(18) Rae, *ibid.*, p. 16.

(19) J. M. Keynes and P. Sraffa, *An abstract of a treatise of human nature 1740 by David Hume*, Cambridge 1938.

(20) Hirst, *ibid.*, p. 9. 邦訳、一一ページ。

2　オクスフォード

一七四〇年のイングランドでは、すでに農業革命がはじまっていた。もっとも、タウンゼンドやタルによる農業・牧畜業の技術的改良が、全国的にひろがるのは、一七六〇年以後のことであるが、資本主義的大農経営のための土地かこいこみは、一七二〇年ごろから、活潑化していた。スミスは、十数日の馬上の旅の途中(1)、スコットランドとイングランドの境界を通過したとき、両国の農耕や牧畜の発達があまりにちがうので、おどろいたという。スコットランドの家畜は、イングランドに輸出されていたけれども、これは、イングランドの牧草で飼育されてはじめて、役だてられるのであった。サミュエル・ジョンスンが、有名な『イギリス語辞典』（一七五五年）の「からす麦」の項に、「イングランドで馬にあたえられる穀物であるが、スコットランドでは民衆の主食となっている」とかいたのは、たんにジョンスンのスコットランドへのけいべつによるのではなくて、両国の経済的発展のちがいをあらわしたものであった。

スミスじしん、七月六日にオクスフォードのベリオル・カレジに入学して、さいしょの晩さん会のとき、両国の牧畜のちがいにおどろいたと、つたえられている。まえにものべたように、スミスは子供のときから放心癖があったが、そのときも、かれは、骨つきのロースト・ビーフをまえにして放心状態におちいり、しばらく食事を忘れていた。それをみた給仕は、「いままでスコットランドでは、こんな大きな関節をみたことがないでしょうから、はやくおたべになるように」といったそうである(2)。当時のベリオルには、十名ちかくのスコットランド人学生がいたが、かれらはつねに、いなかもののあつかいにされていた。「のちにヒュームがなげいたような、イングランドにおけるスコットランド人の不評は、すでに、ベリオルにおいて、もっともけんちょであった。そして、スネル給費生は、大学生活から大部分しめだされていた。(3)」

こういう対立は、けっして、スコットランドが経済的に、イングランドにたちおくれていたことだけに、もとづくのではなかった。逆に、当時の大学の学問水準をくらべてみると、一般に、イングランドの大学は、スコットランドの大学に、はるかにおとっていたのである。スミスが、のちに『国富論』で、「オクスフォード大学では、大部分の大学教授は、現在まで多年にわたって、おしえるまねをすることさえ、まったくやめている(4)」とまで、はげしく非難したのは、たしかにかれじしんの体験からでたことばである。この感じは、けっしてスコットランド人の偏見ではなかった。スミスより十二年おくれてオクスフォードのモードリン・ホールに入学した、エドワード・ギボンも、「わたくしはモードリン・ホールに十四か月をすごしたが、これはわたくしの生涯でもっとも無益な十四か月となった」といって、スミスの前掲のことばを引用している。ギボンによれば、ケインブリジも同様であって、「これらの団体は、法王や国王の特許状で公認されたものとして成立したので、国民教育の独占権をえたのだが、もともと独占者の精神は、狭量で怠慢で圧制的である。(5)」

十八世紀初頭のオクスフォード、ケインブリジ両大学は、それぞれニュートンとブラクストーンを代表とする少数のすぐれた教授をもったけれども、ぜんたいとしては、「両者において、教育の主要課目は、古典と神学であり、中世とほとんどかわりのない制度で、おしえられ試験された」にすぎないし、「金持の息子たちにとっては、……ピットやカートレットのような若干の例外をのぞけば、両大学は、主としてぜいたくとばかさわぎの生活の機会であった。……どちらの大学でも、一七二四年に、ジョージ一世によって、官吏養成という明示された目標をもって設置された、歴史の教授は、この期間〔一七一四―六〇年〕に、なにも講義をしなかったらしい。社会状態についてもっとも進歩した見解をもち、偉大な公共的精神にもえた人々をみつけるには、主として国教反対者《ディセンター》の群のなかに、もとめなければならなかったが、かれらの特別な学校は、ふるいひからびた方法をのりこえて前進し、そして、かれらはオクスフォードとケインブリジの宗教審査のために、もっとひらけたスコットランドやオランダの大学に、いかざるをえなかった。[6]」

スミスは入学してふた月半ののちに、後見人ウィリアム・スミスへの手紙のなかで、つぎのようにのべている。

「ぼくがほんとうに心配しているのは、ことしの学資が、これまでのどんな時よりも、どうしてもずっとおおくなるにちがいない、ということです。なぜなら、ぼくたちは、入学にさいして、とほうもなく莫大な金を、大学にはらわなければならないからです。そして、もしだれかが、オクスフォードで勉強しすぎてからだをこわしたとすれば、それはその人じしんのせいなのです。ここでのぼくたちの仕事といえば、日に二回の礼拝にでて週に二回の講義をきくだけです。[7]」学生が週に二回聴講すればいいならば、各教授は、まさしく、講義のまねさえほとんどしなかったことになるが、これを、のちにスミスじしんがグラーズゴウ大学教授となったときの活動とくらべると、ふたつの大学の状況があきらかに対比されるであろう。

講義はこのようにまれであったが、オクスフォードの学生生活は、グラーズゴウのそれよりも、おおくの費用を必要とした。スネル奨学金は年に四十ポンドなのに、食費が三十ポンド、テューター謝礼が八十シリングだったから、のこりはわずか六ポンドしかない。そのためかどうかはしらないが、スミスはオクスフォードにいた六年のあいだ、いちども帰国しなかった。しかも当時の自費学生の最低学費は約六十ポンドだったという。

低調な講義とたかい学費だけが、スミスのなやみのたねだったのではない。「独占者の精神は狭量で怠慢で圧制的」だとギボンがいったとおり、大学当局は学生のなかにひろがる近代合理主義にたいして、弾圧をくりかえしていた。マカロックは、スミスじしんが直接にそのぎせいになったと、のべている。「スミスがオクスフォードにいたとき、かれの個人的な研究の性質について、監督者たちにうたがいをいだかせるような、あるできごとがおこった。そこで、かれのカレジの首脳者たちは、かれに予告しないでその部屋にはいってきたが、運わるくかれは、ヒュームの『人間本性論』によみふけっているところをみつけられた。このけしからぬ著書は、いうまでもなく没収され、同時にわかい哲学者はきびしいしかりをうけた。[8]」だから、スコットの表現をかりるならば、「『死んでうまれる』〔前述のヒュームのことば〕ことをまぬがれた部数のうちの、すくなくとも一部は、夭折してしまったのである。[9]」

スミスの処罰が、このくらいですんだのは、むしろ幸運なくらいだったと、レイはかいている。その数年まえには、三人の学生が、理神論に興味をもったために放校され、四人目の学生は、匡正のみこみがあるというので、放校はされなかったが、罰として学位授与を二年延期され、レズリの『理神論者退治の便法』の全部のラテン訳を課せられたのである。

ベリオル・カレジの、このような保守性は、政治的には、ジャコバイト支持となってあらわれた。「当時のオクスフォードは、かんぜんにジャコバイトであり、この点について、ベリオルは、他のカレジにけっしてひけをとらなかった。[10]」ところが、スミスは、名誉革命とハノーヴァー王朝の支持者であり、[11]その意見をカレジのなかで、あえてかくさなかった。一七四五年の、チャールズ・エドワードによるジャコバイトの叛乱は、カレジのなかの対立を、ますます尖鋭化させた。というのは、この叛乱にさいして、エディンバラは、むしろエドワードを支持したのに、グラーズゴウは、政府がわに二個連隊を供給したのである。[12]

エドワードは、一七四六年四月に、北スコットランド、インヴァネス附近のカロドゥン沼のたたかいにやぶれ、半年ちかい逃亡をつづけたのち、九月に、フランスへにげかえった。内乱のざわめきがまだのこっている八月十五日ごろ、スミスはベリオルをでてスコットランドにむかったが、ふたたびかえらなかった。スミスの名はその後しばらくオクスフォードの名簿にはのっていたから、出発のときは、かならずしも退学を決心していたわけではないらしい。けれども、これまでのべたような諸事情から、スミスがベリオルの生活に嫌悪を感じていたことは、たしかであって、かれはのちになって、「わたくしは、ベリオルをこのまなかったし、嫌悪の念をもってそこを去った」とかたったそうである。(13)

このようにして、スミスは、オクスフォードに約六年間在学し、B・Aの資格をとりはしたが、中途でたちさった。もっとも友人をつくりやすい年齢でありながら、かれはオクスフォード時代に、ほとんど友人をつくらなかったようである。かれは、のちにグラーズゴウ大学の教授として、オクスフォードと交渉をもつようになるが、そのときのかれの態度は、たんに事務的なものであったし、オクスフォードの方でも、スミスが有名になってからも、博士号をおくることとさえしなかった。その間、オクスフォードの沈滞は、世論のみとめるところとなった。一七五八年に、ギルバート・エリオットは、ロンドンからグラーズゴウのスミスにあてた手紙のなかで、フィッツモーリス卿（シェルバーン伯）の弟を、スミスの指導下におくという提案についてかいたときに、つぎのようにのべた。「かれ〔フィッツモーリス卿〕じしんは、一年ばかりまえにオクスフォードをでたのですが、弟をその大学にやる気はありません。……当地のすべての識者は、イングランドの大学の、きわめてばかげた構造に気づきはじめましたが、どうしたらいいかわからないでいるのです。(14)」

だが、それでは、スミスにとって、オクスフォードの六年間は、ギボンのばあいとおなじく、一生でもっとも無駄な時期だったのだろうか。たしかにかれは、オクスフォードの教授からも、友人からも、なにもえなかったらしい。また、「かれの時代のオクスフォードは、かれの生涯をかけるべき仕事について、もしいくらかの助力をあたえたとしたも、きわめてわずかであった」とスコットがいっているのも、ただしいであろう。しかしそれにもかかわらず、スミスはこの六年を無駄にすごしたのではない。かれはひとりで古典の研究に没頭した。当時のベリオル・カレジは、学内の指導的地位にはたっていなかったが、その図書館は最良のもののひとつであった。ここでスミスは、ギリシァ、ラテンの書物によみふけり、この点についてのかれの記憶の正確さは、ずっとのちになっても人々をおどろかせた。さらに近代文学の研究も、この時期にはじめられたものとおもわれる。かれはイタリアの詩人やフランスの古典主義作家のものをよくよみ、とくに後者を、じぶんの文体を改善するためにイギリス語にほんやくした。おそらく、イギリス近代文学も、すでにかれの関心のまととなっていたであろう。ただ、スコットもいうように、スミスは、古典についてはグラーズゴウ時代から関心をもっていたが、近代文学の研究にかれをむかわせたものはなんであったか、あきらかではない。

とにかく、オクスフォード時代のスミスの勉強ぶりは、大学そのものの沈滞とはおよそ反対に、はげしかったらしい。オクスフォードで勉強しすぎてからだをこわすのは、その人じしんのせいだと、手紙にかいたかれは、みずからそれを実証して、一七四三、四年ごろの手紙では、過労による体力のおとろえをうったえているのである。(15)

（1）一七五五年に、ジェイムズ・ウォットは、グラーズゴウからロンドンまで、馬で十二日かかった。H. W. Dickinson and H. P. Vowles, *ibid.*, p. 26.

（2）Hirst, *ibid.*, p. 10. 邦訳、一二―三ページによれば、「ベリオルの百人の学生のうち、約八人がスコットランド出身で、そのうち四人がスネル給費生であった。」スコットによれば、スミスと同時に給費生となったものは、十人だが、そのすべてがベリオルにはいったのではない（Scott, *ibid.*, p. 43)。

（3） Scott, *ibid.*, p. 38.

（4） Smith, *W. of N.*, p. 718. 邦訳、下巻一八五ページ。——スミスのオクスフォード批判は、『ジョンスン伝』の著者、ジェイムズ・ボズウェルをふんがいさせた。ボズウェルは、スコットランド人であり、「スミスのもとで法学をまなんだ」(C. D. N. B.) のだが、「アダム・スミス博士の、尊敬すべき母校オクスフォードにたいする、無礼な攻げき」にもかかわらず、「この世でもっとも高貴な大学」はすこしも害をうけなかったといい、「スミスは、その学識のおおくを、かれがながくベリオル・カレジで享受した奨学金におうにもかかわらず、その全機構に反対している」とのべている。J. Boswell, *Life of Johnson*, Oxford Standard Authors edition. New ed., 1953, p 1372. ——神吉三郎訳『サミュエル・ヂョンスン伝』（岩波文庫）には、この部分が省略されている。十八世紀イギリス思想史の貴重な資料が、訳者の独断でこまぎれにされてしまったのである。

（5） E. Gibbon, *Miscellaneous works of Edward Gibbon*, ed. by Lord Sheffield. Vol. 1, Basel 1796, pp. 42 ff. 村上至孝訳『ギボン自叙伝』岩波文庫、五九—七六ページ。

（6） Williams. *ibid.*, pp. 134—5.

（7） Scott, *ibid.*, p. 232.

（8） J. R. McCulloch. *Sketch of the life and writings of Adam Smith, prefixed to W. of N.*, New edition. revised, corrected, and improved, Edinburgh 1870, p. ii.

（9） Scott, *ibid.*, p. 42. しかし、スコットの指摘のように、『人間本性論』が没収されたという推定と、そのころのスミスの蔵書にこれがふくまれていることとは、一致しない。——スミスの蔵書目録によると、『人間本性論』初版の、一巻は東京大学に、二、三巻はエディンバラのニュウ・カレジにある。Cf. T. Yanaihara, *Catalogue of Adam Smith's library in the possession of the University of Tokyo*, Tokyo 1951. p. 33. J. Bonar, *A catalogue of the library of Adam Smith*, 2nd edition, London 1933, p. 89.

（10） Scott, *ibid.*, p. 44.

（11） e. g. Smith, *Glasgow Lectures*. pp. 58, 71, 72.

(12) Williams, *ibid.*, p. 267. Hirst, *ibid.*, p. 4 邦訳、五ページ。
(13) *Edin. Univ.* MSS., La II, 451/2; cit., Scott, *ibid.*, p. 43.
(14) Scott, *ibid.*, pp. 239—40.
(15) Rae, *ibid.*, p. 25.

第四章　エディンバラとグラーズゴウ

1　エディンバラ

オクスフォードからかえったスミスは、一七四八年秋まで、故郷カーコールディで、母とともにくらしていた。かれの遺稿集のなかの『天文学史 *The principles which lead and direct philosophical enquiries, as illustrated by the history of astronomy*』は、この時期にかかれたものと、推定される[1]。スミスはこのころから、学者として世にでようとしていたが、大学教授になるための近道として、まず名門の子弟の旅行つきそい教師《トラヴェリング・テューター》の地位をさがした。しかしレイがつたえるところによれば、かれの放心癖と応対のまずさがわざわいして、成功しなかった。学者としての道は、別な方面からひらけてきた。それは四八年冬にはじまるエディンバラ公開講義である。

当時のエディンバラは、経済的重要さにおいてはグラーズゴウにおよばなかったが、やはりスコットランドの政治的中心であるし、エディンバラ大学は、グラーズゴウ大学とならんでイギリス最高の学府だったのである。また文化団体の活動もさかんで、一七三五年には「エディンバラ技術・科学・農業奨励協会 Edinburgh Society for Encouraging Arts, Sciences and Agriculture」が、一七三九年には「哲学協会 Philosophical Society」が設立されていた。

このような、エディンバラの文化運動の指導者は、第一にヘンリ・ホーム（ロード・ケイムズ）であり、そしてスミスのおさな友達ジェイムズ・オズワルドと母方の親戚ロバート・クレイギーも、そうであった。だからこの点では、スミスが学者としての第一歩をふみだすためには、良好な条件がそなわっていたのである。ホームは、当時五二歳で、まだ著作はすくなかったが、エディンバラ法曹界の第一人者で、法律のみならずあたらしい文化全般にわたって、つよい関心をもっていた。とくに農業の改良とイングランド近代文学の研究については、そうであった。「かれは趣味にかんするすべての問題の、法律そのものだった」(2)とさえいわれている。かれは、農業において、イングランドのすすんだ農具をスコットランドに導入したように、文学においても、合邦後のスコットランドに流行しはじめたイングランド近代文学の、すぐれた紹介者であった。

スミスのエディンバラ公開講義は、ホーム、オズワルド、クレイギーの三人によって計画され、「哲学協会」でおこなわれたもののようである。(3)時期は一七四八年から五〇年にかけて毎冬、すなわち三回の冬であって、内容は、スコットの推定によると、文学および文芸批評について二回、法学について一回である。そして、スミスがオクスフォード時代に文学を研究していたことと、のちのグラーズゴウの教授時代のはじめに法学を研究していたことを、かんがえあわせて、三回のエディンバラ講義のうちでは、法学がいちばんあとだったとみなしていいであろう。

スミスは、一七四八年に、ジャコバイトの亡命詩人、バンガーのウィリアム・ハミルトンの詩集を、編集して、グラーズゴウのファウルズ書店からだしている。(4)だから、すでに文芸批評家として、みとめられていたのであろうし、レイにいたっては、「かれは、生涯のこの初期に、みずから詩人として名をなそうという夢をもったことがあったらしい」とさえいっている。(5)それらを考慮するならば、エディンバラ講義における、かれの学者としてのスタートが、文学の領域できられたとしても、あまりおどろくにはあたらないであろう。

だが、それでは、よくいわれるような、スミスの思想における三つの世界、(6)すなわち道徳・法・経済に、もうひとつ文学をくわえて、四つの世界を問題にしなければならないのであろうか。いずれにしてもスミスのエディンバラ文学講義の内容を、われわれはしらなければならない。ところが、三つの世界が、それぞれ『道徳感情論』『グラーズゴウ講義』『国富論』において、明瞭なすがたをみせているのにたいして、文学論はそのようなまとまった表現をもっていない。ただ、推測の材料として、『道徳感情論』の若干の部分、『哲学論集』中の「模倣芸術について Of the Nature of that Imitation which takes place in what are called the Imitative Arts」「あるイギリスの詩形とイタリアの詩形との類似について[7] Of the Affinity between certain English and Italian Verses」および、当時の聴講者のひとりだったブレアの講義[8]や、一七九一年に雑誌『蜂』に発表されたスミス会見記[9]などが、あたえられているにすぎないのである[10]。

これらのうち、とくに「模倣芸術について」は、ハーストの意見によれば、バークの『崇高と美』もレシングの『ラオコーン』もあらわれていなかった当時においては、驚嘆すべきものであった。いまここでは、ひとつひとつの著作にたちいることはできないが、芸術論におけるスミスの立場を、それらのものから要約すると、古典主義的だといっていいであろう。

かれは、模倣芸術のうつくしさは、模倣とその対象との不一致にあるとかんがえた。それは、芸術家がこの不一致をのりこえようとする努力のうちに、美をみるのであって、困難とそれを克服する力との「均衡」がうつくしいのだ、ということになる。詩の形式や韻をスミスがきわめて重視したのは、「克服された困難《ディフィキュルテ・シュルモンテ》」としてであった。そこで、スミスの芸術論の中心概念は、均衡・形式・体系であるとみることができる。このような芸術論を、スミスにあたえたのは、フランス古典主義文学であっただろうと容易に想像されるが、『蜂』の談話によれば、ラシーヌの『フェドール』を、スミスは最高の悲劇とかんがえ、イギリスの劇作家たちもフランスのそれのように韻《ライム》をつかったなら、もっといい作品ができたはずだと、かたったそうである。

したがって、スミスによれば、イギリスの作家のなかでも、ポープ、ドライドゥン、ジョンスン(11)などの古典主義者が賞讃され、これに反してシェイクスピアは、すぐれたおおくの「場面《シーン》」をかいたが、よい劇をかいたのではないといわれる。一般に十八世紀末には、シェイクスピアは野蛮、不規則で詩をもたないとして、低く評価され、文芸評論のなかでは詩人の数に入れられなかったり、ハムレットをかなかったらもっと評判がよかっただろうとさえ、いわれていた。スミスも、だいたいにおいて、このような見解を支持したらしく、ジョンスンが、ボズウェルから、スミスがグラーズゴウ大学の講義で無韻詩《ブランク・ヴァース》を非難したことをきいて、ひじょうによろこんだ(12)というのも、同様ないみをもつのであろう。

ハーストは、この点について、つぎのようにのべている。「スミスは、その時代の世論に共鳴して、ドライドゥン、ポープ、グレイを、ほめたたえたが、かれらはまもなく、自然とロマンの子らによって、ひきずりおとされた(13)。」そして、それと同時に、かれらをほめたスミスもまた、「自然とロマンの子」ワーズワスによって、つうれつに攻げきされる。「アダム・スミスは、デイヴィド・ヒュームも例外ではなく、この種の雑草がそだつにふさわしい土壌たるスコットランドがうんだ、最悪の批評家である」と、ワーズワスはかいている(14)。ヒュームとスミスは、とくに、「諸対象の、意図された目的への適合性が、慣習から独立した、美の源泉である」とした点で、一致し、かつ、十八世紀的見解を代表していたのである(15)。

ステュアートは、このようなスミスの芸術論を「体系への愛好」と特徴づけ、かれは「不規則な想像の大胆な飛躍」よりも「確立された規則にしたがう心情の従順」を愛したとのべる(16)。だから、シェイクスピアがしりぞけられたのであり、文学形式の点では、当時興隆の途上にあった典型的な市民文学たる小説よりも、詩や劇の方が高く評価されたのである。すなわち、小説においては奔放な想像が可能であるのにたいして、詩や劇には形式的統一があるからである。スミスは、のちのフランス旅行中にもきわめてしばしば劇場にかよったし、晩年には劇にかんする著作の出版をかんがえていたといわれるが、(17)これに反して、小説は、かれの蔵書三千冊のうちに、ほとんどなかった。「小説が、当時、上昇期にあり、人気のある文学形式であったこと、スミスがその生涯を、職業的文芸批評家としてはじめたことを、かんがえあわせると、小説が無視されているのは、神学の無視より不可解であろう。かれの精神は、ものがたりにおおく気をつかうには、あまりに実証的であったらしい」とレイがいうのは、(18)一おうはもっともではあるが、われわれにとっては、このスミスの態度は、けっして不可解ではない。

それでは、スコットがつぎのようにいうのは、ただしいであろうか。「かれ〔スミス〕は、十八世紀の形式主義に共めいした。……そうだとすれば、文芸批評家アダム・スミスと、経済学者アダム・スミスとのあいだに、すくなくとも外見上は、矛盾があることがしめされる。(19)」すなわち、スミスにおける四つの世界のうち、芸術と経済は、形式主義（保守主義）と自由主義として対立すると、スコットは主張するのである。じつは、この問題は、内容的にはかならずしもあたらしいものではない。なぜなら、いわゆるアダム・スミス問題が、利他心と利己心の対立として提出されたときに、保守主義と自由主義の対立はとうぜん（意識されたかどうかはべつだが）存在したはずである。だからスコットの問題提起は、アダム・スミス問題一般にひきなおして、解決されなければならない。それはしばしば、経済の優位、利己心のきそ的重要性によって解決されたといわれているが、それほどかんたんなものではないのである。

まず、利己心および自由主義の面から、かんがえてみよう。近代的個人が、自己の生存のためのたたかいのなかで、おのずから形成していくあたらしい社会秩序は、イギリス・ブルジョア革命（ピュアリタン革命）のときに、ホッブズによって、まさしく、人間の平等不可侵の自然権のためのたたかいとして、えがきだされたのだが、すでに「名誉革命の哲学者」ロックにおいては、自然権は、すがたをけしてしまった。このことは、一方では、この「ブルジョア革命」の妥協的性格をあらわすとともに、他方では、妥協をとおして、ブルジョアの基本的権利が、現実の社会秩序として定着しはじめたことを、いみするのである。スミスのなかには、たしかに、このような、勝利のあとの安定感がみられる。そして、それが、古典的調和の愛好となってくるのである。

けれども、それでは、スミスが、現状に満足していたかというと、けっしてそうではない。イギリス産業資本は、産業革命のいりぐちに立ったばかりであった。それだからこそ、スミスの利己心や自由主義は、リカードゥのばあいのような客観的自然法則ではなくて、しばしば倫理であり要請であり、社会にたいして、神や良心が要求するところであった。スミスにおける、たたかいと安定の錯綜は、こうして、イギリス産業資本の歴史的位置から、理解することができるであろう。

したがってまた、スミスが、フランス古典主義文学の、調和的なうつくしさを愛したのも、たんに保守的だということはできない。第一に、フランス古典主義文学そのものが、絶対王政下におけるフランス・ブルジョアジーの、たたかいの表現であり、(20) 一般的にいえば近代合理主義の産物であった。第二に、おなじく古典的調和といっても、絶対王政下のフランスと、ブルジョア革命後のイギリスとでは、その内容と性格をことにするはずである。この問題は、さらに、スミスをバークやジョンスンなどのイギリス保守主義者と比較することによって、究明されるべきである。

さて、スミスはこのような芸術論的立場にもとづいて、二回の文学講義をおこなったが、スコットは、この講義のなかに、『道徳感情論』の三版に追加された「言語の起源について」および、哲学論集のなかの「古代の論理学・形而上学史」もまた、実質的にふくまれていたとみなしている。そして、二回の文学講義のつぎに、法学講義がおこなわれたのだが、このさいごのエディンバラ講義の内容をしるための材料は、文学講義のばあいよりも、さらにとぼしい。それは、スミスじしんのまとまった著作としては、しめされていないのであって、かれの手になるとつたえられ、あるいは推定される若干の断片と、聴講者の回想が、証拠となるにすぎない。

第一には、ステュアートが、一七九三年にエディンバラ王立協会で、スミスの追憶をかたったときに、かれが所有していたスミスの手記から引用した部分があげられる。この手記は、現在ではのこっていないので、ステュアートの引用部分だけしか、われわれは利用しえない。この部分はしばしば引用されるが、重要であるからここでも全文をあげておこう。

「人間は一般に、政治家や企画家によって、ある種の政治的技術の素材とみなされている。企画家は、自然が人間界のことがらにおいて作用するのを、途中で妨害する。だが、自然がそれじしんの企図を実現しうるために必要なのは、かの女〔自然〕がその目的を追究するにあたって、放任し、公正にとりあつかうことだけである。……国家を最低度の野蛮から最高度の富裕にみちびくために必要なものは、平和と軽い税と若干の裁判のほかには、ほとんどない。その他のすべてのものは、事物の自然のなりゆきによってもたらされる。この自然のなりゆきを妨げたり事物を他の路におしやったり、あるいは社会の進歩を特定の点にとどめようとする、すべての統制は不自然であり、そして、みずからを維持するためには抑圧的専制的とならざるをえない。……以上にのべられた見解の大部分は、現在なおわたくしの手もとにある、若干の講義のなかで、くわしくとりあつかわれているが、それは六年まえにわたくしのところをさった書記によって、かかれたものである。それらはすべて、わたくしがグラーズゴウにきたさいしょの年に、はじめて、クレイギー氏のクラスをおしえたときから、今日にいたるまでずっとつづいて、わたくしの講義の主題であった。それらはすべて、わたくしがエディンバラをさるまえの冬におこなった講義の主題であって、それらが完全にわたくしのものであることについては、エディンバラでもグラーズゴウでも、わたくしは無数の証人をあげることができる[21]。」

これは、スミスが一七五五年に、グラーズゴウの学会に提出した文書だといわれる。かれは、じぶんの見解のひょうせつにたいして、それがすでにエディンバラ時代から、じぶんのものであったことを、主張したのであるが、ひょうせつの非難をうけたのが、だれであったかは、あきらかではない。スコットによれば、ロバートスンとファーガスンであると推定される[22]。

とにかく、この断片からしられるのは、スミスがすでにエディンバラ時代に、政治的経済的自由放任の思想を表明していたこと、エディンバラ講義とグラーズゴウ講義がかなりちかい内容をもっていたことである。さらにスコットは、かれの発見したスミスの草稿の断片が、エディンバラのさいごの講義の内容をしめすものと推定するのだが、それは、一、道徳的義務、正義と仁慈、二、穀物、家畜その他の価格、三、分業、四、水運、という四つの部分からなり、この講義がすでに経済学の萌芽をふくんでいたことをしめしている[23]。スコットの見解によれば、この講義より一年はやく、フィジオクラットの総帥フランスワ・ケネーがあらわした『動物生理《エコノミ・アニマル》についての自然学論文《エセ・フィジーク》』には、これほど明白な経済学的部分はふくまれていないから、スミスの自由主義経済学は、フィジオクラシイとは一おう別に、スコットランドの思想と社会の発展のなかからうみだされたのだと、かんがえられる。

エディンバラ講義はスミスの学問的名声をたかめ、グラーズゴウ大学教授となるきそをあたえただけでなく、経済的にも成功した。さらに、スミスは、一七四九年に異母兄ヒュウの死により、遺産を相続した。こうして、この時代のスミスは、名声と財産にめぐまれ、前述のようなすぐれた後援者と友人をもっていたのである。またこの時期のおわりに、かれは最大の友人デイヴィド・ヒュームをしった。ウィーンおよびトリノのイギリス大使館につとめていたヒュームは、一七四九年にスコットランドにかえってきて、故郷のナインウェルズにすんでいたが、スミスとはじめてあったのは、そのときからスミスが五一年の九月か十月にグラーズゴウにうつるまでのあいだだったようである。そして五二―三年ごろの手紙は、二人がまだ、のちのような親友にはなっていないことをしめしている。

しかし、ヒュームとスミスの思想的なつながりは、間接ではあるが別な点で、このときすでに成立していた。というのは、ヒュームは一七五〇年に「貿易差額」にかんする有名な論文を、スミスの親友ジェイムズ・オズワルドにおくって、批評をもとめたからである。オズワルドは、十月十日づけのながい手紙でこれにこたえたが、そこにおいてかれは、重商主義的偏見をまったくこえていたといわれている。(24)そしてオズワルドは当時すでに、議会における経済問題の権威であり、「スミスは、その経済的研究について、ヒュームよりも、むしろこのジェイムズ・オズワルドから、おおくの示唆をあたえられた」とスコットがいっているほどであった。したがって、このとき、オズワルド、ヒューム、スミスは、ともにスコットランドの近代経済思想成立史のながれのなかにいたのである。

このようにめぐまれた時代にも、ひとつの不幸があった。それは失恋である。これについて、スコットの説明を引用しよう。「スミスは、生活のほとんどあらゆる面で幸運であった。……ただひとつの点でかれは失敗した。それは、かれが結婚しようとおもった女たち（それはただ一人だけではなかったとおもわれる）のうちだれ一人として、かれをうけいれなかったことである。ステュアートは、スミスのわかいころの恋愛をのべているが、そのはじまりは、オクスフォードからかえったときか、エディンバラにいたときであろう。そうだとすれば、この女性は、かれが一七六六年にパリでおもいをはせた『ファイフのおとめ』とは別であったらしい。……はなしによると、アダム・スミスは、かつて愛した女性にエディンバラであったとき、いとこのミス・ダグラスに『アダムさん、このひとがあなたのジャニイだってことがわからないんですか』といわれるまで、そうと気づかなかった。(25)」

（1） Hirst, *ibid.*, pp. 16—8. 邦訳、一八—九ページ。スコットは、この論文が、一七五八年よりまえのものであることは、かくじつだという。Scott, *ibid.*, p. 50.

（2） Rae, *ibid.*, p. 31. ——ホームは、『批評要論 *The Elements of Criticism*. 1762』において、「文芸批評が権威にもとづくという見解をすてて、人間性を支配する内面的法則から、規準がひきだされるという見解を、支持した」(E. Legouis and L. Cazamian. *A history of English literature*. Engl. tr. rev. ed., London 1951, p. 951)。

（3） エディンバラの公開講義そのものは、スミスがはじめてではなく、大学でもしばしばおこなわれた。Scott, *ibid.*, pp. 48—50.

（4） Rae, *ibid.*, pp. 38—9. *C. D. N. B* が、ハミルトン詩集出版を一七四九年とするのは、まちがいである。ハミルトンは亡命中だったから、匿名で出版された。なお、ファウルズについては、八四ページをみよ。

（5） Rae, *ibid.*, pp. 34—5. スコットによれば、これは「まったく根拠がないものではないとしても、誇張されている」(Scott, *ibid.*, p 61)。

（6） 高島善哉『アダム・スミスの市民社会体系』昭和二二年、参照。

（7） このふたつの論文の執筆時期を、スコットの推定は、のちのグラーズゴウ時代とする。Scott, *ibid.*, pp. 50, 59—61

（8） H. Blair, *Lectures on rhetoric and belles lettres*, 1783 これは、スミスからのひょうせつをふくむ、といわれた。

（9） 一七八〇年に、グラーズゴウのある青年が、スミスにあって、世界の有名な著作家についてのかれの意見をきき、その記録を、のちに雑誌 *the Bee*. 1791 に、Amicus のペンネームで発表した。この会見記の真実性は、編集者ジェイムズ・アンダスン（地代論で有名な経済学者）によって保証されている。二〇七—八ページをみよ。

(10) そのご、ロシアンによって、あたらしい資料が発見された。*Lectures on rhetoric and belles lettres delivered in the University of Glasgow by Adam Smith, etc.*, London 1963.
(11) ジョンスンやポープの人間については、スミスはかなり批判的であった。Cf. Scott, *ibid.*, p. 122. Rae, *ibid.*, p. 370.
(12) Boswell, *ibid.*, p. 303
(13) Hirst, *ibid.*, p. 19 邦訳、二二ページ。
(14) W. Wordsworth, Preface to the second edition of several of the foregoing poems, published, with an additional volume, under the title of "Lyrical Ballads," —— Essay, supplementary to the preface. なお、レイもハーストもともに、「ヒュームも例外でなく Hume not excepted」を、「ヒュームをのぞいて Hume excepted」として引用している。Rae, *ibid.*, p. 34. Hirst, *ibid.*, pp. 20—1 邦訳、二三ページ。
(15) Cf. J. W. H. Atkins, *English literary criticism; 17th and 18th century*, London 1951, pp. 364—5. ——この「適合性」と、前述の「克服された困難」とは、矛盾しない。後者においても、力点は、克服＝統一におかれているのだからである。
(16) Stewart, *Works*, Vol. 10, pp. 49—50
(17) Stewart, *ibid.*, p. 49 ステュアートは、「けっきょくその一断片がのこされたにすぎない」というが、「模倣芸術について」は、晩年にかかれたものではないのだから、そのほかになにかあることになる。
(18) Rae, *ibid.*, p. 328.
(19) Scott, *ibid.*, p. 53.
(20) 水田・長谷川・竹内『近代社会観の解明』昭和二七年、一〇五—七ページ。
(21) Stewart, *ibid.*, p. 63. これがステュアートの引用の全文である。——ここにあらわれた人間中心思想の、歴史的意義については、わたくしの『近代人の形成』昭和二九年、前篇第三—四章を参照されたい。
(22) Scott, *ibid.*, pp. 101, 118—20.
(23) Scott, *ibid.*, pp. 57—9, 379—85. ——この草稿は、スミスじしんがかいたものではない。スコットは、四つの部分のうち、あとの二つだけを、しゃしん版で発表した。ケインズは、「これらのうちのふたつが、エディンバラ講義にかんするものだと、スコット教授は信じる」とのべているが、スコットじしんの説明からすると、それほど明確な根拠があるとはおもわれない。ケインズも、「スコット教授は、たいへん奇妙なことに、これらの文書のうつしを、ひとつも印刷していない」と、疑問を表明している (J. M. Keynes, Adam Smith as student and professor, *Economic History*, Feb. 1938)。スコットが発表したものもふくめて、この草稿は行方不明である。

(24) Rae, *ibid.*, p. 37.

(25) Scott, *ibid.*, p. 65.

2　グラーズゴウとその大学

一七五〇年十一月、グラーズゴウ大学の論理学教授ジョン・ロウドンが死んで、後任が必要となった。スミスは、エディンバラ講義の名声と有力な後援者（ヘンリ・ホーム、アーガイル公、ウィリアム・スミス、ジョン・ダルリンプルなど）によって、翌五一年一月に、ほとんど無競争で任命された。そして、その年の十月の新学期までは、重要な会合以外には大学にでないことをゆるされた。エディンバラの仕事がいそがしかったからだと、レイはいっているが、それは公開講義をさすのであろうか。

こうして、スミスは一七五一年に、卒業後十年を経て、母校グラーズゴウ大学にかえってきた。この年月のあいだに、大学も町も、それぞれの変化を経験した。スミスの恩師ハチスンはすでになく、そのあとをトマス・クレイギーがついでいた。かつてスミスが交際した大学の教授のうち、いきのこっているのは、わずか二人であった。スミスが入学したときすでにはじまっていたこの都市の経済的発展は、十年間にさらにおしすすめられた。

まえにのべたように、グラーズゴウの経済的発展の最大の推進力は、合邦によって可能となった植民地貿易であった。したがってこの経済的はんえいは、貿易が軌道にのった十八世紀の第二四半期にはじまり、第三四半期のおわりには独立戦争のために一時衰退する。スミスが大学教授としてグラーズゴウで活動した時代は、この発展の絶頂であった。

もっとも重要な商業は、植民地（アメリカおよび西インド諸島）たばこの貿易であり、一七五〇年以前に、グラーズゴウはこの商品の主要集散地となっていた。一七七一―二年の例をとると、グラーズゴウは、全ブリテンのたばこ輸入の五四ないし五％をとりあつかっていたが、それはグラーズゴウじしんの取引高の一部にすぎず、大部分は地中海、バルト海、北海方面へ再輸出されたのである。だから、グラーズゴウのはんえいのきそは、たばこ仲継貿易であり、スコットのように「この経済的社会的発展は、マーカンティリズムの廃棄によってでなく、そのわくのなかで、おこなわれた[1]」ということもできるであろう。しかし、いずれにせよ、スコットランドの外国貿易については、「一七五〇年は、かれら〔スコットランド人〕の進出の年だと推定される[2]。」

そして、もちろん、すべての貿易が、仲継貿易だったのではない。スコットランドの国民産業としての、亜麻《リネン》織物業も、一七三一―五年間の平均年産額四百五十万ヤードから、一七四六―五〇年間の平均年産額九百万ヤードへと、飛躍した[3]。「一七五〇年は、工業が、なげかわしいかよわさから、真の重要性へと発展する、画期であった[4]。」グラーズゴウとその附近の工業的発展も、いうまでもなく、例外ではなかった。メリランドのニグロどれいの農具をつくるために、スミスフィールド鉄工場が、また、農園用の鞍や靴をつくるためにグラーズゴウ鞣皮工場が、建設された。さらに亜麻の漂白・染色工場や銅・錫・陶器・敷物・絹織物・皮手袋などの工場が、だいたい一七四〇年から六〇年ごろにかけて、ぞくぞくとたてられた。

亜麻の漂白には、そのころは硫酸がつかわれていたが、それの大量生産は、スミスの友人ジョン・ローバックの鉛室製造法によって、可能になった。かれは、シェフィールドの非国教徒の子で、エディンバラおよびレイデンの大学にまなんだのち、バーミンガムの金属工業の、硫酸にたいする需要にこたえて、一七四六年、そこに硫酸工場をつくった。そして、一七四九年には、エディンバラ東方のプレスタンパンズに新工場を開設した。(5) こうしてかれは、スコットランドの化学工業の先駆者となったが、さらに、一七五九年には、バーンズがうたったカーロン製鉄所の建設者の一人として、活躍した。この高炉製鉄所は、バーミンガムの資本に依存するところがおおきかったとはいえ、とにかく、スコットランドでさいしょの、石炭による製鉄所であった。(6) それは、七年戦争(一七五六—六三)の軍需ブームの産物であり、したがって、おもな製品は、大砲であったが、その技術は、ウォットの蒸気機関に、シリンダーを供給するのに役だった。ローバックはまた、ウォットのスコットランドにおける共同事業者でもあったのである。

ウォットは、有名な蒸気機関の発明だけでなく、一七六六年から七四年まで、クライド河を中心とする測量や運河計画に参加したこともあり、デルフトフィールドの陶器工場で、はたらいたこともあった。(7) のちに(一七八七年)、ベルトレーの塩素漂白法を、フランスからスコットランドにつたえたのも、かれであった。(8) ウォットやスミスの技術と学問をうんだ大学の雰囲気については、あとでもまたふれることになるだろう。

ウォットも参加した運河計画は、フォース＝クライド運河(グラーズゴウと北海をむすぶ)、モンクランド運河(ラナークシャの石炭をグラーズゴウにはこぶ)、カレドニア運河などがあり、それらは、幾多の曲折をへて、十八世紀末から十九世紀はじめに、ようやく完成する。(9) しかし、完成がおくれたとはいえ、このような運河ブームは、やはり、グラーズゴウの経済的ぼうちょうがうみだしたものと、かんがえなければならない。港湾施設も、一七五九年から六八年にかけて、改善され、一七五〇年ごろから道路建設も活潑化していた。金融部面では、第一グラーズゴウ銀行、第二グラーズゴウ銀行が、一七五〇年と五二年に創立された。

　このような発展を、人口の増加によってしめせば、グラーズゴウの人口は、一七一四年に一万二―三千、一七六〇年に二万六―七千、一八〇一年に七万七千となった。スコットランドの全人口は、一八世紀はじめの約百万から、百年間に二百五十万に増加したにすぎず、エディンバラの人口も、一七一四年の三万六千から、十八世紀末に八万になったにすぎない。[10] 増加率をみると、グラーズゴウが、他を圧しているのである。こうして、一七五〇年以後のグラーズゴウは、「町にひとりの乞食もなく……子どもでさえもいそがしかった」といわれるまでになったのである。一七二五年以後に出現した「たばこ王《ロード》」たちは、はなやかな緋色の外套をまとい、ふるい町の伝統をはなれたおもいおもいの住宅を、市外にたてるようになった。スミスがいなかった十年間に、かれらの存在を無視しては、もはやグラーズゴウをかんがえられぬほどになったのである。

　けれども、十八世紀なかばのグラーズゴウが、いぜんとして新旧両要素の混合体であったことは、むしろとうぜんであろう。前述のような商工業の発展にもかかわらず、たとえばジェイムズ・ウォットは、市民権がないという理由でこの市内で店をひらきえなかった。「わかい女はひとりで住まぬように警告され……女たちは説教中にこっそりいねむりをしないように、教会に肩かけをもってきてはならないとされた」[11] という、市民生活の教会的統制は、しだいに緩和されてきたが、まだ消滅してはいなかった。劇場は「悪魔の祭殿」としてしりぞけられ、一七六一年には、アダム・スミスでさえも、反劇場運動に参加したのである。[12]「グラーズゴウは、大ブリテンでもっともうつくしい都市」とはいわれたが、一七五〇年にもまだ強盗はそれほどめずらしい事件ではなかった。ふたたびスモレットの表現をかりるならば、「この都市の人々は、その勤勉《インダストリ》と商業精神と長老教会《プレズビテイリアン》の規律厳守とにおいて、顕著なものがある。[13]」

商業都市グラーズゴウは、「住民の生活が主として資本の使用によって維持される[14]」ことによって「消費都市エディンバラにまさり、「グラーズゴウでは数年にひとつというほどにも……秩序の破かいはおこらないのに、エディンバラでは、それが毎年いくつか発生する[15]」とスミスもいっているけれども、そのグラーズゴウにおいても、近代的合理主義は、ながいたたかいののちに確立されたのであって、スミスが二度目にこの町にきたときも、たたかいはまだつづいていた。

二八歳の青年、アダム・スミスは、このような都市に、母校の教授としてかえってきた。グラーズゴウ大学はハチスンをうしなっていたが、かれがうえつけた進歩的精神はうしなわれることなく成長した。スミスが着任する数年まえに、大学は新興自然科学を育成するために実験室をつくった。ここで、医学および解剖学の教授ジョウジフ・ブラックが、潜熱にかんする研究をすすめていたし、ジェイムズ・ウォットが、資本と市民権とをもたぬため、グラーズゴウで開業できずにこまっていると、大学はその構内に仕事場をあたえた（一七五八年）。さらに一七六〇年には天文学講座が新設され、初代教授ウィルスンは黒点観測で有名になった。天文学の研究が、貿易港グラーズゴウの、航海術にたいする実践的要求とむすびついていることは、いうまでもない。さらに、レイによれば、自然哲学の教授ジョン・アンダスンは、「仕事着のまま労働者に、自然哲学〔自然科学〕の夜間講義をおこなった。この講義は高級職人の技術教育を発達させることによって、スコットランド西部の工業技術におきな貢献をした[16]。」

これらの実例のうち、レイがあげたアンダスンの夜間講義は、スコットによって否定されたけれども、一般に、産業革命の技術的諸要求にこたえた理論的研究が、スコットランドの大学からうみだされたことは、否定することができないのであって、これをラーンスラット・ホグベンは、「イギリス産業革命におけるスコットランド科学の理論的指導性」となづけている。[17] ホグベンによれば、ニュートンの死（一七二七年）から、ボウルトン＝ウォットのソホー工場建設（一七七四年）までは、「イリザベス時代いらい、こんにちまでのあいだで、イングランドの社会、文化が、もっとも頽廃した時期」であり、産業革命初期の指導的な科学者は、キャヴェンディシュをのぞけば、すべてスコットランドの大学の出身者であった。「イングランドの教育は、せまい階級的きそにもとづいていて、産業の拡大が要求する理論的指導を、あたえることができなかった。[18]」

産業革命の開始期を特徴づける産業上の発展は、動力生産と化学工業において、みることができるであろう。そして、それに対応する理論的な業績としては、潜熱の発見とエネルギー不滅の萌芽的認識、および、元素についての近代的見解のはじまりを、あげなければならない。[19] ローバックやウォットが、蒸気機関と化学工業との双方に、おおきな貢献をしていることは、まえにものべたが、ウォットの実験に理論的支柱をあたえたブラックは、潜熱の先駆的研究者であると同時に、炭酸ガス（当時は fixed gas とよばれた）の発見者であった。ブラックはウォットに、理論を提供しただけでなく、千ポンドの財政的援助をした。しかし、ウォットの成功を可能にしたのは、ブラックだけではなく、グラーズゴウ大学そのものであったというべきであろう。その事情をすこし説明しておこう。

ウォットは、一七三六年に、グラーズゴウの外港グリーナックでうまれ、一八一九年に、バーミンガムの近郊ヒースフィールドで死んだ。アダム・スミスより、十三歳わかかったのである。かれの父は、船具の大工と商人とを兼営していて、また市政にも参加したほどだから、かなりの才能と資力をもっていたのであろう。[20] ジェイムズは、子供のときから父のしごと場で模型をつくっていたが、一七五四年に父が事業に失敗すると、数学器具製作者になろうとして、技術習得のためにグラーズゴウにでた。グラーズゴウをえらんだおもな理由は、母方の親戚（ミュアヘッド家）が、大学にかんけいしていたことだといわれる。おそらく、東洋語教授ジョン・ミュアヘッドがそうだったのであろう[21]。けれども、当時のグラーズゴウは、急速な発展の途上にあったとはいえ、人口は二万五千ぐらいでエディンバラのなかばにもたっしない、いなかの小都会だから、数学器具製作者などが、いるわけがなかった。ミュアヘッドは、ウォットを、自然哲学教授ディックに紹介し、ディックは、ロンドンにいくことをすすめた。しかし、ウォットは、ロンドンで、また難関にであった。というのは、ロンドンでは、ギルド規則にもとづいて、手工業に従事するには徒弟奉公を必要とし、原則として自由人（ロンドン市民）か職人の子でなければ、徒弟になれなかった。さがしまわって、やっと徒弟になることはできたが、まもなく、過労のために帰郷しなければならなかった。そのごしばらくして、健康をとりもどしたウォットが、一七五八年に、開業するためにグラーズゴウにでてきたときから、かれの経歴は、しだいに歴史的重要性をになうようになる。

かれは、グラーズゴウで開業しようとして、ふたたびギルド規則の障害にぶつかる。数学器具製作者が所属すべき、鍛冶屋《ハンマーマン》ギルドは、そこで七年間の徒弟奉公をしたものでなければ、開業をゆるさなかった[22]。このとき、ギルドがウォットを「迫害」したということが、ながいあいだ、「偉人伝」的ものがたりとして、つたえられていたが、現在では、直接に圧迫がくわえられたことは否定されている[23]。しかし、鍛冶屋ギルドやギルド裁判所の文書に、ウォットの開業を阻止した裁判が記録されていない[24]からといって、ギルド規則がウォットを阻止しなかったことにはならない。訴訟がおこらなかったのは、病弱で内気だったといわれるウォットが、さきに手をひいてしまったことをいみするのかもしれない。わたくしが利用しえたかぎりでの、いちばんあたらしいウォット研究は、開業が不可能になった理由として、資本の不足、市民権の欠如、徒弟奉公をしなかったことを、あげている[25]。

このとき、ウォットをたすけたのは、グラーズゴウ大学であり、直接にはディック教授であった。ディックは、ある商人が大学に寄附した天文器具を、ウォットに修理させ、大学はかれに部屋をあたえた。大学は、その地域内のことがらについて自治権をもっていたから、町のギルドはこれに干渉しえなかった。このような大学の態度を、ギルドの排他性にたいする、産業自由のための直接的抗議[26]だとまでいうことは、前述の「迫害」伝説とおなじような誇張であろうが、それにもかかわらず、まったく根拠がないわけではない。かつてハチスンやシムスンをようごした大学の態度と、いまウォットを保護した大学の態度とには、あきらかに一貫した進歩性をみることができる。

ウォットがきたときの大学では、スミスが三五歳で道徳哲学の教授であり、ブラックが三〇歳で解剖学の教授、アンダスンが三二歳で自然哲学の教授であった。かれらのあたらしい思想とわかい情熱とは、病弱で内気なウォットをはげましたであろう。大学教授を中心とする文学クラブとアンダストン・クラブには、ウォットも参加していて、その談話から、おおくをまなんだ。スミスは、また、しばしば大学内にあるウォットの仕事場をおとずれたといわれる。

しかし、こうした大学の保護と、わかい教授たちのげきれいにもかかわらず、ウォットの経済的窮乏は、かなりのものであったらしく、デルフトフィールドの陶器工場ではたらいたり、地図や海図をうったりして、生計を補充しなければならなかった。かれの窮乏は、ボウルトンにまねかれてバーミンガムにうつるまで、つづいた。かれが一七六六年以降、おおくの運河測量に従事したのは、このような経済的動機によるものであろうし、それは、エンジンの発明を数年おくらせることになった。

一七六三年のある日、アンダスンは、大学にあるニュウコメン・エンジンの修理を、ウォットにたのんだ。これがあの画期的な発明のきっかけである。ニュウコメン・エンジンとは、セイヴァリの蒸気機関を、ニュウコメンが改良したもので、主として鉱山の排水につかわれていた[27]。ウォットがたのまれた修理が、どんなものであったかを、わたくしはしることができないけれども、一般にニュウコメン・エンジンの欠陥は、燃料消費量がおおきく、単動（単一方向、直接運動）だったという点にあった。ウォットの改良は、このふたつの欠陥の除去なのである。

ニュウコメン・エンジンの原理は、シリンダーに蒸気をみたしておいて、そとから水をそそいで冷却させ、そのとき生ずる真空によって、ピストンをひっぱることであった。だから、ピストンは往復運動をしないし、一回ごとに水をかけなければならない。そのうえ、ひやしたシリンダーにまた蒸気をみたすには、燃料がひじょうにおおくいる。もし、シリンダーをひやすことなく、蒸気を別のところへはこんで凝集させるならば、この燃料のむだがはぶかれる。これが、ウォットが発明した分離コンデンサーの原理である[28]。

ウォットが実験エンジンをつくり、一七六九年に特許をえるまでのあいだ、かれを援助したのは、まえにもあげたジョン・ローバックであった。しかし、ウォットがさまざまな内職に従事したことから判断すれば、ローバックの援助は、発明に専念できるほどのものではなかったらしい。運河にせよ、ローバックの事業にせよ、資本不足になやんでいた当時のスコットランドとしては、能力いっぱいのしごとだったから、アメリカでの紛争が不況をもたらすと、たちまち崩かいしてしまうのである。ウォットは、この不況のうちに、ローバックの破産と妻の死とをむかえなければならなかったが、一七七四年に、ローバックの友人マシュウ・ボウルトンにまねかれて、バーミンガムにうつり、共同でソホー工場を経営するようになる。そして、エンジンは、この工場で完成されるのである[29]。

一七七四年には、スミスは、ロンドンで、『国富論』のさいごのしあげに専念していた。まもなく、『統治の第一原理 *The first principle of government*, 1768』の著者、ジョウジフ・プリーストリが、バーミンガムに、「新学園 New Meeting」の助教授《ジュニア・プロフェサー》として着任し、ウォットは、かれを中心とする「ルーナ・ソサイアティ」のメンバーとなる。[30] おそらく、ウォットも、フランス革命を支持したのであろうし、かれの息子は、あきらかにそうであった。ウォットが、あたらしい肖像旋盤を発明したとき、さいしょにかれがほったものは、犬えんじゅ材のロックのおおきな頭像と、象牙のちいさなスミスの頭像であった。[31] このこともまた、ウォットと近代思想とのむすびつきを、しめしているのである。

ところで、わたくしは、ウォットについてさきへすすみすぎた。ふたたび、スミス時代のグラーズゴウ大学へ、もどらなければならない。大学の進歩的機能は、このような自然科学的側面だけで、はたされたのではなかった。すでに、スミスが卒業した翌年（一七四一年）に、大学は、ロバート・ファウルズ、アンドリュウ・ファウルズの兄弟を、大学の出版者として指定した。かれらは、ホメロスやホラティウスなどの古典と、ロウ、ジー、ペティ、チャイルド、バークリなどの経済書を出版し、設立ごまもなく、ヨーロッパ有数の出版業者となった。[32] スミスは、とくに経済書の出版について、協力をおしまなかったし、一七五三年に、ファウルズが、大学内に美術学院を創立したときも、スミスは積極的に後援した。兄のロバート・ファウルズは、グラーズゴウで床屋の徒弟をしていたときに、ハチスンの講義をきいたといわれるから、そのことも、スミスの親近感をましたのであろう。[33]

（1） Scott, *ibid.*, p. 114.

（2） G. Chalmers, *Caledonia; or, an account, historical and topographic, or North Britain, from the most ancient to the present times*, Vol. 2. London 1810, p. 45.

（3） Chalmers, *ibid.*, p. 42. この数字は、正確にいえば、一七三〇年十一月一日から一七三五年十一月一日まで、および一七四五年十一月一日から一七五〇年十一月一日までの、各五年間に、販売のためにスタンプされた亜麻布の量の、年平均で、四、五五四、一二八ヤードと、八、八八六、八〇九ヤードである。

（4） Chalmers, *ibid.*, p. 43.

（5） L. Hogben, *Dangerous thoughts*, London 1939 (13, The theoretical leadership of Scottish science in the English Industrial Revolution), pp. 235—6.

（6） Hamilton, *ibid.*, pp. 156—9.

（7） H. W. Dickinson *James Watt, craftsman and engineer*, Cambridge 1935, chs. 1, 3, 4. 原光雄訳『ジェームス・ワット』一一、三五、五六、一〇八ページなど。

（8） Dickinson, *ibid.*, p. 151. 邦訳、一九五ページ。

（9） Hamilton, *ibid.*, pp. 230—8.

（10） Williams, *ibid.*, p. 259. Mackinnon, *ibid.*, pp. 21—4.

（11） Scott, *ibid.*, p. 79.

（12） Scott, *ibid.*, p. 165. Rae, *ibid.*, pp. 79—81. この反劇場運動を、レイによって説明しておこう。前述のように、スミスは、演劇の愛好者であり、『国富論』においても、迷信と狂信を除去するために、民衆娯楽のかんぜんな自由を主張している (*W. of N.*, bk. 5. ch. 1, art. 3)。ところが、一七六二年に、グラーズゴウの五人の富裕な商人が、常設劇場をつくろうとしたとき、大学と市議会はこれに反対した。スミスも反対運動に参加して、オクスフォードの先例をしらべたり、検事総長あてに大学のおぼえがきを提出したりした。けっきょく、市外一マイルのところにたてられた劇場は、開場の当夜、牧師に煽動された群衆の焼打にあって、挫折してしまうのだが、スミスがなぜこのときだけ、劇場に反対したのかは、疑問としてのこされる。レイのかいしゃくでは、スミスが演劇に賛成したのは、それが道徳的頽廃をともなわぬかぎりにおいてであって、当時のイギリスの常設劇場は、その条件をみたすものではなかったのだという。

（13） Smollet, *ibid.*, pp. 104, 106.

(14) Smith. W. *of* N., bk. 2, ch. 3, p. 320. 邦訳、上巻二八七ページ。

(15) Smith, *Glasgow Lectures*, p. 155.

(16) Rae, *ibid.*, pp. 71—2.

(17) L. Hogben, *ibid.*, pp. 223—43.

(18) Hogben, *ibid.*, pp. 224, 241. ——しかし、十八世紀末には、スコットランドの大学は、この指導性を喪失して、たとえば、フロギストン説のさいごのとりでとなる。

(19) Hogben, *ibid.*, p. 225.

(20) Mackinnon, *ibid.*, p. 24.

(21) スコットによれば、ジョージ・ミュアヘッドは、一七五三年に東洋語教授になった (Scott, *ibid.*, opp. p. 224, List of rectors, deans of faculty, principals and professors at the University of Glasgow, 1751—1776)。しかし Dickinson and Vowles, *ibid.*, pp. 25, 26 は、ただ the Muirheads とかいているにすぎないので、同一人かどうか、わたくしにはわからない。

(22) Mackinnon. *ibid.*, p. 25.

(23) 大塚金之助『解放思想史の人々』昭和二四年、八六、八七、一一一ページ。典拠は、レスニコフとディキンスンである。

(24) Dickinson, *ibid.*, pp. 25—6. 邦訳、二九—三一ページ。

(25) Dickinson and Vowles, *ibid.*, p. 27.

(26) Rae, *ibid.*, pp. 71—4. 大塚、前掲書、九三ページ参照。

(27) ニュウコメンの改良は、一七一〇年、スコットランドへの導入（エイアシャの鉱山）は一七一九年であって、一七六三年には、グラーズゴウ附近の炭坑でも採用された (Hamilton. *ibid.*, p. 172)。

(28) この発明の途中で、ウォットは、熱蒸気を水中にいれると、前者の六倍の重量の水を沸騰させうることを、発見した。すなわち、蒸気から水への形態転化のとき熱を発散し、逆の変化のときは熱を吸収する。しかもこれは、いずれも沸騰点でおこるのであり、蒸気そのものの熱は減少しない。この事実は、しばらくまえにブラックが発見した、潜熱の原理にもとづくのであって、ウォットは、ブラックとは別にこの事実にであい、後者の理論的説明をえて納得するのである。Cf. Dickinson and Vowles, *ibid.*, pp. 30—1. 今野武雄『科学思想史』昭和二三年、九六—一〇〇ページ。ただし、今野氏はここで、グラーズゴウ大学を、エディンバラ大学とかいている。

(29) こうしてできあがった、ウォットのさいしょのエンジンは、ニュウコメン・エンジンにくらべては、おおきな進歩をしたし、シリンダーも、キャノン砲製作技術を応用して、鉄でつくられるようになったが、用途は、もっぱら給水と排水であった。製鉄やせんい工業に採用された、この時期のエンジンは、直接に作業機をうごかすためではなくて、動力としての落流に水を補給するために、つかわれたにすぎない。直接の動力となるに必要なことは、エンジンの廻転運動であり、そのためには、ピストンの往復が双方とも利用できるものでなければならなかった。この複動=廻転エンジンの完成は、ウォットのもっともほこりとするところであって、一七八一年に、特許がとられた。そして、一七八五年には、アークライトのウォータ・フレイムの特許が消滅して、普及し、紡績工場の機械化・蒸気の利用が、急速に増大するのである。

(30) プリーストリについては、さしあたり、原光雄「プリーストリの唯物論」民科・理論、昭和二三年一二月。ルーナ・ソサイアティおよびフランス革命については、Dickinson and Vowles, *ibid.*, p. 53. 今野、前掲書、一〇二—六ページ。

(31) Dickinson, *ibid.*, p. 192. 邦訳、二四四ページ。

(32) Scott, *ibid.*, pp. 82, 103, 104. Rae, *ibid.*, pp. 71, 72, 74—6.

(33) *C. D. N. B.* q. v.

3 グラーズゴウ大学講義

スミスがかえってきたときのグラーズゴウとその大学の状況は、だいたい以上のとおりであるが、在任十三年間のかれの活動は、こういう外的条件に対応して、恩師ハチスンにもおとらず、めざましかった。かれは一七五一年一月に就任して、就任講演「観念の起源[1] De origine idearum」をラテン語でおこなったまま、エディンバラにとどまり、じっさいに論理学を開講したのは十月であった。ところがそのとき、道徳哲学教授クレイギーが病気になったため、スミスはふたつの講義をひきうけなければならなかった。前述のように、道徳哲学の講義は、ハチスンの先駆者的決意によってイギリス語でおこなわれるにいたったが、スミスはそれにならって、論理学講義においてもラテン語をもちいなかった。この傾向は次第にひろまり、もっとも反対のつよかった法学についても、スミスの愛弟子ジョン・ミラー（一七六一年から一八〇一年まで在任）が改革をなしとげたのである。[2]

スミスのグラーズゴウ大学での講義について、ドゥーガルド・ステュアートは、つぎのようにのべた。「スミス氏が、グラーズゴウの教授であったときの、かれの講義のうちで、かれじしんが、『道徳感情論』と『国富論』において公表したもののほかには、なにものこされていない。そこで、わたくしは信ずるのだが、協会員諸氏〔エディンバラ・ロイアル・ソサイアティ〕は、それらにかんするつぎのようなみじかい説明を、きいてくださるであろう。それについてわたくしは、かつてスミス氏の学生のひとりであり、そして、かれの死までひきつづいて、もっともしたしい、もっともそんけいされた、友人のひとりであった、ある紳士のおかげをこうむっている。」その紳士とは、「有名なグラーズゴウ大学法学教授、故ミラー氏」であると、ステュアートは、のちになって注をくわえているが、つぎに、ステュアートが公表したミラーの説明の、全文を引用しておこう。ミラーが、この点について、もっとも適任であることは、ステュアートとともに、だれもうたがわないであろう。ただし、ステュアートがここでいったことは、そのご、キャナンによる『グラーズゴウ講義』筆記の発見によって、重大な修正をうけるにいたったのだが、それについては、また、あとでふれることになる。

ミラーの説明は、論理学の教授としてのスミスを、つぎのようにえがきだすことから、はじめられる。すなわち、「スミス氏は、この大学に着任して論理学教授に任命されたが、そのときかれは、先任者たちのプランからずっとはなれること、そして学生の注意を、スコラ学派の論理学や形而上学より、興味がありかつ有用な諸研究に、むかわせることが必要だとさとった。そこで、かれは、精神の諸能力にかんする一般的見解をのべ、それから、古代論理学について、かつてひろく有識者の注意をうばっていた技巧的な推理方法を、好奇心を満足させるに必要なだけ説明し、のこりのすべての時間を修辞学体系と文学《ベル・レトル》の講述にあてた。人間精神のさまざまな能力を説明する最善の方法は、形而上学のもっとも有益な部分であるが、それは、われわれの思考をことばによって伝達するいくつかの方法の吟味と、説得やもてなしに役だつ文章構造の諸原理への注目とから発生する。これらの技術によって、われわれがかんがえたり感じたりするすべてのことや、われわれの精神のすべての作用が、はっきり区別され記憶されるような仕方で、表現され描写される。同時に、文学の諸部門のうち、はじめて哲学をまなぶ青年にとって、これほどてきとうなものはなく、それはかれらの趣味と感情をとらえるのである。

「たいへん残念なことに、スミス氏のこの問題にかんする講義をふくむ手稿は、かれが死ぬまえに破棄された。文章構成の点では、さいしょの部分が高度にしあげられていたが、全体をつうじて、趣味と独創的才能のあきらかなしるしがあらわれていた。学生たちはノートをとることをゆるされていたので、これらの講義にふくまれていたおおくの観察や見解は、その後出版された個々の論文に詳述されたり、一般的集成のなかにとりいれられたりした。しかし、こういうようになったものは、想像できるとおり、さいしょの作者がそれにあたえた独創的な感じやはっきりした性格をうしない、しばしば、ありふれたことがらの氾濫におぼれて、あいまいになっている。

「論理学教授に任命されてから約一年後に、スミス氏は、道徳哲学の講座にえらばれた。この問題にかんするかれの講義課程は、四つの部分にわけられた。第一の内容は自然神学で、そこにおいてかれは、神の存在と諸属性の証明および、宗教のきそとなる人間精神の諸原理について考察した。第二はげんみつないみの倫理学をふくみ、主として、のちにかれが道徳感情論で公表した諸学説からなっていた。第三の部分においては、徳性のうちの正義にかんする部門を、さらにくわしくとりあつかったが、それは、げんみつ正確な規則の支配をうけていて、それゆえ十分かつ詳細な説明をなしうるのである。この問題にかんして、かれは、モンテスキュウから暗示をうけたらしいプランにしたがって、公私両法学の徐々の進歩を、もっとも粗野な時代からもっとも洗練された時代にいたるまで、あとづけようとし、また、生計と財産蓄積に役だつ諸技術が、法と統治においてそれにおうじた改善と変化をもたらすという、諸効果を指摘しようとした。かれの仕事のこの重要な部門を、かれはやはり公刊するつもりだったが、しかしこの意図を道徳感情論の結論でのべながら、かれはそれを実現するにいたらないでしんだ。かれは、その講義のさいごの部分で、正義の原理にではなく便宜の原理にもとづき、そして国家の富と力と繁栄とを目的とする、政治的諸規則を吟味した。この観点からかれは、商業、財政、および教会や軍事上の諸施設にかんする政治的諸制度を考察した。これらの問題についてかれが講述したところは、のちにかれが、諸国民の富の性質と原因にかんする一研究という表題のもとに公刊した著作の、実質をなしていた。

「教授としてのスミス氏は、他のどんな地位にあるばあいよりも、はるかによくその能力を発揮した。講義をするにあたって、かれはほとんどかんぜんに、即座の雄弁にたよった。かれの態度は、優雅ではなかったが、淡白でかざらなかった。そしてかれは、つねに問題に興味をもっているようにみえたから、聴講者の興味をひかぬことはけっしてなかった。それぞれの論講は、たいてい、いくつかの別々な命題からなっていて、かれはそれらをひきつづいて証明し例証しようとした。これらの命題は、一般的なことばでつげられたときには、いささか逆説的に感じられることがまれではなかった。これらを説明しようとするにあたって、さいしょかれは、問題を十分にじぶんのものにしていないようにみえ、ややためらいながらはなすことが、しばしばであった。しかし、すすむにつれて、問題の本質がかれにむらがりせまるようにみえ、かれの態度は、熱して活気をもち、かれの表現はやさしくなめらかになった。反駁が予想される点については、ひとが容易にみわけうるとおり、かれはひそかにじぶんの意見にたいする反対をかんがえて、そのためにかれはじぶんの意見をさらにつよく主張するようになった。かれの例証が十分かつ多様なので、問題はしだいにかれの手中でたかまってきて、ある次元にたっする。その次元とは、同一見解のたいくつなくりかえしなしに、聴衆の注意をとらえ、ひとつの対象があたえる投影や局面を一貫してその対象にしたがってすすむことの、よろこびと教訓をかれらにあたえ、また、そのあとで、この思索のうつくしい系列の出発点たる、もとの命題や一般的真理へ、溯行するよろこびと教訓を、あたえることをめざしたものであった。

「こうして、教授としてのかれの名声は、きわめてたかくなり、数おおくの学生がとおくから、ただかれのために、この大学にあつまった。かれがおしえた学問の領域は、当地の流行となり、かれの意見は、クラブや文学的なあつまりの、おもな話題であった。かれの発音やはなしかたの、ちいさな特ちょうでさえ、しばしば模倣されたのである。(3)」

スミスは、論理学の講義で、母国語をつかったという点で、あたらしい形式をつくりだしただけでなく、ミラーがのべているように、内容的にも、伝統的論理学の神聖視をすてた。かれが、論理学の講義のなかに、修辞学や文学の要素をとりいれたのは、エディンバラ文学講義の材料を利用したというだけの、便宜上のやりかたではなく、論理学ないし形而上学の、本質的な変革をいみする。もとより、ミラーの断片的な説明だけで、スミスの論理学講義の全性格を推定することは、危険であるが、ここで、論理学が、具体的な言語の問題として、人間と人間とのかんけいの問題として、とりあげられていると、いっていいのではないであろうか。それはまた、すぐあとでのべるような、中世における道徳哲学の非人間化にたいする、スミスのはげしい批判にも、むすびつくのである。

クレイギーは、まもなく、リスボアで、療養中に死んだので、道徳哲学の講座は、空席になった。スミスは、その講座に転ずることをのぞみ、一七五二年四月に、反対者なしに許可された。こうしてスミスは、ハチスンの後継者として、道徳哲学に専念しうるようになっただけでなく、年収一七〇ポンド(4)という、めぐまれた経済的条件を享受することになった。かれは、じぶんの後任として、論理学の教授に、ヒュームをまねこうと努力した。ヒュームは、このころエディンバラに定住していて、すでに、『道徳の諸原理にかんする研究 *Enquiry concerning the principles of morals*, 1751』および『政治論集 *Political discourses*, 1752』によって、学者としての地位を確立しつつあった。しかし、同時にまた、「無神論者」「自由思想家」ヒュームへの非難も、ますますたかまってきた。スミスは、解剖学教授ウィリアム・カリンとともに、極力ヒュームをおしたが、かつてハチスンをまもったグラーズゴウ大学も、学外の世論に抗してヒュームをうけいれる勇気を、もちえなかった。スミスじしんも、カリンへの手紙で、つぎのようにのべている。「わたくしは、他のだれよりもデイヴィド・ヒュームに、大学にきてもらいたいとおもっていますが、しかし、世間一般は、わたくしとちがう見解をもつだろうと、心配しています。そして、社会の利益は、わたくしたちに、世間一般の見解を、あるていど顧慮することを、命ずるでしょう。(5)」

ヒュームじしんは、この問題について、ジョン・クレパンへの手紙のなかで、「グラーズゴウの、わたくしの友人たちは、わたくしの意見と忠告にそむいて、わたくしがカレジのメンバーに選任されるようにと、とりはからいました。僧侶の、はげしくきびしい抗議にもかかわらず、アーガイル公がほんのわずか援助してくれさえしたなら、それは成功したでしょう」といっている。[6] もし、この叙述が正確であるとすれば、スミスの計画を阻止したのは、世論《パブリック》ではなくて、「スコットランドの王」とよばれたアーガイル公の、態度であった。アーガイル公は、ハイランド最大の氏族、キャンベルの、首長であり、全スコットランドを、「ひとつの腐敗選挙区」として支配していた。スミスじしんも、道徳哲学講座への移転にさいしては、エディンバラまでいって、アーガイル公の支持をもとめたといわれる。[7] 教会とたたかう勇気のあるグラーズゴウ大学もスミスも、「(泣く子と)地頭」にはかてなかったと、いうことになるのだろうか。

こうして、ヒュームがしりぞけられたとき、エドマンド・バークもまた、失敗した候補者であったと、つたえられている。[8] そして、論理学教授の地位をえたのは、ジェイムズ・クロウという人物であった。かれの講義は、学生によって、「ねむいおつとめ drowsy shop」とよばれ、一七五三年五月に、クロウはついに、あまり学生がすくないので、講義をやめたいという希望を、表明するにいたった。[9] 学生が、積極的にヒュームをむかえようとした証拠は、みあたらないが、クロウにたいするかれらの態度は、大学によって処罰されたにせよ、むしろ正当だったのではないかとおもわれる。学生たちは、論理学の講義にほとんど出席しなかったが、スミスの道徳哲学の講義には、「大学を卒業しようとおもわない」富裕な市民の息子たちまでが、[10] 学生にまじってあつまってきたのである。

道徳哲学の講義は、前掲のミラーの説明によれば、自然神学、倫理学(道徳感情論)、法学(正義論)、経済学(便宜論)の四部門からなっていた。そして、すでに法学のなかに経済社会の歴史的発展の説明がふくまれていたようである。ミラーは、『イギリス統治史論 *Historical view of the English Government, 1787*』のなかでは、これについて、つぎのようにのべている。「わたくしは、この有名な哲学者〔スミス〕にたいしてかんじている恩恵を、よろこんで表明する。わたくしはわかい時代にかれの市民社会史についての講義をきき、この問題についてのかれの隔意のない談話をきくという利益に、めぐまれたのであった。偉大なモンテスキュウがこの道をしめしたが、かれは哲学の部門におけるベイコンであり、スミス博士はニュウトンであった。[11]」

これらのうち、倫理学と経済学は、ミラーものべているとおり、スミスじしんによって公刊されたが、法学はそうではなく、それは、ながいあいだ、スミスが死ぬまえに破棄したぼう大な手稿のなかに、ふくまれていたのであって、永久にしることができなくなったと、かんがえられていた。しかし、現在では、キャナンが発見した一七六二―三年の講義の筆記によって、この部分もほぼ正確にしりうる。[12]ミラーのいう「市民社会史についての講義」とは、おそらくこれをさすのであろう。内容がわからないのは、自然神学の部分だけであって、これについては、スミスが、ハチスンの自然神学特別講義に出席したこと、さらにまた、大学教授としては、キリスト教明証論の日よう講義をおこなわなかったことや、講義のはじめの祈禱を省略しようとして、大学理事会に拒否されたとつたえられることなどから、[13]きわめてばくぜんとした傾向を推測しうるにすぎない。

ミラーとともにスミスの弟子であり、のちにグラーズゴウ大学古典文学教授となったリチャードスンは、スミスが道徳哲学講義においても、文学かんけいの素材をしばしば利用したといっている。のみならず、スミスは、どんな問題について講義をしても、このんで文芸批評のわき道へそれ、そのわき道の話は非常に活気にみちていたそうである。前述のように、論理学における文学的要素の導入が、論理の人間化をいみしたとすれば、それは道徳哲学においても、道徳を、人間のそとがわから、うえから、あたえられるものとしてではなく、人間的感情の内在法則として、理解しようとする態度をしめしているであろう。すでに一七五一年の講義で、スミスは人間を政治のたんなる素材とみなすことを拒否したのだったが、現実にいきているままの人間の尊重は、スミスの根本的な立場であった。この立場こそが、現実の人間社会の明確な理解を可能ならしめ、道徳哲学者スミスをして同時に社会科学者たらしめたのである。経済学史のれいめいをかざる大著『国富論』の、全編にわたって脈うつヒューマニズムは、経験論的リアリズムと一体をなして、かれの全思想をつらぬくものであった。たとえば、『国富論』の第五編で、かれは、古代から中世への道徳哲学のだらくを、つぎのようにのべている。「古代の道徳哲学が探究しようとした目標は、人間を個人としてのみならず、家族や国家や人類社会の一員としてかんがえたばあいに、かれの幸福と完成はいかなる点にあるか、ということであった。……近代哲学〔ここではスミスにいたるまでの中世哲学をさす――引用者〕においては、それ〔徳の完成〕は、この世の幸福と一致しないとされ、天国は、人間の自由で寛大で元気な行動によってでなく、ざんげと禁欲と修道僧の苦行と卑下によってのみ、えられるといわれた。(14)」

このような「人間尊重」はたんにスミスの中心思想であるのみならず、イギリス経験論の基調であり、さらには、ルネサンス・イタリアにはじまる「人間解放」の思想につうじている。イギリス経験論は、この「人間解放」を人間の社会的解放としてとらえ、それがあたらしい社会の形成なしには不可能なことを理解した点で、ルネサンスの正統の後継者であった。

かつて、スミスの道徳哲学と経済学、あるいは利他心と利己心とが矛盾しているという見解が、支配的だったことがあった。「アダム・スミス問題」とよばれる論争が、そこに発生したのであるが、以上のかんたんな説明によっても、これらふたつの学問分野が、矛盾するものではなく、スミスの基本思想をもってつらぬかれていることが、理解されるであろう。「アダム・スミス問題」とは、もっとも素朴なかたちではナンセンスであり、やや深められたかたちでは誤解であり、のこるただひとつの問題は、スミスに矛盾がないとすれば、どのような統一があるのかという点の、詳細な分析である。この点については、スミスの死後一五〇年を記念する前後から、研究のめざましい発展がはじまった。本書の補論二はそれをしめすであろう。

グラーズゴウ大学におけるスミスの講義は、だいたい以上のような内容をもち、ミラーがいうとおり、一般には好評をはくした。もっとも、ある人々によると、ハチスンの雄弁にくらべると、すくなくともその点では、スミスはややおとるといわれ、また、倫理学的部分は、ハチスンのそれになれている学生をあまりよろこばせなかったともいわれ、学外では牧師たちが、ヒュームの親友だという理由でスミスを非難したそうである。しかも、こうした不評をつたえる人々でさえ、講義のそれ以外の部分、とくに経済学が、賞讃のまとであったことをみとめている。[15] だから、かりにこれらの不評が全部正当であったとしても、経済学者としてのスミスの地位は、すでにこの時代に確立されていたのであって、世界さいしょの経済クラブの創立者アンドリュウ・コクレーンが、スミスをその会員としてむかえたことは、グラーズゴウの経済人のなかで、スミスがいかに尊敬されていたかを、ものがたっている。

(1) ハーストは、これが『哲学論文集』のなかの、「古代論理学および形而上学史」にふくまれているという。Hirst, *ibid.*, pp. 23—6. 邦訳、二六九ページ。

(2) ミラーの前任者ハーキュリーズ・リンズィは、スミスの着任まで論理学の代講をした人であるが、レイによれば、このリンズィが、「ラテン語で講義する旧習をすてしかもそれに服帰することを拒否したため、エディンバラ法曹会のはげしい非難をうけた」(Rae, *ibid.*, p. 99)。これにたいしてハーストは、「この大学で、さいごにラテン語を放棄した部門は、法学であり、その改革者は、スミスの弟子であり友人であるジョン・ミラーであった」という (Hirst, *ibid.*, p. 31. 邦訳、三三ページ)。レーマンはレイにしたがっている (W. C. Lehmann, *John Millar of Glasgow*, C. U. P. 1960, p. 23)。

（3） Stewart, *ibid.*, pp 11—3
（4） Rae, *ibid.*, p. 49. スコットによれば、固定給約五〇ポンド、授業料約一〇〇ポンドに、学生の下宿料が一〇〇ポンドであった。当時の物価は、牛肉一ポンドが一・二—五ペンス、バター一ポンドが二・五ペンス。Cf. Scott, *ibid.*, pp. 67—8.
（5） Rae *ibid.*, p 46.
（6） Hume. *Letters*. Vol. 1. p. 164 ヒュームはまもなく、おなじような反対をおしきって、エディンバラの、法曹会司書となる。
（7） Hirst, *ibid.*. p. 27. 邦訳、二九—三〇ページ。
（8） Rae, *ibid.*, p. 46.
（9） Scott. *ibid.*. pp 67. 85. ——クロウの名は、*C. D. N. B* にもでていない。しかし、スコットは、けっしてかれは無能だったのではないと、弁明している。
（10） Rae, *ibid.*, p. 59.
（11） J. Millar, *An historical view of the English government*, 2nd edn London 1790, p. 528 note
（12） *Lectures on Justice, Police, Revenue and Arms delivered in the University of Glasgow by Adam Smith, reported by a student in 1763 and edited with an introduction and notes by Edwin Cannan*, Oxford 1896 この筆記は、「法学」と題されていた。発見の事情については、キャナンの序をみよ。ロジアンが発見したノートは、一七六二年十二月二四日からはじまっている。
（13） Rae, *ibid.*, p. 60
（14） *W. of N.*, bk 5, ch. 1, pt. 3, art. 2, p. 726 邦訳、下巻一九三ページ。
（15） Scott, *ibid.*. pp 70—1

4　両都市の文化運動

大学の啓蒙活動と都市の経済的発展とは、グラーズゴウの市民たちのなかに、知的なふんいきをつくりだした。当時のグラーズゴウの三大商人のひとりだったコクレーンが、「商業のあらゆる部門にわたってその性質と原理を研究し、この問題にかんする知識と思想を交換するため」(1)に、経済クラブをつくったのも、このような傾向のあらわれであった。市民たちは、大学からおしえられるだけでなく、いきた現実のすがたを大学におしえた。スミスは、コクレーンとそのクラブがじぶんの経済的知識をひろげてくれたことを、感謝しているのである。エディンバラ講義の経済学的内容をしるためにまえに引用した、スミスの叙述は、一七五五年にこのクラブでかれが報告したものである。

経済クラブは、スミスのグラーズゴウ在任中、毎週一回の会合をひらいて経済問題を討論した。レイによれば、もっとも重要なのは関税問題であった。というのは、グラーズゴウの商人たちは、同時に製造業者であって、鉄や亜麻糸などを、原料として輸入していたから、輸入税のてっぱいをのぞんだのである。しかしかれらは、そのかぎりでの自由貿易主義者なのであって、国産亜麻糸の輸出奨励金や外国亜麻布の輸入および使用禁止については、けっして反対しなかった。(2)このように、かぎられたいみでの自由主義者ではあったけれども、商人たちとスミスは相互にえいきょうしあって、グラーズゴウの経済思想のこうした基調をつくりあげた。それゆえに、さいごのマーカンティリストのひとり、ジェイムズ・ステュアートが、一七六三年に亡命からかえってきたときには、かれのすぐれた説得力をもってしても、グラーズゴウの商人たちのあいだに、保護主義の支持者をみいだしえな

かったといわれる。(3)

経済クラブの設立は一七四三年よりまえだったが、スミスの着任後まもなく、一七五二年には、文学協会が設立された。この会員は、おもに大学教授で、それに文学趣味ある商人と地主が参加し、ジェイムズ・ウォットとヒュームもそうであった。スミスは一月二三日に、この協会で、当時出版されたばかりのヒュームの商業論について報告した。ヒュームは出版のまえにも、スミスにこれをおくって批判をもとめたといわれる。また、このクラブでは前述のジョン・ミラーとトマス・リイド（のちにスミスの道徳哲学講座をついだ）とのあいだに、形而上学や神学についてはげしい論争がおこなわれたと、レイはつたえている。(4)

スミスはまた、かつての恩師で現在の同僚である数学教授ロバート・シムスンを中心とする、アンダストン・クラブの会員でもあった。シムスンは、スミスの学生時代には、ハチスンの古典復興運動におうじて、ギリシァ幾何学の研究の復活につとめた人であり、スミスはのちに『道徳感情論』六版への追加において、数学者が世評にわずらわされぬことをのべるとき、シムスンを例としてあげている。(5) ウォットは、このクラブにも参加していた。かれじしんのことばをかりるならば、「わたくしは、大学に出席したこともなく、一介の機械工にすぎなかったから、これらの問題〔文学、宗教、道徳など〕についての、わたくしのさいしょの興味は、わたくしよりすぐれた人々ばかりの、この会話によるのである。(6)」この「大学御用数学器具製作者」が、全ヨーロッパにかくれもない道徳哲学者アダム・スミスやその同僚と、文学や宗教や道徳をかたる光景を、想像してみよう。ウォットがのちに、バーミンガムで、プリーストリの「ルーナ・ソサイアティ」に参加するじゅんびは、グラーズゴウですでになされたのである。ただし、宗教問題にふれることは、クラブのタブウだったとも、いわれる。(7) おそらく、当時としては、宗教問題が、政治問題以上に政治的にデリケートだったためであろう。「無神論者」ヒュームの親友スミスが、いかに非難されたかをみれば、一般的事情は推測できるのである。

このように、スミスは、グラーズゴウの三つの文化団体のメンバーであった。これだけでなく、かれは、グラーズゴウに赴任してからも、エディンバラの旧友と交際をつづけ、休暇には十三時間を馬車にゆられて、しばしばエディンバラを訪問した。そして、そこでもいくつかの文化運動のながれに、くわわったのである。エディンバラの旧友とは、ホーム、ヒューム、ファーガスン、ロバートスンなどであったが、ホームは一七五二年にロード・ケイムズとして裁判官に任じられ、余暇を思索と著述にあてていたし、ヒュームは、法曹会図書館長として勤務しながら、大著『イギリス史』をかいていた。ファーガスンは一七五四年に僧職をすて、五七年にはヒュームの後任となり、五九年には大学教授となった。ロバートスンは、五八年にはエディンバラにすんでいなかったが、毎週一回ここにやってきて、ヒュームたちと夜をすごした。

一七五二年にエディンバラ哲学協会が復活して、ヒュームが書記となり、その年にスミスも会員にえらばれた。また、一七五四年にアラン・ラムジーが選良協会《セレクト・ソサイアティ》を設立したときには、スミスはさいしょからラムジーの相談相手であり、積極的な支持者であった。この協会はフランスの大都市のアカデミイをまねたものといわれ、そのときどきの重要な問題についての討論と、スコットランドの学術・技芸・産業の振興とを、目的としていた。ケイムズ、ヒューム、ロバートスン、ファーガスンも、すべてこの会員であったが、全体としてみると、会員はたいてい地主階級《ランド・インタレスト》にかんけいがあり、しかも農業改良は当時の流行でもあったから、協会の討論もこの点にかんするものがおおかった。したがって、スミスは、グラーズゴウのコクレイン・クラブで主として商業の実際家から知識をえたように、エディンバラの選良協会では、農業の実際問題についてまなんだのである。そのうえ、文芸批評家としてのスミスの権威はなおおとろえず、協会が四つの委員会をつくったときには、文芸および批評部問の委員にあげられた。選良協会は、前述の「エディンバラ技術・科学・農業奨励協会」ともみっせつなかんけいをもっていて、[8]後者は主として実際的な産業奨励をおこなった。たとえば製紙・印刷・染色・各種織物・ウィスキー・エールの技術改良を、懸賞によって奨励したのであって、この種目は、一七五五年には二六種だったものが、五九年には一四二種にたっした。

これらの、文化および産業振興運動が、スコットランドのイングランドへの対抗意識を、ふくんでいたことは否定できないであろう。一七五五年に創刊された評論雑誌『エディンバラ・リヴィウ』もまた、スコットランドの出版物が、イングランドの雑誌によって不当に無視されているという反感から、うまれたものだとされている。編集者は、かつてスミスのエディンバラ講義の聴講者であったアリグザンダ・ウェダバーンで、寄稿者はロバートスン、ブレア、スミスなどだった。かれらはすべて、ヒュームの友人ないし弟子であるのに、ヒュームじしんは、おそらく当時のスコットランドにおける最高の著作家でありながら、寄稿をもとめられることもなく、編集の相談もうけなかった。ヒュームはじぶんのしらぬまに雑誌がでたことについて、おどろきを表明しているが、この除外は理由なしにおこなわれたのではない。なぜならこのとき、宗教会議では、ヒュームの『道徳の諸原理にかんする研究』への攻げきと著者の破門とが討議されていたので、[9]ヒュームを雑誌に参加させれば、とうぜん、雑誌もまた牧師たちの攻げきの矢おもてにたたざるをえなくなるからである。しかし、それほど用心したにもかかわらず、そして牧師たちのヒューム攻げきは成功しなかったにもかかわらず、雑誌は、五五年七月と五六年一月との二号をだしただけで、廃刊されてしまった。序文に不信仰の時流に抗することを強調しても、宗教家の攻げきはさけえなかったもののようである。[10]ただし、スミスじしんは、まだ、このときは、宗教家の攻げきにさらされるにはいたらなかったらしい。かれが執筆したのは、ジョンスンの『辞典』の批評と、大陸とくにフランスの

文学の状況についての編集者への手紙である。(11)

ジョンスンの『イギリス語辞典』は、その年の四月に、でたばかりだった。それはかれ特有の独断から解放されてはいないが、とにかく一人の約八年の仕事としては、すぐれたものであったし、それまでの辞典にくらべれば、群をぬいていた。スミスはこの点をほめながらなお、この辞典の素材が、よくあつめられてはいるがよく整理されたとはいえぬことを指摘する。そしてかれは But, Humour のふたつの項目について、ジョンスンの説明とじぶんの説明とを、対比するのである。こういう説明にも、スミスの古典主義はあらわれていて、たとえば、ユーモアとウィットを比較するばあいに、前者は奔放、無拘束、無茶、気ままであり、後者は企図、規律、人為性、調和をもっているとかれはのべる。そして「紳士が道化にまさるごとく、ウィットある人はユーモアの人にまさる」と結論するのである。

いうまでもなく、ここには、スミスがこの雑誌にかいたかぎりでは、かれとジョンスンとのあいだに、本質的な対立はない。けれども、『辞典』の内容を、さらに検討すれば、そのころの経済思想の性格をしるための、ひとつの手がかりがえられるであろう。たとえば、バンク Bank とキャピタル Capital の項をみると、いずれもその経済的ないみは、さいごに説明されていて、とくに資本は、キャピタル・ストックとしてのみ、表現されている。『国富論』におけるキャピタルとストックの用語法は、しばしば問題になるところであるが、ジョンスンもまた、キャピタルを、それだけで資本をいみするものとは、かんがえていないのである。(12)

「エディンバラ・リヴィウの編集者《オーサー》たちへの手紙」は、内容の重要さにおいて、『辞典』の批評を、はるかにこえている。スミスはまず、この雑誌が、スコットランドのとぼしい出版物だけに目をうばわれることなく、ヨーロッパ諸国の文化をも問題としなければならぬと、主張する。しかしスミスによれば、ヨーロッパ文化の先頭にたつものは、フランスとイギリスであって、かれが外国文化に目をそそげというのは、じつはフランス文化についていっているにほかならない。ここでもスミスは、イギリス人とフランス人の文化的性格を、想像力・天才・発明と趣味・判断・礼儀として対照している。この点にも、ラシーヌをこのんだスミスの古典主義が、フランス文化全体への評価のしかたとして、あらわれてきたのであろう。自然科学においてさえ、イギリス人は発明し、フランス人がそれを体系化し表現するのだと、スミスはいう。そしてこのような、体系化と表現のおおきな例として、かれは当時刊行されつつあったアンシクロペディをあげ、さらにそれにつづくフランス文化の業績として、ビュフォンの『博物誌』、ルソーの『人間不平等起源論』、ヴォルテールの『シナの孤児』を推奨している。ルソーとヴォルテールは、スミスがもっとも尊敬する思想家であった。

とくに、スミスとルソーとの対比は、かれとジョンスンとの対比とちがったいみで、しかも、はるかに重要な問題として、注目されるべきである。それは、フランスのアンシァン・レジーム（絶対主義下の資本主義的発展）にたいするルソーの批判と、イギリスの後期重商主義＝旧植民地制度＝パーラメンタリ・コルベルティズム（議会権力による本源的蓄積）にたいする、スミスの批判とが、あきらかに、共通の問題意識すなわち、社会的危機の意識によってつらぬかれていること、そして、そのうえで、この危機への二人の対決のしかたが、ふたつの国の資本主義の性格におうじて特ちょう的に区別されることを、明示するであろう。

たとえば、ホッブズは、資本主義的個人の原型として、自然状態における人間をとらえ、闘争状態にあるかれらが、生存を確保するために、絶対主権を設立するという。ところが、ロックにとって、とくにスミスにとっては、資本主義的個人の、商品生産を中心とする生活は、自律性をもっていて、権力による統制なしに存続しうるものであった。すなわち、このばあいには、絶対主義的ないし重商主義的な育成＝統制のなかから、産業資本が、それに反逆しつつ独立していくのである。ルソーのばあいには、事情がかなりちがう。かれは、自然人が自律的な秩序をもつようになったというかわりに、哲学者たちは自然人の名のもとに資本主義的人間をかんがえたにすぎないという。かれは、資本主義そのもの（じつはフランス絶対主義下の資本主義）に対立して、自然にかえれとさけんだのである。この点に、スミスとルソーの、旧制度への対決のしかたと、両国の旧制度そのものの性格が、みられるであろう。(13)

さて、この雑誌は、三号雑誌にもならないで消滅してしまうが、スコットは、スミスがこのほかに、一七五三年六月一三日から、五七年六月一三日までのあいだに、「純粋にストア主義の諸原理によってかかれた、セネカの書簡についての省察」と題する小型八折版一二〇ページの論文をかいたという。しかし、これは現在では否定されている。(14)

一七五八年に、エディンバラ大学の公法学講座があきそうになったので、ヒュームをはじめ、エディンバラにおけるスミスの友人たちは、かれを後任としてすいせんしようとした。しかし、スミスはこのすすめにおうじなかったらしく、ヒュームはさらにこのことをファーガスンにすすめている。公法学講座は、収入はおおかったが閑職だったといわれるから、グラーズゴウ大学におけるスミスの活動からかんがえると、かれにとってはあまりのぞましくなかったのかもしれない。

このころ、イギリスとフランスは、インドとアメリカで、植民地争奪戦をつづけていたし、ヨーロッパでは、一七五六年に、七年戦争がはじまった。スコットランドでも、一七五九年ごろには、防えい問題がやかましくなったが、王国議会は、ジャコバイトの叛乱後十五年にしかならぬスコットランドに、武装をゆるそうとしなかった。そこでエディンバラでは、一七六二年に国民義勇兵創設運動のため「ポーカー・クラブ」がつくられた。このクラブの一部には、義勇兵問題だけでなく、選挙法をもとりあげようとするうごきもあったが、いずれにせよ、すくなくとも文筆活動にかんするかぎり、たいしたことはなかった。スミスは、一七七四年までは、この会員だったけれども、一七八六年の「ヤンガー・ポーカー・クラブ」にはぞくしていなかった。のちにファーガスンは、『国富論』についての感想をスミスにかきおくったとき、教会や大学や商人にたいするスミスの非難は、ことごとく支持するが、義勇軍についてのそれ[15]には反対しなければならぬとのべている。これらの点からするとスミスは、「ポーカー・クラブ」に参加したとはいえ、かんぜんないみでの義勇兵制度の支持者であったとみることは、できないであろう。そして義勇兵から常備軍への兵制の発展が、近代国家成立の重要な画期であるとすれば、スミスとファーガスンの見解の相違は、たんに兵制論の問題にとどまらないのである。

（1）Rae, *ibid.*, p 91.
（2）Rae, *ibid.*, pp. 92—4.
（3）Rae, *ibid.*, p. 61
（4）Rae. *ibid.*, p. 95. しかし、レイもあげている資料によれば、協会の設立は、ハチスンの生存中すなわち一七四七年以前にまで、さかのぼるともいわれる。この資料は、スミスがさらに、エディンバラ講義にもとづく三つの報告をしたと、のべている。Cf. *Notices and documents illustrative of the Literary Society of Glasgow.* Glasgow 1886, pp. 15—6, 132—3.
（5）Smith. *Theory of Moral Sentiments*, pt. 3, ch 2, 7th ed. 1793. Vol. 1, p. 207.
（6）S. Smiles, ***Lives of Boulton and Watt***, p. 112. cit., Rae, *ibid.*, p 99.
（7）Rae, *ibid.*, p. 98.
（8）「奨励協会」は、前述のように、一七三五年に設立された。しかし、スミスのエディンバラ＝グラーズゴウ時代について、レイがのべているところによれば、このとき、それは、選良協会の特別委員会であった。中絶したものがこのかたちで復活したのか、メンバーの事実上の重複からそうなったのか、あきらかではない。奨励協会も、選良協会とはべつに、月一回の集会をもったが、メンバーはほとんどすべて、貴族《ノビリティ》と郷士《ジェントリ》で、討論もたいてい農業にかんするものであった。そして、この討論をさらに有効にするために、一七五六年に、一定数の農業の実際家《プラクティカル・ファーマー》を、くわえることになった。

(9)　一七五五年五月の宗教会議で、ジョージ・アンダスンを中心とする一群の牧師は、ヒュームとホームの破門決議をくわだてたが、成功しなかった。ヒュームは、六月にラムジイにあてた手紙で、アンダスンを「神のような、意地のわるい、けいけんな、おこりっぽい、なさけぶかい、かしゃくない、温和な、迫害的な、キリスト的な、非人間的な、平和的な、狂暴な、アンダスン」とよんでいる。*Letters*, Vol. 1, p. 224

(10)　Rae, *ibid.*, pp. 120—8　スコットによれば、エディンバラ・リヴィウへの攻げきは、レイの叙述よりもはるかにはげしく、スミスもそれをまぬがれることはできなかった。Scott. *ibid.*, p. 117.

(11)　スミスの二論文は、一八一一—二年ロンドン版五巻の全集の、第五巻に、附録としておさめられている。ところが奇妙なことに、目次にでていない。

(12)　わたくしがもっているのは、一八三七年のロンドン版であるが、これは初版のままのリプリントであるらしい。

(13)　内田義彦『経済学の生誕』昭和二八年、七七—九五ページ参照。

(14)　補論二第二章、四〇六—七ページをみよ。

(15)　*W. of N.*, bk. 5, ch. 1, pt. 1.

5　大学教授の仕事と生活

当時のグラーズゴウ大学では、学期は十月十日にはじまって六月十日におわった。この間、スミスの講義は、月ようから金ようまでの毎日、朝七時半から八時半までの一般講義《パブリック・クラス》がおこなわれ、また週に三日の特別講義《プライヴィト・クラス》が十一時から十二時まで、おこなわれた。もっとも、この講義回数は、スミスじしんのものではなく、スミスのやりかたにならったといわれる、後任者トマス・リードのものである。[1] 週に七、八回の講義をするというのは、スミスじしんがのべたようなオクスフォードの状態とくらべると、ほとんどかんがえられぬほどであるが、スコットによれば、すくなくともリードは、そうしたのだし、また、レイによれば、「諸講義は、朝はやくからはじめられ、夜おそくまでつづいた。スミスは、午前七時半から八時半までの一般講義によって、仕事を夜あけまえからはじめた。」そのうえ、かれは、土ようには、学生の規律にかんする審査会に出席し、そのほかにときどき特殊な学生のために、とくに講義をすることがあった。そうすると、午前中は毎日ほとんど全部の時間を講義にあてていたわけで、これに毎週土よう午後のアンダストン・クラブと金ようの文学クラブ、毎週一回の経済クラブがくわわるから、これらのクラブにいつも出席していたとすれば、スミスのほんらいの研究は、四か月の休暇にしかおこなわれえなかったであろう。

大学教授としてのスミスの仕事は講義だけではなく、学校行政上の諸問題にも、かれはしばしば重大な役割をえんじた。スミスは放心癖や性格の単純さのために、実務にはまったく不適任だと、つたえられていたし、また、かれの弟子アリグザンダ・ウェダバーンも、「わたくしは、あなたが学校の事務をこのまないことを、しっています」(2)と手紙にかいているが、レイやスコットの考証のけっかは、むしろ逆のことを証明している。レイによれば、スミスはグラーズゴウ在任の十三年間に、他の教授たちよりもおおくの学校事務を、ひきうけたのであって、「なにかすこしめんどうでデリケートな仕事があると、かれらはたいていスミスを主任代表にえらんだ」(3)のである。

一七五七年に、学生の食糧もちこみにたいして、グラーズゴウ市が課税したとき、スミスは大学代表として、その特権ようごのために市の当局と交渉した。またスコットランド留学生の問題について、オクスフォード大学と交渉にあたったのも、スミスであった。ファウルズ兄弟の計画にたいする、かれの積極的援助については、すでにのべたが、一七六二年に、大学が常設劇場計画に反対したときも、スミスの活動はおおきかった。かれは一七五八年から六四年まで、大学出納官として、大学財産の管理と図書の購入にあたり、一七六〇年から六二年までは学部長《ディーン》、一七六二年には副総長《ヴァイス・レクター》であった。出納官の任期は、ふつう二年か三年だったというから、スミスは二回か三回重任したことになるし、一七六二年には三つの職務をかねたのである。しかも、そのとき、総長トマス・ミラーはほとんど不在だったため、スミスは事実上、その職務をも代行した。

グラーズゴウ大学では、スミスの着任するかなりまえから、行政機構上の紛争があって、教授、主席教授《プリンシパル》、学部長、総長などのそれぞれの権限のおおきさが、問題になっていたが、スミスは一七六二年八月に、この問題にかんする審査会の議長として、報告を提出した。[4] 以上のような諸事実からは、けっしてスミスの事務的無能を結論しえないであろう。

これらの事務的処理における、スミスの性格の一面をしめす例がふたつ、しられている。[5] ひとつは、一七五七年にアンダスンが、東洋語教授から自然哲学教授への転任を希望したとき、規定では、東洋語教授をふくむ教授会のせんきょによることになっていたから、かれは自己に投票していいわけであったが、スミスはこの点について三回にわたって抗議をおこない、ついにこのせんきょに参加しなかった。つぎの例は、一七五九年に、ルーエットが、教授の職にあるまま、ロード・ホープのテューターとして外遊しようとしたときの、スミスの態度である。ルーエットは、ヒュームの親友だったから、スミスともしたしかったであろうが、大学理事会がルーエットの不在教授たることを否決したとき、スミスは反ルーエットの側にたった。レイによれば、これらの例は、大学教授が個人的利益に大学の制度を利用することにたいする、はげしい反対をしめしているのである。忘我や独語が精神集中のあらわれだとさえいわれているように、スミスには原則をまもりとおす厳格さがあったのではないだろうか。そしてそれは、ときにはいささか形式主義的になる傾向さえ、もっていたかもしれない。

スミスの講義が、大学および市民のあいだで、ひじょうに人気があったことは、前掲ミラーの引用によってしられるであろう。当時のグラーズゴウ大学の学生は約三百人で、大部分は長老派牧師《プレズビテイリアン》になろうとする青年だったが、アイアランド非国教徒《ディセンター》もかなりいたという。学生のなかには、神学および法学について相当の研究をつんでいるものもあって、スミスは、つねに慎重なじゅんびが必要だと、リードにかたったそうである。学生にとっては、スミスはきわめて近づきやすい教師であったらしく、かれは有能な学生たちを自宅にまねいて、じぶんの講義やその他の問題について討論したり、かれらの見解や将来の計画についてしたしい相談相手となった。

一七五九年に、さいしょの著作『道徳的諸感情の理論』が出版されると、スミスの人気はさらにたかまり、学生はとおくイングランドから、さらにスイスやロシアから、ただスミスの講義のためにグラーズゴウにあつまった。たとえば、ウィリアム・ペティの後えいロード・シェルバーンは、その弟フィツモーリスがイートンをおえたとき、オクスフォードでブラクストーンにまなぶまえに、スミスのもとにおくった。ギルバート・エリオットは、このことに言及した前掲の手紙のなかで、「あなたはまもなく、このくにのすくなからぬ青年をひきつけて、グラーズゴウでひと冬かふた冬を、すごさせるようになるでしょう」とのべている。(6)スイスからは、ジュネーヴの名医でヴォルテールの友人だったトロンシャンが、その息子を留学させたし、ロシアからは、一七五五年に創立されたばかりのモスクワ大学が、二人の学生をおくった。この二人、すなわち、デスニツキイとトレチャコフは、一七六一年にグラーズゴウにきたのだから、スミスのおしえをうけた期間は、あまりながくないが、その思想をロシアにつたえるのに、重要な役割をはたした。(7)

これらの学生たちはすべて、スミスの親切な指導をうけたのであって、スコットは、かれの人気についてつぎのようにのべている。「ある教授の講義ノートが筆写され、それがかれの辞任後二年たったのちに売買されるというようなことは、たしかにまれだったであろうが、グラーズゴウ講義のばあいはそうなのであって、手稿の表紙には一七六六年とかかれている。」(8)

ところで、スミスが、オクスフォード大学の学問的沈滞を『国富論』ではげしく非難していることは、くりかえしてのべておいた。そのばあいに、かれは、沈滞の原因を、オクスフォードの教授が、固定給によって生活を保証されていることだと、かんがえたのである。だから、もし、教授の生活が、受講者の数によって増減する授業料に、依存するようになれば、かれは、収入を増加させるために、すぐれた講義をするだろうと、スミスはいう。じじつ、かれの時代のグラーズゴウでは、このような制度が採用されていて、スミスの教授としての収入の半分は、直接に授業料に依存していた。

こうして、教育の領域にまで、利己心の自由な発動をもちこんだスミスは、このことによって、同時にかれの教育論を、表明しているのである。すなわち、ここで、教授が、授業料の増大をめざして講義をするとき、授業料をはらう社会あるいは学生の要求に忠実であるあまり、学問水準が低下しはしないかという疑問がでてくるのだが、スミスは、これをはっきり否定する。むしろ、大学が社会の要求からはなれたからこそ、学問がだらくして、人間を否定し、神学の婢となってしまったのであった。教授が、授業料に反映される社会の要求にしたがうことは、学問を人間のためのものとし、その水準をひきあげるのに、役だつのである。スミスが、このような社会の要求におうじた学問を主張するのは、いうまでもなく、曲学阿世をすすめているのではない。かれがみている社会の要求とは、その時の社会の支配者の要求ではなくて、むしろ歴史の要求ともいうべきもの、すなわち新興ブルジョアジーの要求であった。そして、グラーズゴウ大学が、じっさいにこの要求にこたえていたことはすでにのべたとおりである。

それだから、スミスにとっては、教師が学生に出席を強制することも、ナンセンスであった。「教師が真にその義務を遂行するばあいに、学生の大部分がその義務をおこたった例は、けっしてないと、わたくしは信ずる。ほんとうに出席するねうちのある講義については、出席を強制する規律はけっして必要ではない。[9]」すくなくとも十二、三歳以上の学生は、独立の人格としての判断力をもっているとスミスはいう。かれらの学問的要求は、社会の要求、歴史の要求なのである。

（1） Scott, *Adam Smith*, p. 69. レイによれば、プライヴィト・クラスは、週二回 (Rae, *ibid.*, p. 51)。

（2） Scott, *ibid.*, p. 235.

（3） Rae, *ibid.*, p. 67.

（4） 大学機構上の問題については、Scott, *ibid.*, pp. 84—96. スミスの報告書は、Scott, *ibid.*, pp. 202—16. しかし、スコットによれば、この時期の資料は、グラーズゴウ大学史上もっとも不十分だという。

（5） Rae, *ibid.*, p. 67.

（6） ところが、この手紙は、一七五八年十一月十四日づけであるから、シェルバーンは、『道徳感情論』がでるまえに、スミスの名声をしっていたことになる。フィツモーリスは、まもなくスミスの家に寄宿して、直接に指導をうけるのである。cf. Scott, *ibid.*, pp. 239—43.

（7） cf. M. P. Alekseev, Adam Smith and his Russian admirers of the eighteenth century.—Scott, *ibid.*, App. vii.

（8） Scott, *ibid.*, p. 104.

（9） *W. of N.*, bk. 5, ch. 1, art. 2, p. 720. 邦訳、下巻一八八ページ。

6　さいしょの著作

『道徳感情論』は、一七五九年四月末に、ロンドンで出版されて、たちまち人気のまととなり、これによってスミスは、教授としてのみならず著作家としての名声をも、確立したのであった。本書が、グラーズゴウ大学の講義のうち、倫理学的部分にたいおうすることは前述のとおりであって、ステュアートによれば、本書の出版後のスミスの講義は、倫理学的部分がずっとすくなくなって、法学と経済学に力がそそがれるようになった。

ステュアートは、この本の内容を、ほぼつぎのようにのべている。(1) スミスの道徳哲学の中心問題は、道徳的是認《モラル・プロベイション》の能力とはなにかということであった。この問題そのものは、近代特有だとはいえないが、カドワースがホッブズに反対して、道徳的判断力は真偽の判断力とおなじだとしたときに、近代的な問題提起がはじまった。ハチスンは、道徳的判断力を理性の領域から感情《フィーリング》の領域にうつしたが、それを道徳感情《モラル・センス》となづけただけで、分析しなかった。こうして、問題はヒュームとスミスにひきつがれる。スミスによれば、われわれの道徳感の第一の対象は、他人の行為であり、われわれじしんの道徳的行動についての判断は、われわれがすでに隣人の行為にたいしておこなった決定の、自己への適用にすぎない。したがって、いかにして他人の行為を判断するかということ、さらに、いかにしてそれを自己に適用して義務感をえるかということが、中心となったのである。

十七世紀のなかばに、ホッブズが、中世的な、人間のそとがわにある永遠不変の道徳律、というかんがえを破かいすると、あたらしい道徳的社会的秩序を、解放されたあたらしい個人のうちがわから、つくりあげるというしごとが、はじまった。ホッブズによれば、人間は、ほんらい、身心の能力において平等であり、絶対不可侵の自己保存権＝自然権をもつものであったから、各人は、それぞれ、自己保存に役だつものごとを、善として主張することができた。だが、この状態は、道徳的な基準についての混乱をいみするだけでなく、社会的にも、万人対万人の戦争状態なのであって、そのけっか、各人の自己保存そのものが、おびやかされるにいたる。そこで、各人は、自己保存権の合理的なかんてつのために、相互の契約によって、すべてにゆうえつする絶対主権を設定し、これに、社会の全員の生命の保護を一任する。こうして、社会＝国家ができあがると、主権者は、社会秩序を維持して人民の生命財産を保護するために、社会の全成員の行為の基準（道徳・宗教・法律）を、絶対権力をもってさだめ、かつ施行する。

ホッブズのばあいには、人間の社会的行動の基準（たとえば道徳）は、基本的には、個々人の自己保存からでているのだが、直接には、それと一おう対立する絶対主権から、でてくることになる。こういう否定的な媒介が必要だったのは、近代的個人の力がまだよわく、じぶんたちの活動そのもののなかから、あたらしい秩序をつくりだすことが、できなかったためである。ホッブズの批判者たちが、人間の自然状態は無秩序の戦争状態ではなくて、固有の秩序をもっているといったときに、その固有の秩序は、新旧ふたつのいみをもちえた。すなわち、人はうまれながらにして身分秩序にしたがう、というような、封建的社会観が、ふたたびそこにすがたをあらわすこともあったし、逆に、たとえばロックの構想のように、自然状態において、人は自己の労働を投下して私有財産をつくりだすから、このときすでに一定の秩序があるのだという、近代的社会観が表明されることもあった。ロックは、ホッブズにおいてまだ萠芽としてしか存在しなかった、近代人＝近代社会を、自立的な秩序として確認したのである。

しかしながら、ロックにおいてさえ、近代的な社会秩序＝道徳秩序は、自然法として、自然人のなかに内在しているにとどまり、これについてのあらそいがおこったときには、政治権力による調停が必要であった。『蜂の寓話』の著者、マンダヴィルが、「私悪は公益」であることを、あれほど、強調したときにも、各人の利益の追求は、そのままで秩序をつくり社会を発展させるのではなくて、正義＝政治権力による、統制がなければならなかった。いずれも、資本主義社会が、まだ自律的秩序として確立されていなかったことを、あらわしている。

このことは、イギリス思想史のながれのなかに、もうひとつ別の傾向をうみだした。それは、前述のカドワースから、三代目シャーフツベリ伯をへて、ハチスンにいたる、モラル・センス・スクールである。かれらは、ホッブズ＝ロック＝マンダヴィルにおいて、近代的な社会秩序が、基本的には現実の人間から出発しながら、直接には、権力によってあたえられることになってしまったのに対抗して、この秩序を、人間そのもののなかに、みようとした。そうすると、すぐ連想されるのは、ホッブズの保守的批判者が、人間には身分秩序が内在していると主張したことであるが、モラル・センス・スクールは、近代秩序が、人間に内在することを主張したのである。もちろん、両者の類似は、たんに外見だけではないのであって、モラル・センス・スクールはこのような秩序の内在を主張することによって、同時に、近代的個人の自己主張が、旧秩序をつきやぶっていくたたかいを、やわらげてしまったのである。シャーフツベリじしんが、ロックの弟子でありながら、ロックの、「人間は白紙である」という生得観念否定を、ただしく継承しえないで、生得の「道徳感」を想定したのであった。(2) このような、保守的妥協的な性格は、しかしながら、ホッブズの封建的批判者と同一視されるものではなく、二度のブルジョア革命を経過したイギリス資本主義の順調な発展のきそのうえで、その成果をまもろうとするブルジョア保守主義の、一種として理解されなければならない。

スミスは、いじょうのふたつのながれを、統一する。それは、マンダヴィルにおいてもまだ、政治権力の否定的媒介を必要とした、近代個人の利益追求の活動が、さらに強化拡大されて、それみずからのなかに秩序をつくりうるにいたったこと、したがってまた、個人と社会との統一を、モラル・センス・スクールのように、人間のなかに利他心＝道徳感と利己心とのふたつの本能を並列させることによってもとめないでも、利己心の発展そのものが、社会的統一をつくりだすとかんがえうるようになったことを、いみするであろう。すなわち、近代的個人の利己的活動にたいして、それとは別の、政治権力や道徳感にささえられた秩序を、想定する必要が、なくなったのである。こういう傾向は、とつぜんスミスによって表明されたのではなく、すでにハチスンやヒュームにも、みることができたのであるが、スミスは、「同感」概念の確立によって、その傾向を完成したのである。

では、スミスの「同感の原理」とはなにか、また、それがどうして近代的個人の利己的活動のなかに秩序をみいだす原理となるのか。かんたんに説明すれば、こうである。まず、スミスの同感は、同情ではない。同情は、他人の不幸にたいする、あわれみの感情であるが、同感は、人間のあらゆる状況や行動について成立しうる。もっともかんたんな実例は、スミスがあげているような、人生における競争のばあいであろう。人々は、この世の生存競争において、決勝点にはやく到達するために、全力をあげて競走する。各人が、他人をおいぬくためにあらゆる努力をそそぐことは、とうぜんであり、見物人たちもそれを是認するのだが、もし、かれが、勝利をねがうあまり、他人をだましたり、暴力をもってさまたげたりしたら、第三者の同感は、うしなわれる。だから、同感というのは、人間の行為（およびその行為をうける人間）にたいする、第三者の是認であり、したがって、世論であるということもできよう。

けれども、この第三者は、そこにおこなわれている行為の、偶然的な見物人なのではなく、事情に精通した《ウエル・インフォームド》公平な観察者《インパーシャル・スペクテイタ》でなければならないし、当事者の感情にできるだけついていかなければならない。このような観察者の性格は、かれが、当事者とおなじ社会のなかでおなじように生きている、等質のアトムであることを、いみするであろう。かれは、いまは行為者ではなく第三者であるにしても、他のばあいには、おなじような行為者として登場して、観察者の判断＝同感の対象となるのである。同様にして、いまの行為者は、他のばあいの観察者なのであるから、かれらは、行為者であるときは観察者として冷静な判断を、また、観察者であるときは行為者としてのはげしい意欲を、それぞれ想像することができる。だから、行為者は、観察者が同感するであろうような限度にまで、感情をしずめ行為を抑制しようとするし、逆に、観察者は、できるだけ行為者の情熱についていこうとする。そうすると、両者の中庸として、ひとつの客観的な規準が成立するであろう。同感は、こうして、行為の社会的規準をうみだす。それは、社会における人間の行為のそとがわに、道徳的規準があって、それにしたがった行為が同感をうける、ということではない。ひとつの社会のなかで、おなじような行動をして生きている人々が、たがいに行為者となり観察者となる動的なかんけいをつうじて、おのずから行為の規準をつくりだすのだと、スミスはいっているのである。

だが、それではスミスは、社会と個人とのあいだに、なんの矛盾もないとかんがえたのであろうか。いいかえれば、ベンサムのように、アトムとしての各個人が、それぞれの幸福を追求すれば、全体としての社会は、最大多数の最大幸福を達成できると、かんがえていたのだろうか。もしそうだとすれば、資本主義社会をひとつの調和ある社会とみるブルジョア社会観が、スミスにおいて完成したことになる。スミスが、個々人の利己的活動が、外的統制なしに秩序を形成しうるとしたのは、たしかにそのような方向への、巨歩をふみだしたことをいみするが、しかし、その秩序にまったく対立がなかったわけではない。

スミスは、人の良心にしたがった行動が、世論と対立すること、あるいは、すぐれた内面的動機から発した行為が、それにもかかわらず失敗することを、しっていた。このような、個人と社会、動機と結果の背反にさいして、人は、なにをたよりとすべきであろうか。人間の行為の規準として、スミスが設定した、「公平な観察者」は、前述のように、一方では、社会のなかに生きる個人の良心であり、他方では、かれの行為にたいする社会通念の是認であった。しかもスミスは、このふたつのものが、対立かんけいにおちいることを、しっていたのである。だから、このばあいの個人の良心としての「公平な観察者」は、「社会制度のわくをこえて、価値を追求するとき、はじめてじぶんじしんとなるような、人間的存在の像」だといいうるし、ここに、スミスに特ちょう的な二重性をみるサロモンのかいしゃく(3)は、するどいものをふくんでいる。

動機と結果の背反のばあいには、スミスは、神の法廷にうったえることをのべているが、この法廷は、社会的存在としての人間の行為を判断するものでないから、ここでは無視していいであろう。したがって問題の焦点は、社会のなかで、世論と良心が対立するということである。この二重性を、スミスはどう解決したか、また、それは歴史的になにをいみしたのであろうか。スミスは、この対立が生じたときに、人は世論や支配階級の恣意に抗して、「内なる人 man within」の声を聞くべきだという。このことは、第一に、スミスのホモ・エコノミクスが、いぜんとして、自己の良心をさいごのよりどころとして、ふるい世論とたたかいながら、あたらしい社会をきずいていく過程にあったことをいみするが（このたたかいが一おうおわったとき、ベンサム的社会観が成立する）、第二に、社会そのものの本質（じつは歴史的な市民社会の本質）として、人は、社会からはなれたときに、じぶんじしんとなるというじじつがあることを、しめしている。

第二の点は、さらにすこし説明を必要とするであろう。スミスは、人がもとめる最高の幸福を、「健康で、借金がなくて、心にやましいところのない」状態と、規定している。これだけを獲得することは、あまり困難ではないし、社会の下層においても不可能ではない。あるいみでは、これは、人が、社会の錯綜のなかに身を投じなくても、実現されることがらである。この状態を、社会からはなれてじぶんじしんである人間の状態、とかんがえることもできよう。ところで、このような目的を達成するための手段として、人は、財産、地位、名声を、追求するのであるが、ここに、目的と手段のてんとうが生じてくる。すなわち、目的をよりよく達成するためには、すぐれた手段をととのえておかなければならないから、手段の獲得じたいが目的となるし、そのうえ、これらの手段は、社会における他人との競争にかつことによって、確保されるのだが、この競争そのものは無限である。こうして、手段を目的とするかぎり、人は、個人のささやかだがみちたりた幸福をはなれて、無限の競争のなかに、みずからとびこむことになる。スミスは、「自然がこのようにして、人をだまして」社会を発展させるのだとさえ、いっているのである。そして、こういう目的と手段のてんとうによって生じてくる、社会かんけいは、個人の幸福とは別な問題として、道徳哲学ではなく、社会科学＝経済学の、対象となるであろう。スミスにおける経済学の成立は、道徳哲学のたんなる具体化だけではなく、いじょうにのべたような、社会かんけいの特殊性に、そのきそをもっていた(4)。

『道徳感情論』は、このようにして、それじたいで、すでに市民社会の科学的認識であったし、同時に、そのなかから、経済学を成立させる可能性と必然性を、もっていたのである。

本書の評判について、二三の例をあげると、まず、出版後ひと月半ぐらいして、ウィリアム・ロバートスンが、スミスへの手紙で、つぎのようにかいている。「わたくしたちの共通の友人ジョン・ホームが、二日まえにロンドンからかえってきました。……かれが断言するところによれば、あの本は上流社会のすべての人の手にわたっていて、内容についても文体についても、たいへんな賞讃をうけているそうです。そしてあのようにかたい問題についての本が、これほどかんげいされることは他に例がないとのことです。イングランドの人たちにとって、あなたがオクスフォードで教育をうけたということは、かなりなぐさめになりますし、かれらはこの点で、あなたにたいしていくらかの貢献をしたと主張しています。[5]」

　また、ヒュームは、年上の親友として、賞讃と忠告をおりませて、ながい手紙をかいている。「『理論』をどうもありがとう。ウェダバーンとぼくとは、いただいた数冊を、あの本がいいものだと評価し、そういう評判をひろめるのに適当とおもわれるような知人たちにおくった。ぼくは、あれを、アーガイル公、リトゥルトン卿、ホーレス・ウォールポール、ソーム・ジェニンズ、および最近崇高にかんする非常にみごとな論文をかいたアイアランドの郷士《ジェントルマン》バークに、一部ずつおくった。ミラー（発行者）は、君のなまえで一部をウォーバトン博士におくりたいと、ぼくのゆるしをもとめた。

「ぼくが君に手紙をかくのをおくらせたのは、この本の成功についてなにか君にしらせ、そしてそれがついに忘れられてしまうものなのか、あるいは不滅の神殿に名をとどめるようになるかについて、いくらか確実な予言ができるようになるまで、まっていたからだ。出版されてからまだ二三週間しかたっていないが、ぼくは、この本の運命について予言をあたえてもいいような有力な兆候が、すでにみえているとおもう。というのは、ようするに、つぎのとおりなのだ。――だがぼくは、この手紙をここまでかいたとき、さいきんスコットランドからきたある人の、ばかげた不作法な訪問で中断されてしまった。かれがぼくにいうところによると、グラーズゴウ大学は、ルーエットがホープ卿について外遊するばあい、その席は欠員になるものと決定したそうだ。ぼくはただ、われわれの友人ファーガスンのためにエディンバラ大学のある地位を確保しようという、別のくわだてが失敗したばあいに、君がグラーズゴウ大学について、かれを考慮にいれているかということを、ききたいのだ。ファーガスンは、かれの洗練についての論文を、おおいに手をくわえて改善した。そして、それは、すこしの訂正によって驚嘆すべき本となるだろうし、優雅で独得な才能をしめしている。……

「ぼくはケイムズの法学論集について心配している。かれは、苦蓬と蘆薈を混合して優秀なソースをつくるのとおなじく、形而上学とスコットランド法を結合して、適合した一体をつくることを、かんがえているのかもしれない。しかしその本は、わずかの人々が検討の労をとるにすぎないとはいえ、りっぱな値うちがあるとぼくは信じている。ところで、君の本と、当地でのその成功についてのはなしにもどって、ぼくがいわなければならないのは――

「なんといまいましい妨害だ。ぼくは留守をつかおうとおもったのだが、それなのにまたとつぜん、ある人につかまってしまった。この男は文筆家で、かれとぼくとは文学についておおくの話をした。君は文学上の逸話がすきだとぼくにいったから、ぼくは、すこしばかりきいたことをおしらせしよう。ぼくは、君に、エルヴェシウスの精神についてという本のことをまえにのべたとおもう。それは君がよむだけの値うちがあるが、その哲学のためではなく快適な構文のためだ。その哲学をぼくはたかく評価しない。数日まえに、ぼくはかれから手紙をもらったが、それによると、ぼくの名前は原稿にはもっとたびたびでていたのに、パリの出版検閲官が、それを除去するように要求したのだそうだ。

「ヴォルテールは、ちかごろ、カンディドまたは楽観主義という、ちいさな本を出版した。ぼくはこれをくわしくしらせよう。もっとも君は、こんなことがみんな、じぶんの本となんのかんけいがあるのだ、というかもしれない。だがスミス君、辛抱して冷静にしていたまえ。そして君が、職業として哲学者であるように、実際上も哲学者であることをしめしたまえ。大衆の判断が、いかに無能で性急で無益であるか、どの問題についても、理性にみちびかれることがいかにすくないか、俗人の理解をはるかにこえる哲学的問題については、とくにそうであることを、かんがえたまえ。

「賢者の王国はかれじしんの心なのだ。あるいは、かれがもしこれ以上のなにかをもとめるならば、先入見から解放されていて、かれの著作を吟味しうるような、えらばれた少数者の判断だけがそうだろう。まったく、群集の賞讃は虚偽の最大の証拠なのだ。だから、君もしっているようにフォキオンは、大衆にほめられたときにはいつも、じぶんがなにか失敗したのではないかとおもったのだ。それで、こういうさまざまな考察によって、君は十分に、最悪の事態にたいする準備をしただろうから、ぼくは君の本がきわめて不幸な目にあったという、ゆううつなニューズをおつたえしよう。というのは、世間はあの本を、極端にほめそやそうとしているらしいからだ。愚人どもは、あの本を、いくらかいらだちながら、まっていた。そして、文学雀たちは、もう声たかくそれをほめはじめている。きのうミラーの店に、三人の司教がこの本をかいにきて、著者のことをきいた。ピータバラの司教がいうには、かれが一晩すごしたある会合では、あの本が世界中のあらゆる本にまさると、たたえられたとのことだ。アーガイル公は、いつもよりずっとはっきりした態度で、あの本をほめている。かれはあの本を外国《イクソテ》的《イック》だとおもっているのか、あるいは、グラーズゴウの選挙に、その著者がおおいに役にたつとおもっているのだと、ぼくはみている。リトゥルトン卿は、ロバートスンとスミスとバウアーは、イギリス文壇の花だといっている。オズワルドは、あの本からえた教訓とたのしみと、どっちがおおいかわからぬと、断言しているけれども、かれの断言をどれほどたよりにできるかは、君にはよくわかるだろう。かれはこれまでずっと政治活動に没頭してきたのだし、けっして友人の欠点などさがしはしない。ミラーはおおよろこびで、三分の二はもううれたし、いまでは成功うたがいなしだと、ふいちょうしている。本の価値を、それからえられる利潤だけではかるとは、なんというとんでもない男だろうね。そういう見方によれば、たしかにあの本は、非常にいい本なのだ。

「チャールズ・タウンゼンドは、イングランドで一番賢明な人間だとされているのだが、かれがオズワルドにかたったところによると、かれは君の仕事にまったく感心して、バックルー公をあの本の著者の指導のもとにおきたいといい、またそれをひきうけることが著者にとっても利益になるように、はからいたいそうだ。ぼくはこれをきいてすぐかれを訪問したが、二度ともあえなかった。ぼくがそうしたのは、この問題についてかれと話しあって、わかい公しゃくをグラーズゴウにおくる方がてきとうだと、かれに信じさせるためだった。なぜなら、君が教授の職をすてるほどの条件を、かれが提供しうるとは、ぼくにはかんがえられないからだ。タウンゼンド氏は、いささか気まぐれなので有名だから、かれのおもいつきをあまり本気にする必要はないだろう。

「こういうたくさんの残念なはなしは、すべて真実がぼくにかたらせるだけであり、このほかにもいくらでもあげることができるのだが、君は悪に善をもってむくいるりっぱなクリスチャンとして、以上のはなしの返礼に、スコットランドのあらゆる宗教かんけい者が、ぼくのジョン・ノックスや宗教改革にかんする説明について、悪口をいっているということをぼくにしらせて、よろこばせてくれるにちがいない。君はぼくの手紙がおわるのをまちかまえているんだろう。だからぼくはここで敬具とかいて、おわりにしなければならない[6]。」

これがヒュームの長い手紙の、ほとんど全文なのだが、ここにはかれの才気、皮肉、友情がよくあらわれているばかりでなく、『道徳感情論』のすばらしい評判が十分にかたられている。ヒュームはさらに七月二十八日の手紙で、ロンドンの好評をさらにつたえるとともに、スミスの「同感」概念について、若干の批判をのべている。それは、「すべての種類の同感が、必然的にこころよい《アグリーアブル》ものだということを、君はもっとくわしく十分に、説明すべきだった」というのであった[7]。そして、同感が、そういう性質のものだとすれば、「病院は舞踏場よりも、おもしろいはずだ」と、ヒュームはいっている。けれども、これだけで、すでに推定しうるように、ヒュームは、同感を、よろこびやかなしみなどの、積極的な内容をもったものとかんがえているのだが、スミスは、そうでなくて、内容のいかんにかかわらず、観察者が当事者の立場についていけるかどうかを、問題にしていたのである。

エドマンド・バークもおなじ年に書評をかいて、「本書の本質的部分はすべて正当であり、真理と自然にもとづいている」と賞讃し、さらにその文章について、「かれのことばは、やさしく活気があり、ものごとを読者のまえに完全にてらしだす、それは文章というより絵である」とのべた。[8] このことばは、スミスの文章についての讃辞であるにとどまらず、すぐれた観察者としてのかれの能力を、バークは認識していたのである。

（1）Stewart, *ibid.*, pp. 17—8.

（2）J. Bonar, *Moral sense*, London 1930, p. 18.

（3）A. Salomon. Adam Smith as sociologist. *Social Research*, Feb. 1945, Vol. 12, No. 1. pp. 31—2.

（4）内田義彦『経済学の生誕』昭和二八年、一一八—二五ページ、参照。なお、マルクス『経済学批判序説』のはじめの部分をもみよ。

（5）Scott, *ibid.*, pp. 238, 239.

（6）Hume, *Letters*, ed. J. Y. T. Greig, Vol. **1**. pp. 303—6. Cf. *New letters of David Hume*, ed. R. Klibansky and E, C. Mossner, O. U. P. 1954, pp. 51—55. このヒュームの手紙は四月十二日づけであるが、『感情論』が一般にうりだされたのは月末であった。出版者アンドリュウ・ミラーは四月二六日に、スミスへの手紙で、「わたくしはこの版を来週まで公刊しないつもりですが、しかしこれがまもなくうりきれることをうたがいません」とかいている (Scott, *ibid.*, p. 238)。

（7）Hume, *ibid.*, p. 313.

（8）*The annual register, for the year 1759*. 8th edn. London 1802, pp. 484—9.　この書評は無署名であるが、バークは編集者であった。——ただし、スミスの文体については、さまざまな見解がある。たとえば、スミスより数年おくれてハチスンのもとにまなんだカードロス卿ジェイムズ・ウドロウは、グラーズゴウにおけるスミスの講義についてのべたときに、「かれの有名なさいごの著書における、かれじしんの説教的《ディダクティク》なスタイルは（その主題にはてきしているが）——前著〔『道徳感情論』〕のスタイルの方が、はるかにすぐれている——たしかに、すぐれた文章のモデルではなかったが、わたくしがいまいっているかれの講義で、かれがあたえた注意や規則は、みごとな趣味と健全な判断のけっかであり、わかい文章家にとってきわめて有益なように、よくもくろまれていた」とかいている。ところが、「はるかにすぐれている」はずの『道徳感情論』についてさえ、「もったいぶった空虚な、平凡なことばのこれよりおおきな蒐集が、大著作家によって、かつてなされたことがあっただろうか」という批判がある（cf. Scott, *ibid.*, pp. 51—2)。後者は、二十世紀はじめのスミス批判だが、おなじ二十世紀に、フランスのイギリス文学史家は、スミスの文体を、つぎのようにみているのである。「スミスは、洗練された文筆家であって、かたちに気をくばり、秩序と優雅についての芸術家的感覚によって活気づけられていた。主題がいかにたいくつで無味乾燥なものであっても、かれはそれを、いきいきとはっきりしたものにすることができた。それは、かれが、心的影像の明確さをもっていて、かれがふれるすべてのものに活気をあたえることが、できたからであった」(Legouis, E. and Cazamian, L., *A history of English literature*, Engl. tr., rev. ed., 1933, repr 1951, p. 954)。また、マカロックは、『国富論』の文章は口述筆記であるために、『道徳感情論』より冗漫だといい、レイは逆だという (Rae, *ibid.*, p. 261)。同時代人アリグザンダー・カーライルによれば、『国富論』は、「たいくつで、くりかえしにみちている。」(*The autobiography of Dr. Alexander Carlyle*, London 1910, p. 295.)

7　フランス旅行まで

ところで、本書がスミスにもたらしたものは、文筆上の名声だけではなかった。というのは、ヒュームが手紙でしらせている「タウンゼンドのおもいつき」(1)は、たんなる気まぐれではなかったのである。かれのうつり気はたしかに有名で、風見鶏《ウエザ・コック》とあだなされたほどだったけれども、スミスにかんするかぎり、そうではなかった。

かれは、その夏にグラーズゴウをおとずれて、スミスをダルキース邸にまねき、二人でバックルー公がよむべき本を選択しておくった。このとき、二人のあいだには、てきとうな時期に、スミスがバックルー公の家庭教師になるという、約束が成立したものとおもわれる。そしてこの約束は、それから四年あまりののちに実現して、スミスは一七六四年一月なかばにグラーズゴウを出発し、二月はじめには、バックルー公をともなってフランス旅行の途にのぼったのである。

フランスへわたるまでの四年間にも、若干のできごとがあった。まず、一七五九年に、のちのアメリカ独立運動の中心人物のひとりであり、「交換価値を労働時間に帰着させる分析を、はじめて意識的に……おこなった人」(2)（マルクス）であるベンジャミン・フランクリンがスコットランドをおとずれて、エディンバラで（おそらくグラーズゴウでも）スミスと会談した。しかし、このとき、二人がたがいにどのようなえいきょうをあたえたかは、あきらかではない。

一七六一年には、『道徳感情論』の再版がでた。スミスは若干の改訂増補をおこない、ヒュームの批判にも注をもってこたえている。(3)本書はその後さらに、一七六九年、七四年、八一年、九〇年と、版をかさねるのであるが、四版と五版が同一であるほか、各版はすこしずつ変化があり、とくに三版では、「言語起源論」(4)がつけくわえられ、生前さいごの版（六版）では、さらにおおきな増訂がおこなわれた。

一七六一年にはまた、スミスは、はじめてロンドンにいった。レイは、この旅行の目的は大学の会計事務の処理だったけれども、それとは別に、ふたつの重大な結果をうんだといっている。それは、ウィリアム・フィツモーリス（のちの二代目ロード・シェルバーン）が、ロンドンまでスミスに同行し、自由貿易論をきいてその感化をうけたこと、および、スミスがロンドンで、文壇の大御所サミュエル・ジョンスンと、はげしい口論をしたことである。けれども、これらは、ふたつともスコットによって否定されている。すなわち、前述のように、スミスはすでに一七五九年に、フィツモーリスの弟の教育をひきうけていたのだから、二人の交渉はすでにそのころからはじまっていたともおもわれるし、ジョンスンとの口論の時期と内容は、前述のひょうせつ事件とおなじく、はっきりしないのではあるが、スコットは、レイの推定より五年ばかりのちのことだろうといっている。

ジョンスンとスミスが、はげしい口論をしたことを、ボズウェルは、ロバートスンからきいて、記録しているが、内容にはふれていない[5]。スミスとジョンスンは、たとえば詩の形式については、意見が一致していたし、スミスは、ジョンスンの『辞典』のすぐれた点を、じゅうぶんみとめた。けれども、『辞典』の非論理的な構成は、スミスの批判をまぬがれえなかったし、『ランブラー』についても、スミスは、「おもくるしく、薄弱で、ペダンティクだ」といった[6]。もっと極端な例としては、「古今のすべての著作家のなかで、常識からはずれることもっともはなはだしいのは、サミュエル・ジョンスン博士である」という、スミスの批評が、つたえられているのである[7]。だから、ふたりのあいだに、あらそいがおこる可能性は、たしかにあるのだが、はっきりしたことはわからないし、つたえられる対立も永続的なものではなかったようである。

それはともかく、この四年間における、なによりも重要なできごとは、スミスの思想そのものの発展である。『道徳感情論』が出版されると、かれの道徳哲学講義は、倫理学的部分がはるかに減じて、かれの注意は法学と経済学の原理の説明に集中された、とステュアートはのべている[8]。ステュアートのことばは、キャナンが発見した『グラーズゴウ講義』によって、立証された。それは『法学 *Jurisprudence*』と題された手稿であって、キャナンによれば、スミスのグラーズゴウにおける、一七六三―四年または一七六二―三年の学年の講義を、学生が筆記し、それをさらに、筆写したものだとみなされる。筆写がおこなわれたのは、一七六六年らしいから、スミ

スが、大学教授の職をさってからのことである。(9)

キャナンもいっているように、学生の筆記が、スミスの講義を、どのくらい正確につたえているかは、もちろん問題ではあるが、この時期のスミスの講義をしるための資料は、もうひとつある。それは、モスクワ大学から、スミスのもとに派遣された留学生、デスニツキイの講義である。かれは同僚のトレチャコフとともに、一七六一年から六七年まで、グラーズコウ大学にまなび、したがって、『道徳感情論』の出版いごのスミスの講義をきいたのであった。(10)

トレチャコフは、一七六八年にモスクワ大学教授に任命されたが、一七七六年にはその職をさって、七九年に夭折した。だから、かれの著述としては、開講講演『古代および近代の国民における、豊富の原因と国家の富裕のおそい進歩とについての、討論』がのこっているにすぎない。かれがこのような問題をとりあげたことは、グラーズゴウにおけるスミスの講義内容とのあいだに、かなりきんみつなかんけいがあるものと、みていいであろう。アレクセーフは、とくに、分業論におけるスミス的要素を指摘している。

デスニツキイも、一七六八年に、モスクワ大学のローマ法およびロシア法の教授となり、一七八三年にはロシア・アカデミーの会員となり、一七八七年に退官して、八九年に死んだ。かれの研究は、統治の起源、結婚および家族の歴史、所有権の歴史、刑法における死刑の問題などにかんするものであって、かならずしも、すべてが、直接に、スミスとのつながりをもつとはいえない。けれども、開講講演のひとつにおいて、かれは、ある人々が他の人々にたいして、権力をもつのは、肉体、精神、富におけるゆうえつにもとづくのであって、このうち、とくに富によるところがもっともおおきい、とのべたのち、「このことは新道徳哲学の思慮ふかい創始者たるスミス氏によって、きわめてりっぱに、説明されたので、もはやそれいじょうの叙述を説明としない」といった。一七八一年にモスクワで出版された『社会のさまざまな状態における財産所有についての、法学的討論』においては、デスニツキイとスミスとのつながりは、さらにあきらかだと報告されている。

トレチャコフとデスニツキイが、グラーズゴウでとったとおもわれる、スミスの講義の筆記は、おそらくナポレオン侵入にさいして、焼失したらしいが、デスニツキイじしんの講義草稿はのこっていて、それは、キャナンが発見した筆記とのあいだに、本質的なくいちがいがないだけでなく、スコットがそれの序説のイギリス訳から判断したところによれば、キャナン版より、かなりくわしいものであるらしい(11)。

だが、わたくしは、げんざい、デスニツキイについて、これいじょうの資料をもっていないから、やはり、キャナン版にもとづいて、スミスの法学講義を、考察しなければならない。キャナンによる、この筆記の発見は、スミスの思想の発展をしるための、ふたつの重要な問題への、手がかりを提供した。第一は、前述のミラーの説明にあるような、スミスの道徳哲学講義の四部門のうちの、正義の原則にかんする部門すなわち法学的部門の、内容が、ほぼあきらかにされたことである。そして、第二は、スミスが、フランスへわたるまえに、フィジオクラシイとは独立に、どれだけ経済学を展開していたかを、しりうるようになったことである。第一は、スミスの全思想体系について、第二はスミス経済学の独創性についての、問題なのであり、かつ、いずれも、いわゆるアダム・スミス問題にかんれんしている。

だが、スミスの思想体系のうちで、法学がどこに位置づけられるかについては、なお、検討の余地がある。スミスの道徳哲学が、経済学へ発展する必然性をもっていたことは、まえにのべたが、その発展が、どのようないみで、法学の媒介を必要としたかは、まだ、あきらかになってはいない。むしろ逆に、ミラーの叙述によれば、スミスの法学は、「生計と財産蓄積に役だつ諸技術が、法と統治においてそれにおうじた改善と変化をもたらす」

ことを、追究するものであり、スミスじしんは、『道徳感情論』の六版（一七九〇年）の序文で、このしごとがまだのこされているといっているのである。すなわち、法学は、倫理学、経済学のつぎに、くるべきものであったのかもしれない。

内容的には、つぎのようにいうことができるであろう。スミスにおいて、国家は、私有財産のようごのためのものであり、また、社会的諸施設のうちで、個人的経営ではまかなえぬ部分だけを、ひきうける任務をもっていたから、『国富論』においても、国家の役割はさいごにとりあげられた。かれが、正義の原則の支配する法の世界というときも、「正義」が、全体の名において、国家によって、個々の人間のうえから、おしつけられるのではなく、もっぱら、個々の人間の相互のあいだの、侵害の阻止が主張されているのである。(12) したがって、これらはいずれも、経済の世界を前提としていたにちがいないだろう。

このようにみていいとすれば、スミスの体系は、道徳→経済→法と展開されるか、あるいは、スミスじしんの「道徳哲学のふたつの有益な部分は、倫理学と法学である(13)」ということばから推測して、さいしょに倫理と法がわかれ、つぎに、倫理から経済への展開がくるのではないかと、おもわれる。(14) すくなくとも、道徳→法→経済という、たんなる具体化の直線で、スミスの体系を理解するのでは、じゅうぶんではない。しかし、いずれにせよ、ここでは、この点について、結論をだすわけにはいかない。

ところで、もうひとつの問題、すなわち、スミス経済学の独自性については、どうであろうか。かんたんにいえば、『グラーズゴウ講義』は、スミスがフランスへわたるまえに、経済学の展開をはじめていたことを、たしかにしめすのではあるが、それと『国富論』との対比は、やはり、経済学者スミスの本格的な成長が、この時期いごであることを、おしえている。スコットがのちに発見して『国富論の初期の草稿』となづけたものを、考慮

にいれても、この事情には変化がないようにおもわれるのである。(15)

『草稿』は、スコットが、バックルー公家の文書のなかから発見した、ふたつ折版四八ページの小論文であって、スコットの推定によれば、『講義』が一七六二―三年の学期のものであるのにたいして、『草稿』は、一七六三年の夏か、それいごにかかれたらしい。この推定がただしければ、『草稿』は、フランスへわたる直前の、スミスのすがたをしめしていることになる。この、スミスにとってさいしょの、経済学の小論文は、かれが、「才気はあるがややきまぐれな、……タウンゼンドの心をとらえておく」ために、かいておくったものだと、スコットはいうのである。(16) それは、バックルー公とともに大陸旅行にでかけるという、就職を確保するためであった。

しかし、草稿の執筆の動機を、外面的な就職問題だけから説明する、スコットの態度は、「了解に苦しむ」(17)ほどではないにしても、表面的である。第一に、『エディンバラ・リヴィウ』にしめされた、スミスの大陸文化への関心からすれば、大陸旅行そのものが、スミスにとって、内面的必然性をもっていたし、第二に、経済学の展開が、道徳哲学のなかに萌芽をもっていたことも、すでにのべたとおりである。このようにかんがえるならば、フランス旅行とその学問的成果は、スミスの思想の発展のなかに、ただしく位置づけられるであろうし、ここで、スミス経済学の「独創性」をあらそうのは、むしろこっけいである。(18)

（1）　タウンゼンドは、ダルキース伯夫人《カウンテス》の二度目の夫で、かのじょは、バックルー公の長男の未亡人であった。かのじょとさいしょの夫とのあいだには、二人の息子があり、長男がスミスのおしえをうけるのである。

（2）　マルクス『経済学批判』ＭＥＬ版、四三ページ。

（3）　レイが、『道徳感情論』の各版についてのべていることは、まちがいがおおい（cf. Rae, *ibid.*, pp. 148—9. Hirst, *ibid.*, p. 61—2. 邦訳、六七ページ）。各版のくわしい対照は、エックシュタインのドイツ訳でおこなわれている。

（4）　「言語のさいしょの形成にかんする考察 Considerations on the first formation of languages」は、一七六一年に、

Philological Miscellany にはじめて発表されたのだが、そのくわしい事情は、あきらかではない。Scott, *Studies relating to Adam Smith*, p. 28

（5） Boswell, *ibid.*, p. 978.

（6） *Boswell's life of Johnson*, ed. G. Birbeck Hill, 1887, i, p. 427. これは、スコットの引用によるのだが、わたくしの使用したボズウェルには、みあたらない。スコットは一七六二年九月二一日の記録だと、かいている。cf. Scott, *Adam Smith*, p. 122.

（7） Edinb. Univ. Libry. MSS., La 451/2. cit., Scott, *ibid.*, p. 122, n. 6.

（8） Stewart, *ibid.*, p. 62.

（9） Smith, *Glasgow Lectures*, pp xviii, xx. ロジアンが発見したノートは、一七六二年十二月二四日からはじまっているので、キャナンのものは、六二―三年ではない。二つのノートの比較は、ロジアン・ノートの内容が極秘にされている現在では、不可能だが、わたくしがグラーズゴウで、そのノートをみることをゆるされたかぎりでいえば、キャナン・ノートより、歴史的部分がすくないようにおもわれる。

（10） ついでにいっておけば、ウィリアム・オーグルヴィが、一七六〇―六一年の冬学期にグラーズゴウ大学にまなんだ。cf. *Birthright in land, by William Ogilvie......with biographical notes, by D. C. Macdonald*, London 1891, p. 158.

（11） Scott, *Studies*, pp. 21―2. この点については、水田洋『社会思想史の旅』昭和三一年、三八―四四ページをみよ。

（12） 内田、前掲書、一〇六―一六ページ参照。

（13） *T. of M. S., Wks.*, 1812, Vol. 1, p. 607.

（14） スコットは後述の『国富論草稿』が、「これまで法学のなかにその一部門としてうずめられていた経済学を、かんぜんに法学から分離したという点で、まさに画期的なもの」だといっている (Scott, *Adam Smith*, p. 319. 邦訳『国富論草稿』二〇ページ)。

（15） 高島、水田訳『グラーズゴウ大学講義』解説をみよ。

（16） Scott, *ibid.*, p. 318.

(17)　内田、前掲書、八八ページ。
(18)　『草稿』と『国富論』のかんけいについては、内田、前掲書、一九三―二〇〇ページ、藤塚知義『アダム・スミス革命』一九五二年、五二―四ページ参照。

第五章　フランス旅行

1　出　発

「原始的資本主義の段階における帝国主義戦争」と、レーニンがよんだ七年戦争は、一七六三年一月に、終了した。ヒュームは、大使としてフランスに赴任するハーファド伯から、大使館書記官となることをもとめられて、その年の十月二十日ごろには、すでにパリに到着した。パリからヒュームがスミスにあてた、十月二十八日づけの手紙は、到着したばかりのかれが、マダム・ポンパドゥールやマダム・ショアズールなどの歓待をうけて、一躍、社交界の花形となったことを、のべている。そのとき、ヒュームは、ドルバックのもとで、『道徳感情論』のフランス訳が進行中だと、スミスにつげることをわすれなかった[1]。

ヒュームはすでに、八月九日のスミスあての手紙で、ハーファド伯の希望をうけいれたことをしらせながら、「われわれが外国であうことも、不可能ではないかもしれない[2]」とかいていたが、チャールズ・タウンゼンドは、十月二十五日に、スミスへの手紙で、バックルー公の外国旅行の時期がちかづいたことをしらせ、その旅行つき《トラヴリング》そい教師《テューター》となるという約束の実行をもとめた。報酬は、教師として旅費のほかに年三百ポンド、さらに任務終了後の終身年金三百ポンドであったから、大学教授としてのスミスの推定年収一五〇ないし三百ポンド[3]とくらべると終身年金がついているだけでもずっと有利だった。

経済的条件が有利だっただけでなく、そのころのフランスでは、スミスがはやくから注目していたルソーやアンシクロペディストの、活動がつづけられていた。一七六二年には、ルソーの『社会契約論』と、『エミール』および、『百科全書』第八巻とその四版第一巻が、出版され、一七六三年には、ヴォルテールの『寛容論』とミラボーの『農業哲学』が出版された。フィジオクラットの著作としては、すでに一七五〇年代に、『百科全書』中のケェネーの論文、ミラボーの『人間の友』、ケェネーの『経済表』が、あらわれていた。ヒュームやスミスが、フランス旅行にでかけるべき、学問的な動機は、じゅうぶんに成熟していたと、いわなければならないし、パリの社交界が、かれらを賓客としてむかえいれたのも、思想じょうの交流にもとづくとみていいだろう。(4)

スミスは、タウンゼンドの希望をうけいれ、翌年一月九日に、大学当局にたいして、ちかく出発することを申しでた。そして学生に授業料を返還し、代講者ヤングにのこりの学期の俸給をはらった。スコットランドの大学では、スミスが『国富論』でのべているように、授業料は直接に教授の収入となっていたのである。もちろん、学生は、かれの講義からすでに授業料以上のおしえとよろこびをえたといって、かえされた金をうけとらなかったが、スミスは、これはかれとかれじしんの心とのあいだの問題だとして、主張をまげなかった。それだけでなく、まえにルーエットが教授の地位にあるまま外遊することに反対したスミスは、じぶんがおなじ状況におかれると、ただちに辞任を決意した。正式の辞表は二月十四日にパリから提出され、大学がそれをみとめたのは三月一日であったけれども、一七六三年十一月八日の大学の記録には、「スミス博士はこの冬中のいつか、興味あるしごとのために、おそらく大学をさらねばならなくなるであろうと、表明した」とかかれているから、スミスの辞意は、かなりはやく公表されたようである。(5)これらの一連の行為から、ふたたび、スミスの職務上の誠実さをしることができるであろう。

スミスは一月にロンドンでバックルー公にあい、月末にロンドンを出発した。そして二月十三日にパリにつき、そこに十日ばかり滞在して、三月四日にはトゥールーズについた。スミスが大学への辞表を発送したのは、パリ到着の翌日だった。大学は、三月一日の会議でこれを受理し、つぎのような見解を発表した。「スミス博士の辞任について、大学は……ふかいいかんの意を表せざるをえない。博士は、たぐいまれな誠実と愛すべき諸性質とによって、同僚たちのそんけいと愛情のまととなった。博士のなみなみならぬ天才とすぐれた諸能力と広汎な学識とは、大学にきわめておおきな名誉をあたえた。氏の優雅にして才気ある『道徳的諸感情の理論』は、全ヨーロッパの趣味あり文筆にかんけいある人々をして、氏をそんけいさせたし、氏の、抽象的な諸問題を説明するにあたってのめぐまれた才能と、有益な知識をつたえるための誠意ある勤勉とは、氏を、人なみすぐれた教授たらしめたのみならず、同時に、氏の指導をうけた青年に、もっともおおきなよろこびともっとも重要なおしえをあたえたのである」(6)。これまでのべてきたところからすると、この大学文書は、けっしてたんに儀礼的なことばをならべているのではなく、むしろ、きわめて正確に、大学教授としてのスミスの功績をえがきだしたものというべきであろう。

(1) Hume, *Letters*, Vol. 1, pp. 407—9.
(2) Hume, *ibid.*, p 392.
(3) Scott, *Adam Smith*, pp. 67, 68.
(4) この時期の両国の思想的交流については、F C. Green. *Eighteenth century France*, London 1928, pp.29—69.
(5) 「スミス博士は、この冬中のいつか、興味あるしごとのために、おそらく大学をさらねばならなくなるだろうと、表明し、会議にたいして、つぎの提案と要求をおこなった。第一、もしかれが、その通常の講義を終了しないで、カレジをさらなければならないならば、かれは、かれのすべての学生にたいして、かれらからうけとった授業料を、返却すべきこと、そしてもし、かれらのうちのだれかが、返却される授業料の受領をこばむならば、そのばあいには、かれはそれを大学に、支はらうべきこと。第二に、通常の講義のうちでかれが未完のままのこした部分はすべて、大学によって任命されかつ、てきとうとみなす給料をしはらわれる人物によって、学生に無料で提供される。その給料は、スミス博士によってしはらわれるべきものとする。学部は、上述の提案を承認し、スミス博士にたいして、かれのしごとが必要とするならば、かれが必要とみとめる時期に、今学年中三ヵ月の不在を、異議なく許可することになった。」*University MSS.*, Vol. 33, p. 118.—Scott, *ibid.*, p. 220.——「興味あるしごと interesting Business」という表現は、スミスが、フランス旅行をどうかんがえていたかを、ものがたるものといえよう。

（6） Scott, *ibid.*, p. 221.

2　トゥールーズ

さいしょの約十日間のパリ滞在で、スミスはフランスの有名な著作家たちとしりあう機会をもたなかったらしい。スミスのフランス語の会話はのちになっても不完全だったようだが、とくに旅行のはじめにはそうだったであろう。しかし、ここには親友ヒュームが、かれをまっていた。パリ到着直後のスミスの話相手は、やはりヒュームだったとおもわれる。

スミスたちは、まもなくパリをたって、南フランス、ラングドッグ州の首府トゥールーズにおちついた。トゥールーズは、当時のフランスでは、パリにつぐ大都会で、大司教府、大学、高等法院、アカデミーの所在地であった。そしてまたこの町は、フランスに旅するイギリス人が、このんで滞在したところであり、スミスたちも、ここで十八か月をすごすことになるのである。

十八世紀のフランスにおける、農業近代化の展開をみるとき、共同体的強制の残存するおくれた東北部と、自主的農業生産が成長した、すすんだ西部との、ふたつの対照的な型があるとすれば、ラングドッグのぞくする南部フランスは、いわばその中間として、農村定住的でありながら、「共同体的強制は、おおかれすくなかれ弛緩していた。(1)」「ラングドッグでは農村人口のうちにひろく拡まった〔織物〕工業労働に対する大土地所有者の……不快は、既に十八世紀の最初の四分の一期から始まっている(2)」し、革命のすこしまえの「ラングドッグの羊毛工業は……分散的な農村工業であって、同一の所有者にぞくする大マニュファクチュールは存在しない(3)」といわれている。

スミスが、フランスでもっともながく滞在したトゥールーズの町は、このようにブルボン絶対王政下のフランスとしてはかなり近代化した（すくなくともたんに封建的ではなくなった）農村に、かこまれていたし、ラングドッグの州議会は、当時のフランスでは王権の圧迫に抗しうる唯一の州議会であった。すなわち「全国で三二の州議会のうち六州をのぞいてすべて抑圧され、のこり六州のうちの五州は、ちいさくて重要性も活気もとぼしかった。しかしラングドッグはおおきな州であり……州議会はすぐれた統治によって、全フランスの羨望のまととなるような繁栄をもたらした。かれらは、運河をほり、港をひらき、沼地を開拓し、道路をつくり……全フランスがくるしめられていた賦役なしに、これらのことをなしとげた。かれらは、王の租税を州自体でうけおい、徴税うけおい人の搾取を排除した。かれらは、貴族たちがよそで享受していた免税特権を、ここではゆるさなかった。よそでは対人税であった十分の一税は、ラングドッグでは、定期的に更新される土地評価による公平な地租であった。(4)」そして、トゥールーズ高等法院は、一七五六年に王の賦役に反対し、スミスが到着したときには、全員投獄されていたという。

もちろん、われわれは、レイのやや盲目的な讃辞を、そのまま承認するわけにはいかない。たとえば、高等法院が民衆をほごしたのは、じつは王にかわって民衆を搾取するためだったとさえいわれているし、[5] 州議会で経済的自由主義が支配的だったとしても、それがだれのための自由であったかは、さらに究明されなければならないであろう。南フランスにおける、スミスの主な案内人であり友人であったコルベール僧正（ヒュームのいとこ）は、教区の農工業の改革者ではあったが、それは、かれが一七八九年の等族会議で僧侶と市民との同盟を提唱したのとおなじく、いわば上からの近代化のながれにぞくしていた。[6]

したがってここでは、トゥールーズおよびラングドッグが、近代化の途上にあり革命前夜にあるフランスの縮図を、かなり尖端的なかたちでスミスにしめした、というにとどめておかなければならない。そしてむしろ、スミスが、商業都市ボルドーおよびルーアンの富裕と勤勉とを、その他の高等法院所在地の貧困と怠惰とに対比している点に、かれの健全さをみるべきであろう。[7] トゥールーズにおけるスミスの交際のあいては、高等法院のメンバーとそれに依存する「怠惰な消費階級」であり、かれにとっては、グラーズゴウ時代にくらべるとたいくつだった。それだから、到着後四か月にならないのに、かれはヒュームへの手紙で、つぎのようにいっている。「グラーズゴウのわたくしの生活は、いまここでのそれにくらべると、よろこびとたのしみにみちていました。わたくしは、ひまをつぶすために本をかきはじめました。」[8]

ひまつぶしにかきはじめた本は、『国富論』だったといわれていた。スミスが、ヒュームに前掲の手紙をかいてから、ちょうど四か月目の十一月五日に、グラーズゴウの代表的商人のひとりだったジョン・グラースフォドは、トゥールーズのスミスにあてた手紙のなかで、「あなたが当地〔グラーズゴウ〕で、かなり進捗させていた有益な著作を、おひまなときに、さらにすすめられることを、希望します」[9] とかいているので、スミスが、グラーズゴウ時代に、すでにこの著作に着手していたことがわかるし、これが、スコットの発見した『国富論草稿』と、なにかのかんれんを有するのではないかと、想像されるのも、無理ではない。しかしながら、スコットじしんによって、この推測は否定された。「それはおそらく、公債《ファンズ》にかんする著作計画へのかれの寄稿だったであろう。タウンゼンドとその秘書たちが、この研究のイギリスの部分をあつかい、他方、スミスが、比較の部分をじゅんびすることになっていたと、信ずべき理由がある。(10)」

(1) 高橋幸八郎『近代社会成立史論』一九〇ページ。
(2) 同『市民革命の構造』二〇六ページ。
(3) 同『近代社会成立史論』二〇八ページ。スモレットによれば、ラングドックの主要輸出品は、ぶどう酒、オリーヴ油、乾くるみ、乾ぶどう、毛織物、および豊年には小麦であった。Smollet, *ibid.*, Vol. 6, p. 143.
(4) Res, *ibid.*, pp 183—4. この状態は、アーサ・ヤングの賞讃するところとなった。
(5) K. Kautsky, *Die Klassengegensätze im Zeitalter der französischen Revolution*, 1889, SS. 28—30. 堀江英一・山口和男訳『フランス革命時代の階級対立』岩波文庫、四五―八ページ。
(6) Rae, *ibid.*, p. 177
(7) 「ルーアンとボルドーをのぞけば、フランスの高等法院《パルルマン》のある都会には、商業か工業がわずかしかおこなわれていない。そして、下層階級の人々は、主として、法院のメンバーや訴訟のためにやってくる人々の出費に、依存しているので一般に怠惰で貧困である」(W. *of* N., bk. 2, ch. 3, p. 319. 邦訳、上巻二八六ページ)。スモレットも、トゥールーズは、「高等法院その他の……所在地ではあるが、わずかの商業しかもたぬために、まずしく、人口もすくない」といっている(Smollet, *ibid.*, p. 143)。
(8) Rae, *ibid.*, p. 179.
(9) Scott, *ibid.*, p. 258.
(10) Scott, *Studies*, p. 23. ただし、スコットは、この著作の草稿が、どうなったかには、言及していない。スミスは、帰国してからも、しばらくは、ロンドンでこれのじゅんびをしていたらしいが、タウンゼンドの死が、著作計画を挫折させた。

3　ジュネーヴ

一七六五年八月に、スミスとバックルー公は、トゥールーズから、マルセイユをとおってジュネーヴへむかった。スミスはジュネーヴ共和国の政治を、はやくから賞讃していたし、当時のジュネーヴには、ヴォルテールとその親友トロンシャンがすんでいた。トロンシャンは、息子をグラーズゴウに留学させたほどに、スミスをそんけいしていたし、ヴォルテールは、スミスが、生存者中でもっともそんけいした人物であった。そして「これまで共和国の統治は、特権的二百家族ににぎられていたが、いまや、のこりの市民たちは、ヴォルテールの積極的援助をえて、統治に参与する権利を主張していた。」(1)

スミスは、約ふた月のジュネーヴ滞在中に、フェルネイにあるヴォルテールの湖畔の家を、五、六回おとずれて歓談したといわれるが、その内容はほとんどしられていない。ただ、サミュエル・ロジャーズがスミスの晩年の談話としてつたえているところによれば、ジュネーヴで、スミスとヴォルテールがフランスの政治制度についてかたったとき、ヴォルテールは地方議会に反対して王権を支持したとのことである。しかし、これだけでは、ヴォルテールの絶対主義的傾向をしめすにとどまって、かれとスミスとの思想的かんけいは、いぜんとして不明である。

スミスのヴォルテールへのそんけいは、ふたつの逸話によってしることができる。すなわち、やはりロジャーズが、ある利巧だが浅薄な著者をさして「ヴォルテールのような男」といったとき、きいていたスミスははげしく机をたたいて、「君、ヴォルテールはひとりしかいないのだ」とさけんだそうであり、[2] また、パリの博物館のサンフォンが、エディンバラにスミスをたずねたとき、かれはじぶんの部屋にあったヴォルテールの半身像をさしながら、「理性はかれから、かぞえきれぬ恩恵をうけている」とかたったとつたえられる。[3]

スイス滞在中のスミスの友人は、ヴォルテール、トロンシャンのほかには、ダンヴィユ侯しゃく夫人やその子ロシュフーコーなどであった。ダンヴィユ夫人は、『箴言』の著者ロシュフーコーの孫で、テュルゴの支持者であり、その子は、テュルゴの友人で、やがてケェネーの弟子たることを、公言するにいたる。かれは『道徳感情論』のフランス訳をくわだてたこともあった。[4] のちにロシュフーコーは、スミスへの手紙において、自分の曽祖父にたいする『感情論』の批判を、やわらげてくれるようにたのみ、スミスは、この希望におうじたのである。

（1） Rae, *ibid.*, p. 188.
（2） *Recollections of the table-talk of Samuel Rogers*, first collected by the Revd. Alexander Dyce, edited with an introduction by Morchard Bishop, London 1952, p. 29.
（3） Rae, *ibid.*, pp. 189, 190.
（4） 一七八四年にイギリスに旅行して *Mélanges sur L'Angleterre* をかいたフランスワ・ドゥ・ラ・ロシュフーコーの、父であろう。イギリス訳は、*A Frenchman in England*, 1784. Cambr. 1933.

4　パ　リ

スミスがパリにかえってきたのは、一七六五年十二月なかばであった。このとき、パリのイギリス大使館にいたヒュームは大使ハーファド卿の転任によって、書記官としての地位をうしない、そのかわり九百ポンドの年金をえた。(1) ヒュームは、生活の保証をえたので、安住の地をもとめてスミスに相談した。かれにとって、故郷のスコットランドは迷信と無智の支配下にあり、ロンドンでは著作家はそんけいされず、パリがいちばんじぶんにてきしているようだが、やはり外国であるし、どこをえらんでいいかまよったのである。しかし、この問題は、ヒュームがまもなくロンドンの内閣書記官に任命されたために、自然に解決され、かれはスミスと二週間をパリですごしただけで、翌年一月三日に、ルソーとともにロンドンへむかった。この期間に、スミスは当然ルソーにもあったとおもわれるけれども、確証はない。

「このころ哲学者はパリの王であったが、ヒュームは哲学者の王であった。(2)」したがって、ヒュームは、スミスとともにすごしたみじかい期間にも、親友のためにパリの社交界の扉をひらいてやることができたのである。そうでなくても、スミスの名は、すくなくとも文筆社会では、すでに十分にしられていた。『道徳感情論』のフランス訳は、ドルバックの監督下におこなわれて、一七六四年に出版された（ただし、レイによれば、これは、非常な悪訳である）。(3)

こうしてスミスは、ヒュームの紹介とかれじしんの名声とによって、たちまちパリ社交界の花形となった。周知のごとく当時のフランス文化の中心は、上流名士のサロンであったから、スミスは、おおくのサロンの賓客としてむかえられ、おそらく一生のうちでもっともふかく、社交界にはいりこんだのである。かれがしばしば出席した主なサロンは、ドルバック、エルヴェシウス、ジョフラン夫人、ブフレー伯夫人、レスピナス嬢、ネッケール夫人、リコボーニ夫人、ケエネーのそれであった。これらの名前をみただけでわかるように、スミスはパリで、フランス思想界の中心人物たちと、したしく意見を交換することができたのである。

ドルバックのサロンの参加者はテュルゴ、ディドロ、マルモンテル、レイナール、ガリアニなどで、話題は主に哲学や神学にかんするものであった。このサロンの逸話を、モレルがかいているが、それによると、あるときヒュームがこのサロンで、じぶんはまだ無神論者をみたことはないし、そんなものがいるともおもわない、といったのにたいして、主人は、「それではあなたは、ここではじめて十七人の無神論者といっしょにテーブルをかこむわけですから、いままでいささか不運だったのですね」とこたえたそうである。(4)

ドルバックのサロンで、スミスはテュルゴをしり、エルヴェシウスのサロンでは、モレルをしった。レスピナスの家には、ダランベールが寄寓していたし、そのサロンには、テュルゴもしばしば参加し、さらにグリム、コンディヤク、ギボンなどがあつまった。ブフレー夫人は、『道徳感情論』のフランス訳に着手しようとかんがえたもののひとりであり、リコボーニ夫人はフランスの人気女流作家で、ネッケール夫人はいうまでもなくのちに蔵相になったネッケールの夫人であり、スタール夫人の母であるが、かのじょたちのサロンから、スミスがなにをえたかは、しることができない。それよりも、ケェネーがヴェルサイユ宮殿の、じぶんの部屋でもよおした「中二階の会合」の方が、比較にならぬほど重要である。で、けっきょく、パリの社交界がスミスにあたえた最大の収穫は、テュルゴおよびケェネーとの交友であり、レイは、それについでモレルおよびダランベールとの交際をあげている。

スミスは、「フランスであったすべての友人のうちで、この偉大な思想家にして政治家（テュルゴ）とともにいることをもっともよろこび、かれの精神と性格を、もっともふかく賞讃した」(5)といわれるし、テュルゴの主著『富の形成と分配にかんする省察』は、この年にかかれたのだから、二人のあいだに、経済や政治についての意見の交換がおこなわれたのは、当然であろう。しかしそれだからといって、デュポン・ド・ヌムールのように、スミスにおける真実なものはすべてテュルゴからの借りものであり、スミスがテュルゴから借りなかったものはすべて真実でない、ときめてしまうのは、お国自慢の独断にすぎない。じつはこのようにかんがえたのは、フランス人ばかりでなく、サラルド・ロジャーズも、これにちかい見解をのべているが、(6)今日では、すくなくとも、スミスの自由主義経済学説が、フィジオクラットやテュルゴの思想と独立に発生したことは、みとめられている。もし、問題があるとすれば、そのうえで相互にどのようなえいきょうをあたえたかということである。

スミスはテュルゴについて、のちにサミュエル・ロジャーズにむかって、つぎのようにかたったそうである。(7)すなわち、テュルゴはすぐれた人物であり、きわめて正直で善意であるが、世間と人間性をあまりにもしらず、それでかつてデイヴィド・ヒュームにみずからのべたように、なにごとでも正しければ実行されるということを、モットーとしたほどだった。だからスミスにとっては、テュルゴはあまりに単純善良で楽観的だったのである。それにたいして、スミスじしんがかんがえた政治家の典型は、おそらく、『道徳感情論』のつぎの叙述から、しられるであろう。「人情《ヒユマニテイ》と仁慈によって公共精神を喚起された人は……最善の法律を樹立できなければ、民衆がたえうるかぎりでの最善のものを、樹立しようと努力する。(8)」

レイは、この点について、テュルゴとスミスを対比していう――「かれ（スミス）のかんがえによれば、テュルゴは、既存の利害関係と固定した慣習の抵抗を、過小評価した。……スミスじしんは、利害関係と偏見の抵抗力を、過大評価するという、反対のあやまちをおかしがちであった。」このかいしゃくは、ふたりの性格対比としてはただしいであろうが、このことだけで、ふたりの歴史的社会的位置を判断するならば、おおきな誤謬におちいることになる。政治家テュルゴの楽観的理想主義的傾向と、書斎人スミスの懐疑的現実主義的傾向とを、レイのように「伝記的観点からすると奇妙におもわれる」というだけなら、まだ無難であるが、正確には、このふたつの立場は、それぞれイギリスとフランスとの、歴史的社会的な諸条件とかんれんさせて、理解しなければならないのである。このような対比は、じつはスミスとテュルゴだけについてではなく、前者とケェネー以下のフィジオクラットについても、いわれている。

スミスがケェネーの「中二階の会合」からなにをまなんだかということも、しばしば、スミス経済学の独創性の問題として、議論されてきた。スミスがかれらをしったとき、かれらはきわめて活潑な文筆活動を展開しつつあったので、スミスがなんらかのえいきょうをうけたことは、当然かんがえられるのである。一七六五年に、政府は、『農商財政雑誌』を創刊して、デュポン・ド・ヌムールを編集者としたが、この雑誌は事実上、フィジオクラットの機関誌となって、第一号にはケェネーの「自然権論」が発表された。そしてまもなく、デュポンの小文に端をはっして、商工業の生産性にかんする論争がはじまった。この論争でフィジオクラットを代表したのは、もちろんケェネーであって、論争は翌年までつづいた。だが、こういう事件をおこしたために、デュポンは編集者の地位をうしない、一七六七年には『市民日誌』が、フィジオクラットの機関誌となったのである。

スミスとフィジオクラットの交際がはじまったのは、一七六六年、すなわち、生産的労働の論争がなお火花をちらしていたときであるから、雑誌を通じて、および「中二階の会合」で直接に、かれらの主張をしることができたであろう。『国富論』のなかで、スミスは、フィジオクラットを「ひじょうに独創的《インジニアス》な学説《システム》」とよび、ケェネーをこの学説の「ひじょうに独創的で深遠な創始者」とよびながら、「しかし、この学説の最大の誤謬は、職人や製造業者や商人の階級を、まったく不妊的不生産的であるとするところに、あるようにおもわれる」といっている。スミスによれば、フィジオクラットは、コルベール的な都市工業偏重の反動としての、農業偏重であり、「ことわざにあるとおり、一方に竿をまげすぎたとき、それをまっすぐにするには、反対側におなじだけまげなければならない[9]」のであった。したがって生産的労働論争においても、かれは「公平な観察者」であったであろう。

「中二階の会合」においても、スミスが、ケェネーの熱烈な崇拝者たちの群にくわわっていたかどうかは、うたがわしい。ヒュームがフィジオクラットについて、「ソルボンヌの滅亡以来、現存するもっとも空想的でごうまんな連中だ」(10)といっているように、かれらの宗派的な結合と熱狂とは、ときには第三者の不快をひきおこしたらしい。スミスはそれほどではなかったにしても、やはり「観察者」であった。デュポン・ド・ヌムールがジェ・ベー・セーにかたったところによると、かれらはそのころ、スミスを「分別ある単純な男《ソユディシャス》」とみていたそうであるが、(11)これには、スミスの「観察者」的態度にたいする「信仰者」の反感が、おりこまれているのではなかろうか。

さらにデュポンは、スミスがかれらと個人的な会話で、たとえばイギリスの税制にたいして、きわめて批判的でありながら、著書として公表するばあいには、既存の利害かんけいを顧慮して批判を喪失したと、かたっている。はたしてスミスが、会話と著書とにおいて立場を変更したかどうかは、デュポンの一方的な主張だけでは断定しえないが、それでもなお、この見解は、スミスとテュルゴとの対比について前述したところに、一致する部分をふくんでいるといっていい。すなわち、テュルゴおよびフィジオクラットの理想主義的実践性と、「公平な観察者」スミスの現実主義との対照が、ここにもみられるのである。このちがいは、フィジオクラシイの進歩性とスミスの保守性をあらわすのではなくて、アンシャン・レジーム末期のフランスと産業革命初期のイギリスとにおける、ブルジョア思想の、ありかたのちがいとみるべきであろう。(12)

スミスとフィジオクラットとは、このように、かならずしも完全に一致したわけではないが、スミスは『国富論』をケェネーにささげようとしたほど、かれを尊敬していた。(13)そしてまた、すでにのべたごとく、資本、年生産、生産的および不生産的労働、分配などについて、スミスがフランスの経済学者から、すべてではなくても、かなりのものを、まなんだことは、やはり否定できないであろう。たとえば、生産的および不生産的労働の概念について、『講義』と『草稿』と『国富論』とをくらべると、さいごの著書における決定的な発展はあきらかなのである。

パリ滞在の十か月を、スミスはサロンだけですごしたのではない。かれが、フランス古典劇を、最高の文学作品とかんがえていたことは、まえにのべたが、したがってかれはパリの劇場の熱心な観客でもあった。またスミスは、パリからアベヴィユに小旅行をしたとき、三度目の恋をしたが、初恋（エディンバラ）二度目の恋（グラーズゴウ）とおなじく、この恋愛も成立しなかった。すなわち、つたえられるところによれば、アベヴィユのホテルにいたある侯しゃく夫人《マルキーズ》が、かれに恋したが、うけいれられなかった。それは、スミスがそのとき、おなじホテルにいたイギリスの女を、ふかく愛していたからだという。一七六六年二月に、あるスコットランドの青年は、バックルー公への手紙のなかで、つぎのようにスミスによびかけている――「ところで、グラーズゴウの哲学者、インテリ女性の英雄であり偶像であるアダム・スミスよ、あなたはいかがですか。あなたはダンヴィユ夫人やブフレー夫人をどのように征服しましたか。あるいは、あなたの心はまだマダム・ニコルの魅力にほれこみ、またあんなに愛していたファイフのあのひとの……うつくしさをまだしたいつづけているのですか。(14)」

スミスのヒュームにたいする友情は、この時期にも海峡をこえてしめされた。一七六六年の六月ごろ、ヒュームとルソーが不和になると、スミスは、ダランベールとともに、ヒュームの相談あいてとなり、パリの社交界でかれを弁護することにつとめた。また、ヒュームがくりかえしてフランス定住の希望をもらしたのにたいしては、つねにその軽率さをいましめていた。たとえば一七六五年の九月か十月ごろの手紙で、スミスはいっている。

「あなたにむかって名門の人々が、じぶんといっしょにすむようにすすめるのを、ほんとうのまじめな愛情とかんがえてはいけません。かれらは、有名な人をそのうちにおきたいという、じぶんの虚栄心をみたそうとしているにすぎないのです。[15]」

（1）この金額は、レイによる。山崎正一、前掲書によれば、四百ポンドである。
（2）Rae, *ibid.*, p. 196.
（3）ステュアートによれば、フランスでは、『道徳感情論』は、『国富論』がでるまではあまり注目されず、スミスじしんは、このことの原因が、ブラーヴの冷淡なほんやくにあると、かんがえていた。Stewart, *ibid.*, p. 86, note F.
（4）Rae, *ibid.*, p. 200.
（5）Rae, *ibid.*, p. 202.
（6）J. T. Rogers (ed.), *W. of N.*, 2nd ed. Oxf. 1880, p. xxiii. 山田秀雄訳、高島善哉編『国富論講義』5、昭和二六年、一一三ページ。「ことに第一篇では、テュルゴの分類と議論からひきうつしたような、章句がみられる。」オンケンも、つぎのようにいう。「かれ〔スミス〕は、じぶんのほんらいの原理にちかいケェネーの学説に、不利な地位をあたえる方が、じぶんに有利だとおもった」(A. Oncken, *Oeuvres économiques et philosophiques de F. Quesnay*, 1888, p. xv. 邦訳、『ケネー全集』、一巻、一一ページ)。
（7）Clayden, *Early life of Samuel Rogers*, p. 95, cit., Rae, *ibid.*, p. 205
（8）*T. of M. S.*, pt. 6, sec. 2, ch. 2., *Works*, 1812, Vol. 1, p. 410.
（9）*W. of N.*, bk. 4, ch. 9, pp. 627—8. 邦訳、下巻一一七—八ページ。
（10）Hume, *Letters*, Vol. 2, p. 205.
（11）Rae, *ibid.*, p. 215. cf. A. Oncken, *ibid.*, p. xiii.
（12）D. Stewart, *ibid.*, p. 48
（13）『グラーズゴウ大学講義』邦訳解説をみよ。
（14）Scott, *Adam Smith*, pp. 109—10.

(15) Scott, *ibid.*, pp. 263—5

5 革命の前夜

こうして、スミスとバックルー公は、一七六四年二月から六六年十月までの二年九か月をフランスにすごして、六六年十一月はじめにドーヴァーにかえってきた。かれらの帰国は、公しゃくの弟スコットが、十月十八日に、パリで暗殺されたために、予定よりはやくなったのだといわれる。

ヒュウ・キャンベル・スコットの暗殺が、政治的いみをもっていたとはかんがえられないが、それは別にしても、スミスがフランスにいたのは、一七八九年の革命ぼっ発の二十数年前、すなわちブルボン絶対王政の崩かいの前兆がようやく顕著になりつつあったときだった。そこで、このすぐれた「観察者」が、革命前夜の暗雲をどのようにみていたかが、問題になるのは当然であろう[1]。

マカロックはいう。「ヒュームやスミスが、フランスの事情とよく接触していたにもかかわらず、とおからずこの国で演ぜられるおそるべき混乱の、いかなる予測をもかれらがしめしていないことは、特ちょう的であり説明が困難である。混乱は、その接近のちょうこうを、無数に、しかもあいまいでなく、表明していた。奇妙なことに、こうしてこの時代の最大の哲学者ふたりのみのがしたものが、スモレットによってはっきり識別され指摘されたのである[2]。」

これにたいして、スミスをようごするのは、レイである。すなわち、スミスは、フランスがスコットランドよりもまずしいこと、すくなくともスコットランドほど急速に進歩してはいないことを、あきらかにしっていたし、

「フランスの税制は、いかなる点でもブリテンにおとり、……フランスの民衆は、一般的にみとめられているように、大ブリテンの民衆よりも、はるかにひどく税の抑圧をうけている」といっている。そして、フランスの財政について「三つのきわめて明白な改革」をしめし、かつ、既存の税制から税益をうけている人々がこれに反対するだろうとさえ、のべたのであった。(3) レイはさらに、スミスが一七八二年に、ルソーについて、「社会契約論は、いつかルソーのために、かれが権力からこうむったすべての迫害にたいして、復讐するだろう」とかたったことを、あげている。(4)

けれども、スミスが、フランスの貧困と改革の必要をみとめたにしても、それはただちに、革命を予言したことをいみしてはいない。スミスは、フィジオクラットのように理想主義的改革者でもなく、またおそらく、フランス的なブルジョア革命の思想家でもなかったであろう。かれは、イギリスにおけるマーカンティリズムの弊害をのべたのちに、「それでは……完全な自由と正義の自然的制度を、いかにして次第に回復させるべきか。これについては、われわれは、将来の政治家や立法者の賢明が決定するところにゆだねなければならない。(5)」といって、改革を「政治家」に期待し、かつその政治家については、『道徳感情論』の前掲の場所で、既存の力や利害や偏見の、暴力による破かいに反対しているのである。

だが、それだからといって、スミスは反革命のがわにあったのでもない。かれが改革者として期待したのは、いわばブルジョア社会の政治家であって、ケェネーのばあいのような絶対主義的王権でなかった。しかも、スミスにとって、自由と正義の自然的制度は、暴力によって実現されるものでないから、この政治家にかれが期待した改革も、ただ、ものごとの自然的発展を可能にするという程度にとどまるのである。だから、ここにのべたようなかれの態度のなかに、われわれはむしろ、もはや人為的強力的改革を必要としないまでに成長した、イギリス資本主義社会の力づよいすがたを、みることができるのである。たとえばかれが、「権威の原理と功利の原理」とを、政府への服従のきそとしてあげるときも、この権威は、伝統的身分によってではなく、なによりも富によって成立するものであった。(6) このような事情は、スミスをフランスの思想家と比較するばかりでなく、ホッブズやロックのようなイギリスの思想家と比較するばあいにも、わすれてはならないであろう。

(1) スコットが、エディンバラの書籍商オア氏の主張として、つたえるところによれば、スミスは、フランス時代に日記をかいていた。オア氏は、それをもっていたことがあるが、自治領か、アメリカの客にうってしまったという。Scott, *Studies*, p. 27.

(2) J. R. McCulloch, Preface to the edition of 1863 of W. of N., p. ix, n. 1. Cf. T. Smollet, *Travel through France and Italy*, 1766. Vol. 2, p. 197. 〔new ed., the Chiltern Library, London, John Lehmann, 1949.〕ロジャーズ、前掲序文も、スモレットを引用している（邦訳、『国富論講義』4、昭和二六年、一五二―五ページ）。

(3) Cf. W. of N., bk. 1, ch. 9, p. 91; bk. 5, ch. 2, art. 4, pp. 822, 854—7. 邦訳、上巻八二ページ、下巻二八〇、三〇七―一二ページ。

(4) Rae, *ibid.*, p. 231.

(5) W. of N., bk. 4, ch. 7, pt. 3, p. 572. 邦訳、下巻九四ページ。Cf. Stewart, *ibid.*, pp. 62—3. ――しかし、スミスの「政治家《ステーツマン》」が、重商主義者、たとえばジェイムズ・ステュアートが想定するそれと、根本的にちがうことを、みのがしてはならない。それは、自由を否定するのではなく、自由を可能にする条件をつくりだすことを、目標としている。

(6) *Glasgow Lectures*, pp. 9, 13. 邦訳、九八、一〇五ページ。内田義彦氏は、『グラーズゴウ講義』のこの部分を、スミスの、ウィッグとトーリにたいする両面批判として、理解される（前掲書、一一五―六ページ）。わたくしは、スミスの思想構造としては、両者の総合による双方への批判が、おこなわれているようにおもう。スミスとヒュームとの社会理論上の比較がこの点に光をなげるのであろう。

第六章　国富論

1　出版まで

一七六六年十一月に帰国したスミスは、半年ばかりロンドンにとどまった。ここでのスミスのおもなしごとは、『道徳感情論』第三版の校正と、タウンゼンドとの共同著作〔公債論〕のじゅんびであった。おそらく、『国富論』のための研究も、はじめられていたものと、とうぜんかんがえられるのだが、「公債論」とのかんけいが、あきらかでない。レイは、スミスがこのロンドン滞在中に、ブリテン博物館その他で、読書をつづけたこと、そのときのかれの研究のなかに、植民地問題がふくまれていたことを、指摘している。一七六五年に、アメリカ植民地で「印紙税問題」が発生して、植民地問題は、政治家たちにとっても重大な関心事であった。スミスは、植民地制度の歴史を、ギリシア、ローマについて研究するとともに、現在の問題について、シェルバーン卿と討論したらしい。シェルバーンは、タウンゼンドとともに、ロキンガム内閣のあとをうけたチャタム内閣の、メンバーであった。

シェルバーンにあてた手紙(1)のなかで、スミスは、ローマの植民地が、本国にたいして、かなりの独立性をもっていたことを、のべているが、のちに『国富論』にはっきりあらわれたような「旧植民地体制」への批判は、ここにはみられない。むしろ、ブリストルの「商業的牧師」ジョウサイア・タッカーの方が、この点ではスミスにさきんじていたようである。タッカーは、すでに、一七六三年出版の、『貿易の維持拡大のための戦争についての新考察』において、植民地戦争に反対していたし、六六年出版の『ロンドン商人の手紙』では、植民地かんぜん放棄論に、到達したのである。(2)

翌年（一七六七年）の五月に、バックルー公が結婚すると、スミスはまもなくスコットランドにむかったらしく、六月七日には、故郷カーコールディから、ヒュームに手紙をかいている。フランスからもってきた、すくなくとも四箱の本を、故郷にたずさえてかえったスミスは、これから約十年にわたって、『国富論』のための研究生活にはいるのであるが、イギリスの政治情勢は、そのあいだに、しだいに急迫していった。一七六三年に、『ノース・ブリトン』紙の国王批判記事が原因で、議会を追放されたジョン・ウィルクスは、一七六八年に、大衆の熱狂的支持をえて、ミドゥルセックスから再選された。ジョージ三世とチャタム内閣は、これを抑圧しようとしたが、大衆は、ウィルクスの三選をもって、こたえたのであった。この事件は、チャタム内閣を崩かいさせ、同時に、議会が国民の代表ではなく国王の従者であることを、大衆におしえることになった。「アメリカ人にとっても、イギリス人にとってとおなじく、ウィルクスは人格化された自由であった。(3)」

一七六九年一月から一七七一年末にわたって、『パブリック・アドヴァタイザー』に連載された、匿名の「ジューニアスの手紙」は、すぐれた文章をもって、ウィルクスをようごし、ジョージ三世の専制を攻げきした。そのころ、ホーン・トゥックが設立した「権利章典ようご者協会」は、「アジテイションの近代的方法を採用した、さいしょの政治結社」だといわれる。すでに、ウィルクス事件の発端そのものが、権力に反逆する近代的世論の形成を、ものがたっているし、一七六八年には、新興産業都市リヴァプールでも、政治的自由と選挙法改正についての、そしき的な討論会がおこなわれ、それはウィルクス支持運動をつうじて、一七七〇年代のラディカリズムへと発展していった。(4)一七七二―三年には、プライスの弟子、ジェイムズ・バラが、男子ふつう選挙制を提唱し、ウィルクスは、一七七六年に、この原則にもとづいた議会改革を、下院に提出して否決された。一七八〇年には、「十八世紀のうちで、もっともはげしいロンドンの暴動」といわれる、「ゴードン暴動」がおこった。これは、直接には、カソリック寛容令にたいする不満にもとづくのではあるが、同時にまた「国民的不幸に直面した勤労階級の、ふかい不満の表現であった。(5)」

スミスは、約二十年ぶりで、故郷にかえってきたのだが、そこにとじこもって、窓をとざしてしまったわけではない。かれは、かれなりに、イギリスの旧植民地体制＝重商主義体制の危機の、分析をすすめていた。その結論が、まさに『国富論』なのであった。そこにおいて、スミスは、タッカーやバークとは、すくなからず対立する方向で、この危機に対処しようとしていた。

スミスの心のなかにひそむ、このように切実な危機意識にもかかわらず、かれのカーコールディでの日々は、グラーズゴウのときのように、母といとことの平和な生活のうちに、ながれていった。もちろん、ここでのスミスの第一の仕事は、『国富論』のための研究であった。最愛の母とともに、また、少年のころからしっている素朴な人々のなかで、かれは「ストラトフォードにおけるシェイクスピアのように(6)」ほんとうのよろこびを感じて日々をすごした。かれはこのよろこびを、帰郷後まもなく、ヒュームにつげている。「わたくしのここでの仕事は、研究です。このひと月ばかり、わたくしはかんぜんにそれに没頭しています。わたくしの娯楽は、海にそってひとりでとおく散歩することです。……わたくしは、一生のうちでこれほどのことはまだなかったとおもわれるくらい、非常に幸福で快適で満足しています。(7)」

今日なお、カーコールディの海辺には「アダム・スミスの座席」とよばれるところがあり、かれはよくそこにいってフォースの入江をながめたという。ヒュームは、一七六九年の八月に、ロンドンからカーコールディの対岸エディンバラにかえってきた。そして、すぐスミスに手紙をかいている。「ぼくは、君にあえるようなところにやってきたし、窓からカーコールディをながめることができるので、よろこんでいる。しかし、ぼくは君とはなしあえるようになりたいとおもう。……ぼくはみじめなほど海によわいので、ぼくたちのあいだによこたわる大きな湾を、恐怖をもってながめている。だから君の方でここにきて、いっしょに数日をすごしてくれないだろうか。(8)」だが、ヒュームの希望はなかなか実現されなかった。それほどスミスは研究に専念していたのである。そしてすぐ翌年のはじめには、草稿がほとんど完成したのでちかくロンドンにむかうだろうといううわさが、ヒュームの耳にはいるほどになった。そこでヒュームはまた例の調子で手紙をかいた。「君はロンドンにいく途中、ここに一日か二日しかいないつもりだそうだが、いったいそれはどういういみなのだ。どうして君は、理性と感情と学識にみちた書物を、邪悪無頼の狂人たちに公表しようなどという、とんでもないことをかんがえるのだ。(9)」

しかしこのうわさは実現しないで、大著はさらに六年にわたって手をくわえられた。その後も、スミスとヒュームは、約束だけはしながらあえなかった。ヒュームは、「君はじぶんを人間社会からまったくきりはなそうとして、君自身と社会との双方に、おおきな損失をあたえる」とまでいっている。七二年には、スミスの研究は、オクスフォード時代とおなじように、健康をそこなうにいたった。かれじしん、パルトニイへの手紙でのべるところによれば、「わたくしの本は、この冬のはじめには印刷にまわせるはずでしたが、健康の悪化などの障害のために、数か月延期しなければならなくなりました。健康の悪化は、娯楽がないためと、ひとつのことに思考を集中しすぎるために、生じたのです。(10)」

この年に、東インド会社は、窮状打開のための特別委員会をつくろうとし、スミスもそのメンバーにすいせんされたが、あまり気がむかなかったらしい。幸か不幸か委員会設置案そのものが、議会で否決されてしまったので、スミスは著述をつづけることができた。またハミルトン卿やチェスタフィールド伯の家庭教師としてスミスをむかえようという計画もあったが、やはり実現しなかった。しかし、おなじ年にロンドンからスコットランドにおよんだ商業恐慌の波は、直接にではないが、スミスの身辺にもうちよせた。たとえばかれの弟子、バックルー公は、土地改良のためのダグラス・ヒーロン会社の最大の株主だったから、会社の破産によってすくなからぬ打げきをうけた。おそらくスミスは恐慌対策について、公しゃくの相談をうけたであろう。

これらの若干の障害にもかかわらず、スミスは著述に全力をそそいでいた。チャールズ・ロジャーズは、このころのできごととして、ある日ようの朝、スミスが無意識のうちに部屋着のまま庭から大通りへでて、さらに十五マイルはなれたダンファームリンまでいったとき、教会の鐘の音でやっとわれにかえったといっている。これが事実だとすれば、スミスは未明にうちをでたわけであり、おそらくレイの推測のように、過度に精神を緊張させたためにねむられないで、問題で頭がいっぱいになったまま、しらぬまに十五マイルもあるいてしまったのであろう。(11)

ヒュームはあいかわらず、スミスにあいたいという手紙をくりかえしている。一七七二年十一月二十三日の手紙では、「クリスマスのころ、ここに二三週間きたまえ、そして、すこし気ばらしをしてカーコールディにかえり、秋までに書物をかきあげ、ロンドンにいってそれを印刷し、かえってきてこの町におちつくのだ。……このプランをまじめに実行すれば、君をゆるしてあげるよ」(12)とかいたが、このプランもやはり実行されなかったらしい。しかし、著述にかんするかぎり、ヒュームがいったよりもはやく、七三年の春には、一おうの完成にたっした。そこでスミスは、さいごの仕上げと印刷のために、ロンドンへ出発しようとおもったが、身心のすべてをこの大著にささげつくしたかれは、それが印刷されるまえに死ぬかもしれぬとおもうほど、衰弱していた。(13)

文字どおり、学問に生命をささげるかくごをしたスミスは、出発にあたって、親友ヒュームを著作にかんする遺言執行人に指名した。そして、四月十六日にエディンバラを通過するにあたり、書面をもって、未刊の草稿の処分についてヒュームに依頼した。すなわち、「わたくしは、じぶんがかいたすべてのものにかんする配慮を、あなたにまかせたのだから、そのなかには、わたくしがいま、じぶんでもっていくものをのぞけば、公刊にあたいするものはひとつしかないことを、おしらせしなければなりません。それは、デカルトの時代までにつぎつぎと支配的になった天文学上の諸学説の歴史についての、大著の断片なのです。それが、わかいころくわだてられた著作の断片として公刊されるべきかどうかについては、まったくあなたの判断におまかせします。……この小著作は、わたくしの書斎の机のなかの、うすい四つ折版のとじた書類のなかにあります。その机のなかや、寝室のガラス折戸つきの戸棚のなかにある、それ以外の、すべてのとじてない書類は、おなじ戸棚のなかの、約十八冊のうすいとじられた書類とともに、なにも吟味することなく破棄してください。わたくしがきわめて突然に死ぬようなことがなければ、わたくしは、じぶんがいまもっている手稿を、十分な注意のもとにあなたの手もとにおくるよう、手配します。(14)」

こうしてスミスがロンドンにむかったので、ヒュームやファーガスンなどの友人は、出版がまもないものとおもっていた。スミスじしんも、さいごの完成までにそれほど手間どるとは、かんがえなかったらしいが、実際はロンドンにおけるさらに三年間の研究が、くわえられたのである。

ロンドンについたスミスは、一七六七年に会員に推せんされた王立学会に入会し、また七五年には有名なジョンスンの文学クラブに加入した。スミスとジョンスンの口論については、正確な時間も内容もわからないけれども、ジョンスンが文学クラブの中心人物であったこととスミスの加入とをかんがえあわせると、すくなくともこのころは、たいした不和は存在しなかったのであろう。しかし熱烈な保守主義者ジョンスンと自由主義者スミスとが、はたして一致しえたかどうかについては、疑問が提出されるかもしれない。いまはこの点にたちいる余裕がないので、ジョンスンの保守主義をも、それなりにブルジョア化していったイギリス資本主義の力強さを、指摘するにとどめたい。

文学のクラブは、当然、サロン的会話の世界であったが、スミスの談話については、さまざまな批判がのこされている。そのどれをとっても、全面的にほめているものはなく、教授的形式主義や、性格はあくが表面的で寛大すぎることなどが、欠点とされている。(15) けれども、クラブの会員だったバーナードの詩には、「わたくしが思想をもちながら、それを表現できないときには、ギボンがわたくしに、どうしたらそれを選択された簡潔な形式のなかにいれることができるかを、おしえるだろう。スミスはいかにかんがえるべきかを、バークはいかに演説すべきかを、そしてボークラークはいかに談話すべきかを、おしえるだろう」といわれているから、すくなくとも思想家としてのスミスは、かれらのあいだでもそんけいされていたのであろう。

一七七三年には、ボストンで茶暴動《ティ・パーティ》がおこり、ロシアでプガチョフの農民一揆がおこった。翌年には、ジョウジフ・プリーストリが酸素を発見し、アーサ・ヤングが『政治算術』を出版し、またイギリス軍はボストン港を封鎖した。フランスでは革命前夜の動揺がしだいにはなはだしく、七四年の凶作がそれに拍車をかけた。この年にテュルゴが蔵相に就任して、自由主義的改革をくわだてたが成功せず、七六年に辞任せざるをえなかった。七五年には、ロンドンに手形交換所が設立され、アメリカでは独立戦争の火ぶたがきられた。ウォットの蒸気機関はバーミンガム近郊のソホー工場で、完成にちかづきつつあった。ヒュームの健康はこの年から悪化しはじめたのである。

このような、主として新時代の胎動をしめすさまざまな事件のうちに、スミスは著書の出版をいそいだ。それはついに、かれが五二歳のとき、一七七六年三月九日に、ロンドンのストラハン＝カデル書店から、四折版二巻合計一〇九七ページの大冊として発行された。そしてその後約四か月で、アメリカ独立宣言が発表されたのであった。資本主義社会の科学としての経済学は、こうして、もっとも資本主義的な国家の誕生と、おなじ年に、さいしょの体系を完成した。

（1） Hirst, *ibid.*, pp. 148—9. 邦訳、一四六ページ。Rae, *ibid.*, p. 237.

（2） R. L. Schuyler, *The fall of the old colonial system*, London 1945, pp. 42 ff. 小林昇『重商主義解体期の研究』一九五五年。しかし、タッカーの植民地放棄論は、「アメリカ人の立場に対する政治的共感にではなくてむしろ反感に、すなわちアメリカの放棄がイギリス本国内における急進主義の弱体化にむしろ資するであろうという」保守的な根拠にもとづいていた（小林、前掲書、七八ページ）。

（3） J H. Plumb, *England in the eighteenth century*, Pelican book, 1950, p. 122.

（4） J. H. Plumb, *ibid.*, pp 119, 123.

（5） J. H. Plumb, *ibid.*, p. 137. ——支配階級の対応は、一七八二年の行政改革となってあらわれた。これについては、河中二講「イギリスにおける一七八二年の行政機構改革」（静岡大学文理学部・社会科学・一九五二年）をみよ。

（6） Rae, *ibid.*, p. 239.

（7） Rae, *ibid.*, p. 242.

（8） Hume, *Letters*, Vol. 2, pp. 206—7.

（9） Hume, *ibid.*, p. 214.

（10） Rae, *ibid.*, p. 250.

（11） Rae, *ibid.*, p. 254.

（12） Hume, *ibid.*, p. 266.

(13) Rae, *ibid.*, pp. 259—60. ——スミスのこのときの状態について、河上肇博士は、『貧乏物語』のなかで、つぎのようにかいしゃくしている。それは、けっきょく、「アダム・スミス問題」的な誤解なのであるが、独特の風格をもっているので、ここに引用しておこう。「元来スミスは蒲柳の質であった。それが数年間ひきつづいて過度の勉強思索にふけったのであるから、はなはだしくその健康を害するにいたったのは、自然のなりゆきのようであるが、しかしそれにしても、かれは当時毎年十分の年金をえていて、衣食のためにはかつて心を労する必要がなかった上に、おいおい年をとってきたとはいえ、ロンドンにむかって出発するときはまさに五〇歳にすぎなかったのである。いくら過度の勉強思索にふけったとはいえ、旅中にいつ死ぬかもしれぬと感ずるまでに弱りはてたというのは、なぜであるか。……近ごろになって私はようやく、この疑問をまったく氷釈しえたるがごとくにおもう。けだしスミスは元来倫理学者である。その倫理学者が倫理学者として経済問題の研究に従事しているうちに、かれは経済上における利己心の活動を是認することにより、あるいみにおいて、経済上における一切の人の行為を、倫理問題の埒外におしだしたものである。すなわちカーコゥディーにおけるちっ居六年間のかれの仕事は、倫理学者としての殻をうちわり、自己多年の面目を打破し、自己の力により自己の身を化して、有史以来いまだかつてあらざりしところの、まったくあらたなる種類の学者なるものをうみださんがための努力であった」(岩波文庫版、一〇二、一〇三ページ——かなづかいは原文によらない)。

(14) Rae, *ibid.*, pp. 262—3.

(15) e. g. Boswell, *ibid.*, pp. 1082—3.

2　国富論とその評判

『諸国民の富の本質と諸原因とにかんする一研究 *An inquiry into the nature and causes of the wealth of nations*』は、一七七六年三月に、出版された。部数は約一千部で、値段は三六シリングであった。この初版は、半年でうりきれて、出版社ストラハン＝カデルをおどろかした。ギボンの『ローマ帝国衰亡史』の第一巻がおなじころにでたのだが、ストラハンは、『国富論』が、ギボンの本ほど一般的でないのに、うれゆきはほとんどおなじだと、ヒュームにつげている。(1) スミスは、初版にたいして、おそらく五〇〇ポンドを、出版社からうけとったものと、推定される。約十年まえに出版された、ステュアートの『経済学原理』にたいしても、カデルはおなじ金額をしはらった。

出版後一週間目の、三月十六日の記録として、ジェイムズ・ボズウェルは、つぎのようにかいている。「わたくしは〔ジョンスンに〕、諸国民の富にかんするアダム・スミス博士の本のことをはなした。それは、ちょうど出版されたばかりで、そしてサー・ジョン・プリングルは、わたくしにむかって、商業界《トレード》に身をおいたことのないスミス博士が、その問題について、法律家が医学についてかくよりもすぐれたものを、かくとはかんがえられない、とのべたのであった。ジョンスンはいった――かれ〔プリングル〕はまちがっているよ、君、みずから商業に従事したことのない人も、うたがいもなく、商業についてりっぱなものを、かきうる。それに、商業ほど、哲学によって説明される必要があるものは、ほかにはない。たんなる富、すなわち貨幣についていえば、あきらかに一国民または一個人は、他の国民や個人を、よりまずしくすることなしには、じぶんのたくわえを、ふやすことができない。しかし、商業は、もっと価値あるもの、すなわち、さまざまな国のそれぞれの特長の、相互の交換を、可能にする。商人は、かれじしんの個人的な商業についてのほかは、ほとんどかんがえない。商業についてすぐれた本をかくには、人はひろい視野をもたなければならない。あることについてりっぱにかくには、それに従事していることを必要としないのだ。(2)」

出版をまちかまえていたヒュームも、四月一日に、よろこびの手紙をおくった。「それは、君じしんと君の友人と社会とが、非常に期待していた著書なのだ。ぼくは、それができるのをまちきれないでふるえるおもいだったが、いまはかなりほっとしている。……ぼくは、さいしょにたいへんな人気があるものは、うたがわしいとおもっているが、この本は深さと堅固さとするどさをもっているし、おおくのめずらしい例証があるから、ついには社会の注意をひくだろう。それは君のロンドン滞在中に、ずいぶん改善されたようだ。もし君が、いまこの炉辺にいるなら、ぼくは君の原理のいくつかについて、論争したいものだ。ぼくには、農場の地代が、生産物の価格の一部分をなすとは、かんがえられない。価格は、まったく、数量と需要とによって、決定されるのだとおもう。フランス王が、貨幣鋳造について、八パーセントの鋳造税をとることは、ありえないとおもわれる。……しかし、これらの、およびそのほか数百の論点は、さしむかいの討論にのみふさわしいものだ。君がそうでないといわないかぎり、ぼくは、それがまもなくできるものと、信じている。ぼくは、それがまもないことを、のぞんでいる。というのは、ぼくの健康状態はきわめてわるく、あまりせんえんをゆるさないからだ。[3]」死のせまるのを感じていたヒュームの、さいごのねがいのひとつは、こうして、親友スミスと、『国富論』について、エディンバラの炉辺でかたりあうことであった。

ジョンスンが「ひろい視野」といい、ヒュームが「おおくのめずらしい例証」といったものは、すぐれた「観察者」としてのスミスの能力の所産であった。ウォルタ・バジョットも、つぎのようにいっている。「学識ある教授がかいた本で、かれらのような人々〔グラーズゴウの商人〕の心をうごかしやすい方法で、これほど議論の展開力と例証力をしめているものは、ほかにはないのである。そして、アダム・スミスが、傑出した地位と勢力を獲得したのは、主として、理論と実際とのこの境界を、かれがそしき的に開拓したためなのである。[4]」

『国富論』の編者のひとり、エドワード・ギボン・ウェイクフィールドは、「かれのしごと〔『国富論』の編さん〕がいやになって、その出版者を失望させたらしい[5]」と、ロジャーズがかいているけれども、そのウェイクフィールドによれば、スミスは「国富の理論ではなくて歴史を、かこうとしていたようにみえる。かれは、たしかに、原理についてくわしくのべているが、しかし、それはほとんどつねに、外観のとおりに、かれがものがたる事実を説明することだけを、目的としている。かれが、じぶんの心のなかに、体系をかたちづくっていたこと、そしてかれが、それを読者の心に印象づけようと目ざしていたことは、その本がすべての思索的な精神にあたえる効果によって、ほとんど証明される。そのような精神にたいしては、国富論は、過去だけでなく現在や未来にもおなじように適用しうる、一連の諸原理だという印象を、かならずあたえる。……ふつうの読者は、もし、この本がたんなる理論からなっていたら、おそらく、それをみなかっただろう。……しかしかれは、よみもののような本を、まんぞくしてよむことができる。こうして、かれは、著者の原理についての、若干の知識をさええるのである。国富論は、こんにちの大衆雑誌《ペニー・マガジン》のように、絵にみちている。……おしえるためには、たのしませなければならない。……アダム・スミスは、経済学についての、ものがたりの、かたり手なのだ。……だから、それ〔国富論〕の人気がおとろえないことの、ひとつの理由は、それがおしえる真理の重要性にあるというよりも、それらの真理をおしえるばあいの、おしえかたにある(6)。」

もっとあたらしい例としては、ハーストが、つぎのようにかいている。「アダム・スミスは、学問のひろい領域を無視することなく、かぎられた問題に心を集中した人のように、かいている。たくわえは豊富で、管理人はきまえがいい。経済学は、抽象的学説の孤立的な研究ではなくて、はじめからおわりまで、人類についての研究の一部門として、かれらの風俗習慣の批判、国民の歴史、行政、法の批判として、とりあつかわれている(7)。」

では、『国富論』についてのこれらの評価は、なにをいみするのであろうか。それは、スミスが、経済学を、抽象的な専門科学としてでなく、人間生活全体の、具体的な問題として、説明していること、しかも同時に、ジョンスンの指摘のように、眼前の事実にとらわれた時事論文ではなしに、ひろい理論的な視野をもっていたことを、これらの人々が、ほとんど一致してみとめているると、いっていいのではないかとおもう。歴史をかいたといわれたことにしても、スミスは、ただ具体的な事実をならべただけではなく、じぶんがたっている時点が、まさに歴史の転換期であることを、しっていたのである。だが、それは、どういう転換であったのだろうか。ウェイクフィールドの意図が、どうであったかにかかわりなく、『国富論』の歴史観を検討することは、その本質を理解するために、不可欠のしごとである。

ヒュームが『イギリス史』（一七五四―六二）を、ギボンが『ローマ帝国衰亡史』（一七七六―八八）を、ロバートスンが『スコットランド史』（一七五九）、『カール五世史』（一七六九）および『アメリカ史』（一七七七）を、ファーガスンが『市民社会史』（一七六六）を、というように、スミスの時代のイギリスにあらわれた一群の歴史書は、それぞれの立場のちがいはあっても、一貫して、ふるい社会のおわりと、あたらしい社会のはじまりという、歴史意識にもとづいていた。ジェイムズ・ステュアートの『経済学原理』が、「種々の生産様式の性格的社会的な区別にたいする、明察によって卓越(8)」することができたのも、やはり、このような歴史意識によるものであった。

ところが、おなじく、社会的危機の意識といっても、そのなかで、ふるい社会をまもろうとするか、あたらしい社会の形成をおしすすめようとするかによって、また、なにをふるい社会とみるか、なにをあたらしい社会とみるかによって、危機にたいする態度は、ちがってくる。たとえば、ステュアートは重商主義体制の解体を、全能の政治家の力で、くいとめようとしたが、スミスは、自由放任によって、産業資本の自律的な社会を、実現しようとした。

―資本の活動の目的たる利潤が、商業利潤として、流通過程からひきだされるならば、その利潤を確保するには、競争を制限し、できるだけやすくかって、できるだけたかくうらなければならない。そのような重商主義体制の最終の結論は、国家権力による、国内産業の保護育成と、植民地の支配（製造業の禁止と貿易の独占）であった。アメリカ独立戦争が、この体制の崩かいをいみしたことは、いうまでもないのだが、もし、利潤が、産業利潤として、生産過程からひきだされるならば、それは、労働力という商品の特殊な性格にもとづくのだから、この商品さえ確保されれば、あとは、できあがった商品を価値どおりにうっていいわけである。したがって、流通過程の独占は、必要でないばかりか、独占のための諸費用（たとえば、植民地支配の軍事費や行政費）は、税金として、産業にたいする有害な負担となる。そして、このばあい、外国（とくに植民地）にかわって、商品の買手としては、国内市場があらわれ、その中心として、労働者の購買力（賃銀）が、重要な役割をになうにいたる。重商主義においては、賃銀は、労働規律の形成とコストのきりさげのために、できるだけひくい方がのぞましいとされたが、その反面で、できあがった商品は、国内にひろい市場をみいだすことができなかった。(9)

スミスは、一方において、分業による労働生産力の増大を、市民社会の富裕の増大の原因とかんがえ、他方では、労働者の高賃銀を、国内市場の中枢として評価することによって、資本主義社会を、自律的に発展する調和的な全体として、とらえることができた。『国富論』の第一篇は、分業論からはじまって、このような社会の機構を分析し、第二篇では、この社会が順調に発展していく条件を分析した。この二篇が、価値論と再生産論を基軸とする、『国富論』の理論的部分なのだが、さらに、第三篇では、こういう産業資本の社会、すなわち自然的自由の体制が、ヨーロッパの歴史のなかで、どのように出現してきたかを、追究する。スミスによれば、これまでの歴史においては、事物の自然のなりゆきが政治的干渉によってゆがめられていた。農業生産力の自然的上昇から、商工業がうまれるのではなくて、外国貿易のために人為的に、工業が育成されたのである。スミスは、このゆがめられた歴史を、ここで切断して、富裕の自然的進歩を、実現させようとする。そこで、第四篇では、歴史のゆがみをひきおこした政策と、その根拠となった経済学説（とくに重商主義）を、てってい的に批判し、第五篇では、いままで、保護と称して経済のうえにのしかかっていた国家の活動を、最小限度にくいとめることを、主張するのである。(10) そのような構成をもった『国富論』の最大の実践的結論は、植民地の放棄であった。第一篇と第二篇にえがかれたような、産業資本の社会の成立と存続のために、植民地は無益かつ有害なのである。重商主義体制における国家のもっとも重要なしごととしての、植民地の確保は、ここに否定され、重商主義体制そのものの存在理由が、否定されたのである。

スミスは、デュポン・ド・ヌムールによって、テュルゴからのひょうせつを、マルクスによって、ステュアートからのひょうせつを、(11) 非難された。また、バークやフランクリンからも、経済学について、おおくをまなんだといわれる。(12) けれども、これらの人々のうちのだれひとりとして、重商主義体制の全面的批判と、産業資本の社会の体系的認識において、スミスにおよぶものはなかった。もちろん、スミスは、産業革命の諸成果については、じゅうぶんなみとおしをもっていない。機械について、労資の対立についての、かれの認識は、かなり幼稚であり、前者については、タッカーにおよばないといわれている。(13) そして、後者については、一八四三年に、ウェイクフィールドは、かれが『国富論』の新版をだす目的のひとつとして、スミスその他の原理を、「産業のあらゆる部門における、資本家と労働者のあらそい」という、新事態に適用することを、あげるにいたった。(14) それらのけっかんも、産業革命のスタートをきったばかりのイギリス資本主義社会を、自律的総体的なメカニズムとして認識した、スミスの功績を、抹殺することはできないのである。

ところで、『国富論』は、一七七八年には、初版の用語に若干の改訂をくわえて、再版され、八四年の三版ではかなりの増補が（とくに第四、五篇）くわえられ、またその部分だけ四折版七九ページの分冊として発行された。そして、四版（一七八六年）と五版（一七八九年）で字句がわずかに訂正されただけで、スミスは死んだ。(15) 一八〇五年に、ウィリアム・プレイフェアが注と補章をつけて十一版をだすまでは、五版のまま再刷されていたのだが、プレイフェア版いご、いちばんあたらしいラーナー＝キャナン版にいたるまで、さまざまの注と序文をつけた版がでている。スイスでは、イギリス語のまま一七九一年に出版され、さいしょのアメリカ版は八九年のものらしい。外国へのほんやくについていえば、ドイツ訳が、一七七六―八年に、デンマーク訳が一七七九―八〇年に、オランダ訳（前半のみ）が九六年に、フランス訳が七八―九年に、エスパーニャ訳が九四年に、ロシア訳が一八〇二―六年に、それぞれ発行された。(16)

イギリスの経済政策へのえいきょうは、すでに一七七七年および八年の、ノース卿の増収案にあらわれ、一七七九年には、アイアランド自由貿易について、ダンダスやカーライルの質問をうけた。(17) スミスは、一七六七年にロンドンにきたとき、はじめて少年ピットにあったが、かれはやがて自らスミスのもっとも確信ある弟子と称して、『国富論』の原理の実現につとめた。それから二十年、スミスがダンダス邸の会合に、いちばんおくれて到着したことがあった。かれが部屋にはいると、すべての人はたちあがってかれをむかえ、そのままたっていた。スミスが、みなさんどうぞおかけください、というと、ピットがこたえた――いいえ、わたくしたちは、あなたがまずおかけになるまでまっています。なぜなら、わたくしたちはみんな、あなたの生徒なのですから。

けれども、いささか奇妙なことに、議会ではじめてスミスの名前がかたられたのは、ようやく一七八三年に、ピットの反対者フォックスによってであった。(18) そして、フランス革命がはじまると、保守勢力は革命を憎悪するあまり、スミスの思想をも革命と同一視してしまった。ドゥーガルド・ステュアートが、一七九三年にエディンバラ王立協会で、スミスの回想講演をおこなったときには、世間が、経済学を政治改革の思想として警戒していることを、顧慮せざるをえなかったのである。[19] 他方、このころには、さらにあたらしい時代の思想家が、スミスを批判しはじめていた。一七八九年にでた、ジェリミ・ベンサムの『高利のようご』は、スミスが法的統制をみとめた利子についても、自由放任の原理をかんてつさせようとするものであるが、スミスじしんこの書物についてつぎのようにかたったといわれる。「高利のようごは、きわめてすぐれた人の著作であって、かれはわたくしに若干のつよい打げきをあたえたが、非常にあざやかにやったので不平をいうわけにはいかない。[20]」

けれども、諸外国へのえいきょうは、むしろ、そのころからはじまったと、いっていいであろう。スミスは、「モリアンをつうじて、ナポレオン財政の、哲学的指導者だった[21]」といわれるし、アメリカでは、ジェファスン＝ハミルトン論争が、スミス経済学の、政策への導入をあらわしている。[22] ドイツでは、スミス経済学は、ケーニヒスベルク大学における、クラウスの講義から、官僚のあいだにひろがっていったし、ロシアでは、ポリトコフスキイの『国富論』のほんやくは、アレクサンドル一世の命令でおこなわれたほどであった。[23] これらの国々への、スミスの思想の導入が、それぞれの国の資本主義の特質におうじた、さまざまな変容をともなったであろうことは、よういに想像されるのであるが、いまは、その点に言及するばあいではない。

（1） Rae, *ibid.*, pp. 285—6. Hirst, *ibid.*, p. 161. 邦訳、一六〇—一ページ。Cf. Hume, *Letters*, Vol. 2, p. 318.
（2） Boswell, *ibid.*, p. 683.
（3） Hume, *Letters*, Vol. 2, pp. 311—2.
（4） W. Bagehot, Adam Smith as a person, *Biographical studies*, London 1881. 長洲一二訳「人としてのアダム・スミス」（高島善哉編『国富論講義』1）。
（5） J. T. Rogers, *ibid.*, p. xxxviii.

（6） E. G. Wakefield, Preface to the W. of N., a new edition in 4 vols., London 1843, Vol. 1, pp. vi—vii.

（7） Hirst, *ibid*., p. 166. 邦訳、一六三ページ。

（8） Marx, *Das Kapital*, bsgt. M. E. L. Institut, Bd. 1, S. 348.

（9） 重商主義者は、原料価格と労賃の合計が生産物の価値であり、利潤は、商品を価値以上に販売することによって、獲得されると、かんがえていた。

（10） 内田義彦、前掲書、一二七—五七ページ参照。

（11） Marx, *Zur Kritik der politischen ökonomie*, bsgt. v. M. E. L. Inst., S. 165. スミスは、パルトニへの手紙でつぎのようにいっている。「サー・ジェイムズ・ステュアートの本については、わたくしはあなたと同意見です。いちどもこれに言及することなしに、わたくしは、そのなかのすべてのあやまった原理を、わたくしの本のなかで、明白かつ確実に反駁することになると信じています」(Hirst, *ibid*., p. 154. 邦訳、一五一ページ)。

（12） Hirst, *ibid*., pp. 161—2. 邦訳、一五七—八ページ。ハーストは、「スミスの手紙のひとつから、かれが、プライス博士を、経済学者として、たかく評価しなかったことがわかる」といっている。

（13） 小林昇、前掲書。

（14） Wakefield, *ibid*., p. xv.

（15） Cf. Cannan (ed.), *W. of N*., intr.

（16） Cf. *The Vanderblue memorial collection of Smithiana*, Cambridge Mass., 1939.

（17） Rae, *ibid*., pp. 346—55.

（18） 『ジェントルマンズ・マガジン』の、スミス死亡記事によれば、「かれの著書（国富論）は、はじめは、あとでそうなったほどには、人気がなかった。それを普及させた最初のできごとのひとつは、下院におけるフォックス氏の陳述であった。」しかし、この記事は、「スミス博士の政治経済学体系は、ヴェルリ伯、タッカー師、ヒューム氏のそれと、本質的にちがわなかった」という程度の理解にもとづいているので、全体としてどこまで信用できるか、うたがわしい。(*The Gentleman's Magazine: and Historical Chronicle, For the year MDCCXC*. Vol. LX. pt. 2, p. 762.)

(19) Stewart, *ibid.*, p. 87.
(20) Rae, *ibid.*, pp. 423—4.
(21) Hirst, *ibid.*, p. 185. 邦訳、一八一ページ。
(22) V. L. Parrington, *Main currents in American thought*, N. Y. 1927, Vol. 1, p. 346. 大道安次郎「トマス・ジェファスンの立場――スミス経済学のアメリカ導入史の一節」（人文論究二巻五・六号）。
(23) Cf. M. Palyi, The introduction of Adam Smith on the continent, *Adam Smith, 1776—1925*, Chicago 1928. C. W. Hasek, *The introduction of Adam Smith's doctrines into Germany*, N. Y. 1925.

3 産業革命と国富論

『国富論』がかかれたのは、まえにのべたようなイングランドとスコットランドの産業革命の開始期であった。公平な観察者スミスは、『国富論』で、それをどうみていたか。そのことを、もっともはっきりしめすのは、『国富論』にえがかれる人間と生産手段である。ロックのばあいもそうであったように、スミスが、「各人がかれじしんの労働において所有する財産は、他のすべての財産の根本的なきそであり、かつまたもっとも神聖で不可侵なものである」[1]というとき、それは、たしかに労働価値論あるいは労働全収権論の萌芽であるが、やはり、たんに萌芽にとどまるもの、すなわち、利潤と賃銀の区別が不可能であるような、歴史的事実の反映なのであった。[2] そのことはまた、賃銀が、季節により、地域により、雇主の態度によってことなるという、とらえかたにも、つながっているであろう。[3] 賃銀の季節変動は、農業労働において、もっともいちじるしいわけであるが、スミスは、農業労働者が、織布工よりもはるかに技能を要することを主張し、[4] 同時にまた、農業労働の生産力が年々変化するのに、織布労働の生産力は一定であると、のべている。[5] かれは、織布労働の生産力の急激な上昇を、まだみることができなかったし、「機械的職業《メカニク・トレイド》の大部分」というときに、例として靴つくりをあげ、「ふつうの労働」というときには、主として農業労働をかんがえていた。[6] 製造業者《マニュファクチャラー》の熟練労働という表現も、めずらしくはない。[7]

もちろん、『国富論』において、ほんらいの賃銀労働者が、みのがされているわけではない。むしろ、一般的状態としては、スミスは、「単独の、独立の職人」の方が、すくないことをしっていた。「こういうこと〔独立生産者〕は、しばしばあるのではなく、ヨーロッパのどこにおいても、独立の職人ひとりにたいして、親方のもとに奉仕する職人は二十人いる」[8]と、かれはいう。けれども、公けの服喪による利益についてのべるときには、[9]商人の利潤、織工《ウィーヴァー》・日傭裁縫師《ジャーニマン・テイラー》などの賃銀に言及しながら、製造業者の利潤をあげていないのである。このような傾向は、『国富論』における機械を検討すれば、さらにはっきりしてくるであろう。

ウォットの発明、カーロン鉄工所の建設、ニュウ・ラナーク工場の建設は、いずれもスミスの生存中におこなわれたのではあるが、それぞれのいみで、社会生活にはまだ一般的なえいきょうをあたえなかった。そのような事情は、あきらかに、『国富論』のなかに反映されている。「かれ（スミス）をマニュファクチャー時代の包括的経済学者として性格づけるものは、分業にたいするかれの強調である。かれが機械制にあたえた従属的役割は、大工業の初期には、ローダデイルの、それより発達した時期にはユーアの、論争をよびおこした。A・スミスはまた、用具の分化……を機械の発明と混同している。[10]」

周知のように、スミスは、『国富論』第一篇を、「分業について」と題する章から、はじめているが、そこでかれは、分業による労働生産力の増大を、直接には三つの事情にむすびつけている。第一は、分業による各人の作業の単純化が、技巧を向上させること、第二は、作業の専門化固定化によって、作業の転換にさいしての時間の浪費がさけられること、第三は、機械の発展によって労働が簡易化ないし省略されることである。さしあたって問題になるのはさいごの点であって、スミスによれば、分業が作業を単純化し専門化すると、各人の注意は、ある単一の目的に集中されるから、その目的にたっする過程（労働）の簡易化がおこなわれるというのである。「労働がもっとも細分されている諸製造業において、利用された機械の大部分は、もともと、ふつうの労働者《ワークメン》が発明したものであり、かれらは、あるきわめて単純な作業になれていたので、自然に自分たちのかんがえを、その作業をまえよりたやすくおこなう方法をみつけることにむけたのである。[11]」すなわち、機械の発明は、原則として、細分された個々の作業を簡易化するために、その作業者によっておこなわれるということになる。

そうだとすれば、このばあいの機械とは、分割された個々の作業において労働者を補助する道具であって、それ自体でひとつの体系をなすものではない。このばあいに、体系的なそしきとして、生産をおこなうのは、それらの個々の作業に従事する労働者の総体である。「マニュファクチャー時代の独自な機械《マシーネリー》そしきは……おおくの部分労働者たちからなる全体労働者そのものである。[12]」ほんらいの機械は、むしろこのような全体労働者にとってかわるものであって、部分労働者を、道具の主人から、機械のたんなる管理者の地位にひきおろすのである。もちろん、分業による部分労働者の成立、労働の単純化が、機械の導入の重要なきそをなすのではあるが、スミスの視野には、協業＝全体労働者《ゲザムトアルバイター》がほとんどあらわれず、作業の分割はいきなり職業の分化となって、全体労働者のかわりにいきなり社会全体がもちだされてくる。[13]この角度からは、全体労働者にとってかわる機構としての機械は、とらえられるはずがないのである。

ここからさらに、つぎのような推測も可能になるであろう。すなわち、スミスは、第一章のはじめに、「労働の生産諸力の最大の改善と、どこでもそれがむけられ適用されるにさいしての技倆、巧妙、判断の大部分とは、分業のけっかであったようにおもわれる」[14]といい、その分業が、前述の三つの事情をつうじて、「おなじ数の人々が遂行しうる仕事の量の、おおきな増加」をもたらすといっているのだが、三つの事情の一つとしての機械の効果については、労働の簡易化（節約）をあげている。このばあいの、労働の生産力の増大と労働の節約とは、たんにおなじものの両面だとはいいきれない。なぜなら、前者にあっては社会ぜんたいが、後者にあっては個々の労働者が、予想されているのだからである。[15]

そこで、スミスがこのような視角からとらえた機械がなんであったか、いいかえれば、どんな機械を眼中におくことによって、以上の視角が成立したのかを、すこし検討してみよう。「水夫の船、縮絨工《フラー》の縮絨機《ミル》のようなふくざつな機械についてはいうまでもなく（織工の機械についてはもちろんのこと）、羊飼いが毛を刈る鋏という、ひじょうにかんたんな機械をかたちづくるのに、どんなにさまざまな労働が必要であるかということだけを、かんがえてみよう。[16]」これはスミスが分業（むしろ職業分化）の多様性をのべたことばであるが、かれがかんがえた機械は、羊毛用の鋏（！）から船・水車・織機にいたる系列のものであった。魚をとる機械さえ登場する。[17]

ここでは、機械の代表的な例として毛織物業のばあいがかんがえられているが、トインビーも指摘したように、スミスは、ケイのとびおさ《フライ・シャトル》をしらなかったらしい。すなわち、「織物製造業においては、分業は、いまでも一世紀まえとほとんどおなじで、使用される機械設備も大差はない」といい、エドワード四世（一四六一年即位）のとき以来の、毛織物製造機械の主要な改良として、一、紡車にかわる糸捲竿《ロック》と紡錘《スピンドル》、二、たて糸とよこ糸を織機にいれるときの調節機、三、布をあつくするための縮絨機《フリング・ミル》を、あげているにすぎない。[18]産業革命の中心産業としての綿工業およびその機械には、言及することなく、[19]『国富論』の労働者は、毛織の上着と亜麻布のシャツをきている。その亜麻についても、やはり第一章で、羊毛とならべて工程の分化をかたっているし、[20]ほかのところでは、スコットランドの亜麻産業を、ヨークシャの粗毛織物製造業とならべて、「発展しつつある製造業。」とよんでいる。(21) しかし、スミスによれば、イングランドの大部分では亜麻製造業はあまり発展していないし、(22) スコットランドでは、亜麻紡績は、他の目的にやとわれている召使の副業にすぎないのであって、(23) とくに工程や機械を問題にしていないのはそのためであろうか。

その他の例をあげれば、「製造業が発達して一定のおおきさにたっすると、職業用具の製造自体が、多数のひじょうに重要な製造業の目的となる」(24) というときに、あげられるのは羊毛をすくための櫛である。『国富論草稿』や『グラーズゴウ講義』には、機械による労働節約の例として、犂、手臼、風水力製粉機、および蒸気機関があらわれる。鋏や櫛や犂や臼が機械であるかないかを、あらためて論ずる必要はないであろう。スミスがかんがえている機械のほとんどすべては、労働者の作業を直接に補助する道具であって、したがって、それをつかう労働者が主な改良者なのである。

ところが、スミスは、『草稿』や『講義』の、すぐまえにあげた箇所で、(25) 蒸気機関、水車、風車を発明したのは哲学者だといっている。『国富論』では、初期の蒸気機関のヴァルヴの改良が、直接そのヴァルヴをうごかしていた子どもによって、おこなわれたとのべただけで、哲学者にむすびつけてはいないが、そのあとにすぐ、つぎのようにいっている。「しかしながら、けっして機械のすべての改良が、それを使用する機会をもった人々の発明によるものではない。機械の製作が独立の事業となったときには、おおくの発明が機械製作者の才能によってなされた。また、若干のものは、哲学者あるいは思索家とよばれる人々によって、なされたのであって、かれらのしごとは、なにかあるものごとをすることではなく、すべてのものごとを観察することなのであり、そしてかれらはその理由により、しばしば、もっともとおくはなれて相違している諸対象を、むすびつけることができるのである。[26]」

スミスは、哲学者が、外見上は無かんけいなものごとをむすびつけるという、思索や洞察だけを問題にしたのではない。そのときに、これまで個々の部門でばらばらに発明され使用されていた諸機械（正確には道具）が、ひとつの自律的な体系としてそしきされることを、かれは、すくなくとも感じてはいたのである。蒸気機関や水車や風車が、典型としてとりあげられたのは、動力機が、外見じょうは、機械体系の中心であり統一者の地位をしめるからにほかならない。われわれは、ここでもまた、スミスのするどさと同時に、かれの限界にであうことになる。動力機が個々の道具を統一して機械体系をつくりだすのではなくて、機械体系の成立が、部分労働者の集合として全体労働者の、いきた体系にとってかわり、それにしたがって動力装置の発展が生じてくるのである。だから、動力じたいは、かならずしも機械でなくても（人間でも馬でも）いいのである。しかもスミスは、動力機ないし機械体系の創出を、哲学者または機械製作者の功績としてしまうのだから、かれの機械論には、直接的な個別労働者と抽象的な哲学者とがあるだけで、資本家はついにあらわれてこない。

　したがって、スミスにおいては、すくなくとも『国富論』第一篇では、おおくのばあいに、資本家は資本としての機械をもたない。たとえば、「資本《ストック》の蓄積と土地の私有にさきだつ初期未開の社会では」という有名なことばではじまる、第一篇第六章で、資本とは原料と労賃（労働者の生活費）のための資金のことである。[27]「労働の賃銀について」と題する第八章のおわりには「多数の労働者をやとう資本の所有者」が、自分の利益のために生産量を増大させようとして、仕事場の内部の労働を分割し、「かれ〔資本の所有者〕またはかれら〔労働者〕が、おもいつきうるかぎりの最善の機械を、かれらに供給する[28]」ことが、のべられて、一おうは、資本の所有者が機械を供給することになっているし、第二篇では、すでに序論において、織工の生活維持費と原料と道具とが、資本《ストック》としてあらわれ、[29] さらに第一章で、固定資本の第一の部分として「労働をよういにし省略する、すべての有益な業務用の機械と道具」[30]があげられる。けれども、いずれにおいても、労働、労働者、または分業にたいする、機械の従属性には、変化がない。この点は、スミスの資本論、再生産論とのかんれんにおいて、あらためて第二篇を中心に考察しなければならないが、さしあたっては以上の指摘にとどめておく。

（1） W. *of* N., p. 121. 邦訳、上巻一〇九ページ。
（2） W. *of* N., p. 61. 邦訳、上巻五八ページ。Cf. H. W. Peck, *Economic thought and its institutional background*, London 1935, pp. 80, 93. 高橋幸八郎『市民革命の構造』昭和二五年、一四〇ページ。なお、ロックとスミスのこの共通性と同時に、ロックが「労働による財産」といい、スミスが「労働という財産」というときのちがいに注意せよ。水田洋・水田珠枝『社会主義思想史』昭和三三年、七三―五ページ。
（3） W. *of* N., pp. 74, 75, 77. 邦訳、上巻六八―七一ページ。
（4） W. *of* N., p. 127. 邦訳、上巻一一四ページ。
（5） W. *of* N., p. 58. 邦訳、上巻五五ページ。
（6） W. *of* N., p. 101. 邦訳、上巻九〇ページ。
（7） W. *of* N., p. 102. 邦訳、上巻九一ページ。
（8） W. *of* N., p. 66. 邦訳、上巻六一ページ。
（9） W. *of* N., p. 59. 邦訳、上巻五六ページ。
（10） K. Marx, *Das Kapital*, Bd. 1. Kap. 12. Inst. Aufl. S. 365, Anm. 44.
（11） W. *of* N., p. 9. 邦訳、一巻三一―二ページ。
（12） Marx, *Derselbe*, S. 366.
（13）「スミスは、分業をまず協業としてはとらえていない。……分業としての分業のみをもっぱら眼中においている。」内田義彦『経済学の生誕』二三一ページ。

(14) *W. of N.*, p. 3. 邦訳、上巻一二ページ。

(15) 労働生産力の上昇の観点は、分業にもとづく協業＝全体労働者＝マニュファクチャー資本家の観点でもありうるが、前述のように、スミスには協業はなくて、社会的職業分化だけがある。その反面、労働の簡易化は、資本家の観点から労働者の減少としてあらわれずに、労働者の観点から労働の節約としてあらわれる。しかし後者は、労働者の観点というよりも独立生産者の観点であり、また、ほんらいの賃労働者にとっては、生産量の増大は直接の関心事ではなく、そうじて機械はかれの敵である。――『グラーズゴウ講義』は、機械による労働の節約よりも仕事の量の増加を強調する。

(16) *W. of N.*, p. 11. 邦訳、上巻一八ページ。『国富論』のこのパラグラフでは、分業の代表として毛織物があげられ、ついで亜麻がでてくるが、木綿は無視される。また、ここでは石炭は調理用燃料であって、製鉄には木炭がつかわれることになっている。このパラグラフは、ほとんどそのまま、すでに『国富論草稿』（邦訳三五―七ページ）『グラーズゴウ大学講義』（邦訳、三二二―三ページ）にあらわれている。

(17) *W. of N.*, p. 235. 邦訳、上巻二〇九ページ。

(18) *W. of N.*, pp. 244, 246. 邦訳、上巻二一七、二一九ページ。Cf. Toynbee, *ibid.*, p. 29. 邦訳、一一二ページ。

(19) 「綿業はまだ、とるにたりなかったので、アダム・スミスも、たった一度、しかも、附随的にのべたにすぎぬほどであった」とトインビーはいっているが（Toynbee, *ibid.*, p. 26. 邦訳、一一〇ページ）、おそらく、*W. of N.*, bk. 4. ch. 7, p. 527. 邦訳、下巻五二ページの叙述をさしているのであろう。

(20) *W. of N.*, pp. 5―6. 邦訳、上巻一四ページ。

(21) *W. of N.*, p. 84. 邦訳、上巻七七ページ。

(22) *W. of N.*, p. 135. 邦訳、上巻一二一ページ。

(23) *W. of N.*, p. 117. 邦訳、上巻一〇五ページ。

(24) *W. of N.*, p. 607. 邦訳、下巻三六四ページ。ただし、ここでは輸入制限が問題となっているのだから、工業用具一般の代表として櫛がとりあげられたわけではない。――それとは一おうべつのことだが、スミスは、生産手段生産部門の独立を、その萌芽形態においてみとめていたともかんがえられる。綿業にせよ、蒸気機関にせよ、機械そのものの生産が独立するのは、おそらくスミスの晩年または死後であろう（Cf. Hamilton, *ibid.*, pp. 132, 207.)。作業機械用道具の機械的生産の拡大は、一八五〇年以後だといわれる（Vgl. Marx, S. 390, Anm. 91.)。

(25)『草稿』邦訳、七五―八〇ページ、『講義』邦訳、三三〇―三二ページ。

(26) *W. of N.*, p. 10. 邦訳、上巻一七ページ。

(27) *W. of N.*, p. 48. 邦訳、上巻四六ページ。Cf. W. Stark, *The history of economics in its relation to social development*, London 1944, pp. 30―1.

(28) *W. of N.*, p. 86. 邦訳、上巻七九ページ。「それ（労働）の量の減少は、その価格（賃銀）の増加をつぐなってあまりがある」ということばは、一応、資本家の立場をしめしているけれども、生産の増大＝利潤の増大よりも、労働の減少に、強調がうつっているし、「おおくの商品が（There are many commodities ……だから、商品量の増加ではない）、これまでよりもずっとすくない労働によって、生産されるようになる」というのもそうである。この移行とならんで、「個々の仕事場における労働者たち」と「ひとつのおおきな社会におけるかれら」とが、むぞうさに同一視され、機械はやはり、「各人の仕事を遂行するのにもっともてきとうな機械」として、すなわち、各人の労働節約手段としてあらわれる。だから、基本的にはやはり、独立生産者とその集合体としての社会が、かんがえられているのである。（引用文中、かっこ内のことばは、いずれも引用者が附記したもの）。

(29) *W. of N.*, p. 259. 邦訳、上巻二三二ページ。このばあいには、資本は、「かれ自身のものでもだれか他人のものでもいい」といわれる。

(30) *W. of N.*, p. 265. 邦訳、上巻二三七ページ。

4　国富論における人間形成

『国富論』の第五篇で、スミスは、国家にとって必要な経費のうち、どの部分が、社会全体によって負担されるべきか、すなわち直接受益者によって負担されえないかを、検討する。経営として収支つぐなう（もちろん自然率における利潤をともなって）ならば、その事業は国家によってでなく、私企業としておこなわれるべきであって、そうすれば、国家の経費は減少し、安あがりな政府《チープ・ガヴァメント》が可能になる。教育のなかで、大学教育はそういう性質をもっていると、スミスはかんがえるのである。

このような、安あがりな政府の主張は、それ自体として、ブルジョア自由主義の特徴であるが、スミスがそれを、教育論の検討をとおしてうちだしたことは、市民社会における人間形成を、かれがどうとらえていたかを、反映しているといえよう。その点を、大学論・学問論と労働者教育論・宗教論を中心に、説明しておきたい。

スミスは、自由競争、自由放任を、大学にも導入しようとした。たとえば、学生にたいして、講義に規則ただしく出席すべきこと、受講中は謹厳であるべきことを強制するのは、教師を怠惰にするものだと、かれはいう。「大学の規律というものは一般に、学生の利益のために考案されたのではなく、教師の利益のために、もっと適切にいえば、教師が楽をするために、考案されたものであって、その目的は、あらゆるばあいにおいて、教師の権威を維持することであり、また、教師がその義務を遂行していようといまいと、学生たちがつねにかれにたいして、かれが義務を最大の精励と能力をもって遂行したかのごとくに、ふるまうように強制することである。それは、一方の階層〔教師〕のがわに完全な智慧と徳があり、他方の階層に最大の弱点とおろかさがあるものと、想定しているもののようである。しかしながら、教師がじっさいにその義務を遂行するばあいに、学生の大部分がかれらの義務をおこたる例があろうとは信じられない。ほんとうに聴講するねうちのある講義については、聴講を強制する規律がけっして必要でないということは、そういう講義がおこなわれるばあいにつねによくしられているとおりである。(1)」

スミスは、大学の教師が大学の権力だけに服すること、すなわち、そのいみでの大学の自治にも反対である。教師だけの団体が、教師を監督するならば、同業者間にありがちななれあいと妥協がおこなわれ、かれらはたがいに、「自分が義務をおこたることをゆるされるならば、隣人がそうすることに同意する。オクスフォード大学においては、その教授の大部分は、このところ長年にわたって、講義をしているようにみせかけることさえ、まったくやめてしまった。(2)」

だが、同時にスミスは、外部からの監督（司教、州長官、国務大臣）の効果にも、ほとんど期待していない。こういう監督は、せいぜいのところ、教師が一週あるいは一年に、何時間の講義をおこなうべきかを、命じうるだけであって、「それらの講義がどんなものであるかは、いぜんとしてこの教師の熱意に依存し、その熱意は、かれがそういう熱意をもつ動機に、比例するもののようにおもわれる。」それどころか、外部の権力による監督は、かえって有害であると、スミスはいう。なぜならば、「この種の外部からの監督は、無知で気まぐれなやりかたになりやすい。それは、本質的に勝手気ままであり、その監督を行使する人々は、監督される教師の講義にみずから出席するわけではなく、また、この教師がしごととしておしえる諸科学を理解することもないだろうから、ただしい判断力をもってこれを行使しうることはまれである。かれらはまた、職務上のごうまんさによって、それをどのように行使するかについて無関心なことが、しばしばあるし、教師にたいして、気まぐれに、なんのただしい理由もなく、非難または免職することが、非常におこりやすい。このような監督に従属させられる人は、必然的に品性がおとるものとなり、そして、社会でもっとも尊敬すべき人々のなかにはいらないで、かえって、もっともいやしく軽蔑すべき人々のなかに、いれられる。かれがいつもさらされているこの冷遇にたいして、もっとも効果的に自己をまもりうるのは、有力な保護によってのみである。そしてこの保護が、もっともえられやすいのは、かれの職務における能力や精励によってではないのであって、反対にかれの上役たちの意志にへつらうことによって、また、かれらの意志にしたがうために、自己のぞくする団体の権利と利益と名誉とを、いつでもぎせいにする覚悟をすることによってなのである。フランスの大学の運営について、いくらかながいあいだ従事したことのある人は、だれでも、この種の勝手な外部からの監督がとうぜんにひきおこす、これらの結果に気づいたことがあるにちがいない。(3)」

まるで日教組の勤務評定反対闘争を支持しているような文章であるが、こうして外部からの支配をしりぞけ、まえには大学自治をも批判したスミスは、教師を職務に精励させる動機を、どこにもとめていたのだろうか。イングランドの大学が特権的地位によって、フランスの大学が従属的地位によって、だらくしてしまったことを非難したスミスは、このばあい、つぎのような観点から、大学制度を検討しているのである。「どの職業においても、それに従事する人々の熱意の大部分は、かれらが熱意をもたざるをえない必然性に、つねに比例する。この必然性が最大であるのは、かれらの職業の報酬がかれらの財産の、あるいは、かれらの通常の収入および生計費の、唯一の期待しうる源泉であるばあいである。この財産をかくとくするために、あるいは、この生計費をかくとくするためにさえ、かれらは、一年のあいだに、一定の価値のしごとを一定の量だけ、しなければならないし、もし競争が自由ならば、すべての競争者がたがいに相手を職業から駆逐しようと努力する敵対関係のために、各人はそのしごとを、一定の厳密さをもっておこなうように、つとめざるをえなくなる。(4)」このいみで、「若干の大学において、俸給が教師の報酬の一部分にすぎず、それも、しばしばきわめてちいさな部分にすぎず、その大部分が学生の謝礼または授業料からなりたつ」ことが、注目される。そこでは、固定給がわずかながらあることによって精励の必要はいくらかすくなくなるが、まったくなくなるのではなく、教師にとって、職業における評判は、いぜんとして重要である。「かれはいぜんとして、かれの指導をうける人々の愛着や感謝や好意的なうわさに、いくらか依存しているし、これらの好意的な感情をえる方法としては、かれがそういう感情にあたいするものとなること、すなわち、自己の職務のあらゆる部分をおこなうにあたっての能力と熱意に、まさるものはありそうもない。(5)」スミスは、一七六三年の末に、グラーズゴウ大学教授の職を辞したとき、その学年の講義を完了しえなかったので、授業料の一部を学生に（かれらの反対をおしきって）返却した。(6)だから、ここにいう「若干の大学」のなかに、グラーズゴウ大学（およびエディンバラその他のスコットランドの大学）がふくまれていることは、ほとんどうたがう余地がないのである。

スミスは、スコットランドの大学の例をとって、教師のあいだの自由競争が、かれらの質的向上と職務への精励とを実現する、もっともいい方法であると、主張しているのであるが、この自由競争というのは、具体的には、どの教師につくかを学生の自由な選択にまかせること、教師の収入をこの選択のけっかとしての授業料の多少に依存させることをいみする。この方法のなかには、相互にみっせつに関連してはいるけれども、かならずしも同一ではない、いくつかの問題がふくまれている。おもな点をあげると、第一に、人間は自己の利益を追求するときにのみ（いいかえれば、自己の労働の成果が保証されているときにのみ）、そのしごとに精励するものだということ、第二に、教師が学生の選択を規準にして職務にはげむときに、教育の目的がたっせられ、学問の水準があがると、かんがえられていること、したがって、このばあいの教育と学問の性格がとわれなければならないこと、第三に、学生の選択が、学問や教育の規準となるのだとすれば、そういう学問と教育の性格だけでなく、他方ではそのような判断能力をもつ学生の性格が、問題とされなければならぬことである。

第一の問題は、スミスの市民社会把握の原理が、学問・教育にも適用されたにすぎないし、また、どういう学問・教育が、教師におおくの収入をあたえるかは、第二、第三の問題にふくまれる。ここでは、主として第二、第三の問題をとりあげよう。

「教育のうちで、大学でふつうにおしえられている部分は、おそらく、ひじょうによくおしえられてはいないと、いっていいだろう」とスミスはのべて、大学における学問の、歴史的な検討にはいっていく。それは、古代の学問をヨーロッパの大学が、腐敗堕落させていく過程にほかならない。「古代ギリシャ哲学は、三大部門すなわち、物理学または自然哲学と、倫理学または道徳哲学と、論理学とに、わかれていた。この一般的分類は、事物の本質にかんぜんに一致するようにおもわれる。」ところが、ヨーロッパの諸大学は、僧侶の教育を目的として、古代の学問体系を変更したのであって、それによって、形而上学と存在論との二部門がつけくわえられ、道徳哲学が堕落させられ、物理学は皮相化されて最下位におかれた。形而上学と存在論は、ときには一括して形而上学とよばれたのだが、そのなかには、「少数の、きわめてかんたんな、ほとんど自明の真理をのぞいては、もっとも周到な注意をもってしても、あいまさと不確実さのほかには、なにも発見することができない。(7)」

スミスがここにあげている、古代ギリシャの学問の三部門は、じつは自然科学と社会科学と論理学なのだが、倫理学ないし道徳哲学を社会科学とみなすことは、かならずしも納得できないかもしれない。けれども、グラーズゴウ大学の道徳哲学教授としてのスミスの講義は、『道徳感情論』にみられるかぎりでも、人間の行為が社会的に是認される規準はなにかという問題を、中心としていたし、それはさらに、『法学講義』をうみ、『国富論』をうみだす性格のものであった。『国富論』が、財貨の生産と流通の機構だけをあつかう、ひからびた経済学書ではなくて、人間の社会生活の全体をえがいていることは、いままでのべてきたような教育論がそのなかにふくまれていることからも、推測できるであろう。

スミスが、古代と近代（というよりむしろ中世と、スミス時代になお有力であったその残滓）との道徳哲学を比較して、つぎのようにいっていることも、かれのいみする道徳哲学の性格を、よくしめしている。「古代道徳哲学が探究しようとした目標は、人間が、個人としてだけではなく、家族、国家および人類という大社会の一員としてかんがえられたばあいの、幸福と完成がどこにあるかということであった。その哲学においては、人生の諸義務は、人生の幸福と完成に役だつものとして、論じられた。しかしながら、道徳哲学が、自然哲学とおなじく、神学に奉仕するものとしてのみ、おしえられるようになると、人生の諸義務は、主として来世の幸福に役だつものとして、論じられた。古代哲学においては、徳の完成は、それを所有する人に、この世でもっとも完全な幸福を必然的にもたらすものとされた。近代哲学においては、それはしばしば、一般にというよりほとんどつねに、どんなていどのこの世の幸福とも矛盾するものとされ、そして、天国は、人間の自由寛大で活気ある行為によってではなく、ざんげと禁欲によって、修道僧の苦行と卑下によってのみ、かくとくされるものといわれた。(8)」すなわち、スミスのいう道徳哲学は、人間の、個人として、家族・国家・人類の一員としての、幸福を探求する学問であって、あの世のためにこの世の幸福を否定するものではなかった。

こういう道徳哲学をふくむ古代文化（とくにギリシャの哲学とローマの法学）は、その教育について、国家の保護がなかったのに、（なかったからこそ）、発展したのである。(9)だが近代における学問の進歩は、国家の保護下にある大学によってなされることはすくなく、とくに富裕な大学は、保守的であった。貧乏な大学では、教師たちの生活のおおきな部分が、かれらの評判にかかっているから、世界の最近の諸見解に注意せざるをえなくなり、したがって、学問の進歩におくれることもすくなかった。(10)国家的に保護された教育施設がなければ、まったく需要も利益もない学問がおしえられることはありえないと、スミスはいうのである。

人間のこの世での幸福は、つねに人間によってもとめられているから、それへの道をしめす道徳哲学は、つねに人間によって有益なものとして需要されるだろうと、スミスはかんがえる。もちろん、このばあい、家族・国家・人類社会の機構や物質的きそについての考察が、道徳哲学のなかにはいってくるわけであって、道徳哲学は、この世で幸福をもとめる人間活動のすべての領域をふくむのである。

では、スミスは、なにを人間の幸福とかんがえたのであろうか。スミスにとって、「自然がすべての動物をつくるにあたって意図したとおもわれる大目的は、自己保存と種の繁殖であった(11)」のだし、「人類は、これらの目的にたいする欲求と、反対物への嫌悪とをうえつけられ」ていて、それらを達成する手段の大部分へ、「本源的で直接的な本能によって」みちびかれるのであるから、幸福のきそが生存であること、それへの道が本能によってしめされることは、うたがいをいれない。スミスが、生命と本能を、来世の幸福よりも重視したのは、かれが、ルネサンス・ヒューマニズムの後継者だったからであり、かれの古代文化への尊敬も、人間の本来のすがたを古代文化のなかにみた、ヒューマニストの態度と共通のものをもっていた(12)。

だが、生命と本能の重視というかぎりでは、単純な生活のなかにも幸福はみいだされるであろう。むしろスミスは、自然と情念（本能）にしたがった生活、ささやかな幸福を、哲学、「崇高な思索」に、優先させたのであった。「宇宙という大組織体の運営、すなわち、すべての理性と感覚のある存在の幸福についての配慮は、神のしごとであって人間のしごとではない。人間には、ずっとささやかだが、かれの力のよわさと理解力のせまさとに、はるかにふさわしい部門が、わりあてられている。それは、かれ自身の幸福、かれの家族、友人、国の幸福への、配慮である。かれがずっと崇高な思索に没頭していることは、それよりささやかな部門を無視する理由とは、けっしてなりえない(13)。」だから、スミスは、いわゆる「主義の人《マン・オヴ・システム》」が、「自分の理想的な統治計画」にしたがって、「大社会のさまざまな成員」を、チェスの駒のようにうごかそうとすることを非難したのだし、[14] また、各人の利益追求が、「みえない手」のみちびきによって、けっかとして社会の利益を増進するのだという、有名なことばをのべたのであった。

けれども、スミスにとっては、自然と情念にしたがった生活が、ただちに、自己の利益の無限の追求となるのではなかった。「健康で借金がなく、良心にはじるところのない人の、この幸福にたいしては、なにをつけくわえることができようか。この状態にある人にとっては、幸運のあらゆる追加は、よけいだといっていいだろう。……この状態は……人類の自然でふつうの状態だと、たしかにいえるのである。[15]」この状態は、人類の自然状態であるから、「もっともまずしい労働者の賃銀でさえ、これら〔自然的必要〕をみたすことができる。[16]」

それなのに、なぜ、「この世の苦労とさわぎ」があり、「富と権力と出世の追求」があるだろうか。それは、富や権力が、じっさいにどれだけの幸福をあたえるかによるのではなく、幸福をかくとくされるためにうまくとのえられた手段であることによるのであって、ここでは、手段じたいが目的として追求されるのである。こうして人は、「かれがけっして到達しえぬような、ある人為的で優雅な安逸を、心にえがいて追求するのだが、そのためにかれは、いつまでもかれの力でえられるほんとうの平安をぎせいにするのだし、またかりに、老齢の極において、追求するものをついにえたとしても、それは、かれがそれを追求するために放棄したささやかな安全と満足とに、どんな点でもまさっていないことをしるであろう。[17]」

このような、目的と手段のてんとうによる、富や権力の無限の追求は、私益追求のうちに社会全体の利益を促進していく、あのみえない手の意図のあらわれなのである。「自然がこのようにわれわれをだますのは、いいことである。この欺瞞が、人類の勤勉をひきおこし、たえず発動させておくのである。[18]」こういう労働こそが、国民に「生活のすべての必需品と便宜品を供給する」[19]のであり、それが「諸国民の富」の源泉なのであった。スミスは、富と権力の無限の追求にむかう各人の労働が、どのようにして国民の富を増大させていくかを、『国富論』のなかで分析する。それはたしかに、せまいいみの道徳哲学の問題ではないであろう。

ところで、スミスによれば、労働の生産力の増大の、もっとも重要な原因は、分業であるのだが、この分業は、本来ほとんど才能のちがいがない人間のあいだに、才能のちがいをつくりだす。[20]それは、専門化によって特定の能力を増大させるにはちがいないが、同時に、人間の性格を畸形化してしまう。「分業がすすむにつれて、労働によって生活する人々のはるかにおおきな部分、すなわち人民大衆は、きわめて少数の単純な作業、しばしばひとつかふたつの単純な作業に、限定されるようになる。だが、人々の大部分の理解力は、必然的に、かれらのふつうのしごとによって、形成される。一生を少数の単純な作業についやす人は、……かれの理解力を行使する機会をもたない。そこでかれは、とうぜん、これを行使する習慣をうしない、人間としてなりうるかぎり無知愚昧になるのがつねである。……これが、すべての改良され文明化された社会で、労働貧民すなわち人民大衆がおちいらざるをえない状態なのであって、政府がそれを阻止するために、なんらかの努力をしないかぎり、そうなのである。[21]」このような、分業による人間の愚昧化は、文明社会特有のものであって、「一般に野蛮《バーバラス》な社会とよばれている狩猟民あるいは牧畜民の社会において、さらには、製造業の改善と外国貿易の拡大に先だつ農業の未開状態における、農耕民の社会においてさえ、事情はちがうのである。[22]」

スミスは、中世的な苦行と禁欲をしりぞけて、この世における人間の幸福を、道徳哲学が究明すべき対象として規定した。しかし、この世における人間の幸福は、自然でささやかなものにとどまらないで、富と権力の無限追求にむすびついてしまった。そのうえ、この無限追求の過程で生じてくる、分業による生産力の増大は、たしかに一方では富を増大させるけれども、他方では、社会の大部分をしめる労働者を、畸形化し愚昧化するのである。それでは、スミスは、中世的なものを拒否したように、文明社会をも拒否して、未開社会にもどろうとしたのだろうか。

もしスミスが、一九世紀前半、すなわち、イギリス産業革命の後期に、オーエンあるいはエンゲルスの同時代者としてかいたなら、文明社会＝資本主義社会における労働者の悲惨な状態におどろいて、未開社会への復帰を主張したかもしれない。しかし、スミスは、じっさいは、資本主義時代の入口にたっていたのであって、そこでは機械は、労働者から職をうばうどころか、かれの仕事の苦労をはぶくものと、かんがえられていた(23)。文明社会には、たしかに貧富の差はあるけれども、そのなかの最下層の労働者でさえ、未開人の首長よりも富裕なのだ、というのがスミスの文明社会にたいする見かたである(24)。だからスミスは、文明社会における富の配分の不平等、労働者の相対的な貧困については、たびたびヒューマニストとしての同情のことばをのべているけれども、この社会機構じたいを批判したり変革したりしようとは、夢にもおもわなかった。重商主義＝旧植民地体制の独占にたいしては、はげしい非難をあびせたスミスも、アメリカを典型とする「富裕の自然的進歩」、すなわち、独立自営農民の土地所有権と耕作権の安定を起点とする資本主義の発展には、全面的な支持をあたえたのである(25)。

だから、スミスは、人間が自然と情念にしたがったささやかな幸福に満足しえないことを、中世を否定したように否定することはできなかった。富と権力の無限の追求は、目的と手段のてんとうによって人間がだまされることによって、生じてくるのだが、だましたのは、ほかならぬ自然そのものであった。このてんとうも、ひろいいみでは自然的なのであり、それによって、生産力の上昇と社会の富の一般的増大が生じる。スミスがたたえるイギリス独立自営農民の地位の安定は、農村における資本主義の強力な発展を可能にし、まさにスミスの眼前に、嵐のような第二次かこいこみの波をひきおこしていた。その波にまきこまれて土地をうしなった農民は、やがて産業革命期の工場労働者として吸収されていくのであるが、スミスは、自然にだまされた人間の活動の、こういうくらい面には、ほとんどふれることがなかった。

では、かれは、分業による労働者の愚昧化を、どうしようというのだろうか。文明社会においては、「政府がそれを阻止するために、なんらかの努力をしないかぎり」これはさけられないのだと、スミスはいって、かれとしては例外的に、政府の介入を要請するのである。すなわち、政府による民衆教育機関の設置が、かれのもとめる対策なのである。「一般民衆の教育は、おそらく、文明化した商業的な社会においては、いくらかの身分や財産のある人々の教育よりも、公共の配慮を必要とするであろう。」(26) 文明社会の分業は、そのなかのすべての人を専門化し、畸形化するのだが、身分や財産のある人々は、世のなかにでるまでに、一定の教育をみにつけて、それに対処することができる。だから、公共の配慮は、とくに一般民衆の教育にたいして要求されることになる。

こうして、スミスにとって、文明社会における教育は、原則として、未開社会の人々が自然にもっていた能力を、分業による磨滅からすくいだす使命をもっていた。くりかえしていうように、スミスにとって、分業による生産力の上昇は、人類社会の自然的発展であり、そのすべての成員にゆたかな物質生活を保証するものであったのだから、その文明社会をみとめたうえで、弊害を除去するために、教育が動員されるのである。だから、教育は、文明社会のなかに自然人をつくりだすことを、めざすわけであり、ルソーの教育論『エミール』にかなり似た性格をもつことになる。ルソーは、現実の文明社会に絶望し、しかも原始社会への復帰の不可能をもしっていたから、文明社会のなかに自然人を、教育によってつくりだそうとするのである。(27)

一七五六年の『エディンバラ評論』への寄稿において、スミスは、ヨーロッパ大陸におけるあたらしい学問の代表として、前年に出版されたルソーの『人間不平等起源論』をたかく評価したのであるが、ルソーとちがってスミスは、私有財産の不平等や文明社会そのものを否定することはできなかった。そこでスミスにおける教育は、ルソーのような革命的性格をもつことができないで、あくまでも現実の文明社会のなかで、調整的機能をいとなむものにとどまった。スミスは、文明社会における富の追求を、自然的な幸福からの逸脱だとはおもったけれども、その逸脱じたいがひとつの自然過程であるとして、いくらかの調節をそれにくわえるにとどまったのである。

もちろん、ここには、スミスの資本主義批判があらわれているし、それは、分業による人間の畸形化をみぬきうるような社会的立場（おそらく独立生産者の立場）から、可能になったのであった。しかし、独立生産者の大量的没落（賃労働者への転化）を、十分に認識するよりも、少数の上昇（産業資本家への上昇）と、この階級分化による生産力の上昇とをたかく評価したスミスは、同時代の急進主義者のように、生産力をぎせいにして人間の畸形化を排除することを、主張しえなかった。だから、急進主義者が、おおかれすくなかれ、資本主義化への社会的政治的対決をこころみたのとちがって、(28)スミスは、社会機構をそのままにしておいて、教育による調整をはかったのである。こうみてくると、ルソーとスミスが教育をとりあげる角度は、外見の類似にもかかわらず、むしろ逆なのであって、ルソーは文明社会の変革に絶望したために、自然人を教育によってあたらしくつくりだそうとし、スミスは、文明社会を変革しようとおもわなかったから、そのなかで教育による部分的調整をおこなおうとしたのである。

まえにのべたように、スミスの学問論・教育論は、まず封建制批判、重商主義批判であり、ルネサンス・ヒューマニズムをうけつぐものではあったが、そこには資本主義における人間のゆがみにたいする批判が、あったけれども十分ではなかった。それだから、かれが一般民衆の教育のためにじっさいに提案した教課は、よみかき、算術に幾何学と機械学とをくわえたものにすぎなかった。これでは、職業教育と大差がないわけで、文明社会における人間性のゆがみを匡正しうるとはいえない。かれが、教育によって、文明社会の下層諸階級に理解力をあたえることを主張するばあいにも、かれらを秩序に服従させることが目的なのである。「自由国家においては、政府の安定性は、それの行動について民衆がもつ支持的な判断に、おおいに、依存するが、そういう国では、〔教育によって〕民衆が、それについて性急な、あるいは気まぐれな判断をしないような気持になることが、このうえもなく重要なのである。」(29)『国富論』が出版された前年（一七七五年）には、すでにトマス・スペンスが、ニューカスル・アポン・タインの哲学協会で、萌芽的な社会主義思想を発表していた。(30)

スミスの教育論・学問論は、やはり、資本主義的な人間の形成を中心的課題としていた。それは、教会に奉仕する特権的な大学の、学問的停滞性にたいする、はげしい抗議をふくんでいるし、その抗議をささえるあたらしい人間（ブルジョア）の、積極的な自己肯定はまた、かれの学問論の中心でもあった。スミスのなかには、資本主義にたいしていくらか批判的な独立生産者のたましいがふくまれていて、それは、文明社会の人間の、自然的幸福からの逸脱と、分業によるゆがみとを、指摘するのではあるが、補論一の第一章でのべるように、かれが上昇するブルジョア社会の生産力をはっきりとらえていたために、（またべつの面からみれば封建制批判のはげしさのために）、この否定的部門は、十分に展開されなかったのである。

第二の問題は、大学でおしえられる学問にたいする、学生の選択、批判の自由が、学問の進歩を促進するという、スミスの主張を、このような選択をおこなうべき学生のがわから検討することであるが、ここでは要点だけを指摘するにとどめたい。

スミスは、教授にたいする批判者として、どういう学生を予想していたのだろうか。もちろんかれは、学生のあいだで人気をえる技術と、ほんとうの学問とを、同一視していたのではなく、前述のような特定の内容をもった学問をかんがえていたわけであり、学生の人気がとうぜんに、そういう学問をもつ教授にあつまるのだと、想定したのである。だから、そういう学問を自然にこのむ学生とは、どういう人々であるかが、たずねられなければならない。「〔学生が〕十二、三歳をすぎると、教師がその義務をつくしさえすれば、どんな教育をおこなうにも、力や拘束はほとんど必要ではありえない。青年の大部分の気だてのよさというものは、たいへんおおきいのであって、教師が、かれの役にたちたいという真剣な意図をしめすならば、その教師のおしえを無視したり軽蔑したりしようとは、けっしておもわない。[31]」とスミスはいっているが、教師が学生の役にたつとは、どういうことであろうか。このばあい、学問の基本性格をスミスが前述のように規定していたとすれば、そういう学問を、自分たちの役にたつとかんがえる学生とは、どういう人々であろうか。

まずスミス自身が、グラーズゴウの教授として接した学生たちは、どうであったか。かれらの大部分は、長老派牧師になろうとする人々で、また、アイアランド非国教徒もいたというから、[32]だいたいにおいて、イギリス国教に反対する、カルヴァン主義の傾向をもっていたわけである。このことは、ふたつのいみをもっている。ひとつは、カルヴァン主義の社会的性格をたずねるならば、スミスの信頼する（すなわち、自由放任しても学問をすてない）学生の、実体をとらえうるということであり、第二は、大学じたいが、国教会による制約ないし特権化から解放されていたために、学問をおしすすめえたということである。まえに引用したように、スミスじしんが、学問の進歩が堕落した大学のそと（あるいは貧乏な大学）でおこなわれたことを、指摘したのだが、「社会状態についてもっともすすんだ見解をもち、最大の公共的精神にもえている人々を、みいだそうとするならば、非国教徒の諸階層にそれをもとめるべきであった。かれらの特別の学校は、ふるいひからびた方法をのりこえてすすんでいたし、かれらは、オクスフォードやケインブリジの宗教審査のために、それよりひらけたスコットランドやオランダの大学に、おいやられていた。[33]」酸素の発見者であり、十八世紀急進主義の代表的思想家である、ジョージフ・プリーストリも、バーミンガムの非国教徒学校の教師であった。

長老派は、教会内における権威と財産の平等性によって、一般民衆の心をとらえただけでない。ローマ教会やイギリス国教会が、僧職におおきな収入をあたえることによって、大学からすぐれた学者をひきぬいてしまうのに、新教（長老派をふくむ）の国では、「それらの国がうんだもっともすぐれた学者は、全部ではなくてもほとんどすべて大学の教授であった。[34]」一般民衆の宗派としての長老派は、こうして、みずから腐敗することもなく、大学を荒廃させることもなかったのである。

スミスはこのように、カルヴァン派の一分派たる長老主義を、一般民衆の宗教とかんがえていた。長老派と独立派とが、イギリス市民革命（清教徒《ピュアリタン》革命）の、議会側の中心であったことを想起しよう。独立派についても、スミスは、それを狂信的だと非難しながら、他方では、それの主張する無教会主義（教会の権威からの解放）を、もっともすぐれた宗教制度だとかんがえている。[35]つまり、マクス・ウェーバーによって、資本主義の精神をうみだしたものとされた新教とくにピュアリタニズムは、スミスによっても、民衆の宗教としてたかく評価され、それが、スミスの大学論に登場する学生の精神的社会的きそとなったのである。この世における職業への精励を、神への道とみなして、禁欲・節約・蓄積に全力をそそぐ、萌芽期産業資本（上昇する独立生産者）の精神は、また、「あらゆる文明社会、階級の区別が完全に樹立された社会において、つねに同時におこなわれているふたつの道徳体系[36]」のうちの、厳格主義・厳粛主義と、スミスがよぶものでもあった。

スミスの時代には、それは、初期の宗教的性格をかなりうしなって、職業における成功を、神への道としてでなく、成功そのものとして、もとめるようになっていたであろう。そのことは、むしろスミスのかんげいするところであった。かれは、民衆の宗派の「道徳は、しばしば不快なほど苛酷で非社交的だ」といい、これを、科学および哲学の普及と、民衆の娯楽の奨励によって、緩和することをもとめている。(37)新教の倫理が、まさに資本主義の精神として展開していくこと、無教会主義と宗教的寛容に転化することを、かれはのぞんだのであり、その方法のひとつは、まえにのべておいたいみでの、哲学の普及であった。

ここまでみてくると、スミスが大学において自由をあたえようとした学生は、資本主義の精神のにない手であったと、いっていいだろう。そういう学生にとって役にたつもの、この世における人間の幸福に役にたつものが、スミスのいみする学問だったのである。

ただスミスは、新教の倫理の寛容化のための三つの方策のうち、哲学と科学を「中流またはそれ以上の身分と財産をもつ人々に」、娯楽を民衆《ピープル》に、すすめている。「中流またはそれ以上」に科学と哲学をというのは、新教の倫理が一般民衆のものであってそれよりうえに科学と哲学をということならば、いみをなさないから、一般民衆のうち比較的上層と理解しなければならないが、それにしても、まえにのべた労働者教育のばあいとおなじように、ここでも、スミスの階級区分は微妙である。資本主義のにない手である「中流および下層の階級(38)」を、スミスは、あるときは区分してとらえ、あるときは統一してとらえている。それがまさに、一七七六年のイギリスであったのだろう。

(1)　*W. of N.*, p. 720. 邦訳、下巻一八八ページ。
(2)　*Ibid.*, p. 718. 邦訳、下巻一八五ページ。
(3)　*Ibid.*, pp. 718—9. 邦訳、下巻一八六ページ。

(4) *Ibid.*, p. 717. 邦訳、下巻一八四ページ。スミスの自由競争というのは、欺瞞や暴力をふくまない。『道徳感情論』のつぎのことばが、それをよくあらわしている。「富と名誉と地位をめざす競争において、人は、すべての競争者をおいぬくために、できるかぎりはげしく走っていいし、あらゆる神経と筋肉を緊張させていい。しかし、もしかれが競争者のうちのだれかを、おしのけたりなげたおしたりするならば、観察者《スペクテータ》たちの寛大さは、まったくおしまいになる。それはフェア・プレイのじゅうりんであり、かれらはそれをゆるしえないのである。かれらにとっては、おしのけられた人も、あらゆる点でおしのけた人とおなじく、りっぱなものであって、かれがこの相手よりもこれほどおおく自己を優先させた、こういう利己心には、かれらははいりこむ〔同感する〕ことができないし、かれが相手をきずつけた動機に、かれらはついていくことができない。」こうして、公平な観察者の同感すなわち社会の是認が、利己心の発動の限界なのであった。*T. of M. S.*, *Works*, Vol. 1., p. 141.

(5) *W. of N.*, p. 717. 邦訳、下巻一八五ページ。

(6) 前出、一一五—七ページ。

(7) *W. of N.*, pp. 723—6. 邦訳、下巻一九〇—三ページ。

(8) *Ibid.*, p. 726. 邦訳、下巻一九三ページ

(9) *Ibid.*, p. 730 ff. 邦訳、下巻一九六ページいか。

(10) *Ibid.*, p. 727. 邦訳、下巻一九四ページ。

(11) *T. of M. S.*, p. 129.

(12) ルネサンス・ヒューマニズムの一般的性格については、水田洋『近代人の形成』前篇をみよ。古代芸術の魅力という問題については、マルクスの「経済学批判序説」を参照せよ。

(13) *T. of M. S.*, p. 416.

(14) *Ibid.*, p. 411.

(15) *Ibid.*, p. 72.

(16) *Ibid.*, p. 81.

(17) *Ibid.*, p. 313. ——ただし、スミスは、こういう手段と目的のてんとうとならんで、手段の目的への適合性を、古典主義的な快適感をあたえるものとして、評価している。
(18) *Ibid.*, p. 317.
(19) *W. of N.*, p. lvii, 邦訳、上巻九ページ
(20) *Ibid.*, p. 15. 邦訳、上巻二一ページ。
(21) *Ibid.*, pp. 734—5. 邦訳、下巻二〇一ページ。
(22) *Ibid.*, p. 735. 邦訳、下巻二〇二ページ。
(23) *Ibid.*, p. 9. 邦訳、上巻一六ページ。
(24) 内田義彦『経済学の生誕』昭和二八年、一九三ページいかをみよ。
(25) 内田、前掲書、一三九ページいか、羽鳥卓也『市民革命思想の展開』一九五七年、二〇〇ページいかをみよ。
(26) *W. of N.*, p. 736. 邦訳、下巻二〇二ページ。
(27) ルソーについては、水田洋・水田珠枝『社会主義思想史』昭和三十三年、をみよ。
(28) イギリス急進主義とスミスとのつながりは、羽鳥、前掲書、第四章で強調されているが、わたくしは、むしろ断絶を強調しておきたい。連続と断絶の両側面をわすれてはならないからである。
(29) *W. of N.*, pp. 739—40. 邦訳、下巻二〇六ページ。
(30) 萌芽期の社会主義については、前掲『社会主義思想史』をみよ。
(31) *W. of N.*, p. 721. 邦訳、下巻一八八ページ。
(32) ハチスンは、アイアランドの非国教徒の出身であった。ここでえがいたスミスを、補論一第五章のハチスンと比較せよ。
(33) B. Williams, *loc. cit.*
(34) *W. of N.*, pp. 762—4. 邦訳、下巻二二八—九ページ。
(35) *W. of N.*, p. 745. 邦訳、下巻二一二ページ。——また、つぎのようにいう。「社会が二百か三百の、あるいはおそらく数千もの、小宗派にわかれていて、それらのうちのどのひとつも、公共の平穏を攪乱するほどに有力ではありえないと

いう場合には、その〔宗教的教師の〕熱意はまったく罪のないものであるにちがいない。」W. *of* N., p. 745. 邦訳、下巻二一一ページ。この態度は、とうぜんに政教分離論にむすびつく。スミスが実生活において教会にたいしてとった態度、ヴォルテールおよびそのカラス問題闘争へのスミスの共感、補論一の第四章における政教分離論などを参照せよ。

(36) W. *of* N., p. 746. 邦訳、同ページ。

(37) W. *of* N., p. 748. 邦訳、下巻二一四—五ページ。

(38) 大河内一男『スミスとリスト』昭和二十九年、は、きわめて類型的に中産的生産者層を検出しようとする。

第七章　晩　年

1　ヒュームの死

一七七六年はまた、スミスにとって、不幸な年でもあった。かれの最大の親友デイヴィド・ヒュームは、『国富論』の出版後約半年たった八月二五日に、エディンバラで死んだのである。病気は、大腸癌と肝臓癌であった。ヒュームは、すでに一七七六年一月四日に、遺言を作成していたし、二月八日には、エディンバラからロンドンのスミスにあてた手紙のなかで、「もし君のくるのが、ひじょうにおくれるなら、ぼくはおそらく、まったく消滅してしまうだろう」(1)とかいている。そのご、ふたりは四月なかばにニューカスルの北のモーペスで、七月にエディンバラで、あうことができた。死の二日まえに、ヒュームは、甥に口述して、スミスへのさいごの手紙をかかせ、かれのふたつの遺稿の処置を依頼した。この手紙を、ヒュームは、Adieu My dearest Friend とむすんでいる。(2)

ふたつの遺稿というのは、『自然宗教にかんする対話』と『自伝』であって、ヒュームは、遺言をかいたときに、スミスに遺稿のすべての管理を委託して、とくに『対話』が死後に出版されることを、のぞんだ。(3)しかし、「無神論者」ヒュームの、宗教論の出版は、また、はげしい非難をまきおこすであろうと、おもわれたので、かれの友人たちは、その出版に反対した。スミスでさえも、ヒュームの依頼をひきうけるのに、ためらいをかんじたらしい。ヒュームも、それを推察して、五月三日にロンドンからの手紙で、つぎのようにかいた。「ぼくは、著作の性質と君の立場とをかんがえると、それの出版をいそぐのは、てきとうではないだろうということが、わかってきた。だから、この機会に、つぎのような申しあわせを、正式のものとしておこう。すなわち、ぼくは、それを君がいつ出版するか、あるいは、出版するかしないかについて、まったく君の判断にまかせることに、満足する。(4)」

しかもなお、ヒュームじしんは、出版を断念したのではなかった。かれは、おなじ日づけのスミスへの手紙で、前掲のじぶんの手紙を、「君の希望にあった形式上の手紙」とよび、「君のちゅうちょは、理由のないものだとおもう」といっている。「と同時に、ぼくは、君のちゅうちょが、もっともらしいこともみとめる。だが、ぼくの意見はこうだ。もし、ぼくが死んだときに、君が、これらの草稿を出版しまいと決意したなら、ぼくの兄と家族とともに、それに封印し、君がてきとうとおもうときにはいつでもそれをとりもどす権利を保留するというような、記入をして、のこしておいていただきたい。もし、ぼくが、なお数年いきのびるならば、じぶんでそれを出版しよう。ぼくは、風が、ろうそくをふきけしはするが、火をもえたたせるという、ロシュフーコーのことばを、かんがえている。」そのうえ、さらにヒュームは、ストラハンと甥とスミスとに、それぞれのかたちで、この遺稿の出版を、依頼したのだが、けっきょく、かれの死後三年をへて、一七七九年に、甥デイヴィドの手で、『対話』が出版された。けれども、「この出版がひきおこしたさわぎは、アダム・スミスが予期したよりも、はるかにすくなかった。ヒュウ・ブレアは、一七七九年八月三日の、ストラハンあての手紙で、『D・ヒュームの対話については、出版されてからいくらか時日がたっているのに、ほとんどさわぎがおこらなかったことに、わたくしはおどろいています』とかいたのである。(5)」

むしろ、もうひとつの遺稿、すなわち『自伝』の方が、はげしい非難のまとになり、スミスをそのなかにまきこんだ。というよりも、正確には、スミスじしんが、非難されたのであった。それは、つぎのような事情にもとづく。すなわち、ヒュームのさいごの手紙は、スミスが、ヒュームの『自伝』の草稿に自由に加筆することを、承諾しているが、それはスミスが、「あなたの病気中の態度について、わたくしじしんの名前で、若干の説明を」[(6)]つけくわえていいかと、たずねたのにたいする返答であった。そこでスミスは、『自伝』の出版にあたって、ヒュームおよびブラックの手紙とともに、じぶんのストラハンあての手紙を、[(7)]つけくわえた。ところが、この手紙のなかで、スミスが、「無神論者」ヒュームをほめたことばは、宗教界を、ひじょうに刺激してしまったのである。無神論者が、スミスのいうように有徳であったり、死にのぞんで従容としていたりするはずがないと、かれらはスミスを攻げきした。

宗教界でなくても、ボズウェルのジョンスンへの手紙のなかに、つぎのような記述がある。「あなたは、デイヴィド・ヒュームじしんがかき、アダム・スミス博士からの手紙をそえた、かれの自伝を、およみになったことと、わたくしは信じます。現代は、おそるべきずうずうしさの時代ですね。わたくしの友人で、グラーズゴウ大学の自然哲学の教授であるジョン・アンダスン博士が、さいきんたずねてきましたが、こんにち横行しているこれらの有害な作品にたいする、われわれのいかりとけいべつについて、はなしあったのちに、かれは、いまこそジョンスン博士がのりだす絶好の機会だと、いいました。わたくしも、あなたが、ヒュームとスミスの頭をいっしょになぐりつけて、みえをはった不信仰を、ひどいわらいものにしたらいいという点で、かれに同意しました。この道徳の園にはえた、そのように有害な雑草をふんさいすることは、あなたにとって、やりがいのあることではないでしょうか。」[(8)]ここで、ボズウェルとともにスミスを非難したといわれるアンダスンは、いうまでもなく、スミスのかつての同僚であった。

このような、個人的な手紙だけではなく、おおくのパンフレットが、スミスを攻げきするためにかかれた。それは一八三〇年代までもつづいたのだが、スミスは、かんぜんに沈黙をまもっていた。親友ヒュームにたいする、ゆるがぬ信頼が、そうさせたのであろうか、それとも、事件にまきこまれたくないという、保身の術が、そうさせたのであろうか。

(1) Hume, *ibid.*, Vol. 2, p. 308. ヒュームは、この手紙で、「バックルー公のはなしでは、君は、アメリカ問題をひじょうに気にしているそうだが、ぼくは、一般にかんがえられるほどには、それは重要ではないという意見だ」とかいていた。しかもかれは、アメリカ独立には賛成だった。Cf. Hume, *ibid.*, Vol. 2, p. 210. スミスの、アメリカ問題についてのおぼえがき（推定）が、ウェダーバーン所有の文書のなかから発見された。邦訳は、前出『国富論』邦訳の下巻のおわりにある。

(2) Hume *ibid.*, Vol. 2, p. 336.

(3) Hume, *ibid.*, Vol. 2, p. 317, n. 1. 山崎正一、前掲書二八五ページでは、ヒュームは、口頭でスミスに、遺稿の処理を依頼したと、推定されているが、そうではなく、このことは、遺言の条項のなかに明記してある。

(4) Hume, *ibid.*, Vol. 2, pp. 317—8.

(5) Hume, *ibid.*, Vol. 2. p. 454. (App. M. by Greig).

(6) Hume, *ibid.*, Vol. 2, p. 336, n. 1.

(7) Hume, *ibid.*, Vol. 2, pp. 450—2.

(8) Boswell, *ibid.*, p. 810. 邦訳には省略。

2 税関委員

ヒュームが死ぬころ、スミスは、主としてカーコールディでくらしていたが、翌年はじめには、『国富論』の再版のためにロンドンにいき、五月には文学クラブに出席した。トーリ党の首相兼蔵相ノース卿は、まえにのべたように、スミスの著書から財政改革についておしえられたので、七七年十一月ごろに、感謝のいみで、かれをスコットランド税関委員に任命した。スミスは、一七八〇年に、デンマーク経済省理事官アンドレアス・ホルトへの手紙において、このことについてのべている。「わたくしが古巣のカーコールディにかえって、模倣芸術についての著作をかいていたときに、バックルー公の尽力で現在の職に任命されました。……わたくしが後悔しているただひとつのことは、文筆上の仕事がさまたげられることです。……わたくしがくわだてていた若干の著作の進行は、すべてはるかにおそくなるでしょう。(1)」

税関委員になったスミスは、一七七八年にエディンバラに居をさだめ、職務に精励するとともに、母と友人と書物にかこまれて快適な生活をすごした。ヒュームの死後における、エディンバラの文化の中心人物は、スミスであった。ケイムズ卿が『徳性と宗教の諸原理』の新版で、スミスの「同感」の理論を批判したのはこの年であり、翌年には、スミスは、アイアランド自由貿易問題について、ダンダスやカーライルの質問にこたえた。グラーズゴウのある青年が、世界の著名な作家についてのスミスの意見をたずねたのは、おそらくこのころであろう。(2) スミスのうちは、かざり気のないもてなしで有名だったといわれ、またかれとブラックとハットンが中心となってつくったオイスター・クラブは、アダム・スミス・クラブともよばれた。ブラックはすでにのべたように潜熱の研究者であり、ハットンは地質学者であるとともに、スコットランドではじめて、馬に犁《プラウ》をひかせた農業改良家であった。したがって、オイスター・クラブの創設者は、三人とも、それぞれのいみで近代科学の創設者だったのである。ところで、オイスター・クラブの名称は、かれらが美食をこのむというくいみであろうが、ハットンは禁酒家、ブラックは菜食家、スミスはといえば砂糖のかたまりがすきだった。スミスは、はなしに夢中になってティー・テーブルのまわりをあるいているうちに、無意識に砂糖のかたまりをとってかじる癖があり、いとこのダグラスは、いつも砂糖壺をテーブルのしたに、かくさなければならなかった。

もっとも、このことがかれのエディンバラ時代におこったのか、そのまえからつたえられていたのかは、よくわからないが、はなしに夢中になって、バターつきのパンを手でまるめてティー・ポットになげこみ、そのお茶をのんで、「こんなまずいお茶はのんだことがない」とさけんだという事件は、一七六七年よりまえである。もちろん、スミスの放心癖が、エディンバラ時代になおったという証拠はなく、むしろ、反証としてふたつの逸話がつたえられている。ひとつは、かれが税関にはいろうとしたとき、守衛が儀仗で敬礼すると、かれはステッキで捧げ銃のかっこうをして答礼し、守衛の困惑にもじぶんの奇行にも、まったく気づかなかった、というはなしである。かれがあかるい色の上着と白絹の靴下、銀のとめがねの靴といういでたちで、竹のステッキを肩にしてあるくすがたは、ハイ・ストリートの名物となった。かれはそのとき、片手に花をもっていることもあり、目はうつろ、口はつぶやくようにうごいていて、それをみたミッセルバラの魚うりの女が、気ちがいのひとりあるきだとおもい、「気のどくに、きれいな服装をして」と、ささやくほどであった。(3)

放心だけがかれを有名にしたのではなかった。ハットンは、教会にいくのは、そこからでてくるときのたのしさをあじわうためだといっていたが、スミスもほぼ同様であった。教会のかねがなっているときに、わざわざ、かご（セダン・チェア）にのって外出するのが、だいすきだったというのだから、これは、放心どころか、あきらかに意識的な抵抗である。スミスの死後、雑誌『蜂』の匿名の投稿者は、「おお、尊敬すべく、愛すべく、りっぱな人物よ、なぜあなたはキリスト教徒でなかったのか」(4)と、なげいているが、スミスのような態度は、とくにめずらしかったわけではなく、「すべての物わかりのいい人がもつ宗教」、「すべての物わかりのいい人が、自分のなかにしまっておく宗教」(5)とは、そういうものだとかんがえられていた。

スミスは、税関委員の仕事が、かれの経済的研究に役だつとおもったので、他の委員たちより職務に熱心であったが、他方、このころ出版者カデルにあてた手紙のなかでは、ロンドンからもちかえった新刊書によみふけっているため、『国富論』の新版にかんする仕事がはかどらないといっている。この仕事は、ようやく一七八三年に終了した。「ここ数か月にわたって、わたくしは、じぶんの職務による不可避的な障害のなかで、ゆるされるかぎり仕事をしました」と、かれは五月二二日づけのストラハンへの手紙にかいている。(6)翌年はじめにエディンバラをおとずれた、あるフランス人は、スミスについて、「不幸なことに、道徳と立法の歴史についてのかれの計画は、まだ萌芽状態にあります。かれの官職が、というのはかれは税関委員なので、その計画の完成をいつゆるすか、かれにはわからないのです。わたくしはそれが、四年か五年よりはやくはないと信じます。かれの、詩・雄弁・哲学・および若干の科学の歴史についていえば、それはおそらく、二年のうちにあらわれるでしょう。」と、本国の友人に報告した。(7)

一七八四年には、グラーズゴウ大学総長に任命されたバークが、スコットランドをおとずれて、スミスとともに旅をした。しかし、『国富論』の第三版がでたこの年は、ふたたび、スミスにとってふかいかなしみの年でもあった。かれの母が五月二三日に九十歳でその生涯をおえたのである。スミスのなげきははげしくて、人々はそれを、かれが復活を信じないためだといったほどであった。八六―七年の冬には詩人ロバート・バーンズが、エディンバラにスミスをたずねたが、不在のためにあえなかった。バーンズはスミスを崇拝していたし、スミスもバーンズの才能を評価していた。一七八七年三月二九日づけの、ダンロップ夫人からバーンズへの手紙が、スミスの態度をしめしている。「かれ〔スミス〕はいつも、よるべなき才能の味方です。……エディンバラで、あなたの本をみたものが、まだわずかしかいなかったとき、あなたの名前を力づよく公衆にすいせんしたのは、あの人たちでした。……さいきんかれは、あなたにあいたいといったのにあえなかったと、不満をもらしたそうです。」スミスは、バーンズが生活におわれて詩作をさまたげられることがないように、塩業事務所の地位を世話しようとしていたらしい(8)。

母の死は、スミスの身心に打げきをあたえたが、かれは一七八七年に、ダンダスのまねきにおうじて、かつまたハンターの診察をうけるために、ロンドンにでてきた。プレイフェアによれば、到着したときのスミスは、おとろえて骨と皮ばかりになっていたという。それでもスミスは、友人のあいだをまわり、また、前述のようにダンダス邸の会合にも出席した。

数か月の滞在ののちにエディンバラにかえったスミスは、母校グラーズゴウ大学の総長に選挙された。十一月十五日づけの通知を大学からうけとったかれは、感謝のことばとともに受諾した。「およそ人がある団体からうける恩恵のうちで、わたくしがグラーズゴウ大学からうけたそれよりも、おおきなものはありえない。グラーズゴウ大学は、わたくしを教育し、わたくしをオクスフォードにおくり、スコットランドにかえるとまもなく、わたくしをそのメンバーにくわえた。そして、のちにはわたくしを、別の地位に抜てきしたが、その地位とは、けっしてわすれえぬハチスン博士が、すぐれた模範をしめしたものであった。わたくしは、その団体のメンバーとしてすごした十三年間を、生涯のうちでもっとも有益な、したがってもっとも幸福な、もっとも名誉ある時期として、心にとどめている。そしていま、二十三年間の不在ののちに、わたくしのふるい友人や保護者たちによって、このようなきわめて快い仕方で想起されることは、わたくしに、いうにいわれぬほどの心からのよろこびをあたえる。(9)」

一七八九年七月十四日に、フランスの旧制度《アンシャン・レジーム》は、劇的な崩かいに突入した。ちょうどその日に、サミュエル・ロジャーズが、エディンバラにスミスをたずねたが、大革命のしらせがここにとどいたのは二一日だったので、ロジャーズが記録したスミスとの会話は、この点にふれていない。この会話のなかでもまた、スミスはエディンバラが三つの裁判所にささえられる消費都市であることを、指摘したそうである。

このころ、かれは『道徳感情論』六版のじゅんびをすすめていて、それは翌年はじめに公刊された。この版は、かなりの増補と削除とがおこなわれ、たとえば、ロシュフーコー公のねがいをいれて『箴言』の著者への非難が削除され、また贖罪にかんする部分が、不必要でかつ位置が不適当だとして削除された。後者の削除については、「無神論者」ヒュームのえいきょうだともいわれたが、ヒュームとの交際は初版以前にはじまったのだから、これはあたらないようである。(10)

スミスは『道徳感情論』の初版のおわりに、「わたくしは、もうひとつの著述において、法および統治の一般諸原則と、それが社会のさまざまな時代や段階にこうむった諸変化とについての説明を、正義にかんしてのみならず、治政・公収入・軍事および法の対象となるその他のすべてにかんして、あたえようとおもう」と、今後の著作計画をのべたのであるが、それから三十年あまり経たいま、そのあいだの研究の成果をかえりみ、せまりくる老年をみつめながら、かれは六版の序文で、かつての約束に言及している。かれは、一七五九年にのべた計画の一部を、『国富論』において実現したとかんがえたので、六七歳のかれにのこされた課題は、正義にかんする部分、すなわち「法学の理論」なのである。この課題の遂行をこれまでさまたげてきたものは、『道徳感情論』の改訂をさまたげたのとおなじ事情なのだといいながら、しかもかれは、さいごの課題を放棄してはいない。「わたくしはたいへん年をとっているので、このおおきな仕事をまんぞくにやりとげられるとは、ほとんど期待していないけれども、それでもわたくしはまだ、この企画をまったく放棄したのではないし、できるだけのことをするという義務をおいつづけたいとおもうので、その文章〔初版のおわり〕を、二十年以上もまえに出版されたときのままにしておいた。その当時、わたくしは、そこにつげられたすべてのことを、実行しうると信じてうたがわなかったのである。」(11)

こうして、スミスは、さいごまで「法学」を自己の課題としてかんがえていた。その年の三月に、かれがモンテスキュウの『法の精神』批判をかいていて、その一部をみたものがあると、つたえられたのは、さいごの課題のためのかれの努力をしめすものであろう。けれども、そのころはすでにかれの健康は、いちじるしくおとろえていた。かれは二月に、バッハン伯にたいして「機械がこわれつつある」とのべている。(12)

(1)　Scott, *ibid.*, pp. 283—4.

(2)　「一七八〇年にわたくしは、有名な故アダム・スミス博士としばしば同席する機会がありました。しごとがすむと、われわれの談話は、文筆上のことがらに転じました。わたくしは、当時まだわかく、せんさくずきで、著作家としてのかれの才能への尊敬でいっぱいだったのです」と、その回想記はかきはじめられている。そこでとりあげられた著作家は、ジョンスン、キャンベル、スウィフト、リウィウス、シェイクスピア、ビーティー、ミルトン、グレイ、ラムジー、ドライドゥン、ポープ、ゴールドスミス、ミークルなどであって、ふしぎなことに、近代文学とくにイギリス近代文学の代表的な形態である小説については、なにもかたっていない。——断片的になるが、重要だとおもわれる部分をぬきだしてみよう。「故サミュエル・ジョンソン博士についてのスミス博士の意見は、きわめて軽蔑的であった。『わたくしはあの男が』と博士はかたった、『多様な会衆のなかに、まったくとつぜんにとびこみ、なんの予告もなく椅子のうしろにひざまずいて、主のいのりをくりかえし、それから食卓の席にもどるのをみた。かれはこの気まぐれを、一晩に何度も、おそらく五、六回、くりかえした。これは偽善ではなく、狂気である。』かれは、ランブラーやアイドラーの称賛者ではなかった。そして、それらをよむにたえなかったと、ほのめかした。かれは、アメリカとのあらそいをこのまなかったが、それでも、ジョンスン博士の政治パンフレットを、たかく評価した。なかでも、フォークランド島にかんするものには、感心していた。なぜなら、それが、きわめて強力なことばで、近代戦の気ちがいざたを、あきらかにしたからである。……スウィフトについて、スミス博士は、しばしば、しかも称賛をこめて、言及した。〔しかし、詩人としてのスウィフトだけが、論じられている。〕かれは、シェイクスピアの熱心な賛美者ではなかった。『君もしっているように、ヴォルテールはハムレットを、よっぱらい野蛮人の夢だといっている。かれ〔シェイクスピア〕は、いい場面をかいたが、いい劇をひとつもかなかった。』……かれは、雑誌については、嘲笑と軽蔑なしにはかたらなかった。……わたくしは、ジェントルマンズ・マガジンを、かれの一般的非難の例外にしようとおもったが、かれはききいれようとしなかった。……かれはつぎのようにいった。現国王の治世のはじめに、非国教徒の牧師たちは、ずっと、政府から年に二千ポンドをもらっていた。おそらくビュート伯が、たいへん不当にもこの交付金を廃止したので、牧師たちが政府にたいして悪意をもって反対する真の動機は、ここにあるようにおもわれる。」(Amicus, Anecdotes……, *The Bee*, May 11, 1791.) これへの反論については注(4)をみよ。

(3) ここにあげたエピソードは、すべて、グレーアムによるが、グレーアムはそれぞれ典拠をあげている。Henry Grey Graham. *Scottish men of letters in the eighteenth century*, London 1901, pp. 168—70.

(4) Ascanius (pseud.), To the editor of the Bee. In—*The Bee, or literary weekly intelligencer*, for … June 8, 1791, p. 167. これは、前掲アミカスへの抗議であり、Ascanius は、バッハン伯アースキンの偽名である。

(5) H. G. Graham, *ibid.*, p. 170.

(6) Scott, *ibid.*, p. 286.

(7) Letter written by a French gentleman at Edinburgh containing the characters of some of the Scottish literati, *The Literary Magazine and British Review for 1788*. Vol. 1., London, p. 438. これはフランスで公刊されたものからのほんやくだと、編集者は注記している。ついでながら、このフランス人によれば、「スミス博士の顔つきは〔ロバートスンにくらべて〕一層の単純さと人類愛をつげている。かれはホメロスのひたいをもち、目はかがやきにみち、かれの顔の下部は、父クレビヨンにたいへんにていながら、きびしさをもたない。」(*Ibid.*, p. 439.)

(8) 水田洋『社会思想史の旅』昭和三一年、八〇―一ページ。

(9) Scott, *ibid.*, p. 229.

(10) Cf. Rae, *ibid.*, ch. 31.

(11) *T. of M. S.*, Advertisement to the 6th edition.

(12) *The Bee*, June 8, 1791, p. 166. ――アスカニアスの偽名でかいたこの追悼文(アミカス批判をかねた)のなかで、バッハン伯アースキンは、スミスが「その政治原理において、共和主義にちかづいた」とのべている。

3 さいごの日々

あたたかくなると一時小康をえたかれの健康は、六月にはまたおとろえ、もはや再起は絶望のようにみえた。しかし、スミスの精神はきわめて平静で、エピキュロスにも比せられるほどであったし、友人やその子供たちの身のうえに、あたたかい心づかいをしめした。

いまや、六七歳の生涯をおえようとするスミスの、最大の心のこりは、やはり研究と著作のことだった。すでに、『国富論』の原稿をもってロンドンへいくときに、ヒュームに未定稿の破棄を依頼したが、一七八七年のロンドン行にさいしても、ふたたびブラックとハットンを遺言執行人として、そのことをたのんだ。そして、いま、余命がかぞえられるほどになったのをしったかれは、あらためて二人に約束の確認をもとめた。「わたくしはもっとおおくの仕事をすべきだった。そしてわたくしの手稿のなかにはそうするための材料がある。けれども、いまではそれは問題にならない」と、かれはかたったそうである。二人はかれに、たしかに約束をまもるから安心するようにといい、かれも一時は心がしずまったらしかった。

しかし、数日たって、不安が完全になくなってはいないのに気づくと、かれは、かれらのうちのひとりをよんで、ただちに未定稿を焼却するようにたのんだ。[1] こうして、前掲のヒュームへの手紙にあるよりも、おそらくははるかにおおくの、貴重な手稿は、一七九〇年七月のある朝、エディンバラで灰になってしまった。われわれにとって、この朝はおおきな損失となったのであるが、かれじしんは、これによって快活さをとりもどし、その日の夕方には、友人たちとたのしいときをすごしうるようになった。だが、やはり肉体のおとろえはもはや決定的で、かれは、夕食まえに、「わたくしたちはこの会合を、どこか他の場所にうつさなければならないとおもいます」とわかれをつげて、寝室にしりぞいた。

かれの死は、それから数日のちの七月十七日のことだった。のこされたものは、約三千冊の蔵書、[2] のちにブラックとハットンによって出版された『哲学論文集』の原稿、それから、予想よりすくない財産であった。相続人デイヴィド・ダグラスはスミスのいとこであり、かれのすすめによってジョン・ミラーのもとにまなんだのであるが、スミスの死後まもなく、ミラーは、ダグラスへの手紙のなかでのべている。「かねをもうけることがスミス氏の目的ではなかったということは、わたくしにすぐわかりました。しかし、かれがこの点について、こんなにひどく無関心でなかったならば、かれは個人的には金づかいのあらい人ではなかったのですから、じっさいにのこしたよりもずっとおおくの財産をつくったにちがいありません。[3]」かれの財産がそれほどすくなかったのは、人しれぬ慈善によるものであり、かつて友人たちがその実体をつきとめようとしたが、ついに成功しなかったといわれている。(4)

すでに一七八九年に、アメリカではウォシントンが初代大統領に就任し、フランスでは国民議会が人権宣言を可決したのであるが、その後ふたつの革命はあゆみをやめず、一七九三年六月にはジャコバン党の独裁がはじまった。スミスが、これらの革命をどうかんがえたかは、残念ながらしられていない。けれども、ステュアートによれば、まえにもいったように、一七九三年のはじめころには、世間はスミス経済学を革命的危険思想だとかんがえていた。(5)

スミスの思想が、どのようないみで革命的であったかは、当時のイギリス社会とのかんれんにおいて、くわしく分析されるべき問題である。だが、とにかく、とくにフランス革命への一般的恐怖もあって、スミスがそうみられていたことはたしかであり、ジェフリが、ミラーの講義をきくことを、父から禁止されたのも、おなじ傾向からでているのであろう。(7) そして、スミスの死が、エディンバラにおいてさえ、おどろくほど無関心にみおくられたのは、そのためだったのだろう。しかし、「中年の人々が、この科学の建設者について、……ほとんどしらないらしい」ときでさえ、「青年はかれを指針としている」と、コウバーン卿はのべている。「その当時、おとなたちはもっぱら、フランス革命とその想定される諸帰結についてかたり、教養ある青年たちは、化学と政治経済学に没頭していた。……もしわたくしの父の家にあつまっていた紳士淑女たちが、フランスの流血のおそろしさと、自国の民衆がそれをまねしはしないかというおそろしさについて、自分たちがいったすべてを信じていたとすれば、かれらはまったくしかたのない連中であったにちがいない。……何人かのわかい人々が、ラヴォアジェが流行させた新化学について、アダム・スミスの国にきわめてふさわしい経済学説について、かたるのをきくことは、すくいであった。中年の人々は、この科学の建設者について、かれがさいきんまで税関委員だったこと、気のきいた本をかいたことのほかは、ほとんどしらないように、わたくしにはおもわれた。青年は、――わたくしは、エディンバラの自由主義的な青年のことをいっているのだが――かれを指針として生きていた。ヒューム、ロバートスン、ミラー、モンテスキュウ、ファーガスン、ドゥ・ロルムとともに、かれは青年たちに、かれらの精神の糧《メンタル・フード》のほとんどすべてを、あたえたのであった。(8)」

スミスの思想は、けっして死んだのではなかった。たとえば、かれの死からリカードゥの主著の出版（一八一七年）までの期間をとってみると、そのあいだに出版された『国富論』は、ほんやくや抜萃をあわせて、しられているかぎりでも六十種にちかいのである。(9) こうして、かれの思想は、その時代からうまれながらそれをこえ、その国からうまれながらそれをこえた。とくにかれの死に関心をもたなかった「消費都市」エディンバラは、この点ではじめからかれの眼中になかったであろう。時代をこえ場所をこえて生きつづけるスミスの思想のすがたは、その後の各国の社会科学の歴史のなかに、はっきりとあらわれている。

(1)　『マンスリ・リヴィウ』は、一七九一年に、『道徳感情論』のさいごの版の紹介をかねた、スミス追悼文をのせた。それによれば、スミスはみずから草稿を焼却したとされている。そしてさいごにつぎのようにいう。「われわれは、この著作にわかれるにさいして、著者が、法学の理論をかくという意図を、完遂しなかったことを残念におもわざるをえない。」(*The Monthly Review*, Jan.—Apr. 1791, pp. 138—42.)

(2)　ヴァイナーは約二八〇〇冊と推定するが、東大経済学部にある一七八一年作成の蔵書目録によれば、約二三〇〇冊であり、ボナー版目録によれば約二二〇〇冊である。ところが、ボナーになくて一七八一年目録にあるものが、約七二〇冊、べつに発見されたものが約一〇〇冊だから、約三〇〇〇冊とみていいであろう。J. Viner, *Guide to John Rae's Life of Adam Smith*, N. Y. 1965, p. 121. H. Mizuta, *Adam Smith's Library*, Cambridge 1967.

(3) Scott, *ibid.*, p. 311.

(4) Stewart, *ibid.*, p. 72. Rae, ibid., p. 437.

(5) Stewart, *ibid.*, p. 87, n. D. このことは、コウバーンによっても、指摘されている。H. Cockburn, *Memorials of his own time*, Edinburgh 1856, p. 174—5.

(6) 一般に、イギリスの社会がフランス革命を、どのようにうけいれたかについては、P. A. Brown, *The French Revolution in English history*, London 1918. H. N. Brailsford, *Shelley, Godwin and their circle*, 2nd ed., London 1951 A. Cobban (ed.), *The debate on the French Revolution*, London 1950. などをみよ。

(7) J. A. Greig, *Francis Jeffrey of the Edinburgh Review*, Edinburgh 1948, pp. 52 & 88. ジェフリは『エディンバラ・リヴィウ』の再刊第五号で、ミラーを「スコットランド哲学者」の典型とみている。——アリグザンダー・カーライルは、『自伝』で、「政治的な諸問題について、かれ〔スミス〕の見解は、ひじょうに健全とはいえなかった」とのべている(*The autobiography of Dr. Alexander Carlyle of Inveresk 1722—1805*, Edited by John Hill Burton London 1910, p. 295)。この自伝は、一七七〇年までしかかかれていないが、さいごの部分に、フランス革命と干渉戦争への言及があるので、スミスにかんしても、革命後にかかれたと考えていいであろう。

(8) Cockburn, *ibid.*, pp. 45—6.

(9) Cf. *The Vanderblue collection Smithiana.*

補論一　アダム・スミス時代の思想

第一章　イギリス経験論の市民社会観

1　ホッブズとシャーフツベリ

イギリス経験論がどこからはじまるかといえば、フランシス・ベイコンとトマス・ホッブズの名があげられるであろう。しかしながら、そのばあいに意味される経験論は、たとえばアダム・スミス段階のそれと、大きくちがっているだけでなく、ベイコンとホッブズとのあいだにおいても、かなり決定的なちがいがある。ベイコンの思想の、中世的あるいはルネサンス的限界をめぐる論争には、(1) ここではふれないとしても、すくなくとも、かれに近代社会についての経験論がなかったことはいっておかなければならない。実験的な自然観察や現実的な人間観察はあっても、そこから近代社会＝市民社会を構成することは、ついになかったのである。ところが、ホッブズが出発点においた自然的現実的な人間は、一面でベイコンを継承しながら、はるかに抽象的であったし、しかも実験的な自然観察は、ホッブズからは脱落して、かれの論敵たるロイヤル・ソサイアティ・グループ（ボイルその他）によってひきつがれる。労働価値論の萌芽をうむペティ＝グラントの社会観察は、ホッブズよりもその論敵の方に、はるかにちかかった。かれらの現状肯定的な経験論が、どのように発展し、どのような歴史的意味をもったかについては、やがてあきらかになるであろうから、さしあたっては、この段階で社会変革＝社会構成的要素が欠如していたことを、指摘しておきたい。

それよりも、ホッブズの抽象的個人が、どうして経験論のなかに位置づけられるのかということの方が、説明を必要とするであろう。かれのばあい、個人と社会は、基本的には、イングランド革命期のピュアリタンの論理で、とらえられていた。すなわち、まず、伝統的な現実＝社会にたいして、否定的な（それゆえに伝統的道徳規準からすれば悪である）個人をおき、つぎには、このような個人が現実に存在する以上、これを基礎として社会を再構成しなければならないというかたちで、否定と肯定を逆転させるのである。この種の逆転は、あとでのべるように、近代思想史上、規模の大小のちがいはあっても何回かみられるのであり、これがまた、いわゆる近代自然法思想のひとつの特徴なのであった。大衆の利己心がモラル・センスによる調和からはみだし、それが経済学を必要とする固有の領域となるという、ハチスン＝スミスの展開も、その一例である。これに反して、現状肯定的経験論は、基本的には近代社会の現実をそのまま肯定するものとして、おおくの事実認識上の貢献をしながら、ついにはブルジョア保守主義にたどりつく。もちろん、二つのながれが、しばしばからみあっていることは、十分に注意しなければならないのであって、スミス自身がそのもっとも重要な実例を示している。

イギリスにおけるブルジョア革命の妥協性は、ホッブズをふくむ革命期の思想家たちが継承される道に、曲折をあたえた。ホッブズによる近代的個人の否定的把握（いわゆる性悪説）は、表面的には総攻撃をうけ、「リヴァイアサン狩り」とよんでいいほどであった。(2)批判者たちは、ほぼ共通して、人間が本来、社会的動物であり秩序をもつことを主張したのであるが、他方では、少数の極右反動主義者をのぞけば、なんらかの意味でホッブズ的個人を承認していたのである。承認を、もっとも純粋な形態であらわせば、ホッブズの自然人の利己的行動が、そのままひとつの（あたらしい）社会秩序をつくりだすということになり、このことは、ホッブズ→ロック→スミスの発展を巨視的にみれば、いまさらいうまでもないほど、あきらかである。ところが、そこに到達する過程は、かなり多様であって、両極端の中間形態は、人間が神の秩序にしたがうことを強調しつつ、その神あるいは秩序を、近代的な、利己的行動の総体としての市民社会に、よみかえていくという方向をとる。だから、ホッブズのあとで神の秩序がでてくるのは、かならずしもつねに反動なのではなく、かくれたおそるべき神からめぐみぶかい理性的な神への転換が、あたらしい社会秩序の、可能性から現実性への転化に、対応していたのである。これこそまさに、ホッブズの否定的人間把握が、旧社会を否定することによって、自ら肯定的なものへ転化する過程にほかならない。

この過程が、けっして単純明快でないのは、前述のように、イギリス・ブルジョア革命の妥協性によるにちがいないが、同時に、特殊イギリス的な状況をこえた、一般的な理由がある。というのは、ホッブズにおいては、人民が（すくなくとも『リヴァイアサン』の論理では）ほぼ無階級的に、その意味で抽象的にとらえられ、それに対応して、政治権力のにない手である主権者も抽象化されていたのが、(3)ロックでは、もはや階級分化はおおうべくもなくなったからである。ロックが、『統治論』でフィルマーの家父長的絶対王政論を打倒しただけでなく、初期の『自然法論』では、左翼に対抗して秩序の優越を主張したこと、かれの有名な教育論が、労働貧民をまったく無視していることは、今日ではよくしられている。(4)かれが、政治機構論を展開することによって、政治権力が生存手段にすぎぬという点を強調したことでさえ、(5)反面では、ホッブズの代表理論(6)以上に、権力を人民からきりはなして独自化する意味をもち、平等派流の人民主権論にはあきらかに対立するものであった。

このようにして、革命期に、抽象的にではあれかなり直結的にとらえられた、個人＝全人民と秩序＝権力との関係が、限定的に継承されることによって、階級社会としての市民社会が承認されるのであり、さらに、限定のしかたによって、あたらしい支配階級のさまざまな側面あるいは部分にとっての権力像＝社会像が、てらしだされるのである。

宗教理論においても、プロテスタントの、とくに平等派の、万人司祭論は拒否されるが、同時にホッブズの（正確にいえば、誤解されたホッブズの）国家教会論(7)も排斥される。各人（すべての個人）が、自己のなかに神をもつのではなく、また、ひとつの国家権力だけが神を指示するのでもなかった。いわゆるケインブリジ・プラトニストにぞくするヘンリ・モアが、デカルトの物心二元論をうけつぐことによって、機械論の限界を画し、これと平行して、万人によってはみとめられない「神への知慧《ディヴァイン・サガシティ》」と「善良な種類の能力《ボニフォーム・ファカルティ》」によって、賢人と大衆を分離したのは、この状況に対応する。ケインブリジ・プラトニストについて、「かれらはロードの高教会体制が優勢な時代にあらわれ、長老派および独立派の支配の下で開花し、王政復古はほとんどかれらをさまたげなかった。かれらは、現存のどの党派にも荷担しなかったし、かれらが大学でそのしごとを続けるのをゆるされたということが、すべての党派の名誉になった」と、ソーリーはかいている(8)が、このことは、かれらがイギリス市民革命の妥協線を、そのまま表現したことを、意味しないであろうか。

すでにかれらのなかに、シャーフツベリにはじまる「道徳感」学派の、源流があったのである。情念は、熟慮と選択にさきだち、自然から、したがって神からくるものである、というようなモアの情念論には、ホッブズの情念論の革命性は、すでにうしなわれている。自然法が、そのまま日常生活のなかにもちこまれ、しかも神＝自然法の認識が少数の人間に限定されることによって、革命は、部分的に現実化するとともに、革命性を喪失するのである。

宗教的寛容についての、ホッブズとロックの対比が、やはりほぼ同一の問題を、しめしているようにおもわれる。ホッブズは、一方では、「人間の法はどんなものでも、人間の良心をでなくかれの行為だけを、義務づける意図をもつ(9)」といい、他方では、「人間の救済にとって必要な信仰箇条は、イエスがメシアすなわちキリスト

〔油をぬられたもの〕だということにすぎない」[10]といって、政治権力が人間の内面に干渉するのを拒否するとともに、信仰内容の抽象化＝合理化によって内面的信仰自体の自由を拡大した。ロックの寛容論も、基本的には同じである。[11]ところが、ホッブズにとっては、政治的権力と宗教的権力からの、個人の自由がたたかいとられるべきであり、神はかえって「かくされた神」であったのにたいして、ロックにおいては、神が直接に人間のなかにはいりこむ。「理性の時代」がはじまろうとするときに、逆説的にいえば理性の失墜が発生するのである。

もともと、「理性の時代」における理性とはなんであるかについて、かんたんにこたえることは不可能であるし、ホッブズひとりについても、こたえはかならずしも、一義的ではないであろう。ただ、いまここでいっておきたいことは、こうである。ホッブズのばあいには、人間とよぶにせよ理性とよぶにせよ、とにかくそれは、一切の権力と秩序から断絶していたのに、ロックになると、神が人間の側へ移行しはじめる。これを、人間＝理性の勝利とよぶことは、もちろん可能であろうが、そのとき、たたかう人間は、舞台をしりぞくのだ。[12]とくに、「この神は、やがてシャーフツベリにおいて、モラル・センスに転化すべきものであった」[13]といわれ、「シャーフツベリはリヴァイアサンの人間性をひっくりかえし、人間の本性のうちに社会感情をみとめ、その実現をそのまま社会を構成する原理とみなしたのである」[14]といわれるとき、ブルジョア理性の勝利のかげでの、一歩後退をみのがしてはならない。ひっくりかえったのは、シャーフツベリ自身でもあった。

（1）　ボルケナウ『封建的世界像から市民的世界像へ』、邦訳一二二ページいか。これにたいして、ベイコンを高く評価する見解の代表は、B. Farrington, *Francis Bacon*, London 1951. ――ベイコンがマキアヴェルリにしたがって、人間の日常生活の動機として利己心をリアルに認識したことは、近代思想史上、重要な意味をもっている。かれは善（good＝利益）を、そのものだけのための善と、それをふくむ大きな全体のための善――個人の利益と全体の利益――とに区別することをしっていたのであるが、かれの分析は、善の二重性に、それ以上たちいらなかった。この分裂を放置したまま、かれは、テューダー絶対主義の父権的福祉国家を賛美するのである。ベイコンの社会において、国家権力は人民の福祉への配慮をその主要な目的の一つとしているのではあるが、それはつねに上からの配慮であって、人民と主権者の関係は初めから終りまで断絶している。したがって、ベイコンは利子や富について個別的には考察したが、民衆の生活としての社会の全体をとりあげることがなかった。

(2) Cf. J. Bowle, *Hobbes and his critics*, London 1951. S. I. Mintz, *The hunting of Leviathan*, Cambridge 1962.
(3) 水田洋『近代人の形成』、再版一九六四年、三三四ページいか。
(4) たとえば、浜林正夫『イギリス革命の思想構造』一九六六年、二六八ページ。
(5) ロックにおける政治機構論の歴史的意味については、松下圭一『市民政治理論の形成』一九五九年。
(6) T. Hobbes, *Leviathan*, London 1651, ch. 16. 邦訳、河出版『世界の大思想』第十三巻。
(7) ホッブズが国家教会制度、さらには異端糺問制度を支持したという解釈は、宗教の政治への従属という点でのみただしい。
(8) W. R. Sorley, *A history of British philosophy to 1900*, Paperback edn., Cambridge 1965, ch. 5.
(9) T. Hobbes, *Elements of law*, ed. by Tönnies. Cambridge 1928, p. 114. ここでは、ホッブズの思想の一貫性をしめすために、初期の著作から引用した。もちろん、どの点にも変化がなかったというのではない。
(10) T. Hobbes, *ibid.*, p. 116.
(11) 浜林、前掲書二六八ページいか。この本の第六章「十八世紀への展望」で提起された問題を、ややちがった視角からとりあげようとしたのが、この章である。
(12) これが、十八世紀とちがった魅力を、十七世紀がもつ理由である。
(13) 浜林、前掲書二七四ページ。
(14) 平井俊彦『ロックにおける人間と社会』一九六四年、一九九ページ。

2　ハチスンとヒューム

シャーフツベリにとっては、生得のモラル・センスをもち、全宇宙の秩序を見とおして、そのなかに自己＝自己保存を矛盾なく位置づける人間が、人間の本質であり、同時に、経験的な存在形態なのであった。しかしながら、ホッブズ→ロック→シャーフツベリと、近代的個人が、しだいに具体性をおびるにつれて、階級性もまた、明白になる。たとえば、ロックにおいて、近代的個人が、労働投下による私有財産所有者として具体化されたことは（そして具体化がその段階にとどまったことは）、かれが十八世紀のロッキアンから十九世紀のリカードゥ派社会主義者によって復興される理由であった。抽象性がホッブズ段階にとどまっても、具体性がシャーフツベリ段階にすすんでしまっても、純粋ブルジョア思想（小市民的急進主義）には利用できない。ロックの具体化に、すでに階級分化がひそんでいたとはいえ、シャーフツベリにおいてそれは決定的となる。シャーフツベリが人間の本質＝自然と考えたものは、名誉革命体制の支配階級のうち、知識人貴族の性格をあらわしていたのである。

自己保存はもちろん肯定されるけれども、全体の秩序、めぐみぶかい神の摂理をみとおすことのできる賢人は、個人と全体を自然的自発的な調和の関係におくのであった。かくれた神からめぐみぶかい神へと、神は人間にちかづいてくる。しかし、同時に、神がちかづく人間は、一定の階級の人間に限定される。この限定を打破して、神をさらに下降させる道は、第一にハチスンが、ふたたびカルヴィニズムの民主主義的側面（すべての個人が神につながる）(1)をもって、シャーフツベリの貴族主義的限界をつきやぶり、他方で、シャーフツベリの新プラトン主義をもって、カルヴィニズムのみえない神の意志を、めぐみぶかい神の秩序におきかえたときに、ひらかれた。(2)

そして、第二の決定的な段階は、アダム・スミスが、ハチスンになお残存する貴族主義を一掃して、すべての個人の自由で平等な利己的活動を、「みえない手」にゆだねたときに、うごかしがたいものとなった。ハチスンにおいては、宇宙の調和を洞察しえない大衆の行動が、あいまいなままにのこされていたが、スミスは逆に、この部分に、社会のあたらしい秩序と、これを分析するあたらしい科学の成立根拠とを、みたのである。シャーフツベリ→ハチスン→スミスという発展過程で、シャーフツベリが、めぐみぶかいものとして人間の側にひきよせた神、しかも逆に階級性をあらわにした神は、スミスによって、シャーフツベリが枠外においた大衆のなかに、みえない手、あるいは社会秩序そのものとして、ほとんど解消させられてしまう。それが、名誉革命体制の解体であった。

残念ながら、ロックからスミスまで、すなわち主として十八世紀前半のイギリス思想史は、その前後にくらべて、開拓がはるかにおくれている。一般的にいえば、この時期は、名誉革命＝重商主義体制の安定と解体の時期であるが、そういう過程が思想家たちによってどうとらえられていたかは、まだあきらかではない。しかも、この時期には、スコットランドとアイアランドが、政治的および文化的にイングランドと結合しはじめ、そうすることによって逆に、イングランド文化のなかで、それぞれの独自性をもちはじめたのである。ハチスン、ヒュームいかの、スコットランド学派（スコットランド歴史学派、コモン・センス学派などをふくむ）の存在は、あらためて指摘するまでもないであろうし、アイアランドもまた、（ハチスンがアイアランド出身であることをべっとしても）、バークリ、トランド、スティール、スウィフトや、おくれてはバークをうんだのである。これらの人々に、理神論者、自由思想家とよばれる群と、ディフォウ、マンダヴィル、ボリングブルック（セント・ジョン）などをくわえれば、この時期のイギリス思想史の、輪郭はほぼ見当がつくであろう。

名誉革命＝重商主義体制の安定と解体という、奇妙な表現をあえてしたのは、シャーフツベリにおける進歩と反動に対応するものが、たとえばマンダヴィルにもみられるからである。マンダヴィルが、主著『蜂の寓話』において、個人の利己的行為の承認を、大胆に主張したことは有名であるが、そのばあいにも、「利己的行為を、いぜんとして私悪と規定したうえで、『正義によって裁断し束縛すれば、悪徳も有益となる』といっているにすぎない。」(3)シャーフツベリよりも、ブルジョア的利己心の独自性は、はるかに強化された。しかし、他方で全体の自然的調和はくずれて、政治権力による統制が要請されたのである。バークリが、一方ではシャーフツベリとマンダヴィルとをともに攻撃し、他方では因果律だけでなく物質自体をも否定して、神をたたえるとき、たしかに危機感はさらに深刻になってはいるが、同時に、神はやはりめぐみぶかい神であり、その神さえあれば、あとはばらばらでもさしつかえはなかった。だからこそ、徳の規定においては、マンダヴィルの方が厳格で、バークリの方が寛大だという、対比がなりたつのである。(4)ヒュームの『人間本性論』は、ここに要約したようなさまざまな動揺のあとをうけて、一七三九―四〇年に出版された。しかし、それは、かれ自身の有名な叙述によれば、印刷機から死産したのであった。

この段階でのイギリス経験論の性格を、どう規定すべきであろうか。ヒュームにとって、「なによりもたしかなのは、人々が利害によっておおいに支配されること、そして、かれらが自分たちをこえて関心をひろげるばあいでさえ、それはいくらかでもとおいところにおよぶものではなく、日常生活において、もっともちかい友人知人よりとおくをみるのは、かれらの常ではない、ということである。」(5)しかも、「われわれの地位は、人物にたいしても事物にたいしても、不断の動揺のなかにある」(6)というのだから、シャーフツベリ的あるいはハチスン的な、調和の世界はすでに崩壊してしまったと、みなければならない。しかしながら、やや先まわりしていうならば、ヒュームは、利己的個人と不断に動揺する諸関係のなかから、スミスのような、地位の相互転換による同感を、ひきだしてくることができなかった。

利己心と動揺は、積極的に是認されるのではなく、それをさけられぬ現実としてみとめることによって、それにもとづく日常的判断の修正が可能になるのである。ヒュームが同感ということばをつかいながら、その意味がスミスのばあいとちがうのは、これに対応する。スミスが自由平等な諸個人の利己的活動の交錯のなかから、相互の立場の転換による同感と、公平な観察者の立場を導出したのにたいして、ヒュームによれば、「われわれは、それらの不断の矛盾を防止し、ものごとについてのもっと安定した判断に到達するために、若干の不動で一般的な観点をさだめて、つねにわれわれの思考のなかでは、自分の現在の地位がどうであろうと、それらの観点に自己をおくのである。」(8) この一般的観点は、たとえば、ある人間の行為を道徳的に判断するにあたって、自分の利害を脱却して、その人間と関係をもつ第三者の立場を想定することによって、成立する。ところが、ヒュームは、このような利害関心＝利己心の抑制にもとづく共感が、理性の要求ではあっても、情念をかんたんには順応させえないことを容認するし、また、直接に利害関係があるばあいほどに、いきいきとしたものではないことを、みとめるのである。(9)

「われわれ自身の利害にかかわりのない、社会の利益は、同感によってのみよろこばしいものとなる」(10) とヒュームがいうときの、同感とは以上のようなものであった。したがってこの同感は、かれ自身が「同感は人間の本性の、非常に強力な原理である」と強調しているにもかかわらず、「非常に強力」ではありえなかった。理性的反省によって利己的情念をおさえ、一般的観点にたつことができるものだけが、同感の原理を作用させるにすぎないのである。

ヒュームの叙述の順序では、政治論が同感論のまえになっているので、市民社会の政治的支配のなかに、同感の原理がはいってこないのは、無理もないかもしれない。だが、第一にこの順序自体が、かれの思想の表明であるだろうし、第二に、同感の弱さと政治権力の性格は、かれにおいて、かなり正確に対応しているのである。いいかえれば、同感が市民社会の基本原理となりえなかったから、それは政治論ときりはなされて、あとにおかれたのであり、また、政治論は、別の方法で、利己心から政治権力をひきださなければならなかったのである。

まえに引用したように、ヒュームにとって「人々が利害によっておおいに支配されるのは、なによりもたしか」であった。だが、ヒュームは、これにつづいて、「それにおとらずたしかなのは、人々にとって、正義の諸規則の普遍的で一貫した遵守ほど、自己の利益をはかるのに効果的なやりかたは、不可能だということである」という[11]。そこで問題になるのは、利己的個人と社会秩序＝正義を、どうやってむすびつけることができるかということであって、利己的個人が、正義の諸法と自己の利益との関係を、容易に理解しえないこともまた、ヒュームにとってはあきらかだったのである。「それら〔正義の諸法〕の真の起源は自愛心である。そして、ある人の自愛心が他の人の自愛心と対立するのは、当然だから、これらの、利害関係あるいくつかの情念は、行為と態度のある体系のなかで一致するというやりかたで、かれらのあいだを調整せざるをえない。したがって、この体系は、各個人の利害をふくんでいるので、たとえ案出者たちがその目的を意図していなくても、もちろん、公共にとって有利なのである[12]。」

各個人は自己の利益をもとめ、各個人の利益は相互に対立するから、利益追求自体のなかからは、秩序は成立しない。しかも、諸利益のなかでも、人は、ちかいものを優先させるから、正義の原則をまもることによる迂回的な利益は、しばしば無視される。では、どうすれば、個人と秩序の架橋は可能になるのか。「われわれの本性のうちの、重要なものはなにも、変更または匡正することができないのだから、われわれがなしうる最大限は、われわれの事情と地位を変化させ、正義の諸法の遵守がわれわれにもっともちかい利益であるようにすることである。(13)」しかも、このことでさえ、「全人類については不可能であるから、こうして正義の実施を直接の利益たらしめられた、少数者についてのみ、おこりうるのである。」この少数者とは、つぎのような人々にほかならない。「われわれはかれらを、市民的為政者《シヴィル・マジストレーツ》、王とその代行者、われわれの統治者および支配者とよぶ。かれらは、その国家の最大部分にたいしては、利害関係のない人物であるから、不正義のどんな行為のなかにも、利益をもたないか、あるいはとおい利益しかもたない。そして、かれらは、自分たちの現状と社会における役割とに満足しているので、正義のあらゆる実施に直接の利益をもつ。その正義の実施は、社会の維持にとって、あのように必要なのである。それで、ここに、市民政府および市民社会の起源がある。(14)」

自己の直接的利益を追求するという人間の本性は、かえられないものであり、しかも、各個人の利害は相互に対立するものだから、調整者として、人民の大部分と関係のない統治者が設定されなければならない。このヒュームの論理には、ホッブズあるいはロックを想起させる要素がふくまれている。けれども、ヒュームの段階では、現実の階級対立はきわめて具体化しているのだから、そこへこのようなかたちで、抽象的第三者的な政治権力をもちこむことは、対立の隠蔽、あるいは現実の社会を統一的にとらえる論理の欠如を、意味するにすぎない。ヒュームは、シャーフツベリ＝ハチスンの調和が、現実には存在しないことをあきらかにしながら、その現実自体のなかに、あたらしい秩序(およびそれをとらえる理論)を、みることができなかった。それが可能になるためには、現実と理論とが、つぎの段階へ移行しなければならないのであって、そこにアダム・スミスが位置づけられる。

(1) 選民思想が、このばあいには消滅する。
(2) 第五章「ハチスンにおける道徳哲学と経済学」をみよ。
(3) 水田洋『近代人の形成』、再版一九六四年、一二五ページ。なお、マンダヴィルについては、かれとシャーフツベリ、ハチスン、バークリとの関係をふくめて、田中敏弘『マンデヴィルの社会・経済思想』一九六六年。
(4) 田中、前掲書一〇〇ページ。
(5) D. Hume, *A treatise of human nature*, ed. by L. A. Selby-Bigge. O. U. P. 1888, p. 534 邦訳、岩波文庫、四巻一二五―六ページ。ヒュームからの引用は、まったくこの邦訳によらない。
(6) Hume, *ibid.*, p. 581. 邦訳、四巻一九四ページ。
(7) Hume, *ibid.*, p. 583. 邦訳、四巻一九五―六ページ。
(8) Hume, *ibid.*, pp. 581―2. 邦訳、四巻一九四ページ。
(9) Hume *ibid.*, p. 583. 邦訳、四巻一九六―七ページ。
(10) Hume, *ibid.*, p. 577. 邦訳、四巻一八八ページ。
(11) Hume, *ibid.*, p. 534. 邦訳、四巻一二五―六ページ。
(12) Hume, *ibid.*, p. 529. 邦訳、四巻一一九ページ。
(13) Hume, *ibid.*, p. 537. 邦訳、四巻一三〇ページ。
(14) Hume, *ibid.*, p. 537. 邦訳、四巻一三〇ページ。

3　スミスとバーク

アダム・スミスにおける市民社会が、あたらしい調和の様相をもったことについては、あらためて説明するまでもあるまい。[1] 調和をかれがとらえたのは、自由平等な独立生産者から産業資本家への発展を、主軸にすえることとによってであった。この発展自体が、あたらしい調和をうみだしつつあったにはちがいないが、同時に、スミスの理論が、左右をきりすてて、この発展を抽象したのである。スミスは、ヒュームまでの段階ではみすてられていた民衆のなかから、没落する部分をきりすてて上昇する部分をとりだし、他方では旧支配階級をきりすてた。まえにも言及したように、ここでは、(ホッブズとはちがった意味で)、社会のなかの否定的部分と肯定的部分が転換されるのである。

イギリス経験論は、現実に忠実であるとはいうものの、以上のように、現実の市民社会の発展にたいして、ただそれを承認するにとどまったのではない。否定と肯定は、さまざまにからみあって、経験論の歴史をいろどっている。そのからみあいの保守的傾斜を、もう一度、スミスの同時代人バークについてみよう。スミスがあたらしい社会の調和を発見したとすれば、バークは、まさにその社会を基礎とする、保守主義者だったのである。やや図式的になりすぎるが、ヒュームの保守的危機意識を、転倒的に継承したのがスミスであり、スミスの現実肯定に保守主義をつぎ木したのが、バークであった。スコットランド歴史学派と保守的歴史主義とを対立的に理解したパスカルの論文は(2)、たしかに正しいものをもっているけれども、過去による現在の批判と、過去の延長としての現在の肯定とが、どこかでつながる可能性を、否定するわけにはいかない。スミスがその結節点であったと、みてはならないであろうか(3)。

バークは、一七五六年に『自然社会の擁護』を匿名で公表した。これはボリングブルック批判を意図しながら、ボリングブルックの論理をあまりに巧妙にとりいれたため、かえって意図がはっきりしなくなったという、奇妙な著作であった(4)。自然宗教＝理神論をもって啓示宗教＝既成宗教を打倒するならば、おなじ論理は、自然社会による政治社会の否認をひきおこすであろうと、バークはいいたかったのである。政治社会が維持されなければならないならば、啓示宗教も維持されなければならないことになる。ところが、このバークのアイロニーが、アイロニーとしてなりたつためには、ボリングブルックが一方をすてて他方をとったことが、前提されなければならないが、じつはバークがボリングブルックから継承した面もあった。ボリングブルックが、民主主義的トーリイズムの旗手(5)であるとすれば、バークは貴族主義的ウィッギズムのそれであった。

『フランスにおける革命の省察』のなかで、かれが「時効の原理」として主張している思想とは、すなわち、ながく存在していたものは、そのことだけで一般的な承認をえたのであり、したがって、歴史的伝統はそのまま絶対的なのだ、という考えかたである。これが、経験論の保守的形態、つまり手ばなしの現実肯定であることは、いうまでもあるまい。過去のなかで、現在までつづいてきた部分だけが、歴史によって聖化されるのであって、すてられ忘れられた部分は、復活の余地がない。アングロ・サクスン的自由の復活を主張する急進主義とは、正面から対立するわけである。

かれがブリストルの選挙権者にむかって、ブリストル選出議員はブリストルの利害を代表するのではなく、国民の利害を代表する、といったことは、よくしられている。(6)この態度は、フランス国民議会批判においても、確認される。(7)それはたしかに、一方では、地方から国民への近代的統一をあらわしていたが、他方では、アングロ・サクスン共同体の理念による現実批判を、したがって選挙法改正運動を、拒否し、かれ自身の議員生活の基礎であった腐敗選挙区＝ポケット選挙区制を、擁護することにほかならない。過去にもとづく現実批判は拒否され、過去はたんに現実を肯定するための、手段となってしまう。

バークは自分の態度が、きわめて現実的経験的であると考えていたにちがいない。しかし、じつは、かれのいう伝統にせよ、国民にせよ、また国民の実質的代表にせよ、現実から遊離した抽象物なのであった。非イデオロギー的現実主義という名のイデオロギーを、われわれはすでに十八世紀後半においてみることができるのである。

（1）　スミスおよびスコットランド歴史学派については、次章をみよ。

（2）　R. Pascal, Property and society, *Modern Quarterly*, 1938. 邦訳『国富論』（河出書房）下巻所収。

（3）　次章「スコットランド歴史学派」におけるスミスの位置づけをみよ。

（4）　Carl B. Cone, *Burke and the nature of politics, The age of the American Revolution*, The University of Kentucky Press 1957, pp. 22—3.

（5）　*D. N. B.* のボリングブルックの項を参照。

（6）　E. Burke, Speech to the electors of Bristol, on his being declared by the sheriffs duly elected one of the representatives in Parliament for that city, on Thursday, the 3rd of November, 1774. *The Works of the Right Honourable Edmund Burke in twelve volumes*, London 1899. Vol. 2, p. 96.

（7）　E. Burke, *Reflections on the revolution in France*, London 1790. *Works*, Vol. 3, pp. 480—1. 邦訳、『世界大思想全集』、一八四—五ページ。

——出口勇蔵『社会思想史』（筑摩書房・経済学全集）別冊のために、一九六七年四月にかかれた。収録にあたって、わずかながら加筆した。——

第二章　スコットランド歴史学派

1　自然にかえれ

「君、それいじょうのでたらめは、さがしたってないよ。」テムズ河に近いフリート街の料理屋マイターで、こんな話し声がきこえた。一七六九年九月三〇日のことだから、七年戦争（一七五六—一七六三年）がおわって、やがてアメリカ独立戦争（一七七六—一七八三年）がはじまるまでの束の間の平和のうちに、イギリスが産業革命期にはいりつつあった時期である。三〇歳ぐらいの若い崇拝者にむかって、六〇歳ばかりのそのふとった男は語りつづけた。「野蛮人は文明人にくらべて、なにも肉体的にまさってはいないよ。かれらは健康がすぐれているわけではない。それに、気がかりとか精神的不安とかいうものについていえば、かれらはそれよりよくないどころか、それよりわるいんだ。熊みたいなものだよ。……君のお国のスコットランドの、モンボド卿という裁判官は、そういうナンセンスをいっぱいしゃべったね。ぼくはかれがそういっても我慢するが、君がそういうとはやりきれないね。」青年はおずおずとたずねる。「けれども先生、ルソーがそういうナンセンスをいっているでしょう？」「たしかにそうだ。しかしルソーは自分がナンセンスをいっていることを知っているのだ。……ナンセンスをあんなにうまくしゃべる男は、自分がナンセンスをしゃべっているのだと知っているにちがいない。ところが残念ながら」と老人はわらいだしてつづける。「モンボド卿は、自分がナンセンスをしゃべっていることを知らないいんじゃないかかな。」

老人は文壇の大御所、サミュエル・ジョンスン博士。そういえば青年の名はあげるまでもないだろうが、かれの忠実で熱烈な崇拝者、ジェイムズ・ボズウェルであった。ジョンスンはその『英語辞典』の Oats（からす麦）の項で、「イングランドではふつうは馬にあたえられる穀物だが、スコットランドでは人間の食糧である」とかいたことによって、スコットランドの人びとを憤慨させたくらいだから、マイターの夕食の話題に、スコットランドの裁判官をかるくかたづけるのも当然だろう。他方、ボズウェルは、スコットランドの貴族の息子で、エディンバラとグラーズゴウの両大学にまなび、とくにグラーズゴウではアダム・スミスの弟子であったのに、スミスのオクスフォード大学批判を「忘恩」と非難したほどのイングランド崇拝者であった。かれのジョンスンへの忠誠はながく続いたが、同時にかれは、知的流行をおう才子であって、「かれの時代にはやった知的な病気で、かれがかからなかったものはほとんどない」(1)といわれるほどである。それでかれは、マイターでの秋の一夜を、流行の原始主義（primitivism）を支持して、ジョンスンの意見をきいたのであった。

古代人と近代人とくらべると、どっちがすぐれているか、あるいはどっちが幸福であるか、という問題は、一八世紀にはじまったわけではない。ルネサンスの、ヒューマニズムとよばれる運動のなかで、古代が人間の源流あるいは本質をあらわすものとして、中世的な抑圧を排除する有力な武器となったあと、近代は古代を克服することによって自己を確立しなければならなかった。(2)ひろい意味での啓蒙思想の、基本的な課題のひとつがここにあり、ここから理性による人間の無限進歩＝完全化という観念がうまれた。最後の啓蒙思想家とよばれるコンドルセが、一八世紀末にそれを典型的に表現する。(3)ジョンスンが簡単にかたづけてしまったように、近代人は疑問の余地なく古代人にまさるということが、啓蒙の世紀である一八世紀の、通念であった。だが、たとえボズウェル流の才子たちのおもいつきはこれでかたづくとしても、ルソーをナンセンスの一声でかたづけることができるだろうか。まして、わらいものとなったモンボド卿なる人物は、だまってひっこむだろうか。(4) ジョンスンは、ボズウェルがややちがった意味でそうであったように、当時の思想界を反映してかたってはいたが、二人とも、みずから思想家であったとは、とうていいいがたい。料理屋マイターの夕食のざわめきをはなれて、思想史のながれにはいっていこう。

一七五五年のリスボア大地震が、すべては神の摂理によって善であるとする、ヨーロッパの現状是認思想に、痛撃をあたえたことはよくしられている。ヴォルテールの『カンディド』が、思想界におけるリスボア大地震であった。ところがこの場合、現状の承認と批判には、それぞれ相反する二つの要素がふくまれていた。すなわち、封建制度と資本主義とが絶対主義の枠のなかで並存していたヨーロッパ（イギリスはすでに絶対主義の段階をこえていた）では、現状の肯定は、封建制度のがわからも資本主義のがわからも可能であったし、否定もまた同様であった。しかも、それぞれ二つの対極のあいだに、さまざまな中間項があったことも容易に想像できるであろう。(5) 没落小生産者層（資本家への上昇の道をとざされた層）や貧民＝貧農層（伝統的な共同体に依存しなければ生きていけない層）の立場からは、反封建反資本という二重批判もでてきた。これらの、多様ではあるがおおきな意味では共通の歴史的基礎をもつ、現状批判は、もちろんリスボア大地震によってはじまったのではなく、拍車されただけであって、すでにそのまえにモンテスキュウの『ペルシャ人の手紙』やルソーの『学問芸術論』が、文明批判の火ぶたをきっていた。前述のように古代にたいする近代の優越が一応みとめられたあとで、再び近代が批判のまととなり、その批判はおおかれすくなかれ、古代・原始・自然への復帰をよびかけたのである。ルソーの「自然にかえれ」は最も有名であったし、かれはまた古代都市国家の讃美者でもあった。

ルソーは、文字どおりに自然または古代にかえることを主張したのであろうか。そうだとしたら、ジョンスンがナンセンスというのも無理はないかもしれない。けれども、複雑で矛盾をふくみさえするルソーの言葉を整理していくと、かれが人類の目標としてしめす自然は、原始や古代ではなく、いわば第二の自然であったことが明らかになる。原始時代の牧歌的な幸福は、生産力と私有財産の発展によって、もはやかえることのできぬ幼年時代となってしまったのであって、ルソーの目ざすところは、だれももちすぎず、だれも不足しないような、平等な独立生産者の社会なのである。だから、かれの立場は、反封建反資本ではあるが、少なくとも一応は、資本主義の基礎をなす生産力の発展と私有財産の神聖を承認するものであり、したがってたえず、平等な独立生産者の社会という枠をはみだす危険をはらんでいた。かれが全体主義者だといわれることがあるのは、この危険を阻止するために、政治的あるいは道徳的抑制策をもちだすからである。

ルソーをふくめて、フランス啓蒙思想は、モンテスキュウ、ヴォルテールからコンドルセにいたるまで、ブルボン絶対王政のもとで展開された。かれらが近代文明をたたえるときは、主として、絶対王政の抑圧にもかかわらず発展するブルジョア社会をたたえているのであり、かれらが近代文明を非難するときは、主として、絶対王政の抑圧や懐柔によって腐敗させられたブルジョア社会を非難しているのである。あとの場合、かれらは腐敗したブルジョア社会のかわりに、どこかに新しく、腐敗しないブルジョア社会をつくらなければならない。それを絶望的とよぶにせよ徹底的とよぶにせよ、フランス啓蒙期における生粋のブルジョア思想は、こういう意味でむしろ反ブルジョア的形態をとったのである(6)。

ルソーのこういう外見的反ブルジョア性を、ジョンスンが誤解したのは、ある意味では当然すぎるほどであった。イギリスのブルジョア革命は、ピュアリタン革命にせよ名誉革命にせよ、一〇〇年もまえにおわっていて、議会的コルベルティズムとよばれた重商主義もおわりつつあった。ジョンスンがどこまで洞察したかは別として、かれのまえによこたわる問題は、産業革命、植民地独立、選挙法＝議会改革であった。たしかに植民地制度も旧選挙法も、ブルジョアの理想社会から程とおく、産業革命でさえ、ブルジョアの意図しなかった暗黒面をうみだすことが予想されたけれども、イギリスの現状はフランスの現状と段階がちがっていたから、現状批判もまた段階がちがう。スコットランド歴史学派というのは、このイギリス的段階での、ルソーの同志なのであり、モンボド卿は、おなじく裁判官であったケイムズ卿および法曹会図書館長であったヒュームとならんで、この学派の長老の位置をしめるのである。

（1）　A. O. Lovejoy, *Essays in the history of ideas*, Baltimore 1948, p. 38.

（2）　古代近代論争についての簡単な説明は、J. B. Bury, *The idea of progress*, 1920.

（3）　コンドルセとゴドウィンがモールサスの批判をうけたことは、よくしられている。かれらの楽天的進歩主義が、プリーストリのような小市民的急進主義者によって継承されるという説もある（D. Forbes, 'Scientific' Whiggism : Adam Smith and John Millar, *Cambridge Journal*, Vol. 7, Aug., 1954）。そうなると、ルソーがもっていた批判的精神は、イギリスではかえって無限進歩論者の方にうけつがれ、後述のようにスコットランド歴史学派は、それを生産力で水わりしてしまうのだといっていいであろう。

（4）　ボズウェルのジョンスン伝によれば、モンボドとジョンスンはよほど仲がわるかったらしく、ジョンスンはたびたびモンボドを嘲笑している。

（5）　この問題については、高島・水田・平田『社会思想史概論』一九六二年、水田洋・水田珠枝『社会主義思想史』一九五八年を参照されたい。ここでは、この問題についての一応の知識を前提して、焦点をスコットランド歴史学派にしぼることにする。

（6）　ルソーについては、水田洋・水田珠枝、前掲書の当該部分をみられたい。

2　スコットランド文芸復興

モンボドは一七一四年うまれ、ケイムズは一六九六年うまれだが、本格的な著作活動を開始したのはいずれも一八世紀後半になってからであり、とくにモンボドの二つの主著は七〇年代から九〇年代にかけて出版された（*Origin and progress of language*, 1773—1792; *Antient metaphysics*, 1779—1799）のだし、ケイムズの場合も、主著というべき『人間史素描』の出版は一七七四年である。一七一一年うまれのヒュームが、すでに世紀の前半に、三〇歳前後で『人間本性論』（一七三九年）と『道徳・政治論集』（一七四二年）をだしたのとくらべると、かなりのちがいがある。ヒュームの著作活動は『イングランド史』（一七五四—六二年）で、ほとんどおわってしまうが、そのヒュームも名声を確立したのは一七五〇年代であったことを考えれば、スコットランド歴史学派の活動期は、一八世紀の後半だとみていいであろう。この時代は、エディンバラの黄金時代とかスコットランドの復興期（Revival）とかよばれるのである。(1)

このような文化的黄金時代をささえていたのはなにか。第一には、一七〇七年に法的に実現したイングランドとの合邦が、ようやく実質的（経済的および文化的）な効果をあらわし、スコットランドの近代化を助長するとともに、イングランドへの対抗意識をかきたてたこと、第二には、一七一五年と一七四五年にスコットランドでおこったジャコバイトの反乱（ステュアート王朝復興運動）が粉砕されて、逆にスコットランドの封建遺制（とくにハイランドの氏族制度）が急速に力をうしなったこと、第三には、グラーズゴウの植民地（西インドおよび北アメリカ）貿易による繁栄が、上記の二つの事情とあいまって、ロウランドの工業と農業の近代化を促進したこと、第四には、スコットランドの諸大学が、イングランドの二大学のような政治的保護や宗教的偏見から自由であったために、ネーデルラントの諸大学とともに、当時のヨーロッパでもっとも活潑な学問的雰囲気をもっていたことである。(2)

スコットランドのこのような条件が、一八世紀後半の首府エディンバラに、文芸復興の花をさかせた。一七四八年末から、ケイムズ卿を主唱者の一人として、二五歳のスミスを講師の一人として開始された、エディンバラ公開講義は、スミスの学者としての出発を意味するだけでなく、スコットランドの新しい文化運動の出発でもあった。スミスをふくむ数人の青年が一七五五年に創刊した『エディンバラ・リヴィウ』は、雑誌としてはスコットランドでは *Scots Magazine*（一七三九年創刊）につぐものであって、保守勢力の圧迫のために翌年の第二号でつぶれたとはいえ、やはり新しい文化のためのたたかいの一段階であった。(3)今日ではしらぬ人もないほどの百科事典、『エンサイクロペディア・ブリタニカ』が「スコットランドの紳士の一団」によってエディンバラで編集され出版されたのは、一七七一年だったのである。(4)このようにさまざまなかたちで表現されたスコットランド文芸復興は、そのおわり近くにバーンズ、スコット、ゴールトの文学をうむ。だがいまは、この三人の文学が、スコットランド歴史学派の思想のなかをとおって成立したのだと、いうにとどめておこう。(5)

スコットランド文芸復興の学問的思想的内容は、ほぼ四つにわけられる。第一は、スコットランド歴史学派とよばれるとおり、歴史叙述あるいは歴史哲学で、第二は、モラル・センス学派からコモン・センス学派へ発展する道徳哲学、第三は、美学・文学および文学理論、第四は、自然科学である。最後の自然科学を別とすれば、第一、第二、第三の領域に登場する人物は、かなりかさなりあっていて、それがまたかれらの思想の特色をなしている。たとえば、ケイムズ卿をとってみると、主著『人間史素描』のほかにもいくつかの歴史的著作があり、道徳哲学の領域では、ヒュームを批判した『道徳と宗教の原理について』があり、文芸批評については『批評要論』（一七六二年）があり、第四の領域についてさえ、エディンバラ哲学協会論集（一七七一年）に寄稿したEssays and observations, physical and literaryのなかに、運動論がある。(6)スミスの場合には、道徳哲学、法哲学、経済学という三つの発展段階が、従来しばしば指摘されてきたが、そのうちで、法哲学や経済学には、明らかに歴史的方法が採用されているし、修辞学・文芸批判が、かれの学者としての出発点であったことも、知られている。(7)死後に出版された『哲学論文集』（一七九五年）には、自然科学史の研究もふくまれているのである。ハチスンにおいてさえ、歴史的方法はないけれども、道徳哲学と美学とがならんでいた。おそらくこの時代のスコットランドのすべての思想家が、以上のうちの少なくともどれか二つの領域を、自己のものとしていたであろう。

それらの人びとにおける四つの領域の、それぞれの内容や相互の関係をたずねることは、とうていここではできない。ただ、概括的にいっておくならば、自然科学への関心は、ウォットやブラックの業績に象徴されるような、技術的進歩＝生産力の発展によって、触発されたものであり、この進歩の観念が歴史観の中核となったのであって、道徳哲学と美学は、このような歴史的発展のにない手としての個人が、全体のなかにどうして包摂されうるかを問題としたのである。道徳哲学と美学は、たしかに基本的には全体の調和を強調していて、たとえばケイムズ卿は、『批評要論』の王への献辞を、次のようにかきはじめる。「美術は、賢明な君主によってつねに奨励されてきた。それはたんに個人的なたのしみのためではなく、社会への有益な影響のためである。同一の優雅なたのしみにおいて、さまざまな階層を結合させることにより、美術は慈愛を促進する。秩序への愛をはぐくむことにより、美術は統治への服従を強化する。(8)」けれども、「ブリテンで美術（Fine Arts）を促進することが、一般に考えられているよりもはるかに重要になった」のは、ケイムズ卿によると、商業が富裕をうみ、富裕が奢侈をうみ、「利己心が……流行的となり、あらゆる階層をおかし、愛国心を消滅させる」のに対抗しなければならないからであった。したがって、この場合でも、美術による服従の強化は、富裕による個人の独立を、好むと好まざるとにかかわらず、前提していたのである。ハチスンの道徳哲学もまた、商業社会での民衆が、調和的秩序の洞察をもちえないことを前提としていた。したがって、これらはすべて、近代社会への歴史的な歩みを明確に反映しているわけであり、その意味で歴史的方法によってつらぬかれているのである。ケイムズ卿が、「おそらくは時間が、趣味に関する唯一のまちがいのない試金石であろう[9]」といったのも、必ずしも偶然的な発言ではないのである。

スコットランド文芸復興の立役者は、ケイムズ、ヒューム、スミスであったといっていいし、ヒュームからスミスへの王位継承は、『国富論』出版の年にヒュームが死んで、まもなくスミスがエディンバラ税関委員になることによって実現した。したがって、文芸復興の中心地は、エディンバラであったということになる。ファーガスン、ロバートスン、ステュアート、ブレアは、エディンバラ大学の教授であった。そして、この学派にぞくするスミスの二人の弟子のうち、ミラーは、ケイムズ家の家庭教師であり、かつグラーズゴウ大学の教授であったのだから、スミスとともに両都市をつなぐ役割を果たした。

(1) この時期のくぎりかたには、いくつかの説があって、たとえば M. Joyce. *Edinburgh: The golden age 1769—1832*, London 1951. や W. L. Mathieson, *The awakening of Scotland: A history from 1747 to 1797*, Glasgow 1910. のタイトルからもしることができる。
(2) これらの点については本論第三章1および第六章4をみよ。
(3) M. E. Craig, *The Scottish periodical press 1750—1789*, Edinburgh 1931.
(4) 『ブリタニカ』とフランスの『百科全書』との直接的な関係は、はっきりしない。ディドロの企画のもとは、チェン

バーズ (E. Chambers) の *Cyclopaedia, or an universal dictionary of art and science*, 1728. であったが（桑原武夫編『フランス百科全書の研究』一九五四年、二〇ページ）、逆にディドロの『百科全書』は、スミスが『エディンバラ評論』でとりあげたことからもわかるように、イギリスにおおきな刺激をあたえた。しかし、『ブリタニカ』の初版は三巻にすぎず、「その計画とすべての主要論文は、スメリー氏によって立案され、かかれたり編集されたりした」といわれ、「かれは冗談に、学芸辞典を糊とはさみでつくった、とかたるのがつねであった」といわれている (R. Kee. *Memoirs of the life, writings, & correspondence of William Smellie*, Edinburgh 1811, Vol. 1, pp 361 ff.) ように、量的にも質的にも、『アンシクロペディ』にはおよばなかったと、みていいであろう。項目にしても、Politics や Oeconomics はそれぞれ数行にすぎず、大項目のおおくは自然科学と技術にあてられている。ただし、神の項目を「最高存在についてのおおくの名称のひとつ。宗教の項をみよ」とかたづけているあたりは、みのがせない。宗教、道徳哲学、商業などの大項目の内容もまた、（すべてスメリーの手になるとすれば）、独創的ではないにしても、時代を反映するものではあるだろう。この点については、第六章をみよ。

(5)　このほかに、ヒューム、スミスのあとをついで、エディンバラ文化の指導者の地位についた、ヘンリ・マケンジーがある。かれの主著『感情の人』*The man of feeling*, London 1771. Anon. は、十八世紀後半の最高の小説のひとつとされ、「感情主義運動」の代表作としてスミスにつながるものがあるといわれる。

(6)　スコットランド歴史学派とよばれるグループのうち、ロード・モンボドとロード・ケイムズという二人の先駆的思想家は、その当時における影響のおおきさに比して、現在ではほとんどかえりみられない。もっとも知られるところのすくないロード・モンボドについては、つぎの文献目録のなかに示されるようにドイツ訳序文をヘルダーがかいているということが、当時の評価の一端をものがたるであろう。

二人の著作を、若干の研究書とともに、公刊の年代順にあげておく。BM はブリティシュ・ミュジアム、EUL はエディンバラ大学図書館をあらわし、そのあとにそれぞれの図書記号を示す。〔M〕は水田所蔵のもの。

Burnett, James. Lord Monboddo.

Burnett, J., *Antient metaphysics; or, the science of universals; with an appendix. containing an examination of the principles of Sir Isaac Newton's philosophy*, 6 vols. Edinb. 1779—99. Anon BM. 31.c.2—7. EUL. Cn.8.10—15.

Burnett, J., *Of the origin and progress of language*, 6 vols. Edinb 1773—92. Anon. BM. 623. g. 14—19. EUL. T.3.1.—6

The second edition with large additions and corrections, with a portrait. Vols. 1 & 3. 1774 & 86.

Burnett MSS Letters and papers, 1766—99. [For the owner, see the 22nd Report of the Royal Commission on Historical MSS., 1946.]

Des Lord Monboddo Werk von dem Ursprunge und Fortgange der Sprache übersetzt von E. A. Schmid. Mit einer Vorrede des Herrn Generalsuperintendenter Herder. 2 Tl. Riga 1784 & 85. [An abridged translation of vols. 1—3.] BM 1331. c. 6. 7.

Knight, W., *Lord Monboddo and some of his contemporaries*, London 'John Murray' 1900. [A collection of letters. 1776—92. With " Observations on antient metaphysics" by Samuel Horseley, 1780.] BM. 010317. ee. 11. EUL. R*13.54.[M]

Memmie le Blanc, M. A., *An account of a savage girl……With a preface* [by Lord Monboddo] *containing several particulars omitted in the original account*, 1768. BM. 957.d.22

Adams, J., *Curious thoughts on the history of man; chiefly abridged or selected from the celebrated works of Lord Kames, Lord Monboddo, etc.*, 1789. BM. 8405.ee.19.

Lovejoy, A., Monboddo and Rousseau. *Essays in the history of ideas*, Baltimore 1948, pp. 38—61.

Home, Henry. Lord Kames.

Court of Session, *Remarkable decisions of the Court of Session, from 1716 to 1728*, [Edited by Lord Kames] 1728. BM. 509. h. 19.

Court of Session, *Remarkable decisions of the Court of Session from 1730 to 1752*. [Compiled by Lord Kames]

1766. BM. 22.d.7. 2nd ed. Edinb. 1799. EUL. LL.121.1.1.

Anon., *Statute law of Scotland abridged.* With historical notes 〔By Lord Kames〕. Edinb. 1757. BM. 509.c.18. EUL. Att. 53.6.5.

Court of Session, *The decisions of the Court of Session from its first institution to the present time, abridged and digested under proper heads in form of a dictionary.*〔By Lord Kames〕 1741. BM. 709.i.20.

The same. 1757. BM. 22.d.13.

The same. 1774. BM. 509.a.21.

The same. 4 vols. Edinb. 1741—97. 〔Vols. 3 & 4 by A. F. Tytler.〕 EUL. E*18. 24—27.

Home, H., *Essays upon several subjects in law.* 1732. Anon. BM. 883.i.15.

Home, H., *Essays upon several subjects concerning British antiquities;* viz. I. Introduction of the feudal law into Scotland. II. Constitution of parliament. III. Honour. Dignity. IV. Succession or descent. With an appendix upon hereditary and undefeasible right. Edinburgh 1747. Anon. BM. 807.b.23.EUL. N.17.73.

The second edtion. London 1749. BM. 287.b.17. 〔M〕

The third edition. With additions, etc. Edinb. 1763. BM. 513.a.34.

Another edition. Edinb. 1797. BM. 6573.a.28.

Home, H., *Essays on the principles of morality and natural religion,* Edinb. 1751. Anon. BM. 8405.f.11. EUL. N*23.34 〔M xerox〕

The second edition. 1758. BM. 8404.b.18.

Home, H., *Versuche über die ersten Gründe der Sittlichkeit und der natürlichen Religion*…aus dem Englischen übersetzt und mit Anmerkungen begleitet von C. G. Rautenberg, Braunschweig 1768 BM. 8407.e.22.

Home, H., *Historical law-tracts,* 2 vols. Edinb. 1758. Anon. BM. 6006.aaa.1.

The second edtion. 1761. BM. 518.h.23.

The third edition. With additions and corrections. Edinb. 1776. Anon. BM. 228. e. 20. 〔M〕
The fourth edition. Edinb. 1792. EUL. D. 6. 38.
Home, H., *Essais historiques sur les loix*, traduis de l'Anglois par Mr. Bouchaud, etc. 1766. BM. 6006.a.20.
Home. H., *Principles of equity*, Edinb. 1760. Anon. BM. 22.d.2.
The second edition. Edinb 1767. BM. 509.g.11. EUL. D.1.18.
New edition by W. B. Hodgson. Edinb. 1825 EUL. Zo.622.
Home, H., *Elements of criticism*. 3 vols. Edinb. 1762. Anon. BM. 1421.d.4.
The second edition, with additions, etc. 3 vols. Edinb. 1763. BM. 73.c.15. EUL. T.4.18—20.
The fourth edition, with additions, etc. 2 vols. Edinb. 1769. BM. 1421.c.2.
The sixth edition. With the author's last corrections and addition. 2 vols. Edinb. 1785. BM. 11824.e.30. 〔M〕
The seventh edition. 2 vols. Edinb. 1788. BM. 11853.e.4. EUL. T.4.32—33.
Another edition. Anon. 1796. BM. 11824.h.45.
Another edition. 2 vols. London 1805. EUL. T.4.27—28.
The eighth edition. 2 vols. 1807. BM. 11825.g.26. EUL. C.R.10.4.6—7.
The nineth edition. 2 vols. Edinb. 1817. EUL. Yy. 11. 78—79.
Elements of criticism.…Abridged…by A. Jamieson. London 1823. BM. 1088.e.18. EUL. Zw.12.9.
An abridgement of elements of criticism…Third edition. Edited by J. Trost, Philadelphia, 1833. BM. 820.d.36.
Grundsätze der Kritik…aus dem Englischen übersetzt 〔von J. N. Meinhard〕. 3 Thle. Leipzig 1763—66. BM. 1421. e.3.
Grundsätze der Kritik, von Heinrich Home. Aus dem Englischen übersetzt von J. N. Meinhard. Nach der vierten englischen…Ausgabe. 2 Bde. Leipzig 1772. BM. 820. d. 30.
Another edition. Letzte verbesserte Auflage. 6 Bde. Wien 1790—91. 〔M〕

Home, H., *The gentleman farmer; being an attempt to improve agriculture by subjecting it to the test of rational principles*, Edinb. 1776. BM 966.h.8. EUL. *K.28.1.

The second edition, with additions. Edinb. 1779. BM. 43.c.3.

The fourth edition. Edinb. 1798. BM. 968.1.15.

The sixth edition. To which is added a supplement containing an account of the present state of agriculture, and of the improvements recently introduced. Edinb. 1815. BM 966.h.9. EUL *K.6.*K.28. 〔M〕

Home. H., ***Progress of flax husbandry in Scotland***, 1766 Anon. BM 116.k.20.

Home. H., ***Sketches of the history of man.*** 2 vols. Edinb. 1774. Anon BM 727.1.29. EUL. N.1.15—16.

Another edition. 4 vols. Dublin 1775—74. BM 8404.c.22.

Home, H., *Sketches of the history of man.* Considerably improved in a second edition 4 vols. Anon. Edinb. 1778. BM. 1477.aaa.3. 〔M〕

Another edition 1779. BM. 1296.d.15—16.

Another edition 4 vols. Edinb 1788. BM. 1134.e.1—4. EUL. Zm.8.7 1—4.

Another edition. 1796. BM. 1249.c.14—17.

Another edition. Glasgow 1802. BM. 8404.aaa.36.

New edition…Considerably enlarged by the last additions and corrections of the author. 3 vols. Edinb. 1813. BM. 8406.ff.16. EUL. Zm.8.26. 1—4.

New edition…to which is…added a general index. 3 vols. Glasgow 1819. BM. 8407.cc.32.

Six sketches on the history of man, 〔A portion of Book 1.〕 Philadelphia 1776 BM. 8405.h.10

Home, H., ***Elucidations respecting the common and statute law of Scotland***, Edinb 1777. BM. 509.b.4. EUL D.6.41.

Home, H., ***Loose hints upon education, chiefly concerning the culture of the heart***, Edinb. 1781. Anon. BM. 1387.d.3. EUL. N.18.81. 〔M xerox〕

The second edition, enlarged. Edinburgh 1782. BM 1030.g.6.

Home, H., *Introduction to the art of thinking.* Fourth edition enlarged. Edinb. 1789. BM. 8410. bbb. 10. EUL. N. 20. 79.

The fifth edition, improved. Edinb. 1810. BM. 8408.ee.18.

Anon., *Objections against the essays on the principles of morality and natural religion examined*. Edinb. 1756. BM. 8403.i.1(2) EUL. N*28.39

Anon., *An estimate of the profit and loss of religion personally and publicly stated: illustrated with references to essays on morality and natural religion.* 1753. BM. 4374.f.14 [?]

Anon., *An analysis of the moral and religious sentiments contained in the writings of Sopho* [i. e. H. Home], *and David Hume*, 1755. BM. 4015.aaa.48

Anon., *Strict thoughts on education, occasioned by "Loose Hints on Education."* A didactic poem in four parts, Edinb 1782. BM. 1465.f.53.

Adams, J., *Curious thoughts on the history of man: chiefly abridged or selected from the celebrated works of Lord Kaimes, etc.*, 1789. BM. 8405.ee.19

Doig, D., *Two letters…addressed to…Lord Kaimes* [in reference to his Sketches of the History of Man.], 1792. BM. 8005.c.12.

Edwards, J., *Remarks on the essays on the principles of morality and natural religion*, 1768. BM. 4255. c. 65. (2)

Norden, J., *Die Ethik Henry Homes.* 1895. BM. 8407.dd.16

Phileleutherus, *A letter to a friend upon occasion of a late book, intitled, Essays upon morality and natural religion*, 1751. BM. 702.g.31.

Pirie, A., *The procedure of the Associate Synod in Mr. Pirie's case represented; and his protest against their sentence* [viz. of excommunication for having recommended to his pupils Lord Kames's "Essays on morality and

natural religion.”] *vindicated*, 1764 BM. 9006 ee.3.(4)
Randall, H. W., *The critical theory of Lord Kames*, 1944. [Smith College Studies in Modern Languages. Vol. 22, Nos. 1—4.] BM. Ac. 1877/2.
Smellie, W., *Literary and characteristical lives*,…BM. EUL.

（7） 最近の資料として、Adam Smith, *Lectures on rhetoric and belles lettres, delivered in the University of Glasgow by Adam Smith, reported by a student in 1762—63*. Edited with an introduction and notes by John M. Lothian. London 1963

（8） [Lord Kames], *Elements of criticism*. 7th edn. Edinburgh 1788, Vol. 1, p. v.

（9） *Ibid*., p. 15.

3　文明社会における人間

フランスでは絶対王政下の資本主義の発展が、没落小市民たちの思想に反封建反資本という二重性格をあたえた。まえにのべたように、その思想を典型的に表現したのが、ルソーであった。この場合に、ルソー的小生産者は、反封建反資本の二重性格を一身にになぃうるものとして設定されていたし、それだからこそ（しょせんは没落に運命づけられていたのに）封建制と資本主義の癒着をつきやぶって、ロベスピエール独裁への展望をもつことができた。歴史のなかに定着させえないルソー的小生産者を、力づくで永続させようとするところに、ロベスピエール独裁がなりたつのであって、そういうものとしての小生産者の理想社会は、かえらぬ過去の楽園へのあこがれでもなく、手ばなしのブルジョア的進歩でもなかった。それが実現不可能であったからこそ、思想的にも政治的にも急進的となったのである。

ところがスコットランドの場合は、封建制の最後のとりでであったハイランドの氏族《クラン》制度は、一七四五年に粉砕され、ロウランドからハイランドへと近代化の波が急激にたかまっていった。歴史学派の人びとは、目のまえでほろんでいくクラン制度に（それが共同体的要素を含んでいたとしても）同情をもたなかったし、他方、ブルジョア的進化については、これまたとうてい否定しえない歴史的現実として、承認しあるいは積極的に支持した。かれらのなかには多少のニュアンスの差があるが、基本的にブルジョア的進化の立場に身をおいたことは、ルソーと決定的にちがうのである。ただ、スコットランドのブルジョア的進化は、急激であっただけでなく輸入品（主としてイングランドから、思想的にはフランスからも）であったために、比較や批判が容易であった。だから、たとえば『学芸論』第二部においてルソーが「生活の便宜が増進し、芸術〔技術〕が完成にむかい、奢侈がひろまりつつあるあいだに、真の勇気はよわめられ、軍事の徳はきえうせる」というのにたいして、前述のようにケイムズ卿は、文明による愛国心の衰退をみとめながら、美術がそれを阻止しつつ、ブルジョア的発展すなわち文明が、その軌道上を前進しつづけると考えるのである。

このように、ルソーとちがって、生産力の上昇を基調とする歴史把握が、統治形態と生産＝所有形態との対応というような、史的唯物論の先駆をうみだしたのであって、この先駆性だけをとりだして強調することは、(1) スコットランド歴史学派の全体像をえがく場合には（その点を無視することはもちろんできないが）、誤解をまねく可能性がある。かれらの中心問題は、文明と人間、生産力と人間であった。かれらが史的唯物論の先駆者となりえたのは、こういう基本的な問題意識にささえられていたためにほかならない。

「人間のやすらぎを敵視する神が諸科学の発明者だったということが、エジプトからギリシャにつたわったふるい伝説であった」と、ルソーが『学芸論』第二部の冒頭にかき、続いて『人間不平等起源論』をかいたとき、スミスは『エディンバラ評論』第二号で、『人間不平等起源論』をヨーロッパ思想界の最近における最高の収穫としてとりあげた。スミスはマンダヴィルとルソーを対比しながら、次のようにかいている。「野蛮人の生活は、われわれがとおくからそれをみると、ふかい安逸の生活か偉大で驚嘆すべき冒険の生活かの、どちらかであるようにみえる。これらの性質はいずれも、野蛮人の生活の描写を、想像力にとって快適なものとするに役だつ。……ルソー氏は、野蛮生活をすべての生活のなかでもっとも幸福なものとしてえがこうと意図して、それの安逸な側面だけをしめしたのである。(2)」

しかしながら、ルソーもまた、文明によって軍事的な徳(vertus militaires)がむしばまれることをおそれていたのであって、スミスが『国富論』第五編で「文明(improvement)の進展につれて……人民の軍事的精神(martial spirit)が」しだいにおとろえることをなげいたのと、基本的にはかわらない。前述のケイムズ卿の例もここにならべることができる。(3)スミスがここで、ルソーを意識的あるいは無意識的に誤解したのかどうかは、検討の余地があるだろうが、スミスがこれらの叙述をつうじて一貫して追究したかったのは、人間がルソー的安逸の野蛮状態から(同時に、スミスの指摘する冒険的な野蛮状態からも)脱却して、文明状態にはいりながら、しかもなお「軍事的精神」を失わないためには、なにが必要かということであった。

そのためにスミスは、軍事的精神の欠如を直接に軍事にかかわらせないで、次のようにいいなおすのである。「臆病もの、すなわち自己を防衛することも復讐することもできない男は、あきらかに、男性の性格のうちの、もっとも不可欠な部分のひとつをかいている。」かれは精神的不具者であって、肉体的不具者よりも不幸である。「なぜなら、幸福と悲惨は、まったく精神のなかにあるもので、必然的に、〔肉体の状態よりも〕精神の状態……に依存する方がおおきいにちがいないからである。たとえ人民の軍事的精神が、その社会の防衛にたいしてはなにも役にたたなかったとしても、臆病さがかならずそのなかにふくんでいるような種類の、精神的な不具・奇形・堕落が人民の大集団いっぱいにひろがるのを、政府は真剣な配慮をもって阻止しなければならない。(4)」軍事的精神とは、野蛮な精神ではなくて、健全な精神なのだとされ、したがって、野蛮状態の安逸とも冒険とも、必ずしも不可分ではないし、逆に、文明社会のなかでも、腐蝕の危険にさらされながら、一定の条件があれば存続しうることになるのである。

人間の幸福が精神の健全さにあるといってしまえば、「健全さ」という言葉のあいまいさによって、文明と自然との対立は緩和される。スミスは『道徳感情論』においても、「健全で借金がなくくもりなき良心をもつ人の、この幸福になにをくわえることができようか(5)」といっていた。これでは、文明社会のなかで健全な身心を維持するだけでいいことになる。ルソーにおいては、そうすることが不可能なほど、文明と自然の断絶はきびしかった。ところがスミスの場合には、人間にとって富が幸福への手段ではなくて自己目的となり、無限に追求される。「自然がこのようにわれわれをだますこと」によって、生産力が増大し文明が進展する。(6)目的と手段のこの転倒は、あきらかに、健全な精神からすれば、一つのゆがみであって、生産力の発展はこういう犠牲のうえに成立する。スミスは、この犠牲をほとんど犠牲と考えてはいない。自然がこうして人間をだますのは、いいことだとさえいうのである。

ところが、犠牲はこれだけではなく、第二に、富の不平等、第三に分業による人間奇形化がある。第二の点について、スミスは『国富論』で、文明社会ではまったくはたらかない人間がおおいのに、労働全体の生産物がおおいために、（分配の不平等にもかかわらず）最低の労働者でさえも、どんな野蛮人にもまさるゆたかな生活を保証される、(7)と楽観しているのだから、これもまた犠牲としては認識されていないわけである。そこで第三の分業はどうかというと、よくしられているように、これこそスミスが、ブルジョア的（げんみつにはマニュファクチャー的）な生産力上昇の核心とみたものであるから、その裏面で人間が重大な犠牲をはらっていることは、スミスは簡単に承認しえないであろう。マルクスが指摘しているように、「A・スミスは職務がら、その著書を分業礼讃をもってはじめている」のである。だがマルクスはつづけて、「あとになると、国家収入の源泉についてのさいごの篇で、ときどきかれは、かれの教師たるA・ファーガスンの、分業への非難を再生産している」(8)という。もちろんスミスとファーガスンは、同名（アダム）であり同年（一七二三年うまれ）ではあっても、師弟関係をもたない。(9)だからマルクスのことばは、分業への非難においてファーガスンが時間的に先行したか、強烈さがまさっていたかを意味すると考えなければならない。おそらく双方ともあたっているであろうが、ここで問題になるのは後者である。そして、たしかにファーガスンの分業批判は（階級分化批判もふくめて）スミスよりもするどい。しかしながら、たとえばつぎの四つの引用文を注意ぶかくよむならば、どういう意味で「教師」とよぶことができるかは、さらに検討すべきものであることが、推測されるはずである。

「われわれは、感情の気だかさと精神の寛大さとを、つぎのような階層の市民にもとめるのであって、かれらはその境遇と財産とによって貪欲な心配や配慮から解放されているのである。これが、スパルタにおける自由人という種類であった。そしてもし、古代人のあいだでの奴隷の運命が、近代人のあいだでの労働者および機械工よりも、まったくみじめであったとしても、尊敬と名誉を所有する上流諸階層が、かれらの境遇にふさわしい品位を、それに比例してうしなっていないかどうかを、うたがうことができる。もし、平等な正義と自由という主張が、あらゆる階級を卑屈で金銭的にすることにおわるならば、われわれはスパルタ農奴の国民をつくり、自由な市民をもたないことになる。[10]」

「あらゆる商業国において、いかに平等な権利がいわれようとも、少数者の上昇は多数者をおさえつけるにちがいない。このしくみにおいて、若干の階級の極度のいやしさは、知識および自由学芸の欠如から、主として生じるとわれわれは考える。そしてわれわれはそれらの階級に、人類がその未開で非文明的な状態においてそうであったにちがいないという想像を、むすびつける。しかしわれわれは、どんなにおおくの事情が、とくに人口のおおい都会で、最下層の人びとを腐敗させるように作用しているかを、わすれている。……もし野蛮人がわれわれの教育をうけなかったならば、かれはわれわれの悪徳にそまることも、やはりないのである。[11]」

「おそらく、人間の徳は確信されているという意見から、ある人びとは、かれらの注意を公共のものごとにむけて、人民の数と富しか考えない。他の人びとは、腐敗への恐怖から、国民的な徳性をどうやって維持するかということしか考えない。人類社会は両者からおおきな恩恵をうけている。かれらは、ただまちがいによってのみ、相互に対立させられているのだし、かれらが統一されたばあいでも、つぎのような邪悪な党派とたたかうに十分な力をもたない。その党派は、あらゆる問題を個人的利害に帰着させ、それ自身のあらゆる資財の安全あるいは増加しかねがわないのである。[12]」

「兵士は、一身上の名誉にかかわる問題をもち、かれの剣とともに身につける考えかたをもっていると、われわれはきいている。この名誉にかかわる問題とは、自由で腐敗していない国家では、公共のための熱意なのである。[13]」

ここによみとられるのは、古代国家およびその戦士（民兵）制度の賞讃であって、階級分化も、古代の状態の方が近代のそれより、まだましであるとされ、とくに第三の引用文では利己心と公共道徳とが対置される。スミスが、公共の利益を主張する人間は信用できないといって、ばらばらな個人の自由平等な利己的活動にすべてをゆだねたことを、おもいおこしてみるだけでも、二人のアダムがおなじパラダイスにいたのではないことが、明らかになるであろう。やがてフランス革命が進行すると、革命軍のつよさの根拠を、自分の土地の所有権を確保した農民のつよさのなかにみるほど、ファーガスンの洞察はするどかったのではあるが[14]、自国の産業革命の進行は、道徳的堕落とむすびつけてしか理解できなかった。

スミスは、分業によって労働貧民が、人間として可能なかぎり愚昧で無知になることを、たしかにファーガスンとともにみとめていた[15]。しかし、げんみつにいえば、この点ですでに二人の立場はちがうのである。ファーガスンは、労働者（およびブルジョア）の無知よりも道徳的堕落を非難するのだから、経済的発展と道徳的堕落とが、ほとんど不可分のものとなり、かれの史観は、ペシミスティックな色彩をおびる。ところが、スミスにとっては、労働者に国家が簡単な教育をあたえれば、人間の奇形化は解消できるのであった[16]。しかもそういう教育は、かれの崇拝者であるブルーム卿が産業革命のおわりちかくに主張するように、資本のもとめる従順で有能な労働者をつくりだすことになるのである[17]。ルソーともちがいファーガスンともちがい、スミスの歴史的展望は、スコットランド資本主義の急速な発展の線に完全にそっていた。かれはこの歴史を、客観的に考察する余裕をもってはいたけれども、たちどまってそれを批判する足場を（ルソーやファーガスンのように）設定しようとはしなかったのである。かれは流れにそってあるいた公平な観察者であった。文明社会のなかで、健全な精神をうしなわないために必要なのは、かれの場合には、資本主義の線にそった教育だったのである。

(1)　R. Pascal, Property and society, *Modern Quarterly*, 1938. 邦訳は、水田洋訳『国富論』（河出書房・世界の大思想）下巻のおわりにある。R. L. Meek, The Scottish contribution to Marxist sociology, *Democracy and the labour*

Movement, Essays in honour of Dona Torr, 1954. これをかきなおしたものの邦訳が、水田・永井訳『古典政治経済学と資本主義』一九五九年のなかにある。

(2) 〔Adam Smith〕, A letter to the authors of the Edinburgh Review. *The Edinburgh Review*, No. 2, 1756, p. 74.; *The Works*, Vol. 5, 1811, pp. 578—9.

(3) ただしケイムズの愛国心は、「農業がかれらを結合し、政府がさらにそうする」ときに成立する。*Sketches of the history of man.* 2nd edn., Vol. 2, Edinburgh 1778, p. 312.

(4) スミス『国富論』邦訳、下巻二〇五—六ページ。

(5) A. Smith, *Works*, Vol. 1, London 1812, p. 72.

(6) *Ibid.* p. 317. この目的と手段の転倒関係は、内田義彦氏の指摘いらい、日本のスミス研究においては常識となっているから、くわしい説明ははぶく。内田義彦『経済学の生誕』一九五三年、一一八—二四ページをみよ。

(7) 『国富論』邦訳、上巻一〇ページ。ただし、「かれが節約勤勉であるならば」という条件がつく。富の不平等の認識は、『国富論草稿』の方につよくでている。これについても、内田、前掲書、一九三—九ページをみよ。

(8) *Das Kapital.* MEL Ausgabe, S. 128, Anm. 78.

(9) マルクスは、さらに三七一ページでは、ファーガスンをスミスの教師とよび、三八一ページ注七〇ではスミスをファーガスンの弟子とよんでいる。この部分でのファーガスンからの引用は、基本的にまちがってはいないが粗雑な部分がある。

(10) A. Ferguson, *An essay on the history of civil society*, Edinburgh 1767, pp. 284—5.

(11) *Ibid.*, p. 285.

(12) *Ibid.*, p. 223.

(13) *Ibid.*, p. 229

(14) エディンバラ大学所蔵のファーガスン手稿中、『論文集』による。『論文集』の目次は、水田洋『社会思想史の旅』三四ページにある。一九六六年の秋にエディンバラできいたところによると、モスナーが編集して出版することになっている。

(15)　『国富論』邦訳、下巻二〇一ページ。
(16)　一八九ページをみよ。
(17)　この問題については、安藤悦子「イギリス労働者教育運動の成立」『歴史学研究』一九六三年一月をみよ。

4　歴史と批判

「困難は、ギリシャの芸術や叙事詩がある社会的な発展形態とむすびついていることを理解する点にあるのではない。困難は、それらのものがわれわれにたいして、なお芸術的なたのしみをあたえ、しかもある点では規範としての、到達できない模範としての意義をもっているということを、理解する点にある。」

「おとなはふたたび子どもになることはできず、せいぜい子どもじみたものになりうるだけである。しかし子どもの無邪気さはかれをよろこばせないであろうか。そして自分の真実さをもう一度つくっていくために、もっとたかい段階でみずからもう一度努力してはならないであろうか。……人類がもっともうつくしく花をひらいた歴史的な幼年期が、二度とかえらぬひとつの段階として、なぜ永遠の魅力を発揮してはならないのだろうか。……ギリシャ人は正常な子どもであった。かれらの芸術がわれわれにたいしてもつ魅力は、その芸術がそだった未発達な社会段階と矛盾するものではない。魅力はむしろ、こういう社会段階の結果なのである。それはむしろ、その芸術がそこで成立し、そこでだけ成立しえた、未熟な社会的諸条件が、ふたたび絶対にかえらないということと、かたくむすびついていて、きりはなせないのである。」

マルクスの「経済学批判序説」(一八五七年稿)の未完の草稿はここでおわっている。

人間が自分自身であった幼年時代が、ふたたびかえらぬ理想状態として、未来にむかってかかげられるということが、ここでのマルクスの真意であったとするならば、まさしくこの点に、ルソーとマルクスの問題、マルクスにおける歴史意識の重要な一側面をみることができるであろう。「自然にかえれ」の主張、あるいはいわゆる原始主義の思想が、おおくの変種をふくみながらも、この系列のなかで理解される。歴史的過去は、かならずしもつねに現在における支配体制の維持のための、思想的武器となるのではなく、逆に現状を批判し歴史的に克服するための、歴史的武器ともなりうる。(1) ルソーもマルクスも、またスコットランド歴史学派も、そういう批判的な意味での歴史意識を、核心にもっていたのである。イングランドでいえば、ブルジョア革命から選挙法改正運動へと、約二〇〇年にわたってひきつがれる「ノルマンの抑圧」＝「アングロ・サクスンの自由」の思想が、(2) ひとつの典型である。

だが、過去によって現在を批判するといっても、念のためにすぐまえにも指摘したように、おおくの変種がなりたちうる。スコットランド歴史学派のなかでさえ、ファーガスン、ケイムズ、スミスとならべてみると、かなりのちがいがあることがわかる。ジョンスンに嘲笑されたモンボドは、ファーガスン以上に復古的であったようにみえる。けれども、モンボドとケイムズが仲がわるく、(3) ギルバート・ステュアート(4) がつねにロバートスンに対抗しようとしていたにしても、この学派は全体としてブルジョア的進歩の支持者であったし、(5) そこにおける歴史意識のありかたの典型はスミスによって表現された。スミスにとって、名誉革命からかれの時代までは、イギリス史上もっとも幸福な時期だったのである。

市民社会にたいするかれらの歴史的批判は、たしかに批判ではあったし、さらに批判的に展開される可能性をふくんでいたとはいえ、ルソーほどの断絶さえも市民社会にたいしてもたなかったことは、まえに指摘しておいた。そのルソーもまた、自然にかえれといったとき、文字どおりの自然でなく、文明のなかの自然人をめざしていたにすぎない。ところが、ギリシャ芸術へのあこがれを正当化するマルクスは、かえることのできない人類の健全な幼年時代すなわち疎外されない人類社会を、過去にではなく未来に、ブルジョアによってではなくプロレタリアによって、実現しようとするのである。マルクスの歴史主義における過去・現在・未来の結合形態に注意することによって、逆にスコットランド歴史学派やルソーの思想の性格があきらかになるであろう。

なお、スコットランド歴史学派とアングロ・サクスン主義との対比が、とくに同時代のイギリスの状況のなかで必要になってくるのだが、この点はべつの機会にゆずる。[6]

（1）日本の経済学史研究者（とくにマルクス主義者）は、歴史学派といえばドイツ講壇社会主義、ロマン主義といえばレーニンによって批判されたシスモンディしかしらないために、両方とも保守反動として片づけてしまう。この態度が、思想史全体のながれからみて、ナンセンスであること、マルクスの思想を、一言で規定しなければならないとすれば、歴史主義とよぶべきであろうということだけを、さしあたり注意しておく。

（2）C. Hill, The Norman Yoke, *Democracy and the labour movement*, London 1954. 水田洋・水田珠枝、前掲書。

（3）H. G. Graham, *Scottish men of letters in the eighteenth century*, London 1901, pp. 188, 191. なお、モンボドについては、いま直接にその著作をよむことができないので、思想内容は G. Bryson, *Man and society*, Princeton U. P. 1945, pp. 66—77 によって推定した。

（4）ステュアートについては、次章でかんたんにふれる。

（5）ブルジョア的進歩との関連では、ヒュームとウォーレスとの論争も考慮しなければならないのだが、ここでは省略する。羽鳥卓也『市民革命思想の展開』一九五七年、永井義雄『イギリス急進主義の研究』一九六二年などをみよ。

（6）フォーブスの前掲論文が、とくにミラーとアングロ・サクスン主義との対比において、この問題をとりあげている。

——『経済学史講座』（有斐閣）第一巻（一九六四年）所収。注に訂正加筆した。——

第三章　スコットランド歴史学派再論

1

スコットランド歴史学派という名称が、はじめてつかわれたのは、『モダン・クォータリ』の一九三八年号に掲載された、ロイ・パスカルの論文「財産と社会[1]」の、副題としてであろう。経済学者は、歴史学派といえばロッシャー＝シュモラー系統の新旧歴史学派経済学を考えるが、パスカルがこのことばにあたえた内容は、第一には、ドイツ思想史研究者の立場から、ドイツ歴史主義に対応するイギリス的（スコットランド的）思想形態であり、第二には、マルクス主義者の立場から、史的唯物論の先駆形態であった。この論文でパスカルは、バークに代表され、「ドイツにおける反革命」によって継承される、イギリスの保守的歴史主義に、このスコットランド歴史学派を対置し、さらに後者と史的唯物論との親近性をあきらかにした。それが、この論文の二年まえにでたマイネケの大著『歴史主義』（一九三六年）への批判、そしてさらに、マイネケをものみこまずにはおかなかったナチズムへの、批判であった（一九三八年はミュンヘン会談の年である）ことはいうまでもないはずである。パスカルは、自分が専攻する学問の領域で、真実をほりおこし擁護することによって、政治をたたかったのであった。政治が学問をではなく、学問が政治をささえているのである。

もっとも、パスカルがとりあげた十八世紀スコットランド歴史学派の人びとの、個別分散的な研究は、それ以前にもないわけではない。たとえば、史学史の研究が、ヒューム（およびロバートスン、ファーガスン）にふれないことはめったにないであろうし、いまあげたマイネケの著書も、千代田謙『啓蒙史学の研究、第一部概論篇』（一九四五年）も、例外ではない。経済学史の研究が、ヒュームとスミスをみおとすことはなく、ファーガスンにさえマルクスは注意をはらっている。ジェイムズ・ステュアートは、パスカルの分類ではこの学派のなかにはいらないけれども、経済学史上では、歴史的方法をとるものとして特徴づけられるのである。社会学史の方では、かなりはやくゾンバルトによって、(2)とくにミラーの重要性が強調され、ミラー研究は、レーマンの論文「ジョン・ミラー、歴史社会学者」（『ブリテン社会学雑誌』一九五二年）と『グラーズゴウのジョン・ミラー』（一九六〇年）(3)によって推進された。レーマンには『アダム・ファーガスンと近代社会学のはじまり』(4)（一九三〇年）という著書もあるのだから、かれをスコットランド歴史学派についての代表的な研究者のひとりにかぞえるのはとうぜんであろう。パスカルの意図が、ミークの「マルクス主義社会学へのスコットランドの貢献」(5)（『民主主義と労働運動――ドナ・トア記念論文集』一九五四年）によって継承されたことも、つけくわえておかなければならない。

「歴史学派」という限定のない、十八世紀スコットランド思想の研究は、スティーヴンの古典的な著書のようにイングランドをもふくむものをのぞくと、いくつかあるにしても、とうぜん焦点がぼけたりずれたりする。たとえばグレーアムの『十八世紀スコットランドの文筆家たち』(6)（一九〇一年）は、四四一ページの大冊でありながら、ミラーにはリードとの関連で一度の言及があるだけだし、逆にミークルの『スコットランドとフランス革命』(7)（一九一二年）は、直接にはミラーについてのみ、かなり利用できるにすぎない。グレーヴの『スコットランドのコモン・センス哲学』(8)（一九六〇年）は、リードに集中し、クレーグの『スコットランド文学とスコットランドの民衆、一六八〇―一八三〇年』(9)（一九六一年）は、バーンズ、スコット、ゴールトへと拡散する。とりあつかう範囲の点で、いちばんちかいのはブライスンの『人間と社会――十八世紀についてのスコットランドの探究』(10)

(一九四五年)であろう。スパイクマンやラヴジョイの影響下にかかれたこの本は、スコットランドの「歴史学派」ではなくて「道徳哲学者グループ」を対象とする。じつはこのふたつのグループが、どこでかさなり、どこでずれるかということ自体が、重要な問題なのだから、名前だけでもならべてみよう。「歴史学派」を構成するのは、パスカルによれば、ヒューム、スミス、ファーガスン、ロバートスン、ミラーおよびケイムズ卿(ヘンリ・ホーム)であり、ブライスンのいう道徳哲学者グループとは、このなかからミラーをのぞいて、ハチスン、リード、ドゥーガルド・ステュアート、モンボド卿(ジェイムズ・バーネット)をくわえたものである。だが、ステュアートとモンボド(とくに後者)は、歴史学派のなかにいれることができるので、のこるのは、一方にミラー、他方にハチスンとリードということになり、この三人はスミスを媒介としてつながってしまう。スミスはハチスンの弟子であり、ミラーは(ステュアートとともに)スミスの弟子であり、そしてリードは、グラーズゴウ大学道徳哲学教授としてスミスの後任者であった。したがって、リードとミラーは、グラーズゴウ大学教授として、同僚だったわけである。

十八世紀スコットランドの歴史主義と道徳哲学は、ミラーとリードに象徴されるようなずれ(とくにミラーがもっとも急進的であったことを考慮にいれて)によってひとつの問題を提出するし、それはミラーにおける政治的急進主義と経済学的後退(スミスからの)との併存という問題にも、むすびつくであろう。しかしながら、他方では、ふたつのグループの主要部分がかさなっていることによっても、歴史主義が同時に道徳哲学=社会哲学であったという、問題が提出される。このさいごの問題は、パスカル=ミーク的に、スコットランド歴史学派のなかに史的唯物論の先駆形態をみることによって、完全に解決されたのではない。

歴史主義と道徳哲学の、十八世紀スコットランド的結合における核心は、過度の単純化をあえておかせば、

「文明対自然」の問題だといっていいであろう。自然人と文明社会というルソー的な表現をつかっても、古代対近代という十七世紀以来の伝統的表現をかりてきても、この核心を表現することはできるし、それらは実質的なつながりをもっていた。文明は人類を幸福にするかどうかと、資本主義の開始期に、おおくの人がさまざまの角度から、歴史に問いをなげかけた。スコットランド歴史学派も、そういう問いの提出者だったのである。生産力の発展が、豊富とともに不平等[11]を、分業とともに人間畸形化[12]をうみだすという、『国富論』の指摘がまさにそれなのである。

（1）　邦訳は、水田訳『国富論』の巻末にある。
（2）　W. Sombart, Anfänge der Soziologie, *Erinnerungsgabe für Max Weber*, Bd. 1. 1923.
（3）　W. C. Lehmann, John Millar, historical sociologist, *The British Journal of Sociology*, March 1952.
　Do., *John Millar of Glasgow*, C. U. P. 1960.
（4）　Do., *Adam Ferguson and the beginnings of modern sociology*, N. Y. 1930.
（5）　R. L. Meek, The Scottish contribution to Marxist sociology, *Democracy and the labour movement*, Essays in honour of Dona Torr, edited by John Saville. London 1954. ミークの『古典政治経済学と資本主義』（水田・永井訳、一九五九年）の第四章は、この論文を講演むきにかきなおしたものである。
（6）　H. G. Graham, *Scottish men of letters in the eighteenth century*, London 1901.
（7）　H. W. Meikle, *Scotland and the French Revolution*, Glasgow 1912.
（8）　S. A. Grave, *The Scottish philosophy of common sense*, O. U. P. 1960.
（9）　D. Craig, *Scottish literature and the Scottish people 1680—1830*, London 1961.
（10）　G. Bryson, *Man and society, the Scottish inquiry of the eighteenth century*, Princeton U. P. 1945.
（11）　この点は、『国富論草稿』の方につよくでている。内田義彦『経済学の生誕』をみよ。
（12）　『国富論』第五篇第一章の教育論をみよ。

生産力の上昇と人間の疎外という問題は、じつは、資本主義の枠のなかでは、ついにとくことができない性格のものであるし、社会主義においても消滅するものではない。しかし、スコットランド歴史学派の人びとが、この問題をとりあげたのは、かれらが資本主義の先端にではなく、どちらかといえば後進地帯にいたからであった。同時に、かれらが資本主義から完全にとりのこされたり、それに完全に背をむけたりしても、この問題をとりあげることはできなかったにちがいない。ルソーについても、ややニュウアンスの差はあるにせよ、基本的にはおなじことがいえるであろう。

だが、それと同時、この種の「文明批判」が、文明と進歩をたたえる啓蒙思想のなかにさえ存在したこと、スコットランド歴史学派にしても、かならずしも例外ではないことを、無視するわけにはいかない。ヴォルテール、モンテスキュウ、ディドロにみられるように、進歩史観と「幸福な野蛮人」概念とは、となりあわせになっていることがしばしばであった。また、ウォーレスとヒュームの論争は、古代・近代論争のスコットランド版であるとはいえ、どちらも古代または近代を一方的に讃美したのではなかった。一般に、啓蒙史観と文明批判との関係が、問題的であり、つぎにその特殊スコットランド的形態が、さらにはスミスにはじまる経済学との関連が問題となる。

ここでの文明批判＝原始主義は、なんらかの意味で資本主義批判をふくんでいた。それだからこそ、ブルジョア的進歩史観との関係が問題になるのである。ところが、ほんらい、古代にかえれ、原始にかえれというスローガンは、ルネサンスのヒューマニズムや宗教改革の原始キリスト教主義が例示するように、近代初期に封建制批判の武器としてつかわれたものであった。そのかぎりでは、すなわち、古代または原始によって中世を否定しておいて、そのあとに近代の軌道を敷設するというかぎりでは、文明批判と進歩史観とはなにも矛盾はしない。ただし、それは、限定づきで矛盾しないといえるだけであって、いぜんとして問題はのこる。啓蒙期の文明批判のすべてが、それほど単純な性格をもっていたとは、とうていいきれない。

イギリス革命のときに封建制＝絶対王制批判の武器であった、アングロ・サクスン的自由（逆の表現をつかえばノルマンの圧政）の概念が、ブルジョアの勝利とともにしだいに復古的性格をすてて、合理主義的性格を強化していくことを、ヒルは、数人の歴史家の協力をえて、あざやかにえがきだした。(3) スコットランド歴史学派は、まさに転換のながれをしめしているのか、それとも主流に逆行する批判者なのか。この点については、フォーブスの論文(4)「科学的ウィッグ主義――アダム・スミスとジョン・ミラー」と、それへの山崎怜氏の批判が有益である。(5)

（1）モンテスキュウ、ヴォルテール、ディドロの文明批判については、かんたんには、高島・水田・平田『社会思想史概論』一九六二年、をみよ。たとえば、H. N. Fairchild, *The noble savage, A study in romantic naturalism*, Columbia U. P. 1928. というような研究もある。

（2）これについては、永井義雄『イギリス急進主義の研究』一九六二年。

（3）C. Hill, The Norman yoke. *Democracy and the labour movement*, Essays in honour of Dona Torr, edited by John Saville, London 1954.

（4）D. Forbes, 'Scientific' Whiggism : Adam Smith and John Millar. *The Cambridge Journal*, Vol. 7, Aug. 1954. このフォーブスの論文は、「イギリスにおける歴史主義」、「ジェイムズ・ミルとインド」、「サー・ウォルタ・スコットの合理主義」という三つの論文（掲載誌は同一）と、一定の関連をもっているようである。

（5）山崎怜「スミス研究とスコットランド歴史学派」（『経済学史学会関西部会通信』、一九六三年七月）。

ヒルの論文のなかに、十八世紀後半におけるアングロ・サクスン主義のブルジョア急進主義的形態の、典型としてあげられているのは、匿名の『イギリス国家構造についての歴史的評論』[1]（一七七一年）であるが、その三年まえに、やはり匿名の『昔のイギリス国家構造についての歴史的論文』[2]（一七六八年）というのが、エディンバラで出版されていて、フォーブスの論文にも引用されている。題名の類似だけで推定するのは危険であるけれども、両者が問題意識のうえで関連をもつことを予想してもいいであろう。後者は、アダム・スミスの蔵書目録[3]にもあげられていて、国立スコットランド図書館の目録では、著者名は、ギルバート・ステュアートとされている（フォーブスもステュアートのものとして引用している）。後述のD・N・Bの記述にもかかわらず、この本はブリティシュ・ミュジアムにもエディンバラ大学にもなく、ホールキット＝レイングの匿名辞典[4]にもでていない。

もしこの推定がただしいとしても、ギルバート・ステュアートとはなにものであるかを、せんさくしてみなければならない。ジェイムズ・ステュアート、ドゥーガルド・ステュアートの中間に、第三のステュアートが、（ただし、つづりは三人ともちがう）スコットランド歴史学派のメンバーとして、くわわることになる。D・N・Bはかれについて、比較的かんたん（二ページたらず）に、ほぼつぎのようにのべている。

「歴史家で評論家、一七四二年エディンバラうまれ、エディンバラ大学のラテン語およびローマ古代史の教授ジョージ・ステュアートの子……。ギルバートはエディンバラのグラマー・スクールと大学で古典学と哲学の教育をうけ、それから、その大学で法学をまなんだけれども、けっして法律家の職業にはつかなかった。生涯の初期においてさえ、かれは発作的にしごとをし、そしてたちまち気ばらしにひきこまれてしまうのだった。……かれのさいしょの独立の著作は、匿名の『昔のイギリス国家構造についての歴史的論文』であって、それは一七六八年の春に出版され、そのなかでかれは、イギリスの諸制度がゲルマン的起源をもつものだとした。マンスフィールド卿への献辞をつけた第二版は、一七七〇年一月にでて、それにはステュアートの名前が、タイトル・ページにある。そしてそれは、一七七八年および一七九〇年に、くりかえして出版された。この著作にもとづいて、かれは一七六九年十一月十六日に、エディンバラ大学から法学博士の学位をえた。

一七六八年のうちに、ステュアートはロンドンにでた。マンスフィールド卿のひいきによって出世しようという希望をいだいて、そうしたのだが、かれの期待はうらぎられた。一七六九年にステュアートは、書籍商マードックの家屋のなかの、トマス・ソマヴィルのところに下宿して、マードックのところで毎日、新聞雑誌への寄稿に従事した。ステュアートは、すでに『マンスリー・リヴィウ』の寄稿者のなかで異彩をはなっていた。かれは一七六八年から一七七三年まで、この雑誌のためにはたらいたのである。ソマヴィルは、かれの無原則さとともない筆のはやさに、びっくりした。かれは、同一の政界人についてふたつの論文をかき、その一方は称賛で他方は誹謗であり、それぞれについて一ギニーずつもらった、ということをよく自慢したのである。……

一七七三年六月には、ステュアートは、マッセルバラの父のもとにもどっていたし、『エディンバラ・マガジン・アンド・リヴィウ』の発行の手はずをととのえるのに没頭していた。……第一号――一七七三年十一月号――は、その年の十月なかばにでたが、それは一七七六年八月号の出版をもって、中絶した。そのときまでに八つ折版で五巻が完結したのである。それの主要な執筆者は、ステュアートのほかに、グラーズゴウのリチャードスン教授、ウィリアム・バロン教授……スコットランドの印刷業者ウィリアム・スメリー〔『エンサイクロペディア・ブリタニカ』の編集にさいしても重要な役割をはたす」であって、それはしばらくのあいだ、たいへんな元気、才能の発揮、顕著な値うちをもって、運営された。それらの長所はまもなく、ステュアートの悪意によってうちけされた。……エディンバラにおけるほかの歴史家や指導的著作家の名声が、かれの心をきずつけたのであって、スメリーのエネルギーが、かれの毒性を除去するのにたえずついやされた。……ケイムズ卿の著作である『批評要論』についての、かれの辛らつな論文は、スメリーによって完全にかたちをかえられ、称賛になった。しかし若干のことにおいては、かれは自分のやりかたをつらぬいた。デイヴィド・ヒュームが、ヘンリ博士の『大ブリテン史』の第二巻をきわめて称賛的なことばで書評したとき、その論文は掲載停止となって、ステュアートがかいたものがそれにかわった。後者は、反対の側のまちがいをおかしていた。それが頂点にたっしたのは、かれとジリーズによって、スメリーの諫告にもかかわらず、かかれた論文においてである。その論文は、モンボド卿の『言語の起源と進歩』について、おどろくべき毒舌と誹謗をもってかかれたもので、第五巻の数号にわたり、そしてこの雑誌は中止された。

……かれのもっとも重要な著作である『ヨーロッパ社会の展望』(5)は、一七七八年に出版され、一七八二、一七八三、一七九二および一八一三年に再版され、A・H・M・ブラールによるフランス訳が、一七八九年にパリで、二巻本としてでた。ブラクストンとアリグザンダ・ガードゥン博士からの手紙が、ステュアートの父によって、死後にでた一七九二年版につけくわえられた。この論文において著者はモンテスキュウにしたがっていて、ステュアートほどのプライドのたかい男も、モンテスキュウだけは、自分よりすぐれたものとしてみとめたのである。それは、古代および中世にかぎられていたし、その学識は、それに永遠的権威をあたえるに十分なほどふかくはなかった。

一七七九年ごろ、ステュアートは、エディンバラ大学の公法教授の候補者となったが、成功しなかった。かれは自分の不成功を、ロバートスンの影響によるものと信じた。このときいらい、かれはこの歴史家を、きえることのない憎悪をもって追及した。一七七九年に、かれは……『スコットランドの公法および国家構造史』をだし、一七八〇年に『スコットランドにおける宗教改革の確立』を出版した。……」

すこしながすぎる引用ではあるが、ここからステュアートおよびスコットランド歴史学派について、つぎのような問題をひきだすことができるであろう。

1　ステュアートは器用ではあるが、学問的一貫性があったかどうかうたがわしいから、かれの著作の評価には困難がつきまとう。しかし、それだけにかえって、時代の思想的雰囲気をつたえているといえるかもしれない。

2　ステュアートがモンボド、ケイムズ、ヒューム、ロバートスンにたいしていだいた敵意は、例外的だとしても、スコットランド歴史学派のなかでも、かなりの対立、偏差があったであろう。そのことからまた、この学派の主役たちのまわりに、なおおおくの群小歴史家が（ステュアートほどにも名をのこさないで）いただろうと想像される。

3　ステュアートにとってもモンテスキュウの権威は絶対的であった。スミスも一方で、ヴォルテール、ルソーを尊敬し、他方で死の直前までモンテスキュウの『法の精神』の批判をかくことを考慮していたと、つたえられている。「歴史学派」という観点からすれば、この三人のそれぞれの役割をあきらかにすることが、重要な意味をもつ。

（1）*An historical essay on the English constitution*, London 1771. この本については、二七九ページ注(8)をみよ。

（2）*An historical dissertation concerning the antiquity of the English constitution*, Edinburgh 1768.

（3）スミス自身の蔵書目録が、東大経済学部にあり、それにはこの本がでているが、ボナーの『アダム・スミス蔵書目録』にはでていない。

（4）Halkett & Laing, *Dictionary of anonymous and pseudonymous English literature*, New and enlarged edn., Edinburgh 1926—34.

（5）*A view of society in Europe, in its progress, from rudeness to refinement: or, inquiries concerning the history of law, government, and manners*, Edinburgh 1778.「法と風習と統治を、それらが歴史と無関係であり相互に無関係であるかのようにとりあつかうのがふつうである」と、ステュアートはかきはじめている。

4

つぎに、ステュアートについて提出した問題の2の後半（およびそれに関連して1の後半）にふれておこう。すなわち、ヴォルテールとヒュームとギボンの名で代表される歴史叙述の世紀における、スコットランド史学界の状況である。十八世紀後半は、書誌学的には空白期なので、[1]手さぐりですすむよりしかたがないし、そのことが、スコットランド歴史学派研究の現状でもあるのだが、さしあたって、ふたつの手がかりがある。ひとつは、アダム・スミスの蔵書目録、もうひとつは、エディンバラ大学の近代史教授D・B・ホーンの論文「十八世紀における若干のスコットランドの歴史家たち」である。

前者については、くわしい報告をだすことができたので、[2]ここでは大体の見当をつけるにとどめよう。ロード・ケイムズ、ヒューム、ロード・モンボド、ファーガスン、ロバートスン、ミラー、ギルバート・ステュアートという、歴史学派の主流についてみるかぎり、そして当時出版されていたかぎり、スミスはかれらの著書を大部分もっていた。たとえばロード・ケイムズの著者は、ボナーの『アダム・スミス蔵書目録』の当該項目には『人間史素描』しかでていないが、ボナー自身、匿名のままケイムズの『教育論』をあげているし、東大経済学部にあるスミス自身の蔵書目録によれば、さらに五点が追加される。親友ヒュームについてはいうまでもないとして、ロード・モンボドについては、ボナーが『古代形而上学』を、スミス自身の目録が『言語の起源』をあげているから、主著がふたつともあることになる。これらの例によっても推測されるように、ボナーのカタログは、スコットランド歴史学派とスミスの蔵書との関係を判断するという限られた目的のためにも、あまり役にたたない。ファーガスンは二点が脱落しているし、ステュアートの学位論文も脱落している。

さらにくわしくみていけば、後掲のギルバート・バーネット、ジョン・ダルリンプル、ジェイムズ・マクファースンの名もでてくるし、そのほかに、ジョン・ローガンの『歴史哲学要論』および『アジアの統治・風俗および精神』というようなものもあって、全体として、スミスが、同時代の（とくにスコットランドの）歴史学の成果からなにを吸収したかをつきとめるのは、たいへんなしごとである。いくらエネルギーがあったとしても、日本にいてはおそらく不可能にちかいであろう。まえにもいったとおり、書誌学的空白状態のために、いったいどんな本が（歴史学の範囲内で）でていたのかをたしかめることから、手をつけなければならないのである。

ホーンの前掲論文は(3)、その空白をうめるのにわずかながら貢献した。しかしながら、この論文の理論水準自体は空白にちかく、こんなものを巻頭にのせなければならない『スコッティシュ・ヒストリカル・リヴィウ』は、先駆者たちの名をはずかしめたというべきである。ホーンはエディンバラ大学近代史教授としての自覚をもって、つぎのようにのべている。「この論文でとりあげられる歴史家たちのほとんどすべては、完全にまたは部分的にエディンバラ大学で教育をうけたものである。しかしながら、すくなくとも意識的には、このことは、わたくし自身の大学への個人的忠誠心を反映しているのではなく、この大学が十八世紀スコットランドにおける歴史的諸研究の進歩について、きわだった貢献をしたという、熟慮された確信を反映しているのである。ヒュームとロバートスンは、ともにエディンバラの学生であった。ロバートスンは三十年にわたって、かれ自身の大学の学長であり、かれが歴史的著作において成功したためにこの地位に任命されたのであった。ヒュームは主としてエディンバラにすんでいたし、死にいたるまで、ロバートスンの親友であった。だから、かれらの影響がもっとも直接にエディンバラの卒業生たちにおよんだのは、とうぜんである。」

個人的影響だけからみても、（エディンバラ大学の教授でありながら長期不在のため免職されたファーガスンはべつとして）、ロード・ケイムズとスミスのエディンバラにおける地位はみのがしえなかったはずであるのに、ホーンは、ケイムズに数行をさくにとどまり、スミスについては名をあげることさえしていない。フォーブスの前掲論文がスミス＝ミラーの線（グラーズゴウ大学）に焦点をあわせているのと対照的である。しかも、ホーンがファーガスンを、ホースリおよびバーネットとともに除外した理由は、「十八世紀には、歴史についてかいたスコットランドの著作家はひじょうにおおかったので、この展望を名前のカタログにすぎないものにするべきでないとすれば、その世紀のあいだで、古典期よりあとの歴史の領域でまともな学問的業績をかいた歴史家だけをとりあげることがゆるされる」というのであるから、ホーンにとって、ファーガスンの歴史的著作として代表的なのは、『ローマ共和国史』であって『市民社会史』ではなかった。

このように限定された枠のなかで、ホーンはトマス・サマヴィル（Thomas Somerville, 1741—1830）、アンドリュウ・ブラウン（D・N・Bになし）、ギルバート・ステュアート（Gilbert Stuart, 1742—1786）、ジョン・ダルリンプル（John Dalrymple, 1726—1810）、ジェイムズ・マクファースン（James Macpherson, 1736—1796）、ロバート・ワ

トスン (Robert Watson, 1730?—1781)、ウィリアム・トムスン (William Thomson, 1746—1817) という、エディンバラの二流歴史家たちを紹介している。こういう紹介も、スコットランド歴史学派の全貌をあきらかにしていくひとつの作用として役にたつことはいうまでもない。とくに、かれらにおける歴史叙述の政治性の問題および旧家所蔵文書の利用の問題は、ここに指摘しておいていいであろう。

第一の問題というのは、スコットランド歴史学派が、大勢としてはウィッグを支持しながら、しばしばトーリとウィッグとの双方を批判する態度をしめしていることであって、この点は、スミスについての内田義彦氏の指摘によって有名である。[4] ホーンによれば、サマヴィルも、「歴史の最高価値である公平さ」をめざして、ウィッグとトーリが、原理のちがいによってよりも、与党か野党かの立場のちがいによってあらそっていること、したがって、権力の獲得と維持をめざす党派としてはまさに同一であることを、強調したし、ダルリンプルも「ウィッグとトーリは交互に、ひとしくかれらの国の敵であった」と主張している。スミスの政治思想の測定がきわめて困難であるだけに、かれをとりかこむ歴史家たちの思想を、時代の雰囲気として再構成してみることが、ひとつの重要な手がかりをあたえるであろう。

第二の問題は、家蔵文書《ファミリー・ペイパーズ》を歴史家に利用させるばあい、それによってかかれた歴史が先祖の名声をきずつけるものであってはならないという考えが、支配的だったということである。したがって、ふつうのばあいは、史料として家蔵文書をつかうことは不可能であった。ヒュームでさえも、かれのイギリス史をかきつづけない理由として、つぎのようにいった。「ぼくはこのしごとを、書斎で完成しようとしてもとうていできない。文書や情報について名門の援助をあおがなければならないのだが、ぼくはこれが死ぬほどいやなのだ。」王室文書や国事文書についても、同様な事情があったであろう。ところがダルリンプルとマクファースンは、個人の家蔵文書はつかわなかったのに、前者はイギリスおよびフランスの、後者はフランスの、王室文書あるいは国事文書を使用することができた。

原史料の利用可能性がこのような状態であったとすると、二人が「ロバートスンの例にならって、広範な典拠集を公刊し、同時代の他の研究者たちがみずから、二人の叙述を検証しうるようにした」ことも、十分に理由があるといわなければならない。だが、ここで、反対側への想定をあえてするならば、原史料利用のこういう状態が、スコットランド歴史学派をドゥーガルド・ステュアートのいわゆる「推測的歴史」すなわち一般史へと、おいやったのではないだろうか。「おいやった」というと、マイナスの成果（たとえばスミスの政治思想の抽象性）だけをうんだようにきこえるかもしれない。しかし、原因と結果のくいちがいは、かれらもしばしば指摘しているところ[5]であって、それをかれら自身にも適用してみれば、原史料の不足が、歴史の理論的構成というプラスをうんだことになりはしないかとおもうのである。ただし、理論的構成の方向をとらなければ、事実の羅列の背後に神慮をおくというロバートスン方式（これはホーンも指摘している）が、スミスのみえない手のかわりに登場するであろう。

（1）山田秀雄『社会科学年表』（第一巻、昭和三一年）は、一七五〇年でおわっているし、ウォット『ビブリオグラフィア・ブリタニカ』も、そのあとはよわい。ヒッグズの『経済学書誌一七五一―七五』は、対象がずれていてほとんど役にたたない。

（2）H. Mizuta, *Adam Smith's library; A supplement to Bonar's Catalogue with a check-list of the whole library*, C. U. P. 1967.

（3）D. B. Horn, Some Scottish writers of history in the eighteenth century, *The Scottish Historical Journal*, Apr. 1961.

(4) 内田義彦『経済学の生誕』一九五三年。
(5) 前掲フォーブスも、フートにしたがって、この点を強調する。

――『経済科学』第十一巻第四号（一九六四年）所収。わずかながら訂正したところがある。――

第四章　ジョン・ローガンとスコットランド歴史学派

1

スコットランド歴史学派の代表者として、ロード・ケイムズ、ロード・モンボド、デイヴィド・ヒューム、アダム・スミス、アダム・ファーガスン、ウィリアム・ロバートスン、ジョン・ミラーをあげることは、ほぼ異存のないところであり、かれらの著作のなかから、多様性をふくむ統一像をつくりあげることも、困難ではない。(1) しかしながら、研究の現段階においては、きわめて一般的な略図と、(2) 若干の個別研究があたえられているにすぎず、(3) 両者はなお、相互に補強しつつすすめられなければならない。たとえば、スミスに先行し、ヘーゲルに影響をあたえ、(4) あきらかに歴史的方法をとっていた、サー・ジェイムズ・デナム＝ステュアートを、どう評価するか、また、反啓蒙的歴史主義の代表者としての、エドマンド・バーク(5)をどう位置づけるか、ミラーの同時代者として、ドゥーガルド・ステュアートおよびトマス・リードが、この学派とどういう関係にあったか、というように、問題はいくらでもでてくる。これらの問題はすべて、市民社会への歴史的対決を起点とし、かつ終点として、検討されることになるであろう。

そのうえ、ここにあげた人びとは、いわばいくつかの山頂であって、山脈の全貌をあきらかにするには、それらをとりかこむ地形の全体をとらえなければならない。それは、スコットランド歴史学派の概念を、量的に拡大するだけではなく、質的に深化することを、可能にするはずである。ところが、そのような作業については、きわめて初歩的な困難がある。思想史において民衆の思想がほとんどつねにそうであるように、うずもれた思想家たちが、当然にであれ不当にであれ、まさにうずもれているという事実から、われわれは出発しなければならないのである。だれが前記の思想家たちの周辺にあって、どんな本をかいたかを、まず書誌的につきとめなければならないであろう。(6) そのためのひとつの手がかりとして、アダム・スミスの蔵書目録がある。(7) かれの蔵書のなかには、スコットランド歴史学派のすでにしられている思想家たちの、主要著作はほとんどふくまれているし、したがってまた、われわれの視野からはきえてしまった同時代の思想家の著作も、とくにスコットランドにかんするかぎり、かなりふくまれているとみることができる。

たとえば、画家アラン・ラムジーと牧師ジョン・ローガンがそうである。ラムジーについては、くわしいことは別の機会にゆずるとして、ここではただ、かれが *An historical essay on the English constitution*, Anon. 1771. の著者と推定されていることを、指摘しておく。(8) この本は、クリストファ・ヒルとそのグループによって、(9) 十八世紀におけるアングロ・サクスン主義のひとつの代表とされている。他方、ジョン・ローガンは、その著作において、ラムジーほど明白に政治的立場を展開したわけではなく、著作の数もまたすくない。しかし、かれの主著は、(10) エディンバラでの一七七九—八〇年および八〇—八一年の講義の要綱であって、*Elements of the philosophy of history*, 1781. と題されている。この場所とこの時期だけでも、かれとスコットランド歴史学派との関係を、推測することができよう。

ローガンは一七四八年に、ミドロジアンでうまれ、両親は Burgher-seceders とよばれるスコットランド・ディセンターにぞくした。父はファーマーであったというが、ジョンの兄が軍医となり、ジョンも聖職につくために大学教育をうけたほどであるから、富農にぞくするとみるべきであろう。ジョン・ローガンは、エディンバラ大学で、古典学、自然科学、道徳科学、神学をまなび、しばらく家庭教師をしたのち、一七七三年に、エディンバラに隣接する南リースの、教区牧師にむかえられた。かれの思想家あるいは文筆家としての活動は、このときから、一七八八年末に死ぬまでの、一五年間に主としておこなわれる。とくに前記の講義は、ウィリアム・ロバートスン、ヒュウ・ブレアなどの支持をえて(11)、聖メアリ・チャペルでおこなわれ、それが好評であったために、かれは、エディンバラ大学の社会史《シヴィル》の教授になることをのぞんだのであった。

ところが、この地位は、つねに法曹協会（Faculty of Advocate）の一員によってしめられていたために(12)、ローガンの期待はうらぎられた。しかも、そのつぎの学年（一七八一―八二年）には、これまでえられた一般的な称讃が逆転しはじめ、ロバートスンその他の支持も撤回されたらしい。そこでローガンは、公衆にうったえるために、講義のうちの古代史の部分を、『歴史哲学要綱』として一七八一年に出版したのである。この本は、小型八つ折り版一九五ページというみじかいもので、序文にも「ここで不完全に示された諸思想は、講義のなかでくわしく説明される」とあるとおり、ばあいによっては見出しだけしかない、「要綱」なのであるが、かならずしも不評ではなかったらしく、数年のちには(13)、アジアにかんする部分だけを、講義そのままのかたち（速記）で出版したのである。しかし、かれは『歴史哲学要綱』によって、うしなわれた希望をとりもどすことはできなかったし、一七八三年の悲劇『ランナミーディ』は、ノルマンとサクスンの貴族の団結(14)がマグナ・カルタによる自由の確認をかちとるというテーマが、当時の政治問題に関連があるとみられたため、エディンバラで一度上演されただけで、忘却の淵になげこまれてしまった。

うちつづく失望は、かれをゆううつにし、生活態度にも悪影響をあたえて、教区の不評をかい、退職してロンドンにうつらざるをえなくなった。ロンドンでは、主として『イングリッシュ・リヴィウ』に執筆し、また、ウォーレン・ヘイスティングズを擁護したパンフレットで、かなりの注目をひいた。といっても、それから一七八八年に死ぬまでには、数年しかなかったのだから、文筆活動は量的にもきわめてかぎられたものであった。遺稿として出版された説教集(二十篇)と詩集のほかに、悲劇二篇、雑誌『ガーディアン』のための論文八篇、およびローマ史の講義草稿があると報告されているが、それらが現在どういう状態にあるかは、いまのところ不明である。

以上の著作のうち、歴史哲学講義[15]に関連する二つを、紹介し検討するのが、さしあたってのしごとである。説教、雑誌論文、文学作品が、当面の問題に関係をもたないわけではないことは、『ランナミーディ』の例によってもわかるが、主として時間的な理由で省略する。

(1)　たとえば、分業論について、ファーガスンとスミスの、重大なちがいをみよ。

(2)　ロイ・パスカルの先駆的業績のほかに、ブライスン、ミーク、レーマン、フォーブス、スキナーなど。また、この補論の第二章。

(3)　日本では、スミスをべつとして、ケイムズ、ヒューム、ロバートスンが、すでにとりあげられた。

(4)　Cf. Paul Chamley, *Economie politique chez Steuart et Hegel*, Paris 1963. Do., Les origines de la pensée économique de Hegel, *Hegel Studien*, 1965. ルカーチがヘーゲルにたいするスミスの影響を強調したことは、よくしられているが、ルカーチにせよ、シャムレーの批判にせよ、内容的な近似性以上の証拠はあげていない。

(5)　バークは、一七八四年に、グラーズゴウ大学の学長《レクター》になり、したがって、スミス、ミラー、ロバートスンなどとしたしくなった。しかし、バークが啓蒙思想への反逆者であるのにたいして、スコットランド歴史学派の主流は、むしろ啓蒙思想の線にそっていた。そして、この対比が、パスカルの論文の執筆意図のなかにふくまれている。

(6)　S・T・Cが一七〇一年以降についても作成されるならば、イギリスの全出版物を年代をおって検討し、そのなかから歴史主義の所産をひろいあげることができる。

(7)　H. Mizuta, *ibid.* ——ローガンの『要綱』と『アジア論』は、ともにスミスの蔵書のなかにある。前者は From the author とかかれていながら、スミスの蔵書としては例外的に、製本されていない。後者は、ほかのパンフレットとあわせて製本されているが、蔵書票がない。

(8)　ただし、この本の著者推定には、かなり疑問がある。ラムジーを著者とするのは、N・L・S (*The National Library of Scotland*) とD・N・B (*Dictionary of National Biography*) であるが、これにたいして、つよい疑問を表明したのはバタフィールドであった (H. Butterfield, *George III, Lord North and the people 1779—80*, London 1949, p. 349, n. 1.)。バタフィールドは、この本がヨークシャー運動のもっとも重要な先駆のひとつであることをみとめ、まさにその点が、ラムジーによる一七七一年の急進主義運動への非難と、矛盾するというのである。ヒルの論文も、匿名のままでこの本をあげている。スマートもまた、バタフィールドに全面的に同調して、ラムジーの *An essay on the constitution of England*. 2nd edn., London 1766. と、この匿名書とを対比する (A. Smart, *The life and art of Allan Ramsay*, London 1952, pp. 140 ff.)。基本的な相違点とされるのは、アングロ・サクスン主義の有無である。なお、ギルバート・ステュアートにも、前述のように、類似の題名の著書があることに注意せよ。

(9)　C. Hill, The Norman yoke, *Puritanism and revolution*, London 1958. この本をとりあげたのがヒル自身でないことは、かれにあってたしかめた。

(10)　ラムジーの著作のなかから、政治的なものをあげておくと、つぎのとおりである（注8の前掲書をのぞく）。

Thoughts on the origin and nature of government, Anon. 1769

A plan of reconciliation between Great Britain and her Colonies, Anon. 1776.

Letters on the present disturbances in Great Britain and her American Provinces, 1777.

Observations upon the Riot Act, Anon. 1781.

An essay on the right of conquest, Anon. 1783.

以上のほかに、フィラデルフィアで、前掲書の抜萃が出版されている。

(11)　この伝記的部分は、John Logan, *Sermons, by the late Rev. John Logan*, F. R. S. Edinburgh, one of the ministers of Leith. Including a complete detail of the service of a Communion Sunday, according to the usage of the Church of Scotland. To which is prefixed a life of the author. New edition, London 1810, pp. iii—xiv. によると。この記述によれば、ローガンの講義は、大学の講義であったのか、学年中に公開講義としておこなわれたのか、あきらかではない。アダム・スミスのエディンバラ講義に類似した形式のものと、考えていいのかもしれない。

(12) このときだれがこの地位をえたのかも、問題としてのこされる。ギルバート・ステュアートが、同様な失望からロンドンにうつったこと、ヒュームがやはり失望をあじわったことを、指摘しておく。

(13) 前掲の伝記によれば、翌年となっているが、じっさいには一七八七年である。*A dissertation on the governments, manners, and spirit of Asia,* Anon. London 1787.

(14) ノルマンとサクスンの団結というテーマや、自由が貴族を中心にとらえられていることなど、同時代のアングロ・サクスン主義と対比すべきであろう。アダム・スミスは、ローガンの『ランナミーディ』がエディンバラで一七八三年に上演されて問題化したとき強力な支持者であったし、ローガンをロンドンのストラハンに紹介した手紙のなかでは、「世界史講義」をたかく評価し、かれが歴史および道徳哲学などの書評者としてすぐれた能力をもつことを、指摘している。Cf. Bonar, *Catalogue,* p. 104. Rae, *Life,* pp. 396—7.

(15) 歴史哲学ということばの、思想史も、ここでは省略する。フランスではヴォルテールの有名な例があるが、イギリスでは、ローガンの著書が最初であったかもしれない。

2

二つの著作は、おなじ講義にもとづいてはいるが、内容も形式も、もちろん同一ではない。『要綱』は、序論にはじまって、アジア（エジプトをふくむ）、ギリシャ、ローマにいたり、西ローマ帝国の解体（四七六年）で第一部がおわる。「第二部はまもなく出版される」と巻末に注記されているにもかかわらず、第一部が出版されたすべてであった。そして、『要綱』は、すでにのべたように、項目だけで説明がない部分がすくなくない。『アジア論』の方は、二七ページのパンフレットではあるが、速記によるものだと序文にのべられているとおり、省略はない。しかも、とくにこの部分を公刊する理由として、最近におけるインド問題への関心の増大があげられる。(1) このように、くわしさや問題意識にかなりおおきなちがいがあるとはいえ、『要綱』のアジアの部分（二六―四七ページ）が、『アジア論』に対応することはたしかである。

『要綱』の序論は、おそらく、歴史哲学という題名にもっともふさわしい部分であって、それは、歴史記述の歴史からはじまる。「人間には、自分たちがみた大事件を子孫につたえようとする自然的傾向があり……歴史的記念物は文字の発明に先行する。……詩が人類最初のことばであるように、最初の歴史家は詩人である。……社会が進歩するあいだに職業が分化して、歴史記述が個別部門となるのである。」ところが、「著作のこの領域は、しばしばもっともたいくつな著者たちによって横どりされてきたのであって、かれらは、大量ではあるが些細なものの集積によって、歴史という名をはずかしめた。」このような現状にたいする、ローガンの積極的な批判は、「その本来の形態における歴史の観念」、「歴史的諸科学の卓越と諸利点」、「それが学芸のなかでしめるたかい地位」という三項目に要約されているだけで、説明はない（事実上は、あとにでてくる）。しかし、かれが、歴史を、一方では、人間の性格形成のための、教育の第一段階として、他方では、法律、統治、哲学、詩、文芸批評などの、文化の全領域と結合し、それらに光をなげかけるものとして、理解していたことは、歴史の効用についての項目からあきらかである。

歴史記述は、人類史上、三つの画期をもつ。それは、ギリシャとローマと、十六世紀初頭であって、ローガンによれば、はじめの二つは、いずれも「普遍史」への発展を阻止した。第三の時期には、近代人が古代人を模倣し、現代に過去をつけくわえて、学芸をおおいに発展させたが、古代模倣が現代軽視につながり、「民衆の大部分は、文芸のよろこびと進歩から除外され、学識あるものは、人びとのうちの独立の階層となった。哲学は、人間の諸問題にかかわりをもたず、科学は大学の壁のなかにとじこめられた。」このようにしてかれは、直接には、ルネサンス・ヒューマニストの古代模倣と現実遊離の批判から、自己の歴史哲学を展開しはじめる。

近代は、古代にとってほとんどしられていなかった哲学の一部門を、発展させる道をひらいた。それは、「政治的存在としての人間についての理論と、市民社会史である。」ここでも、政治論と市民社会史が、a part of Philosophy として一括されていることに、注意すべきであろう。しかし、すぐまえにのべたように、近代初期における発展の可能性は、そのごしばらく抑圧され、ようやく十八世紀になって、それが回復された。ローガンのつぎのことばは、手ばなしの啓蒙礼讃である。「現世紀において、まえよりも解放的な制度《システム》が成立した。人びとはもはや、かくことばと、はなすことばを区別しなくなり〔ラテン語から母国語へ〕、諸学派の専門用語は衒学者たちにのこされ、不毛の思索が、有用な研究に場所をゆずった。哲学者はついに、自分が人間であることをおもいだし、世界にたいして声をだした。こうして、知識の普及が、過去のどんな時代よりも、現代を特徴づける。自然の最善のおくりものである真の哲学が、ひろがりはじめ、文学の光が、天の光のように、すべてのうえにかがやきはじめるのである。[2]」

それでは、真の哲学とはなにか。諸事実についてのおおきく自由な知識にもとづいて、個別から普遍へ、部分から全体へ上昇し、宇宙の全現象をあつめることによって〔広義の〕自然を解釈するのが、真の哲学の任務であると、ローガンはいう。この抽象過程において、人間精神は、類似のものをあつめる（分類）だけでなく、因果系列をたどって一般的諸法則に到達するのであり、ローガンによれば、このあとの方向が、「科学の最後の、そしてもっとも完全な、しごとなのである。」自然哲学と道徳哲学は、自然と社会についての、分類と〔因果〕法則発見を任務とするものであって、ローガンは、前者の代表としてニュートン、後者の代表としてモンテスキュウをあげている。このことは、当時の一般的な傾向であるとはいえ、とくにモンテスキュウ(3)のスコットランド歴史学派への影響を、つよく印象づける。

「歴史研究における第一諸原理」の章では、諸国民の性格形成において協働する自然的《フィジカル》および道徳的《モーラル》な諸原因が、まずとりあげられる。自然的諸原因とは、人間の気質《テンパー》にたいして、気づかれることなく作用する気候と土壌(climate and soil)を意味し、これまでの哲学者によって注意されることがなかった。ローガンは諸国民の基本的《オリジナル》性格が主として自然的原因から生じるのに対して、そのごの変化は、ほとんど道徳的原因にもとづくという。ここで道徳的原因とよばれているのは、つぎの引用文からも推測されるように、社会的または政治的な原因といいかえても、さしつかえがないものである。「統治、諸制度、諸法の、形態と精神〔法の精神!〕は、その諸効果を、一国の臣民たちのうえにひろげる。同感と模倣が、仲間たちの一団に性格、態度、感情の類似性をあたえるように、それとおなじ同感と模倣は、おなじような接触によって諸国民にひろがるのであって、諸国民というのも、諸個人の集合体にすぎない。(4)」

このさいごのことばによって、国民を個人に分解してしまったローガンにとっては、国民性といっても、個人の性格とおなじことになるのだが、それは個人の性格の独自性をみとめることにではなく、逆に、歴史における個人崇拝の拒否につながる。「人の世のものごとのなかに生じる諸変化と諸改善は、個々人の努力からではなく、社会全体の運動から、ひきおこされる。この原因にたいする注意の欠如から、歴史はしばしば、個々の人間への称讃と名前の崇拝に堕落した。立法者たちは記録されているが、だれが、人民に言及しているか。(5)」スミスが主《マン・》義の人《ナブ・システム》をしりぞけたように、ローガンも、政治の発展を、社会＝人民の自然史のなかからひきだそうとする。「そういう空想的なシステムは、人間の問題にとっては無関係である。どんな国家構造も、協定によって形成されるものではなく、どんな統治も、計画をそのまま模写しうるものではない。社会性と政治は、人類にとって自然なのであって、社会が進歩するあいだに、諸本能は学芸となり、始原的諸原理はじっさいの諸制度に転化させられる。所有の不平等が発生するとき、富裕な少数者は権力をめざしてあらそい、多数者は権利を防衛する。諸党派のこの闘争から、ある形態の統治が樹立される。」

　財産から政府へ、というのも定石どおりであるが、(6) ローガンは、未開状態 savage state においては永久財産はないと考え、その実例をアメリカが提供するという。かれにとって、アメリカは、新世界ではなくて人類の古代の（すなわちあらゆる国民の rude state の）実例なのであった。永久財産は、人類が牧畜をはじめたときに発生するのであって、それは、ローガンによれば、未開状態のおわりであり、野蛮状態 barbarous state の成立なのである。この段階では、しかしながら、富がただちに政治権力とむすびつくのではなく、個人的資質が支配を決定するときは、国王の地位は選挙にもとづき、やがて財産における優越と首長の地位とが一致したときに、財産の世襲と権力の世襲とが一致する。そのばあいでさえも、ホメロスにみられるように、人民と貴族会議とが王を制約した。(7)

　こうして世襲化した権力が、どうして専制化していくかについての説明がないままに、学芸《アーツ》の発明に先行する野蛮時代においては、戦士がもっとも名誉ある職業とされ、軍事精神は最高であったといわれる。この点から、アジアとヨーロッパの道がわかれるのであって、アジアは一貫して専制のもとにおかれたのにたいして、ヨーロッパは、トロイ戦争ののちのギリシャの民族移動が、混乱と専制をうんでまもなく、民主主義への道をあゆみはじめる。ローガンは、全体としてのヨーロッパ史については、手ばなしの礼讃をしめす。「面積は最小であるが、ヨーロッパは、地球のなかで、もっとも祝福された場所である。ここで人間は、かれの主要な卓越に到達し、人間性はもっともきわだった光彩をもってあらわれた。生活をささえ社会をかざる技術・芸術《アーツ》は、最大の成功をもって開発され、諸科学は民事軍事をとわず、最高の完成にもたらされた。……法律、統治、人間の才能、人間の性格は、ここにおいて、もっとも多様でもっともかがやかしい姿をしめした。(8)」

問題は、なぜヨーロッパ社会が、アジアの専制と停滞にもかかわらず、このような発展をとげたか、ということである。ローガンがトロイ戦争から西ローマ帝国の解体までの古代ヨーロッパ史についてのべているかぎり、この問題への直接の回答はない。そこにみられるのはむしろ、諸国家の没落の原因である。たとえばスパルタについては、一方では、人民が愛国心と軍事的精神にみちていて、「私的愛着が公的なそれに吸収された(9)」ことをたたえ、また、リュクルゴスの立法が「かれの統治組織を社会の状態から形成した」にすぎないことを指摘しながら、他方では、軍事的精神とは、他国民を奴隷化する精神にほかならず、「風習の永遠性」は、個人と国民の進歩という自然の規定を、暴力的に阻止することになるという。このような説明から判断するかぎり、軍事的愛国的精神は、それ自体として尊重すべきであり、一定の歴史的時期にとっては必然的でさえあるが、人類社会の自然史はそれをこえて発展し、そこにとどまる国民は、没落せざるをえない、ということになる。文明化を明暗の二重性においてとらえることは、さまざまなニュウアンスの差はあっても、スコットランド歴史学派、あるいは啓蒙史観全体の、特徴であった。

しかし、自然史そのものが、繁栄から没落への宿命をふくんでいるのではないかという、ペシミズムは、ローガンのばあい、あまり明白ではない(10)。ただ、ギリシャ（スパルタ、アテナイ、テーバイ）、ペルシャ、マケドニアをこえて、ローマの段階になると、ややそれにちかいものがでてくる。ロムルスの兵士たちは一人二エーカーをあたえられ、こうして財産が平等であるから権力も平等であった。ところが、セルウィウス以降、「社会状態の変化が統治の変化をもたらす。」すなわち、財産の不平等が発生して、「権力は自然に財産にしたがう」ことになる。[11] この貴族制にたいする平民の抵抗が増大し、国家の職務が両階級に共通のものとなるにおよんで、ローマ共和国は、完全な形態にたっした。ところが、ポエニ戦争、シリア戦争にかって、隆盛の頂点にきたとき、ローマは没落しはじめる。「単純と質素ときわだった貧しさの時代は、過去となった。きびしい民族は、その生活態度をかえはじめた。勝利した国民が、ただちに、敗北した国民の悪徳を採用した。東洋の戦利品が、奢侈への嗜好をもたらした。そして、歴史においてしばしばおこったように、アジアがヨーロッパを腐敗させたのである。[12]」世界の富がローマにながれこんだが、それは貧富の差を激化させるだけであって、私的富裕と公共的みじめさの混合から、無秩序が増大した。そして、「ローマ人が強大となる過程では有利でありながら、かれらの支配が極限にたっしたときには、かれらをほろぼすように作用した、諸慣習について」という、項目があげられている(説明はない)ことをみても、盛衰の自然史というようなものが、漠然とではあるが、考えられていたようにおもわれる。帝政になって、かつてローマの武力をささえていた諸徳(栄光への情熱、祖国への愛)がなくなり、武力が形骸化すると、かえって滅亡を促進した、というような理解についても同様な推測が可能である。

西ローマ帝国の解体をもって、ローガンの『要綱』第一部はおわる。ヨーロッパ中心主義の根拠は、はっきりしないままだが、アジアとの対比によって、もうすこし分析をすすめることができそうである。ここまで(四七六年まで)にキリストが一度もでてこないことも、牧師の講義としては、意外におもわれるかもしれない。しかし、それについても、アジアとの対比が間接に回答をあたえるであろう。

(1) すこしあとの方で、つぎのようにのべられている。「歴史は、その本来の形態においては、諸王侯の計画や政治家たちの陰謀をえがくことだけを目的とするだけではなく、社会の描写をあたえ、諸国民の性格と精神を表現することを、目的とするのだから、すべての人類にとって興味あるものとなる。」J. Logan, *Elements of the philosophy of history,* part first. Edinburgh 1781, p. 16.

(2) *Ibid.*, p. 6. 引用文中〔 〕で挿入した部分は、すべて引用者のもの。

(3) F. Fletcher, *Montesquieu and English politics* (*1750～1800*), London 1939. のような研究があるにもかかわらず、モンテスキュウのイギリスへの思想的影響は、十分にあきらかにされたとはいえない。スミスは、晩年に『法の精神』批判をかこうとしていたと、つたえられる。

(4) *Ibid.*, p. 13.

(5) スパルタにおけるリュクルゴスの立法については、つぎのようにいわれる。「どんな立法者も、かれ自身の心のままに、ある人民の法律をつくったり風習を形成したりするのではない。時代の精神《ジニアス》は、つねに、立法者の精神《スピリット》にとって、力がつよすぎる。……リュクルゴスのような人物は、また出現したかもしれない。だが、だれがひとつの人民をつくりだしえたであろうか。」*Ibid.*, p. 63.

(6) 「財産の変化は、諸国民の発展における、おおきな区別のひとつである。」*Ibid.*, p. 21.

(7) *Ibid.*, p. 24.

(8) *Ibid.*, p. 48.

(9) *Ibid.*, p. 67.

(10) 社会の粗野な状態においては、両性の自由な交渉は、なにも犯罪的な結果をうまないが、一層すすんだ時期においては、女性が国をほろぼす可能性が生じる、という主張から、ペシミズムをくみとることもできる。*Ibid.*, p. 71.

(11) *Ibid.*, pp. 132—3.

(12) *Ibid.*, p. 165.

3

アジアは、神聖な記録によれば、人類の両親がエデンの園からおりてきたところであり、普遍史によれば、人類がここではじめて、結合して文明社会をつくり、正規の統治形態をつくった。法と政治、農業と製造業、学術技芸において、つまり文化的に、アジアは世界最古である。(1) 自然的にも、そうであろうとローガンは推定する。ところが、そのアジアでは、最古の記録から現代にいたるまで、ひとつの統治形態が支配的である。それはすなわち、立法・司法・行政が王の一人格に集中し、恣意的で絶対的なこの権力をチェックするものがなにもないという、専制である。人類史の初期において支配的であった父権が、ここではなお存続し、この専制政治の原理は恐怖であって、主権者とどれいが、東洋における唯一の身分の区別である。恐怖による受動的服従であるから、人民の側には、忠誠あるいは自由の観念、国民精神または国民感情というものはない。(2) このように自発性がなければ、野心もなくなり、しかも専制的恣意による不安感がくわわって、人民の生活感情は、快楽・奢侈的、刹那的にならざるをえない。アジアの技芸が、洗練された奢侈をうみ、奢侈工業をうんだのは、専制の影響によるのである。(3)

もっとも、ローガンによれば、アジア的専制は、まったく抑制装置をもたないわけではなく、また、まったくとりえがないわけでもない。実例としては、エジプトが、「古代の統治のなかで、われわれの君主政治《モナーキー》の観念に対応する唯一のものである。王の権力は法によって制限され、継承の順序は規定され、司法権は王権から分離されていた。(4)」東洋の諸帝国はつねに専制的であったとはいえ、どんな統治もはじめから抑圧の体制であったのではなく、アジアにおける権力も、はじめは臣民にたいして好意的であった。(5)あとになっても、三つの点が、専制権力にたいする抑制装置として考えられる。第一に、南方の風土は、人民をおとなしくするとともに、君主を、王位がゆるがぬかぎり、おとなしくする。第二に、専制君主は、敵をおそれたり味方に依存したりする必要がないから、公平であり、かれ自身の利害は人民のそれと一致する。第三に、成文法による規制のかわりに、既成の慣習が作用し、偉大な自然法すなわち正邪にかんする人類の感情が、作用する。(6)

この三点については、それぞれ議論の余地があることはいうまでもない。第一に、風土的唯物論は、スコットランド歴史学派が、モンテスキュウから継承しなかった要素のひとつであって、ローガンはむしろ例外である。しかも、「ヨーロッパの山々は自由の障壁であり、アジアの平原は専制の座である」(7)とか、自然が親切であれば人間の勤労は阻止されるとか、自然がゆたかであれば精神はその機能をわすれるとかいうように、自然のきびしさをもってヨーロッパ民主主義を基礎づけるとすれば、アジアについては二つの矛盾が生じてくる。まず、前掲の例のとおり、南方の自然のゆたかさは、人民をおだやかにすると同時に、専制そのものをおだやかにしてしまうであろうし、つぎに、北方アジアの自然のきびしさは、ヨーロッパとおなじ見方によれば、専制に不利であるはずなのに、ローガンのあいまいな表現から推測すれば、専制を苛酷にするのである。そうすると、のこるのは、単一の平原と山脈による区分のちがいであるが、ローガンは、大平原は住民の政治的結合を不可能にすることによって、専制を可能にするというのだから、ヨーロッパにおいても封建的分裂と国民的統一の問題があることを、わすれたかのようである。そのうえ、アジアの残酷がやわらげられるのは、「人びとがまえよりおおきな諸社会で生活すると、まえよりおおきなスケールで行動し、統治についてまえよりただしい原理を形成する。一国民と一国民の戦争においては、個人的敵意や競争種族の復仇は、わすれられる」(8)という理由によるとすれば、

平原の大社会は、専制にとって、どの方向に作用することになるであろうか。(9)

第二の、専制君主の公平さについては、すでにホッブズものべているのであって、それは、ホッブズのように絶対主権を抽象化したばあいにのみ、いえるにすぎない。

第三の、既成の慣習が、王権を制約するものにまで成長するのは、アジアにおける絶対権力が、絶対的であるために人民から遊離し、人民は支配者の変化（革命と征服）にまったくかかわりなく、自己の生活を継続するという事情によるのであろうか。(10) そういう社会は、おそらく、「正邪についての人類の感情」が専制の進行を阻止するといわれ、「世界という大共同体」にたいしてぬかれた剣は、それをもつものをきずつけるといわれるばあい(11)の、人類社会にちかくなるであろうし、平原の大社会が、その性格をもつであろう。これらの点についての、ローガンのあいまいさは、生活資料の生産と流通が人間を結合するという観点が、決定的に脱落していることと、けっして無関係ではない。人類と個人のあいだの媒介項がないから、政治権力の問題もピントがぼけてしまうのである。

それでは、ローガンは、イギリスにおけるモンテスキュウの亜流の一人、あるいはスコットランド歴史学派の二流の実例としてのみ、意味をもつのであろうか。二流三流の思想家をほりおこすことは、一流の思想家の影響あるいは客観的位置を測定するために、必要である。しかし、もうひとつ、ローガンがアジア的専制の根拠として、政治権力と宗教との結合をあげていることは、かならずしも独創的ではないにしても、(12) 注目すべきであろう。

ローガンによれば、アジアでは、祭壇がつねに王位とむすびつき、一種の神権政治《シオクラシー》が成立する。「宗教にもとづく統治は、つねに専制的」(13)であり、立法者は天のつかいとして、絶対化され、人間の精神をも支配する。かれは、神格化＝非人格化されるから、人民からみられることがなく、(14) したがって、人民の側でも、人格的自発的な忠誠ではなく、恐怖による崇拝、受動的服従がなりたつにすぎない。アメリカの原住諸種族もまた、それぞれ全知全能の神をもち、政治家は、これとつながりをもつことによって、専制支配を確立するのであった。(15)「宗教にもとづく統治は、必然的に、もっとも絶対的な、そして無制限な、権威を樹立する。君主の布告が、神の命令とみなされるばあいは、かれの意志に反対するのは、反逆であるのみならず、不敬である。(16)」

宗教とむすびついた政治権力が専制化するという考えかたは、宗教においては、神が絶対者であり、人間の内面をも拘束するということを、前提している。反対のがわからみれば、政治には絶対者は存在せず、また政治権力は人間の内面を拘束しえないことが、前提されているのである。もう一歩すすんでたずねるならば、宗教の絶対性が、ローガンにとって、宗教自体の性格であるのか、宗教が政治とむすびつくことによって、宗教の方も堕落するのか、ということになるのだが、残念ながらその点については、かれの『説教集』の分析が、のこされた唯一の道であって、『要綱』も『アジア論』も、宗教論ないしキリスト教論をふくんでいないのである。

アダム・スミスは、「狂暴な宗教論争の時代は一般に、ひとしく狂暴な、政治的競争の時代であった」として、政治権力と宗教との結合の歴史的根拠を説明し、政治が宗教を利用することによって、逆に宗教に譲歩せざるをえなくなったという。「もし政治が、けっして宗教のたすけをもとめなかったならば、……それが勝利をえてしまったときに、おそらくすべてのさまざまな宗派を平等に公平にとりあつかったであろうし、各人がみずから適当だと考えたとおりに、自分の僧侶と自分の宗教をえらぶのを、ゆるしたであろう。(17)」すなわち、スミスにとっては、政治と宗教が分離されるならば、宗教の絶対性もまた、くずれさるのであった。この論理をそのまま、ローガンのアジア的専制に適用することも、もちろん不可能ではないが、神権政治とアジア的停滞の問題が、このような視点から、スコットランド歴史学派の一隅でとりあげられていたことを、指摘すれば、さしあたっての目的は達成されたのである。それが、思想と政治という現代的問題にどうかかわるかは、おのずからあきらかであろう。

（1）J. Logan, *A dissertation on the governments, manners, and spirit of Asia*, London 1787, p. 7.
（2）*Ibid.*, p. 12.
（3）*Ibid.*, pp. 16—7.
（4）J. Logan, *Elements*, p. 35.
（5）*Ibid.*, pp. 43—4.
（6）J. Logan, *Dissertation*, p. 14.
（7）*Ibid.*, p. 20.
（8）J. Logan, *Elements*, p. 43.
（9）平原の大社会が、第三にのべる人類社会につながるものかどうかも、疑問としてのこる。
（10）J. Logan, *Dissertation*, pp. 11, 17.
（11）*Ibid.*, p. 15.
（12）*Ibid.*, pp. 22 ff. Cf. *Elements*, pp. 36—7
（13）J. Logan, *Dissertation*, p. 23.
（14）*Ibid.*, p. 11.
（15）*Ibid.*, p. 23. ——ここから、ヨーロッパの政治と宗教がそれぞれ、アメリカおよびアジアを征服することが、正当化されうる。ただし、ローガンは、そこまでいってはいない。
（16）*Ibid.*, pp. 26—7.
（17）*W. of N.*, bk. 5, ch. 1, pt. 3, art. 3. 邦訳、下巻二一〇—一一ページ。

（一九六六・一〇・一―五、コペンハーゲン―グラーズゴウ）

――『一橋論叢』第五十六巻第六号（一九六六年十二月）所収。旅行中に、コペンハーゲンのホテルと飛行場で大部分をかいたので、ラムジーの著作について不正確な点があり、これをふくめて訂正加筆した。――

第五章　ハチスンにおける道徳哲学と経済学

1

ヨークシャのブラムホープ・マナーで、窓をうつ冬の嵐の音をききながら、わたくしがスコットの『フランシス・ハチスン』をよみはじめたのは、一九五四年の末であった。わたくしは、『学生および教授としてのアダム・スミス』にもみられるようなスコットの方法、すなわち、資料に忠実なあまり対象の全体的印象を稀薄にするような、いわば木をみて森をみないような方法に、不満をもっていたけれども、とにかく、ハチスン研究の手がかりとしては、五〇年あまりまえに出版されたスコットの本しかないのである。スミスにとって never to be forgotten であったハチスンは、そのごの時のながれのなかに、ほとんどうずもれてしまったようである。

ハチスンの死後一五〇年（一八九六年）を記念して発表されるはずだったスコットの研究は、ハチスンが哲学史じょうきわめて重要視されながら、具体的な位置づけがきわめてあいまいであることから、出発している。そういう事情は、げんざいでもあまりかわらない。ハチスン評価の例をいくつかあげてみよう。——「ハチスンは moral sense theory の主要な代表者として、もっともよくしられている」と、グラーズゴウ大学道徳哲学講座の、げんざいのスタッフのひとりがのべているが、(1) 啓蒙時代の思想史についてドイツとフランスの権威者も、シャーフツベリ＝ハチスンを、美学と倫理学において、古典主義＝合理主義と感覚主義＝経験主義への、両面批判をおこなったものと規定している。(2) ところが、同時に、ハチスンは、ベッカリーアやプリーストリとともに、ベンサム的功利主義の先駆者としてしられている。(3) ふたつの評価は、もし同一平面にならべられるなら、あきらかに対立する要素をふくむのであって、そのひとつの証拠をあげれば、たとえばホッブズは、まえの評価ではハチスンと対立し、あとの評価では、ベンサムのとおい先駆者として、(4) ハチスンと同系列にぞくすることになってしまうのである。

ふたつの評価のくいちがい（かりにそういっておくとして）のきそは、ハチスンの思想じたいの、矛盾ないし発展のなかにもとめられるかもしれない。スコットは、ハチスンが「preacher であって体系の樹立者でなかった」ことを、はっきりみとめ、かれの思想は、古今の哲学の golden thoughts のアンソロジーだったといっている。ハチスンは哲学への志向をつくりだしたが、哲学をつくりだしたのではなかったとさえ、スコットはいうのである。(5) あるいは、ラフィルの指摘のように、道徳哲学の一般的な領域では、ハチスンの代表的著作は、『道徳哲学綱要』（一七四二）と『道徳哲学体系』（一七五五）であるが、そこではかんじんの moral sense は、たんなる名目にすぎなくなってしまったと、みていいのかもしれない。(6) だが、問題はそこでおわるのではなくて、むしろ、そこからはじまるのである。スコットがなにげなく、時代も国も、一貫した体系をうけいれるまでに成熟していなかった、といったのは、まさしくハチスンの矛盾ないし変化が、歴史的社会的なきそをもっていたことを、はっきり意識せずにではあるが、あらわしている。さすがにスティーヴンは、感覚のするどさをしめして、クラーク、ロック、シャーフツベリから、スミス、プライス、ベンサムにいたる思想家たちの課題は、「秩序のふるい聖化が死滅しつつあるときに、どのようにして秩序が維持されうるか」(7) ということだったと、スコットより二〇年もまえにのべたのである。

ホッブズが、ばらばらの利己的個人に解体してしまった社会を、再統一するこころみは、すでに直接かれにたいする諸批判のなかでおこなわれたが、それらはふたつの対抗する要素をふくんでいた。というのは、ホッブズが、ふるい社会の枠をこわして、ブルジョア的個人を解放したのにたいして、ふたたびこれらの個人のそとがわから、ふるい枠をおしつけようとするものと、ばらばらになった個人の集合のなかに、あたらしい社会の原理をみいだそうとするものとが、あったからである。人間はほんらい道徳的社会的なのだというだけでは、封建社会の解体と資本主義社会の樹立との中間の、混沌のなかにおける深刻な危機はのりこえられない。ふるい社会の解体を否定しえぬ事実としてみとめることから、あたらしい社会と社会観の形成は、出発しなければならなかった。そのためには、ブルジョア的個人が、超越的な権力や道徳の支配なしに、自生的な社会秩序をつくりうることを、証明しなければならないのだが、ほかならぬホッブズによるいっさいの超越的権威の拒絶が、このいみでのホッブズのブルジョア的批判者の、前提をなしていた。デューイがいうように「ロックが、個人そのものにぞくする自然権というこの概念を、ホッブズの民主的反対者たちからよりも、むしろホッブズからひきだした、といっても逆説的ではないだろう。(8)」

ところで、ハチスンにつながる問題は、そのつぎにある。ホッブズへのロックの依存と反撥は理解しうるし、ロックとスミスとのつながりも、いちおうあきらかだとしても、そこへホッブズ＝マンダヴィルの系列と、それに対立するシャーフツベリ＝ハチスン（およびバークリ）の系列をいれると、どういうことになるだろうか。シャーフツベリはロックの弟子とされ、マンダヴィルとハチスンは、ともにスミスの先駆者とされるのである。

ホッブズ批判者エドワード・ハイドも、かれなりに「所有権と自由」をようごしたのであったが、(9)それは、資本主義の発展に、「うえから」であってもとにかく「対応」しようとするなら、さけられぬことだった。おそらく、シャーフツベリ＝ハチスンの、ホッブズ＝マンダヴィルへの対抗も、おなじようないみをもっていたであろう。しかしわたくしは、シャーフツベリ＝ハチスンを封建的反動としてほうむろうというのではなく、また、ホッブズ＝マンダヴィルが、「したから」の道をあらわしているともおもわない。近代化のふたつの道の対抗という概念は、きそ過程においてさえ、「歴史」としては、十分に検討をようするのであるが、思想史の領域にそのままもちこまれるならば、まさしく「不必要悪」である。(10)

マンダヴィルは、利己心という「悪徳が、おおきく力にみちた社会と、不可分であり、それなしには、社会の富とすばらしさは存在しえない」(11)といったけれども、このばあい、悪徳が有益になるには、そとから「正義によって裁断され束縛されるならば」(12)という条件がついていたのである。シャーフツベリは、一見マンダヴィルとまったく反対に、私的利益への配慮がつよまればつよまるほど、「公共利益への愛着を減少させる」といいながら、同時に、まず、「利己心が、とうぜんわれわれのあいだでは支配的である」ことをみとめ、ついで、「利己的情念の増大によって徳の原理が侵害をうけるにかかわらず、……他方では、未来の罰への恐怖と未来の報酬への希望とは、いかに金銭ずくの、あるいはどれい的なものと説明されようとも、おおくのばあいには、徳への、ひとつのおおきな助長であり保証であり支持である」(13)という。この態度はおそらく、つぎの匿名著を中間項として、マンダヴィルと（ニュウアンスの差はあっても）ほぼおなじ段階に位置づけられそうである。

シャーフツベリの解説者としてしられるジョン・ブラウンは、匿名の著書『時代の風習と原理についての一評価』(14)で、「過度の商業と富が、……個々人のすべての注意を、利己的な欲望充足にむかわせ……公共的精神をほろぼす」(15)と非難するのだが、しかし、「この過度の商業と富をへらせば」もとどおりになるかというと、「わたくしはそのけっかについて、おおきなうたがいをもつ。……こうしてわれわれは、一種のディレンマにおちいる」(16)と告白しているのである。マンダヴィルとのきょりは、みかけほどとおいものではなくなって、ちがいは、ブラウンがこのディレンマをみとめながら、公共的精神を人間本来のものとして（かならずしも、すべての人間にとってうまれつきのものとしてではない）固執しているところにあるといえよう。マンダヴィルが、人間の利己的本性と、そとからの正義による統制とをむすびつけて、市民社会を構成したのにたいして、ブラウンは、両者を人間性のなかで対立させたから、ディレンマをみとめざるをえなかったのである。

利己心を、マンダヴィルが、必要な悪とみとめたとすれば、シャーフツベリ＝ブラウンは、不可避な悪とみとめたことになるであろう。だからシャーフツベリは、それをつつみこむような高次の全体（宇宙の予定調和）で、ディレンマをのりこえるという方法をとるのだが、利己心が不可避であり、すでに一般化したことをみとめたうえで、はるかな全体の調和にあこがれるとすれば、それは観念の世界でのみ実現され、したがって少数の、物欲から自由な賢者の共同体でのみ、実現されるわけである。[17]

（1） D. D. Raphael, *The moral sense*, O. U. P. 1949, p. 15.

（2） E. Cassirer, *Die philosophie der Aufklärung*, Tübingen 1932. Engl. tr., Princeton U. P. 1951, p. 315. 中野好之訳『啓蒙主義の哲学』三九七―九ページ。P. Hazard, *La pensée européenne au XVIIIème siècle*, Paris 1946, tome 2, p. 88. カッシラーとアザールがともに、主として美学の領域でハチスンをとりあげているのは、特徴的である。

（3） E. Halévy, *The growth of philosophic radicalism*, new ed., London 1934, p. 33.

（4） E. F. Heckscher, *Mercantilism*, London 1934, Vol. 2, p. 271.

（5） W. R. Scott, *Francis Hutcheson, his life, teaching and position in the history of philosophy*, C. U. P. 1900, pp. 285―7.

（6） D. D. Raphael, *ibid.*, p. 15.

（7） L. Stephen, *English thought in the eighteenth century*, 2nd ed., London 1881, Vol. 2, pp. 2―3.

（8） J. Dewey, The motivation of Hobbes's political philosophy, *Studies in the history of ideas*, edited by the Dpt.

of Phil. of Columbia University. Vol. 1, New York 1918, p. 90. Cf. J. W. Gough, *John Locke's political philosophy*, O. U. P. 1950, pp. 127—8. H. Laski, *Political thought from Locke to Bentham*, London 1920, pp. 33—4. J. Locke, *Essays on the law of nature*, O. U. P. 1954, intr., pp. 37—8.

（9）　水田洋『近代人の形成』第二版三〇九ページ。

（10）　この点について、いまはくわしい説明をはぶく。それはわたくしが「大塚＝高橋史学（とくに後者）の無時間的〔非歴史的〕性格」を指摘し（前掲書二〇二ページ）、マルクスの「剰余価値にかんする諸学説」を、ほんらいの経済学史とみとめなかった（『社会思想史の旅』二〇四ページ）ことに、関連をもつ。また、かつて服部之総氏（民主評論、一九四七年七月）が、大塚史学は観念論だが高橋史学は唯物論だから、後者がすぐれているといったことについては、わたくしは、それゆえにこそ後者は、思想史的分析にあたって無力なのだとかんがえる。

（11）　[B. de Mandeville], *The fable of the bees*, London 1714, preface [p. 9]. ——この序文のおわりで、かれが、「人間がほんとうの幸福を享受しうるところ」は「ちいさな平和な社会」だとして、都会にたいして農村をたたえていることを、指摘しておきたい。

（12）　Mandeville, *ibid.*, p. 19.

（13）　Earl of Shaftesbury, *Characteristicks of men, manners, opinions, times*, 3rd edn., n. p. 1723, Vol. 2, pp. 58—60.

（14）　[John Brown], *An estimate of the manners and principles of the times*, by the author of the considerations on characteristicks of men, manners, opinions, times, 3rd ed., London 1757. ジョン・ブラウン（一七一五—六六）は、シャーフツベリの著作についての、功利主義的な解説（一七五一）によって、ペイリーやJ・S・ミルに注目された。ここに引用した主著は、一七五七年初版、翌年七版という記録がしめすように、かれの著書のなかでもっとも好評であった。

（15）　*Ibid.*, p. 174.

（16）　*Ibid.*, p. 216.

（17）　Scott, *ibid.*, pp. 153 ff.

2

フランシス・ハチスンの祖父アリグザンダーは、グラーズゴウの南のエアシャの名門の出身で、長老派の牧師としてアイアランドに移住した（ダウン州ドラマリグ）。その子、すなわちフランシスの父も、おなじく牧師であって、フランシスの思想の形成には、このような非国教徒の意識がおおきなえいきょうをあたえたことが、想定される。フランシスが一七一一年に一七歳で入学した、グラーズゴウ大学は、非国教徒の学問的中心であった。かれの政治論のなかで、人民の抵抗権が、ホッブズはもとより、ロックにさえもまさって、明白かつ強力なかたちをとるのは、(1)カルヴァン派＝非国教徒の革命的伝統のあらわれであろう。「暗黒時代においては、そしてまた、知識が発達した時代においてもきわめてしばしば、野心ある君主の不信な策略により、民衆の迷信を左右するきわめておおくの聖職者の、いやしいどれい根性によって、人類の諸権利についてのただしい感情の発現が、暴力的に抑制されて、政治についての自然なかんがえが、人々の心からけされてしまった。(2)」しかしながらハチスンは、非国教徒の宗教的偏狭さのなかに、とどまってはいなかった。かれがグラーズゴウの学生であったとき、神学教授ジョン・シムスンは、原罪への処罰を信ぜず、自由意志と異教徒の救済を信じたというので、教会から攻げきされたのだが、大学をおえてアイアランドにかえったハチスンの、宗教的見解は、非国教徒のなかの正統派のあいだでは、まったく不評だった。benevolent God による普遍的なすくいという、かれのかんがえは、シムスンをついで、カルヴァン的狭隘を脱するものであり、のちにシャーフツベリ的な宇宙調和をうけいれる思想的なじゅんびであった。そして、まもなくかれが、ダブリンの非国教徒学校の校長としてむかえられると、そこには、ロック、シャーフツベリ、トランドと交友のあった、有力者モールズワス卿がいて、文化人のサークルをつくっていた。シャーフツベリのえいきょうは、このモールズワスをつうじて、ハチスンおよびその他の、ダブリンのわかい思想家たちにつたえられたのである。このとき、ジョージ・バークリもまた、ダブリンにいた。(3)

一七二五年はじめにロンドンで出版された、ハチスンのさいしょの著作『美と徳の観念』は、その副題において、シャーフツベリへの依存とマンダヴィルへの対立を明示している。(4) このような傾向や、総督カータレットへの接近が、父を心配させ、訓戒の手紙をかかせることになったけれども、ハチスンの父への返信は、「宗教の問題において、きわめておおくが人間の思慮にゆだねられている」という信念にもとづいて、宗教的寛容を主張し、特定の政治制度も特定の宗教制度も、ともに絶対的なものではありえないと、のべている。(5) こういうかんがえは、遺著のなかにみられるつぎのような自由の規定に、つながるものとみていいであろう。「われわれの近代的な法制は、臣民の教育や訓練にはほとんど関与しないのだが、そこではかれらの自然的自由は、いかなるいみでも、ほとんど制限されない。そして、人民の重要な利益が、権力者の強欲かってな意志にたいして、よくまもられているときには、かれらは自由だといわれる。(6)」社会的諸制度は、政治的なものであれ、宗教的なものであれ、人間行為の基本的な枠をさだめるだけで、あとは各個人の私事として放任されるのである。

こうしてハチスンは、シャーフツベリ的な方向をとることによって、プレズビテイリアンの枠をこえた。だが、同時に、かれは後者をきそとすることによって、前者をもこえるのである。シャーフツベリのばあいには、少数の賢人（有徳の士 virtuosi）だけが、宇宙の美的道徳的な調和をみとおす能力をもつのであって、利己主義へのシャーフツベリの対抗は、直接に利他心をもちだすことなしに、教養ある有閑階級の個人が、究極秩序を認識しそれに合一すると主張することによって、くわだてられる。(7) これに反してハチスンは、道徳的善を認識する能力すなわち moral sense が、ほとんど本能のようなものとして、すべての人間にうまれながらにそなわっているという。[8]「行為の道徳的なちがいは、すべての人によってみわけられる」のであって、それはその行為のあたえる利害とは、かんけいなしにおこなわれ、「この道徳的区別は、洗練された教育とおおくの反省をもった人だけに、特有なのではない。[9]」

ハチスンにおける、このような、シャーフツベリの民主化[10]ともいうべき傾向をささえるのは、民衆の（被支配者の）宗教としての、カルヴィニズムであった。アダム・スミスは長老派が「他のどんな国家教会……にもまさって、一般民衆の精神におおきなえいきょうをあたえた」といい、道徳のげんかくな体系が、つねに「一般民衆の賞讃と尊敬をうけている[11]」といったが、この市民的宗教、市民的道徳は、ハチスンにおいては、父祖の非国教徒としての思想と、シャーフツベリの自由主義との、統一としてあらわれてくる。それは、宗教改革とルネサンス[12]とのハチスン的な統一と、みることもできるであろう。このハチスン的な統一は、支配階級内部の開明派としてのシャーフツベリがもちえなかった、民衆的きそによるのではあるが、反面からみれば、スミスのいわゆる中流および下層の人々が、げんかくな道徳をもった反抗者から、しだいに成長して、ひとつの社会秩序をつくりはじめたことを、いみするであろう。だが、この統一は、どこまでもハチスン的であってスミス的ではない。ほんらいのブルジョア道徳としての利己心が、統一のなかに十分にいきていないのである。

つぎにこの点を、ハチスンの主著を中心に検討してみよう。主著というのは、前述の『道徳哲学体系』であって、これはグラーズゴウ大学における講義をきそにして一七三七―三八年ごろかかれ、死後九年をへてはじめて出版された。ほぼおなじような内容の『道徳哲学綱要』は、『体系』よりあとにかかれて、さきに出版され（一七四二）、一七四七年にはイギリス訳がでている。[13]これまでにあげたほかには、就任講演、形而上学、論理学（いずれもラテン語) があり、さらに、アウレリウスのほんやくと、ギルバートへの手紙が、出版されている。

(1) F. Hutcheson, *A system of moral philosophy, in three books; written by the late Francis Hutcheson……published from the original manuscript, by his son……*, 2 vols. Glasgow and London 1755, Vol. 2, bk. 3, ch. 7.

(2) Hutcheson, *ibid.*, Vol. 2, p. 280.

(3) Scott, *ibid.*, pp. 15—29.

(4) ***An inquiry into the original of our ideas of beauty and virtue; in two treatises, in which the principels of the late Earl of Shaftesbury are explained and defended, against the author of the Fable of the Bees; and the ideas of moral good and evil are established, according to the sentiments of the ancient moralists: with an attempt to introduce a mathematical calculation in subjects of morality***, London 1725. (Anon.) 改訂再版 (London 1726) は、タイトル・ページに著者名がないが (副題がかわっている)、カータレットあての献辞にはハチスンの名がでている。

これにつづくつぎのような著作についても、おなじことがいえるであろう。

Reflections upon laughter [and] Remarks on the Fable of the Bees. *Dublin Journal*, Nos. 11—3, 45—7, (1725—26).

An essay on the nature and conduct of the passions and affections, with illustrations upon the moral sense, London and Dublin 1728. (Anon.)

(5) Scott, *ibid.*, pp. 41—4.——カータレットのサロンは、モールズワスの死後のダブリンの、文化的中心であり、その中心人物はスウィフトであった。

(6) Hutcheson, *System*, Vol. 2, p. 282. ——ハチスンが自然的自由というのは、「自然法の限界のなかで、自己の性向にしたがって行為する各人の権利」(p. 281) であって、ホッブズのそれと対立し、スミスにちかい。

(7) Cf. Scott, *ibid.*, ch. 8.

(8) Raphael, *ibid.*, p. 21. Cf. Hutcheson, *Inquiry*, 4th ed., 1738, pp. 195—6. ——ラフィルが分析し、またスコットも指摘しているような、ハチスンの moral sense の概念のあいまいさまたは動揺性については、いまはふれない。ここでわたくしがいおうとしていることと、直接には、かんけいがないからである。

(9) Hutcheson, *System*, Vol. 1, pp. 24—5.

(10) スコットはつぎのようにばくぜんとした表現で、このことを指摘している。「この民主的傾向の背後には、思想のある必然性があった。というのは、ハチスンは、道徳的是認にたいするうまれつきの能力が、普遍的であることを主張しようとしたし、したがって、農民や野蛮人にもうったえようとしたからである。」Scott, *ibid.*, p. 186.

(11) Smith W. of N. Modern libr., pp. 762, 746. 邦訳、下巻二二八、二一二ページ。この点については、大河内一男『スミスとリスト』全訂版昭和二九年、六一ページ以下。

(12) ルネサンスと宗教改革の社会思想史的な位置づけについては、水田洋『近代人の形成』前篇。

(13) ***A short introduction to moral philosophy, in three books; containing the elements of ethicks and the law of nature***, Glasgow 1747.

3

ハチスンは、『道徳哲学体系』の冒頭において、道徳哲学の目的は、人間の最大の幸福と完成とをもっとも効果的に促進する行為のすじみちを、超自然的啓示のたすけなしに、自然の構造の観察からしられうるかぎりで、人々にしめすことである——とのべている。ここでまず、人間の行動の規準が、宗教との直接のつながりから解放されて、それじたいとして論じられることになるが、その第一段階は、人間そのものの分析である。ハチスンの分析は、人間のよわさからはじめられる。すなわち、うまれてまもなくの人間は、他の動物よりよわいし、成長してからでも、他の動物が衣食と防衛の手段を自然によってあたえられるのに、人間はそのために労働を必要とする。それだから、「かれらが、仲間のたすけなしに孤立しているならば、かれらの生活はつねにみじめであるにちがいない。(1)」そして、「人類が仲間とともに社会をつくることへの、自然的衝動をもっていることは、ほとんどだれも否定しえない(2)」といわれるのである。

だが、個々の人間は、直接無媒介にむすびついて社会をつくるのではない。「社会への自然的衝動」ということばは、かなりあいまいであるが、ハチスンにおいては、ほぼふたつの経路（あるいは段階）で発動ないし実現されるようにおもわれる。ひとつは、利己心と慈愛とにわけられる意志のはたらきであり、他は、さまざまな契約を中心とする、人々の経済的および政治的な活動である。このふたつは、おなじ過程のふたつの側面と、いってもいいかもしれない。

ハチスンは、意志のはたらきを、利己的 selfish と慈愛的 benevolent とにわけ、さらにそれぞれを冷静な決意と熱狂的な情念とにわける。熱狂的な情念というのは、はげしいけれども、それじしんの充足でおわるような性質のものであって、そのなかには、感覚的快楽や富や権力や名声への（利己的な）情念、あわれみ、なぐさめ、祝福の（慈愛的な）情念がふくまれる。熱狂的な情念は、利己的、慈愛的のいずれであっても、時間的空間的なひろがりをあまりもたないから、いまはほとんど無視しておいていいであろうが、ひとつの例をとって、この情念と冷静な決意とのちがいを説明しよう。かれはいう、「もし巨大な出費が、有利な取引や職業を手にいれるのに必要だとすれば、富への冷静な意欲は、人を強制して、ためらいがちでもその出費をさせるであろう。それに反して貪欲の情念は、これらの出費にたいして不平をいうのである。(3)」この冷静な意志は、利己的ではあるが、あきらかに、資本主義の精神としての禁欲と蓄積の倫理につながり、富を資本として回転させていく長期的みとおしにささえられている。

ところで、スミスやホッブズにおいては、富や力の追求にさいして、目的と手段のてんとうがおこなわれ、追求が自己目的として無限化することによって、経済や政治の機構がなりたつ（いいかえれば、社会機構を、道徳から独立した客観的機構として、分析することが可能になる）のであるが、[4] ハチスンは、ひとたびこの方向への道をひらきかけながら、たちまちそれをとざしてしまうのである。たとえば、かれが、「財産すなわちこの世の財貨については、ふたつの徳がもちいられる」[5] として、節倹 frugality と気まえのよさ liberality とをあげるとき、かれは「りっぱな目的のためにそれら〔財産〕を賢明に運営」する徳としての節倹を、「他人への親切な行為にわれわれをかきたてる」徳としての気まえのよさへの、「絶対的に必要な」手段とみるのであって、手段の自己目的化をとらえていない。もちろんかれは、「富と権力が……ある人々をよわせて、かれらがそれらの自然的目的をわすれて、それらじしんとして愛しはじめる」ことをみとめるのだが、そういう態度を、幸福についての混乱しまちがった意見のけっかとして、しりぞけてしまうのである。[6]

幸福への手段としての富と権力を、目的とかんがえたり、幸福についてのまちがった意見に支配されたりすると、人はたえず不安と焦燥におそわれる。スミスは、この無限の追求と不安の社会的きそをたずねようとするが、ハチスンは、「人事のうつろいやすさ」を認識して、ほんとうの幸福をもとめるべきだという。「神とその神慮とは、われわれの平安と最高の幸福のきそである」と、かれはいうのである。[7] そして、「道徳的享受はわれわれの本性のなかの最高のもの」であり、「宗教のよろこびと神への帰依」は最高の道徳的享受であると、[8] いうことになるから、宗教から解放された人間の科学であるはずの道徳哲学は、ふたたび宗教に解消されてしまうようにもみえるであろう。究極的にはたしかにそうなのではあるが、そう断定するまえに二三の点に注意しなければならない。

第一に、ハチスンの神は、カルヴァンの神とちがって、直接に人間の幸福をねがう慈悲ぶかい神であり、それは、宇宙全体の調和的秩序と同一視しうるようなものである。第二に、このような秩序を認識しそれにむかう精神的能力は、まえにのべた慈愛的な意志の冷静な決定として、すべての人にあたえられていた。だからふたたび、人間から世界への展開過程が、あらためて分析されなければならない。この過程に、経済や政治が、ハチスン特有のしかたで、位置づけられるはずである。第三に、それにもかかわらず、ハチスンは、他方ではそういう過程の媒介なしに、自然および人間の階層構造をつうじて、人間を神にむすびつけようとする。すなわち、神は世界のすべての存在に、それぞれの階層的地位をあたえたのだから、その最上層にいる少数の有徳の賢人が、なにがもっとも高貴であるかを直接にしりうるというのであって、[9]このかんがえは、シャーフツベリ的貴族主義のなごりであり、重商主義的愚民観の残渣[10]でもある。以上の三点のうち、第一についてはとくにのべるまでもないとおもうから、第二と第三について説明しよう。

ハチスンによれば、冷静な意志の決定には、利己的なものと慈愛的なものとがある。前者の無限の展開を追求して社会機構をとらえるという方向を、かれがとらなかったことは、いまみたとおりである。そのかわりに、各個人は、家族、親戚、恩人、友人、党派、国家、[11]（さらには人類、宇宙）というように、しだいにおおきな全体 system のなかにくみいれられ、この階層構造をつうじて、個人のたのしみと公共の幸福とが、むすびつけられることになる。すなわち、人間はかんぜんに孤立していることはなく、かれの利己的感情は、げんみつにかれじしんの利益だけをめざすとはいえない。利己的ないみで家族や親戚のために行動することも、ありうるのだから、利己的と慈愛的との境界は、こえられぬほど明確ではなくなる。[12]「人類の大部分は、生活に必要なしごとのために、きわめて広汎なみとおしをもちえない。……しかしわれわれは、ひとつの体系 system のなかの、価値ある部分に罪なく貢献することによって、全体に利益をあたえる。[13]」「道徳的な善は、たしかに、われわれをして自己をこえさせる社会的な親切な感情に、主として存するのだが、しかし、私的および利己的な感情も、一定の範囲内にとどめられるならば、個人の利益だけでなく体系の利益にも、自然に役だつのである。それなしには、だれも本性において完全ではない。[14]」自己保存にはじまる利己的感情は、しだいにたかめられ拡大されて、高次の全体の秩序へむかい、神のめぐみは、[15]それをささえて、宇宙に究極的調和をあたえているのである。

　ところがここでまた、貴族主義が顔をだす。なぜなら、秩序の全体をみとおしうるのは、「人類の大部分」ではないからである。それをなしうるのは少数の賢人であり、「うまれながら財産があって、金になる職業によって自己を維持する必要がないものは、〔社会への〕義務をまぬがれるとおもってはならない。なぜなら……人類の権利、法律、政治についての完全な知識をかくとくして、公共の利益に貢献することが、とくにかれらに課された義務のようにおもわれるからである。[16]」「全体系のもっとも広汎なみとおしと、もっとも普遍的な慈愛」をもちうるのは、人間の通常の状態ではなく、人間は「ただしい教〔あるいは比較、推理、法律、宗教〕によって」そこへたかめられなければならないのである。[17]だが、まさにそれだからこそ、「人類の大部分」をその現状において分析することが、必要になってくる。社会の分析は、こうして、のぞましい状態にはいりえない、人類の大部分の分析として、独立するのである。

（1）*System*, Vol. 1, p. 3.
（2）*Ibid.*, Vol. 1, p. 34.
（3）*Ibid.*, Vol. 1, p. 12.
（4）ホッブズについては、『近代人の形成』二二九―三三ページ。スミスについては、内田義彦『経済学の生誕』一一九―二四ページ。
（5）*Introduction*, p. 94. Cf. *System*, Vol. 1, p. 163.

（6） *System*, Vol. 1, p. 104. Cf. pp. 106, 112.
（7） *Ibid.*, Vol. 1, p. 114.
（8） *Ibid.*, Vol. 1, pp. 131, 134.
（9） *Ibid.*, Vol. 1, pp. 119—21, 133, 149, 151.
（10） たとえば、「民衆は、かれらのことがらを処理し、職人のしごとをおこなうのに、最良の方法について、しばしば法によっておしえられ指導される必要がある」(*Introduction*, p. 325) といわれ、そのすぐまえには、「下層階級はつねに、かれらの支配者たちの風習をまねている」と、労働者のぜいたくが非難される (p. 322)。
（11） *System*, Vol. 1, p. 242.
（12） くわしくいえば、両者のあいだに、中立的諸感情がはいる。Cf. *System*, Vol. 1, pp. 64—5.
（13） *System*, Vol. 1, p. 243.
（14） *Ibid.*, Vol. 1, p. 149.
（15） Cf. *Ibid.*, Vol. 1, pp. 169 ff.
（16） *Introduction*, p. 98.——ついでに、さまざまな職業についての評価をみておくと、統治者につづいて、教師、法律家などの自由職業があげられ、「農業は、もっともりっぱな精神の、主要なよろこびであった」とされるが、商工業については、「かなり広汎な商業と若干の職人のしごと mechanick arts でさえ、おおきな効用とかなりの精神的能力の必要とのために、正当にそんけいされる」というにとどまる (p. 99)。
（17） *System*, Vol. 1, pp. 77—8.

4

「人類の大部分」においては、「行為のただしさまたは善良さは、それが、普遍的幸福への傾向をもち、あるいは普遍的幸福への意欲から流出したことと、まったく同一の概念ではない。後者は前者の最高の概念である。われわれの道徳感は、おおくのよりせまい感情という、是認の直接的対象をもっていて、われわれはそれらの対象を、体系の利益への傾向をかんがえることなしに、直接に是認するにちがいない。[1]」たとえば、人が、罪のない勤労と親切な奉仕によって、自分とかれのあいする人々のために、安楽と快楽の手段をえるばあい、すべての善良な観察者は、社会全体への利益を問題にすることなく、かれがそれを享受するのをよろこび、それをさまたげるものを非難するのである。もちろん、かれの行動が公共の利益に反してはならないが、そうでないかぎり、「われわれのうまれつきの、すべての意欲と感覚」が、できるだけみたされることが、「権利の自然的概念[2]」のきそとなる。人々は、個人の幸福が必要とし、人類の公共的利益が許容するものごとについて、行動、所有、要求の権利をもつといわれるのである。[3]

権利はまた、完全権と不完全権にわけられる。前者は、身体生命の維持、ただしい勤労による獲得などの権利であって、それなしには社会が存在しえないから、力をもってまもられなければならない。ところが不完全権は、たとえば、苦労も費用も要しない奉仕を期待する権利のように、「人間生活の装飾物」であって、強制を必要としない。[4]だから、完全権の確立のために、政治権力を必要とするのだが、ロックのばあいとおなじく、社会は政治権力よりまえに存在する。なぜなら、人間生活を維持し、欲望をみたし、外的なたのしみをえるためには、外的物質が必要であり、「それは、おおくの技術と労働、仲間の友好的な援助なしには、えられない[5]」からである。したがってこの小論では、権利と権力の問題(政治の問題)にはふれないで、社会すなわち生活資料の生産と分配の機構を、とりあげていいであろう。

ハチスンが、社会があたえる利益としてあげるのは、分業によるskill and dexterityの増大であり、生産力の増大であるが、一八世紀前半のアイアランド＝スコットランドの段階を反映して、分業というよりも、農耕・牧畜・石工・狩猟・鉄工・織機製作などの、職業分化をかんがえていたにすぎず、協業 joint labours of many による生産力の増大というときも、共同防衛・開拓・建築・かこいこみのような、単純な協業があげられるにすぎない。[6] だが、とにかく、職業分化があるのだから、生産物の「一部分の交換」がおこなわれる。交換から契約へと論理が展開していくことは、よういに予想されるところではあるが、ハチスンは、スミスのようにいきなり相互の利己心をもちださない。すなわち、生産物の交換をふくめた奉仕の交換においては、じぶんの方から奉仕をする用意があり、他人の利益をさまたげぬていどに利己的情念をおさえるのでなければ、仲間の友好的援助を期待することはできない、というのであって、そのような利己心の抑制を、さらにそとがわからささえるものとして、一般公衆のいかりへのおそれが、あげられる。[7] 交換が、スミスのばあいとちがって、利己心にもとづく等価交換のかたちをとらないから、ハチスンは、ふたたび道徳的制限をもちこまなければならなかったし、また、交換の形式としての契約の形式的妥当性を、(こんどは逆に道徳の枠をこえてまでも) 強調しなければならなかったのである。公共にいくらか有害な契約が軽率にむすばれたとしても、形式的にととのっていれば、まもられなければならないと、かれはいう。なぜなら、その破棄をゆるすことは、「全商業をさまたげる」[8] からである。こうして、市民社会の論理は、ハチスンの道徳哲学体系のなかに、動揺しながらではあるが、自己を貫徹しつつあった。それはまた、神の創造の全体系をみとおしえぬ、「人類の大部分」の生活の論理でもあった。

(1) *System*, Vol. 1, pp. 253—4.
(2) *Ibid.*, Vol. 1, p. 254.——「権利の究極的概念」は、普遍的善への傾向である (p. 266)。
(3) *Ibid.*, Vol. 1, p. 284.——個人の幸福と人類の利益とのあいだに、個人的権利、公共的権利(ある人間集団の利益のためのもの)、すべてに共通の権利(人類全体の利益のためのもの)があるといわれるのだが(*System*, Vol. 1, p. 284. *Introduction*, p. 141)、じっさいに権利として問題になるのは、主として第一のものだけであり、第二のものは、国家にかんしてのみとりあげられるにすぎない。

(4) *System*, Vol. 1, p. 258. スミスにおける社会の主柱と装飾の区別を想起せよ。

(5) *Ibid.*, Vol. 1, p. 287.

(6) *Ibid.*, Vol. 1, pp. 288—9.

(7) *Ibid.*, Vol. 1, pp. 290—2.

(8) *Ibid.*, Vol. 2, p. 4. Cf. p. 328.

——『経済研究』第八巻第二号(一九五七年四月)所収。この本にいれるにあたって、シャーフツベリからの直接の引用がつけくわえられた。はじめは、ブラウンの匿名書をシャーフツベリ自身のものと誤認して使用していたのである。——

第六章　エンサイクロペディア・ブリタニカの初版における道徳哲学

1

エンサイクロペディア・ブリタニカの初版は、一七六八年に、エディンバラで、分冊形式で刊行が開始されたらしい。それは一七七一年に、おなじくエディンバラで三巻本として完成し、一七七三年には、まったく同一の内容と形式のロンドン版がでた。分冊形式のものが、そのまま現存しているかどうかわからないし、一九六三年版エンサイクロペディア・ブリタニカの当該項目も、これについてはあいまいである。[1] しかし、ブリタニカの商標は、スコットランドの国花である蘇に一七六八という数字を配して、その起源をあらわしている。

近代的な意味での百科辞典は、啓蒙思想の産物であって、十八世紀の初頭から出現しはじめた。その直前に有名なピエール・ベイルの『歴史的批判的辞典』（一六九五—九七年）があるが、これは教会批判が中心で、あたらしい知識の集成ではない。十八世紀における代表的な百科辞典をあげれば、ほぼつぎのとおりである。

John Harris, *Lexicon technicum, or an universal English dictionary of arts and sciences*, London 1704. (Republished in 1708, 2nd vol. in 1710.)

Dictionnaire de Trévoux, Trévoux 1704.

Johann Hübner, *Reale Staats-Zeitungs und Conservations-Lexicon*, Leipzig 1704.

Johann Theodor Jabronski, *Allgemeines Lexicon der Künste und Wissenschaften*, 1721.

Ephraim Chambers, *Cyclopaedia, or an universal dictionary of art and science, containing an explication of the terms and an account of the things signified thereby in the several arts, liberal and mechanical, and the several sciences, human and divine*, 2vols. London 1728.

Johann Heinrich Zedler, *Grosses vollständiges universal Lexicon*, 64 Bde. Leipzig 1751—54.

Diderot et D'Alembert, *L'Encyclopédie, ou, dictionnaire raisonné des sciences, des arts et des métiers par une Societé de Gens de Lettres*, 35vols. Paris 1751—80.

Encyclopaedia Britannica; or, a dictionary of arts and sciences, compiled upon a new plan. In which the different sciences and arts are digested into distinct treatises or systems; and the various technical terms, &c. are explained as they occur in the order of the alphabet. Illustrated with one hundred and sixty copperplates. By a Society of Gentlemen in Scotland. 3vols. Edinburgh 1771.

これらのうちで、チェンバーズのサイクロペディアのフランス訳の企画が、ディドロ＝ダランベールのアンシクロペディに発展していったことは、よくしられている。(2) ところが、ブリタニカの初版がでたときには、すでにアンシクロペディは刊行中であったのに、前者の序文は後者にまったく言及することなく、みずから、さいしょの体系的な百科辞典であるとほこっている。だがすでに一七五五年に、アダム・スミスは、ブリタニカとおなじくエディンバラで出版された『エディンバラ・リヴィウ』で、アンシクロペディに注目していたのだから、ブリタニカの編集者あるいは寄稿者が、アンシクロペディをしらなかったわけではなく、じじつ、サイクロペディアの項目では「フランスのアンシクロペディの著者たちのいうところでは、サイクロペディアとは」と、説明を肩がわりさせているのである。したがって、ブリタニカ初版の、先駆者としての自負は、イギリスだけを視野のなかにおき、しかもスコットランド・ナショナリズムをまじえてのべられたものとみなければならない。

それでは、ブリタニカがアンシクロペディから、どれだけのものを吸収したかということになると、三巻と三十五巻の全面的な比較が必要になる。(3) しかもこの巻数の対比からは、比較がきわめて困難であることが予想されるだけでなく、それがどれだけ有効であるかを、うたがうことができそうである。かんたんに項目を比較してみると、両者は、自然科学および技術の重視という点で共通していることが、すぐわかる。だが、社会思想・社会科学に直接にふれる項目は、フランスの方が圧倒的におおく、たとえば、自由についてフランス側は、自由、市民的自由、自然的自由、政治的自由という四項目をもっているのにたいして、イギリス側は、「Free とは、一般には、拘束されたり強制されたりしているすべてに対立させて、もちいられる。悟性をもっているものに適用されるばあいは、それはもっと特殊的に、意志の自由に関連する」といい、「Freedom とは、一般に、自由である状態あるいは性質のこと」だというにすぎない。(4) 経済については、一方にルソーの有名な論文があるのに、他方は、「自己または他人の財産についての、慎慮ある運営または、思慮ぶかく倹約な管理をあらわす」というだけで、そのあと六行をアニマル・エコノミイの説明にあてている。

ブリタニカの項目は数行の小項目が圧倒的におおく、それ以外を半ページ内外の中項目と数ページをこえる大項目に分類することができるが、その大項目を列挙すれば全体の傾向は推測されるであろう。すなわち、Agriculture (31 pp.), Algebra (40 pp.), Anatomy (166 pp.). Annuities (6 pp.), Apis, or the Bee (7 pp.), Architecture (26 pp.), Arithmetick (68 pp.), Astronomy (67 pp.), Bible (7 pp.), Bleaching (11 pp.), Book-keeping (39 pp.), Botany (27 pp.), Brewing (10 pp.), Chemistry (115 pp.), Chinese (8 pp.), Commerce (11 pp.). Composition (11 pp.),

Dial (10 pp.), Electricity (14 pp.), Exchange (14 pp.), Farriery (39 pp.), Fluxions (5 pp.), Fortification (8 pp.), Gardening (22 pp.), Geography (11 pp.), Geometry (26 pp.), Glass (6 pp.), Grammar (18 pp.), Gunnery (8 pp.), Horsemanship (8 pp.), Hydrostatics (17 pp.), Language (17 pp.), Law (78 pp.), Logarithms (5 pp.), Logic (20 pp.), Mahometans (17 pp.), Mechanics (24 pp.), Medicine (112 pp.), Metaphysics (29 pp.), Midwifery (38 pp.), Money (15 pp.), Moral Philosophy, or Morals (39 pp.), Musick (36 pp.), Navigation (29 pp.), Opticks (25 pp.), Pneumatics (17 pp.), Religion, or Theology (12 pp.), Short-hand Writing (13 pp.), Smoke (7 pp.), Stocks, or Public Funds (5 pp.), Surgery (38 pp.), Trigonometry (8 pp.) というように、社会思想・社会科学的な要素は、きわめてすくなく、経済的な項目も、年金、簿記、商業、為替、貨幣、株式・公債という、実際的なものにかぎられている。したがって、これらの大項目のなかから、ブリタニカ初版の思想的内容をとりだそうとすれば、商業、法律、形而上学、道徳哲学、宗教ぐらいを分析すればいいことになる。

　このように、初版は全体として思想的内容がとぼしいという点で、アンシクロペディにはるかにおとるだけではなく、ドゥーガルド・ステュアートが編集したブリタニカ自体の五版附録[5]にもおよばない。そのうえ、五版附録とちがって、初版は、その全項目が執筆者不明なのである。計画・編集・執筆を、すべてウィリアム・スメリーがひきうけたという説[6]と、出版者のコーリン・マクファーカーが計画の編集にあたり、スメリーはやとわれて寄稿したにすぎないという説[7]があって、いずれにしてもスメリーの執筆部分がかなりおおいことだけは推定できるのだが、どの項目がそうなのかはわからない。「その学芸科学辞典の計画とすべての主要項目とは、スメリー氏によって立案され、かかれあるいは編集された」というカーの説明をそのままうけいれるとしても、すべての主要項目についてさえ、スメリーがかいたものと編集したものとにわかれるのだし、さらに、カーによれば、スメリー自身が「辞典つくりをたいへん軽蔑していて、自分は学芸科学辞典を一丁のはさみでつくったと、冗談によくいっていた」(8)そうであるから、かれがかいた部分も、いわゆる「糊と鋏」のでっちあげであったのかもしれない。

このかぎりでは、タイトル・ページにある「一団のスコットランドの紳士」というのも、正体がわからない。一七六〇年代のおわりごろには、アダム・スミスは『国富論』の執筆に専念していただろうから、この辞典には参加しなかったとしても、スコットランド文芸復興のにない手たちは、長老のヒュームやケイムズをはじめとして、数おおくいたはずである。それらの人びととスメリーとのかんけいは、カーの伝記からしることができるが、かれらとブリタニカとのかんけいはつかめない。では、ウィリアム・スメリー(一七四〇―一七九五年)とはなにものであったのか。エディンバラの印刷業者、ニュートン・クラブおよびスコットランド古事協会の書記で、ビュフォンの『自然誌』イギリス訳、ケイムズ卿、ヒューム、スミスの伝記などの、著訳書があるというていどで、独自の思想をしることはむずかしいし、おそらくそういうものをもっていなかったであろう。

唯一の手がかりであるスメリーについて、もうすこし研究すれば、あるいはブリタニカ初版の性格がいくらかあきらかになるかもしれないが、いままでのところでは、おおくを期待できないといってよさそうである。むしろ、思想的独自性のないジャーナリストとしてスメリーが、かれのことばどおりに、はさみ一丁でつくりあげたものとみれば、この辞典は、当時のエディンバラにおける高等常識のようなものを表現していることになる。そういう角度から、道徳哲学の項を分析することは、スコットランド歴史学派をうんだ思想的風土のようなものを、理解するのに役だつであろう。ただ、まえに列挙しておいた項目のなかの関連からすれば、道徳哲学は、形而上学や宗教と一括して、分析するのができるかともおもわれるが、それはべつの機会にゆずって、ここでは道徳哲学の項目だけをとりあげる。

（1）ブリタニカの現編集部（シカゴ）は、初版を利用していない。図版の例は三つとも再版（一七七八―八三年、十巻）によっている。したがって、ロンドン版のリプリントもしらないことになる。
（2）桑原武夫編『フランス百科全書の研究』一九五四年、二二―三ページ。
（3）アンシクロペディの代表項目一覧表は、桑原編、前掲書にある。
（4）Liberty については、「一般的にはどれい状態に対立する自由《フリーダム》の状態をいう。キケロによれば、自由《リバティー》は、人がおもうままに、あるいは他人に統制されることなしに生きる力である。法的な意味では、自由は、特許状あるいは法規によって保有される特権を意味する」となっている。
（5）六巻、一八一六―二四年。ジェイムズ・ミル、リカードウ、モールサスなどが寄稿した。
（6）Robert Kerr, *Memoirs of the life, writings, & correspondence of William Smellie*, 2vols. Edinburgh 1811, Vol. 2, pp. 361 ff. Cf. Herman Kogan, *The great E. B. The story of the Encyclopaedia Britannica*, Univ. of Chicago Press 1958, pp. 3—15.
（7）*Encyclopaedia Britannica*, Vol. 8, p. 374.
（8）Kerr, *ibid.*

2

ブリタニカ初版の内容が、当時のイギリス、とくにエディンバラにおける、高級常識の集成だとすれば、道徳哲学についてはどんな常識がありえたか。これは、この項目の分析によってあきらかにすべき問題であるが、書誌的にみると、一七六八年までの十八世紀には、イギリスの主要な道徳哲学書として、つぎのようなものがあげられる。

John Brown, *Essays on the characteristics*, 1751. 5th edn., 1764.
James Harris, *Three treatises*, London 1744. 2nd edn., 1765.
David Hartley, *Observations on man*, London 1749.
David Hume, *A treatise of human nature*, 3vols., London 1739—40.
Francis Hutcheson, *Inquiry into the original of our ideas of beauty and virtue*, London 1725. 5 th edn., 1753.
Do., *A short introduction to moral philosophy*, Glasgow 1747. 3rd edn. 1764.
Do., *A system of moral philosophy*, Glasgow 1755.
Lord Kames, *Essays on the principles of morality and natural religion*, 1751. 2nd edn., 1758.
Richard Price, *Review of the principal questions in morals*, London 1758. 2nd edn., 1769.
Thomas Reid, *An enquiry into the human mind on the principles of common sense*, Edinburgh 1764.
Earl of Shaftesbury, *Characteristicks*, London 1711. 6th edn., 1737.
Adam Smith, *Theory of moral sentiments*, London 1759. 2nd edn., 1761.
John Taylor, *A sketch of moral philosophy*, London 1760.
William Wollaston, *The religion of nature delineated*, privately printed 1722. 8th edn., 1759.

これは、セルビー－ビッグの *British moralists*, 2vols. Oxf. 1897. の巻末の表からひろいだしたものであるが、このかぎりでいえば、シャーフツベリ→ハチスン→スミスの線がうかびあがってくる。そして、ブリタニカの叙述の方からみても、private system と social system との対比はハチスンをおもわせ、impartial spectator の登場は、いうまでもなくスミスを推定させる。[1] もちろん、このようなむすびつけかたは、まだきわめて粗雑なものであって、推定の域をでていない。また、かりにハチスンとスミスの影響がもっともつよいとしたところで、べつの機会にのべておいたように、[2] スミスの道徳哲学が経済学へ展開する必然性をもっていたのにたいして、ハチスンの道徳哲学にはそういう必然性はないのだから、両者を同一の次元で結合させることはできない。ただ、あえていうならば、それにもかかわらず両者を、ほかの雑多な要素とともに、この項目のなかにおしこんだところに、それを高等常識とよんでいい理由があるのではないだろうか。高等常識的性格は、たとえば、身分や財産は人間の真価にかかわりがないといったすぐあとで、身分や境遇にふさわしい生活をもとめることを正当化するような（二八五ページ）態度にも、あらわれているのである。だから、思想的系譜の点をべつとしても、この項目の叙述はかなり雑然としているといわなければならない。

まず、道徳哲学とは、生活態度あるいは義務の科学であり、人間の本性からかれの幸福への道をたどるものであると、規定される。いいかたをかえれば、「有徳で幸福になるための諸規制の体系」なのである。方法的には、道徳哲学は、自然哲学とおなじく、対象の経験的観察から一般原則を抽出し、それを現象の説明に適用するものだとされている。そこから人間本性の発生史的な分析がはじまるのだが、この出発点におかれた定義のなかで、徳と幸福の関係が疑問におもわれるにちがいない。なぜならそこにはすでに、精神と物質、あるいは全体と個の、近代的な分裂が萌芽形態であるにしても存在するはずだからである。それは、やがて叙述の進行につれてすがたをあらわしてくるけれども、徳と幸福との対立としてではなく、べつのかたちをとる。ある意味ではスミスのばあいでさえそうだったのだから、むりもないであろう。この段階では、ほんとうの（いわば精神的な）幸福のかわりに、幸福への物質的手段が目的となるという、目的＝手段の転倒が、問題だったのである。それは直接的には、商品の支配へのうしろむきの批判であった。

人間の本性を形成するものは、情念と理性と良心であるとされることから、いまいった問題が、情念論として展開される可能性が予測される。なぜなら、理性すなわち反省力は、過去・未来を考え、諸目的を比較評価し、計画をたててそれを遂行する手段を工夫し、人生の全秩序 whole order and œconomy を決定する、内在的原理であり、他方、良心すなわち道徳感 moral sense は、結果を考慮しないで善悪正邪を判断する、もうひとつの原理＝本能とされるのだから、問題は情念によってしかおこりえないわけである。良心と理性の支配は、人間の自然状態であり、人間の健康で完全な状態であった。それが情念によってくつがえされる可能性があるのである。情念がはじめからおわりまで否定的にとらえられるならば、問題はおこりえないが、ここでいう情念は、盲目的衝動ではあるが、人間生活を維持する、単純ながら強力なスプリングなので、むしろそれがなければ、理性と良心があっても人間生活がなりたたないのである。

人間の自己保存から、善＝利益をもとめ悪＝損害をさける情念をひきだした、ホッブズの考えかたは一応うけつがれていて、ここでも情念の大部分は愛好と嫌悪の変種であるといわれる。ところが、そこからさきは、シャーフツベリの影響とでもいえそうな方向へすすむ。すなわち、善をもとめる情念が、個人の善をもとめる自己愛 self love と種族の善をもとめる慈愛 benevolence とにわけられ、おそらくそれに対応して、私的情念と公共的、社会的情念とにわけられる。私的情念はさらに、防衛的と欲求的とにわけられるが、その内容については説明するまでもあるまい。三つに分類された情念の妥当性の限界、および三つの種類の相互関係は、どうなるのであろうか。

一般に情念のつよさの妥当性は、それぞれの目的にたいして均衡しているかどうかによって、判定される。(3) たとえば、防衛的情念は、われわれの危険をふせぐのにちょうど均衡したつよさであることがのぞましいのであって、恐怖や怒りは、不足しても過剰であってもこまる。欲求的情念にしても、虚栄（過剰）と無関心（不足）のいずれでもなく、生活上の必要にたいして均衡のとれた欲望がなければ、人間の生活自体がなりたたない情念は、他人の利益を追求するものであるから、情念のつよさとこれが追求する利益との均衡点が、妥当性の基準である。だが、こうして三種類の情念（というよりそれぞれの種類にふくまれるおおくの個別的情念）が、それぞれ均衡状態におかれたときに、情念相互のあいだにも、均衡ないし調和の状態がなりたつであろうか。三つの種類のあいだだけでなく、各種類のなかにおいてさえも、対立が生じうるのではないか。各情念が目的にたいして均衡すれば、情念相互の調和がなりたつと考えるのは、諸目的の総体が、したがって客観的世界が、調和と均衡の状態にあると想定することにほかならない。ハチスンはシャーフツベリにしたがってそういう窮極的調和を想定し、これを賢者の知慧が洞察するばあいと、大衆が洞察しえないばあいとにわけて、後者において道徳哲学から経済学への道を用意した。そこできりはなされた大衆の世界を、むしろ正常な状態として、私的情念を中心に調和的秩序を構想したのが、スミスであった。ブリタニカ初版のばあいは、調和への努力は、ほぼ四つの方向でなされることになる。第一は、すでにのべたように、個々の情念と目的との均衡であり、第二は、諸情念の対立の調整であり、第三は、日常生活における直観的判断であり、第四は、社会的情念を個人的情念によって媒介させることである。

諸情念の対立が、同一個人における利害の対立＝私的情念相互の対立としてあらわれたばあいは、最大の総利益 the greatest aggregate of good の実現を規準として、調整されなければならないし、社会における個人の利害対立となったばあいは、公共的利益の最大の総体の実現が、規準とされなければならない。社会における個人相互の利害対立ということと、公私の利害対立ということとは、区別されるべきだろうが、ここでは両者が明確に区別されぬまま、「思慮があって冷静な自己愛」と「冷静で普遍的な慈愛」とは、それぞれ私的情念と社会的情念とを支配して、その道をすすむものとされる。個々人の対立は、各個人の自己愛が相互に対立することであり、公私の対立は、むしろ同一個人における私的情念と社会的情念の対立であったのに、このふたつの対立のちがいは、ほとんど意識されていない。自己愛相互の対立が確認されるときこそ、社会の基本的構成要素としての個人と個人の関係が問題となり、社会の科学がうまれるはずである。しかしここでは、その問題が、私的情念と社会的情念の関係のなかに解消されて、二種の情念の衝突をどうやって回避するか、あるいは衝突がなぜおこらないかが、のべられているにすぎない。

私的情念と社会的情念も、本来は対立しないものと考えられている。前述の第三と第四の方向での調和が、想定されるからである。すなわち、第四の方向は、他人の幸福の促進が自分の利益と安全に役だつことを、理性と経験が保証することによって可能になり、第三の方向は、理性の冷静な判断をまつひまのない日常生活の「混乱といそがしさ」のなかで、センスが情念に直観的指示をあたえ、あるいは各種の感情が「健全な対立」によって均衡をたもつことによって、可能になる。

社会の利益と個人の利益の窮極的一致は、めぐみぶかい神によってつくられた社会の窮極的調和を意味する。その調和がみとおされるならば、私的情念と社会的情念の対立はなくなるし、そのばあいは、社会的情念もまた、めぐみぶかい神の体系のなかで、個人の利益に貢献することが納得されるだけのことである（もっとも、このあたりの叙述もいくらか混乱していて、社会の利益と個人の利益をむすびつけたりきりはなしたりしている）。しかし、その調和のみとおしについて、すべて理性の「おそくてまじめな推論」にまかせるとすれば、生活上のしごと《ビジネス・オブ・ライフ》は停止してしまう。そこでもし「生活上のしごと」の社会的メカニズムの分析がとりあげられれば、道徳哲学は社会科学へ転化するのだが、まえにもいったように、この論文では道徳哲学の枠はついにこえられない。日常生活の諸関係の無限の多様性のなかで、善悪利害をとりちがえないようにし、みとおしを広範かつ長期的なものとして、ほんとうに私的情念を貫徹するには、(理性にたよっているひまはなく、諸関係自体の分析もないのだから)、センスあるいは他の情念による指示ないし抑制があればいいとされるのである。他の情念といえば、私的情念相互の均衡もふくまれるのではあるが、主として、他人の幸不幸にたいする迅速な感覚とか、友情、祖国愛とかいうように、社会的情念あるいはセンスが、私的情念を抑制する例があげられている。精神の高級な機能の過度の行使を私的欲望が阻止し、恐怖と怒りが相互に抑制するという例もあるけれども、反対物の均衡としては、公私両種の情念の関係の方が重要であろう。

(1) コーガンが前掲書であげているような引用書をしらべるという方法は、すくなくとも道徳哲学の項目については、効果がない。
(2) 前章をみよ。
(3) ジョン・ミラーも、おなじ感情が適度ならば徳となり、過不足いずれのばあいにも悪徳となるのだといっている。J. Millar, *Lectures on jurisprudence*, 1797—8. MS., pp. 5—6.

3

しょせんは道徳哲学の枠をでてはいないが、とにかく「生活上のしごと」が、道徳あるいは情念のありかたを規定するところまでは、下降してきたのだから、その点をさらに検討してみよう。また、さきに結論めいたことをいってしまえば、日常生活の世界、政治経済の世界は、基本的には、道徳の世界にたいして攪乱的・否定的存在でしかないのである。日常生活が、諸情念の対立の直観的統一を必要とすること、そしてそれが可能であることは、承認されるけれども、それだからといって日常生活がすべてを規律するわけではない。

自然がわれわれを、諸欲望＝欠乏の大系列に従属させたために、われわれは継続的に生業に従事せざるをえない。生活の必需品と便宜品を入手するための、技術、勤労、商工業と、その成果の平和的享受を確保するための、政府、政策、法律が成立する。「こうして人が食糧をつくったり、自己の安全を獲得したりすることに関心をもち多忙であるあいだに、かれはしだいに、家族、友人、隣人、共同体《コミュニティ》あるいは共同社会《コモンウェルス》との関係にはいりこむ。ここからあたらしい欲望、あたらしい利害関心、あたらしい心配、あたらしい業務ができてくる。ある人の諸情念が他の人の諸情念のじゃまをする。利害が対立し、競争がおこり、相反する方向がとられる。失望が発生し、差別がなされ、党派が形成される。このことが、狂乱と困惑の広大な場面の幕をあけ、公私をとわず善悪の大系列を導入する。しかも、このすべての混乱といそがしさのなかで、行動の計画がたてられ、帰結が予測あるいは予防され、不都合にたいしては手がうたれなければならない。そしてしばしば、推理も遅滞もなしに、特定の決意がなされ、計画が実施されなければならないのである。」（二七七）

私的欲望が、人間生活の基礎であることは、一応みとめられても、それがこのような混乱といそがしさをうみださないで、一定の限界内にとじこめられていることが、のぞましいのである。ただ、そのとじこめがじっさいに不可能であって、しかも創造者はすべてをみとおしているのだから、この混乱状態のなかにも、秩序とこれを認識する人間の能力がなければならないことになり、センスにより情念による、情念の抑制が登場するのである。それでは、この混乱状態のなかに、どういう秩序（めぐみぶかい創造者の摂理）がつらぬかれているというのか。

自然のすべてのしごとは完全であるが、人間のうでをふるわせるために、人間の技術と労働に完成をゆだねた領域がある。それを完成することは、同時に人間の欲望をみたし、よわさを克服するためにも必要である。しかも、人類の欲望はおおく、個人の単独の力はちいさくて、単独では必需品さえ調達しえないから、分業、協業、交換がうまれ、この商業的結合から、商業的諸義務すなわち、正義、公正取引、誠実、契約遵守などがうまれる。これらの義務は、商業を確実で効果的なものとするために、絶対的に必要であるだけでなく、とくに正義と公正取引 fair dealing は、社会のきずなであり、それなしには社会は盗賊の巣になってしまうほどの、重要性をもつ（二九三）。しかしながら、「人間のものごとの自然的行程」が、必然的に貧富の差をつくりだし、金持は貧乏人の労働を、貧乏人は金持の世話と支持を必要とする。「他人をやしなうものは、ある等価物をうけとる権利をもつ。それは、かれが維持する人の労働とその果実である。そして、他人のために労働するものは、その他人が自分を支持してくれることを、期待する権利をもつ。だが、ふつうのつよさの人間の労働は、たしかに、たんなる衣食よりもおおきな価値をもつ。なぜなら労働者が自分の労働を、かれ自身のために使用したとすれば、一家族の生活資料をすらこえるものをじっさいに生産するであろうからである。したがってかれはかれの労務を、たんなる生活資料をこえた一定の賃銀で評価しうりさばくという、うたがう余地のない権利をもつのである」（二九〇）。あらためて説明するまでもなく、ここでは貧富の差が自然的必然的なものと考えられ、剰余生産物の帰属は、あいまいである。商業における正義と公正取引も、労働力の正当な評価も、どうして実現されるのかについては、なにもふれられていない。

社会の経済的側面と、ほぼおなじようにして、政治的側面がとらえられる。自然状態における孤立（ただしそのすぐあとでは、社会が人間の自然状態だといわれる）は、人間をまずしく不安定な状態におくが、相互援助は各人の労働を短縮し（生産力の増大が積極的にとらえられるのではない）、力と理性の結合が、全体の安全を確保する。しかも、この結合によって、指導性、正直な心、肉体労働をそれぞれ特徴とする人間が、その本来の貢献をすることが可能になる（人間の才能の階層性がスミスとは逆に、社会に先行する）。こうして人間が公共的体系にくみこまれると、土地や気候にたいしてでなく政治的統一にたいして、祖国愛がなりたつ。祖国愛は、それよりせまいさまざまな感情を克服するが、政治的統一体がひろすぎたり、公共性がなく専制的であったりすれば成立しない。祖国愛が、公共性とむすびつくということは、それが公共精神、自由への愛とよばれるものと、同一ではないまでも、緊密な関係にあることを意味するであろう。公共精神は、社会が、そこに結合した人びとの共通の利益を目ざすような体制をとっているばあい、すなわち、特定階層の利害関心に左右されないで、みずから法をえらんだ自由人によって構成されているばあいにのみ、行使される。こういう社会は、代議制ではあるが「平等で自由な政府」のもとにあり、そこでは人民が権力の本来の所有者であって、受託者たる政府がそれを乱用したときは、その権力をうばいかえすのが人民の義務なのである。こうして、政治的諸関係においても、一方では支配と被支配が、人間の才能の区別としてさだめられていながら、他方では自由で平等な政府が構想されているというような、矛盾があらわれてくる。政治形態については、スミスよりもブルジョア急進主義の影響の方がつよいようであり、そして、階級制度の無条件にちかい承認もまた、ブルジョア急進主義のなかにすでにふくまれていたものとみていいであろう。(1)

このようにとらえられた経済と政治は、道徳哲学の項目だからとうぜんかもしれないが、それ自体の構造や運動法則を分析されることなく、道徳にあたえる影響だけがとりあげられる。しかも経済や政治が、独自にあたらしい道徳をうみだすということは、考えられていないのであって、したがって、私的情念が生活の混乱といそがしさのなかで、本来の限界をこえないように阻止されることだけが、問題になる。

ところが、経済と政治における私的情念、すなわち富と権力への欲望（両者をふくむものとしての名声への欲望）については、一方では、「確固とした永続的な名声をえる最良の、そしてじつは唯一の道は、徳の不変不屈の行程であって、その行程とは、自己の能力と富を欠乏の充足に使用し、自己の権力を人類の幸福、権利および自由の、促進あるいは確保に使用し、態度の普遍的なやさしさとていねいさにむすびつけられたものである。そして、おなじ行程が富と権力の一層おおきな獲得に役だつと、考える人は、ことがらをあまり誤解することにはならないであろう」（二八五）といわれて、徳への道と富への道の同一性が指摘されはするが、そこから富の追求がそのまま正当化されるのではなく、他方では、ほぼつぎのようにのべられる。

富と権力は、それを保持するための心配、うしなうことへのおそれ、増加させようという欲望をともなうから、重荷であるのに、じっさいにはむしろ逆に、所有がそれ自体として尊敬をうむために、それが徳であるかのような錯覚をひきおこす。りっぱな衣服が、道徳的名声とむすびつきうるために、前者が普遍的に正当化されて、追求されるというように、徳や功績のしるしが、実体をはなれて、しるし自体として尊重され、しるしを獲得するために手段をえらばぬことになる。さらに、私的情念が道徳的に擬装されて、富と権力の追求が、他人の情念や悪徳からの独立性、自己および友人の安全などの名目で正当化されるのである（三〇〇—三〇一）。

徳から富と権力への、このような転倒は、ホッブズやスミスにおいては、不可避的な、ある意味ではのぞましいことであった。しかしここでは、転倒の現実を一おうは認識しながら、なおもそれをもとへもどそうという努力がおこなわれている。感覚にうったえるものがもっともつよいといいながら、富にむすびついている諸観念のうちで、そのほんとうの効用に関係のないものをきりはなすとか、快楽とよばれているものの構成諸原理を分析して、一時的なまずしいものをきりすてるとか、功績、名誉、幸福の観念を、ほんとうに有徳な性質にむすびつけるとか、観念連合の解体と再編成が主張される。しかもなお、われわれのように幸福をのぞみ悲惨をきらう被造物にとっては、徳が、名誉あるものとしてだけではなく、たのしく有益な形態をとることが必要だ（三〇二）というのであるから、解体と再編成は、中途はんぱなものにならざるをえない。このはんぱな感じが、一七六〇年代の、すなわちスミスの思想的発展のうえでは『道徳感情論』（一七五九年）から『国富論』（一七七六年）への移行過程にあたる時期の、スコットランドの思想界を反映しているとみることは、とうぜん可能であろう。だが、まえにいったように、この辞典は、高等常識であって、ひとつの指標として役にたったにすぎないのである。

（1） ジョン・ミラーがそうであった。W. C. Lehmann, John Millar, historical sociologist, *The British Journal of Sociology*, Vol. 3, No. 1, 1952, pp. 40—1.

――『経済科学』第十二巻第二号（一九六五年）所収のものに、わずかながら加筆した――

補論二　スミス研究史のなかから

第一章　日本におけるスミス研究

第一節　日本におけるスミス研究の十年間

1

この十年間（一九三九―一九四九）に、すくなくともわれわれのくにでは、古典学派研究はほとんど圧倒的に、スミス研究によってしめられていた。これは、たんに偶然の現象にとどまるであろうか。「すべての時代は新しい経済思想を要求するが、このあたらしい経済思想を、もっとも賢明にとくための有効な方法が、ほかならぬアダム・スミスを、あたらしい時代の課題と意識のもとにかいしゃくすることなのである。……むしろ、それぞれの時代は、その時代におうじてスミスをつくりだす……」(1)とさえいわれているように、スミスは古典学派の創始者たるにとどまらず、あらゆる時代のあらゆる経済学から、積極的に自己の根源であるとされたり、また否定的媒介として、（スミス批判によって逆に自己を明示するために）利用されたりした。

いまわたくしの机のうえにあるいくつかのスミス研究の題名をみても、かれの名はさまざまな（ときにはたがいに対立する）思想家の名とむすびつけられている。たとえば、スミスとリスト、スミス＝リスト＝マルクスがとりあげられ、スミスとマルクス、スミス＝ヘーゲル＝マルクス、スミス＝リカードゥ＝マルクスがとりあげられ、またスミス＝マルサス＝ケインズがとりあげられているし、さらには、スミス＝マーシャル＝マルクスという系譜さえも、あとづけうるかのごとくである(2)。それだけではない。スミスがしばしば主観価値論や均衡理論にむすびつけられることは、周知のとおりであるが、じつは、おなじ主観学派のうちでも、スミスへのつながりは、ときに肯定され、ときに否定されている(3)。

これらのスミスかいしゃくの多様性は、かれが、リカードゥやマルサスとおなじいみでの古典派経済学者ではなかったことを、しめしている。けれども、もしこうした多様なかいしゃくが可能だというだけのことから、ただちにスミスの優越性を結論するならば、それはむしろ誤謬である。なぜなら、マルクスとともにケインズにもむすびつけられるような、スミスの包括性とは、たんにそれだけでは、かれの混乱あるいは折衷性をしめすものでもありうるからである。いかなる時代のいかなる経済思想にとっても、自己主張の有効な手段となるといういみでのみ、スミスが想起されるなら、それはスミスの独自性を否定することにならざるをえない。この立場からすれば、ドイツ歴史学派が提出した「アダム・スミス問題」（スミスにおける倫理と経済の分裂）も、スミス自体の問題であるよりも、「すべては文献史的形態で遂行された政策論争なのであった(4)」ことになる。つまり、スミスは、現在の思想的闘争における「にしきの旗」として学説史の倉庫からとりだされた、それ自体としては、「こっとう品」的いみしかもたぬ、ひとつの道具だというのである。この立場をてっていさせれば、スミスかいしゃくとしての正当性よりも、当面の対立抗争における武器としての有効性だけが、関心のまととなるであろう。

この立場はまさしく「現代的」ではあるが、「スミスの現代的はあく」ではない。「スミスの現代的はあく」とわたくしがいうのは、こうしたいみではない。わたくしの意図をあきらかにするために、もういちどスミスの「包括性」の問題にたちかえろう。

結論をさきにいえば、この「包括性」はふたつのいみをもつ。第一は、前述のように多様な思想のみなもとであること、第二は、「人間社会」(ただしくいえば「市民社会」)の総体はあくであることなのだが、両者はけっして無かんけいではない。すこし説明すればこうである。スミスは、かれ自身が、「商業社会」となづけたところの、当時の資本主義社会(市民社会)を、全体的にとらえた。たしかにかれは、あとでふれるように、基本的には、産業資本家の立場にたっていたが、そのことはかれの欠点ではなくて、むしろ長所であった。というのは、当時のイギリス資本主義社会においては、産業資本家は社会のにない手であり代表者であったから、産業資本家の立場は、社会全体の立場をいみしたのである。スミスはこういう立場にたったので、産業資本家の利益=政策目標を、社会全体のものとして、主張することができた。かれの主著『国富論』が、資本主義社会の全面的分析であるとともに、資本主義社会の発展のための実践的主張であったのは、このことにもとづいている。これがスミスの「包括性」の第二の意味である。

ところが、スミス以後の資本主義社会の歴史は、産業資本家が単純にその全体を代表しえぬような状態にたっした。いうまでもなく、労資の対立が激化したからである。そして、経済学もまたふたつの陣営に分裂したのであるが、スミスの「包括性」の第一のいみは、この対立する両陣営がともに、かれの正統後継者だと主張しうることをさしている。現実の階級対立が、スミスの時代の市民社会に内在した矛盾の発現であり、スミス経済学がこの市民社会の正確な全体的はあくであるならば、かれの経済学のただしい発展は、ふたつの対立した経済学をうむであろう。だからこのかぎりでは、スミス経済学が、たとえばマルクスとケインズへの、ふたつの流れにわかれたのは、むしろ経済学の現実への忠実さをあらわしているというべきである。

しかし、問題はここでおわったのではない。対立するふたつの経済学は、ひとしい権利をもって、ともにスミスの後継者たりうるのであろうか。スミス経済学の基本的優秀性は、けっして、かれがたんに産業資本家の立場をとったところにあるのではなく、この立場を社会全体の立場としてはあくした点にあったのだから、(5)今日の資本家的経済学が、資本家的であるゆえにスミスの嫡流であると称するならば、我田引水もはなはだしいことになる。

スミスの時代に、産業資本家の利益追求を、封建的ないし半封建的な諸束ばくから解放することは、少数の封建的特権階級をのぞいたすべての人間の解放をいみした。生産力のにない手としての産業資本家の自由な活動は、これらすべての人間に幸福をもたらすとかんがえられたのである。だから産業資本家＝市民の立場は同時に人類の立場であった。

スミス経済学をただしく継承することは、このような人類の立場にたつことなのであるが、資本主義社会建設期の、人類の代表者たる「市民」は、資本主義克服期にはその資格をうしなっている。かつて封建制を克服した「市民」は、いまや、資本制を克服するあたらしい階級に、その席をゆずらなければならない。そして、このような階級が、スミスの時代に建設された資本主義社会の、歴史的発展のけっかとして出現したとすれば、スミス経済学からの必然的な発展は、この階級の経済学をうみだすであろう。スミスはたんに政策論争の道具ばかりではなく、かれを歴史的にただしくうけつぐことは、資本主義社会の危機におけるただしい経済学の不可欠な資格なのである。

かかる視角からするスミスの研究は、ふたつの課題を中心とする。第一は、スミスの社会観＝社会科学の、全体性、実践性をまなびとることであり、第二は、スミスの資本主義分析を、資本主義そのものの発展にそって追求することである。(6)このふたつは、けっしてきりはなしえないのであるが、それでも第二の課題だけ一おう独立に、しばしばとりあげられた。スミス＝リカードゥ＝マルクスという、いわば純経済学史的な研究がそれである。これにはんして、第一の課題に着手されたのは、かなり最近のことであった。この問題は、スミスにおける産業資本家＝市民＝経済人の立場が、経済的関係の点で社会全体を代表するだけでなく、政治的道徳的経済的な諸関係の総体としての市民社会を代表することを、ただしく理解しなければ、一歩も前進しないのであろう。

以下のスケッチは、主として第一の問題にかんするものであるが、それはだいたい、三部分にわけられるであろう。すなわち、第一に、産業資本家が階級として経済社会を代表するのは、どのようにしてであるか、第二に、かれらによって代表される経済的な社会関係が、市民社会全体のきそであり代表であるとは、どのようないみであるか、第三に、スミスがこうした市民社会を総体として、客観的理論的に、しかも産業資本家の実践的立場からとらえたのは、どのようにしてであるか、──換言すれば、スミスの社会観における、産業資本の問題、三つの世界（道徳、法、経済）の問題、理論と実践（経験と規範）の統一者としての自然法の問題である。これらの三点はまた、すくなくともわたくしのみるところでは、ここ十年間のスミス研究の中心問題でもあった。

(1)　大河内一男「スミス批判の現代的課題」（経済評論、昭和二二年八・九月）。これは「新刊批評のまえがき」と副題されていて、高島・大道・越村教授のスミス研究をとりあげる意図をもつもののようであるが、未完である。

(2)　高島善哉『経済社会学の根本問題──経済社会学者としてのスミスとリスト』昭和一六年。同「スミス─リスト─マルクス」（経済評論、二二年八・九月）。大河内一男『スミスとリスト──経済倫理と経済理論』一八年。大内力「生産力理論におけるスミスとリスト」（社会科学研究、二、三、四号）。田中吉六『スミスとマルクス』二三年。難波田春夫『スミス・ヘーゲル・マルクス』二三年。高橋泰蔵『経済発展と雇傭問題──スミス・マルサス・ケインズ』二三年。杉本栄一「近代経済理論とはなにか──ケンブリッジ学派の近代性とその歴史的限界」（経済評論、二三年、八、一〇、一一月）。このさいごのものを、たんにスミスにかんしてとりあげることは、杉本教授の意図に反するであろうが、ここではそうせざるをえない。〔ここにあげた文献のうち、高島・大河内両教授の著書は、それぞれ、つぎのような新版がでた。『経済社会学者としてのスミスとリスト』二八年――旧著の附録をのぞいて、あたらしく三論文を附録としてくわえてあり、前掲の「スミス――リスト――マルクス」も、そのなかにふくまれる。全訂版『スミスとリスト』二九年――補論を削除し、「アダム・スミスと賃銀」の章を追加してある。さらに、杉本教授の論文は、まもなく『近代経済学の基本性格』昭和二四年、におさめられたが、こんにちでは絶版になっているので、『近代経済学史』二八年をあげておこう。〕

(3)　中山伊知郎『スミス国富論』昭和一〇年。大道安次郎『スミス経済学の生成と発展』一五年、増補再版二三年。同『スミス経済学の系譜』二三年、なども また、基本的にはこの線にそう。否定的かいしゃくの一例としては、R. Zuckerkandle, *Zur Theorie des Preises*, 1889, SS. 65―6.

(4)　大河内『スミスとリスト』(前掲)、六九ページ。なお、同書三三―六九ページ、および同氏の『独逸社会政策思想史』再版、昭和二二年、三九三―四二六ページをもみよ。

(5)　杉本教授によれば、スミスにおける「個人」は、一方では、「具体的な歴史を創造しつつある社会的市民ではなく、たんに思惟において抽象化され孤立化された、観念上の『個人』にすぎなかった」が、他方ではまた、「生産がなお個々の手工業者の仕事場でおこなわれていた時代には、これを生産過程において観察することもできた」ような、具体的な「市民」であった。そして、このような両面のうち、抽象性は限界効用学派へ、具体性はケインブリッジ学派へ、それぞれうけつがれる。ケインブリッジ学派は、「中世封建社会から近代市民社会への過渡期……の革命的な推進力となった『市民』の労働」にもとづく古典学派の労働価値説を、「暗黙の間に予想」し、このいみでともに「イギリス市民社会」の立場にたつ。それにたいしてマルクス経済学は「ひろく世界の人類社会の立場にたっている」。――杉本教授の前掲論文から、当面の問題にかかわりあるかぎりで要約すれば、以上のとおりである。ここでは、スミスの「個人」は、なんらの社会的具体性をもたぬ抽象物であるとともに、きわめて具体的な、資本主義的階級対立の一極としてのイギリス・ブルジョアジーであるということになるのであろうか。わたくしのかんがえでは、限界効用学派もケインブリッジ学派もそれぞれのいみで、ブルジョア経済学としてスミスを継承したが、そのさい、スミスの「個人」が産業資本家としてもっていた「人類の立場」は、うしなわれてしまったのであって、それは、スミス以後の資本主義社会の発展の当然の結果であった。「革命的な推進力」として社会をになうような「市民」は、スミスにはあっても、もはやケインブリッジ学派にはない。とくに、ケインブリッジ学派を、他のブルジョア経済学から区別するには、イギリス資本主義が資本主義的世界の支配者であり、そのいみでの代表者である点を指摘すべきであろう。とにかく、こうして「市民」が人類の立場をうしなったときに、マルクスは、「市民社会から社会主義社会への過渡期にあたり……革命的な推進力となる近代プロレタリアートの労働」をはあくすることによって、人類社会の立場にたっした。スミスとケインズは、「市民」の立場において一致し、「人類の立場」があるかないかで対立するが、スミスとマルクスは「人類の立場」で一致し、ブルジョアジーとプロレタリアートの立場について対立する。すくなくともこのいみでは、ケインズとマルクスのあいだには対立しかありえない。末永隆甫「マルクス経済学と近代経済学」（経済評論、二四年一月）における、杉本教授への批判は、このさいごの対立を強調するあまり（そのことじたいはただしい）、スミスとケインズを、一括してブルジョア経済学の名のもとにほおむりさるおそれがある。なお、スミスの「市民」が「人類」であることについては、高島善哉『アダム・スミスの市民社会体系』昭和二二年、二三九ページいかを、またマルクスの「人類」が抽象物ではなく「プロレタリアート」として具体性をもつことについては、名和統一「マルクス主義とヒューマニズム」（時論、二二年三・四月）をみよ。

(6)〔わたくしがこうかいてから、約四年後に出版された、『経済学の生誕』の冒頭において、内田義彦氏は、「わがくにの科学的なスミス研究は二つの流れを形成しながらおこなわれてきた」として、これを「価値＝剰余価値学説史の観点」からのスミス研究と、「イギリス市民社会形成史の一環としてスミスをとりあげようとするもの」と、規定した。第一の方向は、むしろリカードゥ中心であり、逆に、第二の方向は、スミスをリカードゥからきりはなして、とりあつかうのだが、このように、価値論史的方向と社会思想史的方向とが、分離しているところに、日本のスミス研究の特徴があり、それは、社会思想史的研究において、スミス経済学の時論的有効性とその科学性との混同という、欠陥をうみだしたと内田氏は指摘する。（同書、一四八ページ、参照）。ただ、このばあい、時論的有効性＝実践性と、科学性とを、きりはなす危険がありはしないかとおもう。〕

2

前述のようないみでのあたらしい研究が、哲学者の雑誌論文からはじまるといえば、ひとはふしぎにおもうであろうが、太田可夫教授の「アダム・スミスの道徳哲学について」は、そういう位置をしめている。(1) 太田教授はこの論文で、スミスの道徳哲学が、ひろいいみでは道徳・法律・経済を包括する人間の全社会生活の原理を問題とするものであることを指摘し、かかる社会秩序が、同感にもとづく社会の動的調和としてかんがえられていることを、あきらかにした。すなわち、人間的諸行為の規則としての道徳が、各人の行為に先行してそれを支配するのではなく、それぞれの行為がまずおこなわれて、他人がそれに同意するところに徳性が成立する。したがって、各人がまず自由に行動することと、他人が存在することが、「かれの学説にとって決定的な役割をはたしている。」

もちろん、ここに他人というのも、たんに偶然いあわせた一人の観察者にとどまらないで、「公平な観察者」にまでたかめられ客観化されたものであり、また行為者の側でも、このような観察者の存在を予想して、みずから自己の行為の観察者として、その行為を規制するにいたる。しかし、いずれにしても、人間的承認が行為の規準であり、神や理性が人間を支配するのではない。他人に承認された行為の経験から、行為の一般法則がつくられるばあいも、「一般的法則から行為が承認されるのではなく、行為の承認の事実の集積から、一般的法則がつくられる。」太田教授は、スミスの道徳哲学を、同感の原理を中心とする経験論的社会哲学として、以上のように理解した。

ここではまだ、経済の問題がまったくとりあつかわれず、したがって、個々人の行為もたんに「自由」であるだけで、いわゆる「利己心」の問題は表面にあらわれてこない。しかし、かつてドイツ歴史学派が「アダム・スミス問題」として提起したような、スミスにおける「利己心」と「利他心＝同感」との矛盾（『国富論』と『道徳感情論』との矛盾）は、もはや問題ではなくなった。「同感」が、利己心に対立するものとしてでなく、かえって利己的行為を社会的に成立せしめる社会原理として、ただしく理解されたからである。のこされた問題は、同感の原理が、道徳の原理であるのみならず、経済社会の原理であることの、理解である。

このいみで、太田教授の論文は、哲学者の側からのアプローチとして、貴重な功績をのこしたのであり、大河内、高島両教授の推奨するところとなったのである。高島教授はこの論文を、「わがくににおけるスミスかいしゃくのうち、もっとも教訓にとむもののひとつ」とし、「私の仕事は、これをもって国富論の世界まで下降してこようとするのである」とのべられた(2)。太田教授は、『道徳感情論』の基本原理としての「同感」が、道徳的な「同情」のように利己的行為に対抗するのではなく、かえって利己的行為を社会的に成立させる条件であることを、しめしたのであるから、『国富論』と『道徳感情論』を利己心と利他心の対立とかんがえる「アダム・スミス問題」の端緒形態は、ここで一おう解決されたわけである。けれども問題はまだ、『道徳感情論』の側から考察されただけであって、同感が利己心と矛盾しないとしても、両者はどういうかんけいをもつか、一般に、スミスにおける道徳と経済とのかんけいはどうかという点は、未解決のままである。それを解決するには、逆に『国富論』の側からの考察、すなわち高島教授のいわゆる「下降」が必要となってくる。

このような、スミスの全著作の統一的はあくのこころみは、かれの死後一五〇年を経た昭和一五年に、大道教授によってしめされた。教授のスミス研究三部作の第一部「スミス経済学の生成と発展」は、道徳哲学者スミスから経済学者スミスへの発展のあとを、「スミス自身の内部に即して」たどったものであった。われわれにしられているかぎりのスミスの著作（エディンバラ講義、道徳感情論、グラーズゴウ講義、国富論草稿、国富論）における、スミスの思想的発展の必然性連続性を、資料的内在的に追究し、それによって、『道徳感情論』と『国富論』とのあいだに飛躍も矛盾もないことを立証しようという意図は、すくなくともそのかぎりでは成功したのである。そしてスミスの発展は、「道徳哲学より経済学へ、断片より体系化へ、消費論体系より生産論体系へ、政策中心より理論中心へ」と、要約された。

大道教授は、スミスにおける道徳哲学から経済学への、および経済学自体の発展が、まったく外部的えいきょうをうけなかったというのではないが、それを一貫した系列としてはあくする。それはたしかに正当であったが、やはり重大な問題がのこされたのである。すなわち、もともとスミスの道徳哲学が法学をふくみ、法学が経済学をふくんでいて、それが順次に独立してくることは、文献史的にしめされたけれども、このような独立はなぜ生じたか、また、こうして独立した三部門の相互関連と統一原理はどうであるか、というような点については、本書におおくを期待しえない。経済学の独立は、道徳哲学の幸福論的性格から説明されて、対象としての経済社会の成長はわすれられ、三部門の統一原理としての同感についても、きわめてわずかの言及しかない。「道徳哲学の根本精神」が「自然的なものへの尊重として」経済学に滲透しているというばあいも、自然法思想への顧慮さえなく、自然的なものとは均衡価格であるとされるのである(3)。

この点は、大道教授が「スミス経済学の生成過程を地盤と思想的背景とにむすびつけて系譜的に考察した」第二の著書(4)においても、基本的には変化していない。だから、これらの考証的内在的研究は、それ自体としては一応成功しながら、皮肉にも、歴史研究における理論および現在的立場の必要を、痛感させる結果となったといわねばならない。

高島教授の「下降」はスミスにおける経済・法・道徳のかんれんを文献考証的にではなく原理的に、とらえようとするものであった。そのような視角から、教授はまず、スミスの道徳哲学体系における狭義の倫理学と法学とのかんけい、すなわち仁愛と正義のかんけいに注目する。[5] スミスにとって、仁愛は「推奨するにたるものであるが」「社会は、相互的愛情なしにも、さまざまの商人間におけるごとく、さまざまの人々のあいだにも存立しうる」のであって、これに反して、正義の強制なしには、社会は一刻も存立しえず、したがって正義は社会の柱石、仁愛は装飾なのであった。ここですでにあきらかなように、仁愛は徳として推奨される点では正義にまさるが、正義はまさにその消極性のゆえに、社会の存立のための絶対必要条件として強制されなければならない。だから、スミスの社会哲学体系のなかで、法学が道徳哲学からわかれてきたのは、逆に法学の優位をいみする。

ところで、正義の原則によって、成立した社会は、「商人間におけるごとく……好意の金銭的交換によって支持される」もの、すなわち、ひろいいみでの等価交換の社会であったが、スミスにおいては、正義の原則の支配する法の世界から、さらに経済の世界が、便宜の原則の領域として独立してくる。これはなにをいみするかというと、経済の世界では、正義を強制しないで各人の便宜と利己心とにまかせておいても、経済の発達は等価交換かんけいを成立させるから、正義にもとづく社会かんけいが、おのずから樹立されるのである。こうして、スミスにおける仁愛、正義、便宜の三法則は、道徳、法、経済の三つの世界にそれぞれ対応し、経済学は、社会哲学体系としてはさいごに独立したにもかかわらず、逆に法学をとおして倫理学を支配し、全体系のきそとなったわけである。

だがこのことは、高島教授じしんも指摘するように、「スミスにおいて、便宜の原則が、正義の原則からまったく独立してなりたち、国家がまったく社会のなかへ解消しつくされたことを、いみするのではない。事実はかえってまさにその逆である。」スミスの道徳哲学体系の展開過程は、経済学が、市民社会＝経済社会の支配的科学として、確立される過程であるが、けっして経済学の全面的支配が確立されたのではなく、その出発点であるにすぎなかった。道徳が法を媒介として経済につらなり、そこに経済が道徳を規定する道がひらかれるという、高島教授のただしい指摘は、その反面において、経済はなお直接にではなく法を媒介としてのみ、規定者たりうることを、しめしていた。だから、教授によれば、スミスの三つの世界のかんけいは、一義的な経済の優位ではなくて、「興味ふかいパラドクス」であり、「社会的世界の二元論的かいしゃく」の表現であった(6)。

だから、高島教授のスミス研究が、三つの世界のかんけいについて、明白な一元的結論をしめさなかったのは、むしろスミスじたいの正確な反映であった。ただ、教授はこういうスミスのパラドクスを、近代社会観成立史の歴史的ながれのなかに、またイギリス産業資本成立史の社会的条件のもとに、位置づける仕事を、かんぜんに遂行したとはいえないのである。そのために、教授が、スミスからマルクスへの道によって、「自然法的静態観を歴史哲学的動態観によって克服する」というばあいも、スミスの歴史的限界の指摘は、十分な分析にささえられてはいない。わたくしは、教授のスミス研究のうちで、歴史観にかんする章がもっともよわいようにおもうのだが、その理由はここにあるのではないであろうか。

このスミスの歴史的位置づけは、田中吉六氏によって、自然法の問題を中心に、ある程度まであきらかにされ、また、大塚史学による産業資本成立史の研究からも、ひとつの有力な手がかりが提供されるのであるが、このあとの点についていえば大河内教授が、スミスにおける利己的人間＝経済人を、市民社会の建設者たる産業資本家としてとらえ、利己的行為＝資本主義的営利＝資本蓄積が、スミスにおいては倫理的いみをもつというとき、そこには当然、ウェーバー＝大塚史学的な「資本主義の精神」が予想されるのである。

もちろん、ウェーバーの研究からもあきらかなように、ピュアリタニズムは、経済人の利己的行為そのものを、倫理的とかんがえたわけではなく、ただ、神から絶縁された人間が日常生活にいそしむことによってのみ、すくいを確保しうるというにすぎない。そのいみでは、ほんらい、利潤は、神の心にかなう結果ないし標識であったが、そこから、利潤獲得じたいが倫理化され、ピュアリタニズムの倫理は「資本主義の精神」に転化する。こうなると、「いまや資本主義の精神においては、営利は倫理的な、このうえもなくつよい主観的確信をもってたちあらわれる。」(7) スミスにおける資本の蓄積が、必然よりも必要として、倫理的色彩をおびていたことは、すでに舞出教授によっても指摘されたところである。(8) 「スミスは、人間が経済人でもあり、唯物主義的人間であることのうちに、人間のあたらしいいみでの倫理性を発見しようとしていた」という大河内教授のことばもまた、いまのべたかいしゃくの線にそうものとみていいであろう。(9)

もとより、ここで「経済人」といわれたのは、歴史的な人間類型であって、利己心一般ではない。大河内教授のスミスかいしゃくにおいても、利己心が倫理だとは、「社会の物的生産力の展開に寄与する人々」、すなわち、スミスのばあいには、産業資本家を中心とする社会層についてのみ、いいうることなのである。この点では、難波田春夫氏の批判は、(10) ぜんぜん的をはずれている。というのは、難波田氏は無制限な利己心は万人対万人のたたかいをひきおこすから、これがスミスにおけるあたらしい倫理だとは、とうていかんがえられないことを主張し、スミスは、「正義の法」で、これを制限したとかいしゃくする。けれども、高島教授の指摘のとおり、正義の法とは等価交換の原理なのであって、スミス的「経済人」の利己的行為は、とうぜんにこの原理にしたがうことになるのである。市民社会においては、等価原理にしたがうことが、利己心を貫てつする道であった。

とはいえ、スミスはまだ、等価交換を、経済社会の機構的な客観的法則だとはかんがえていないのだから、難波田氏の発言は、なんのいみもなかったわけではない。近代社会の成立期において、ふつうに経済の道徳からの解放とよばれる思想史的過程は、かなり複雑な段階をふくんでいるのであるが、(11) いま、かんたんにしめせば、一、マキアヴェルリ的に政治や経済の領域を道徳のそとにおき、純技術化する段階、二、宗教改革的に、神の命令（道徳）としての職業への精励が、経済的成功をもたらすとみる段階、ここから、利己心の道徳的是認がはじまって、まもなく、三、宗教改革の倒錯形態として、営利が道徳的命令とされるにいたる。そしてさいごに、四、経済が道徳にかわって、人間行為の基準をあたえる。スミスのばあいには、二の後半から三の段階であって、四への萌芽をふくんでいた。利己心が道徳的に是認されるのは、たしかに利己心の解放への前進ではあっても、道徳的に是認されてはじめて一人まえになる利己心は、やはり道徳に従属しているというべきであり、それが「命令」となっても、けっきょくはおなじわけである。大河内教授の「あたらしいいみでの倫理性」とは、じつはこの段階にすぎないのであるが、教授じしんはこれを、道徳にたいする経済の優位の確立とみなしている。

前述の道徳、法、経済のかんけいが、かんぜんにてんとうされるならば、経済が生活秩序の規定者となり、「あたらしいいみでの倫理」をつくりだすであろうが、スミスにあっては、やはり二つの面をもつパラドクスにすぎなかった。そしてこの三者のパラドクシカルなかんけいは、「法による媒介」がしめしているのだが、大河内教授は経済の道徳にたいする優位の面を、難波田氏は反対の面を、それぞれ一方的に強調し、法の位置はほとんどかえりみられていない。

大河内教授が、「スミスがなによりもまず、かような利他的原理が人間本有のものであることを、のべなければならなかったということは、人間におけるもっとも根ぶかい原理がかえって利己的なそれであり、この原理の存在についてはあらためて証明するを必要としないとかんがえたがためであろう」とか、「かれの理想とした自然的自由の制度と、十八世紀末イギリスの経済社会とのあいだには、まだいちじるしい懸隔が存していたから」『国富論』でも利他的本能を重視せざるをえなかったといわれるのは、あきらかに、ひいきのひきたおしであって、難波田氏のスミスかいしゃくに、存在理由をあたえることになったのである[12]。

もともと、大河内教授の著書は、「経済倫理と経済理論」と副題されているように、戦時的政治経済学が、経済を超越的な倫理の支配下におこうとすることへの、批判を意図していた。高島教授が本書について「それはスミスのうちにただ経済倫理の問題を、リストのうちにただ経済理論の問題をみようとするもののようであって、従来の政治経済学的常識をこえた点ではただしいが、しかもなおこの根本的な点でわれわれは疑問をもたざるをえない」[13]といわれたように、「政治経済学的常識」への対抗がつよすぎて、反対の方向への「政治意識」が歴史を圧倒してしまったのである。スミスは、大河内教授が、経済の倫理を経済の論理のなかから、生産力との結合において、とらえるべきことを主張するための、「有効な方法」となったのである。スミスをこのように、「手段」とする、政治的な歴史研究については、わたくしはこの小論のはじめに疑問をのべておいたが、これはようするに、学説史的形態における「生産力理論」なのであった。そうだとすると、難波田氏が、「経済の論理と倫理の内面的統一」をとく「昭和研究会」[14]の主張を、大河内教授の見解とともに引用しているのは、急所をついたものといわなければならない。ただしそれは、難波田氏に、「生産力理論」批判者としての資格と能力があるかどうかということとは、べつの問題である。

大河内教授の強烈な政治的関心は、一方ではスミスの思想の政治的ないみの克明な分析を可能にしたが、他方ではスミスの思想にまつわるさまざまな歴史的制約を、忘却させたのである。政治的偏向は、難波田氏のばあいには、もっとろこつであって、経済にたいする道徳の優位を立証するためには、スミスの「体系的かいしゃく」と「学説史的かいしゃく」は別のものだとさえ主張するにいたり、内田義彦氏が、本書を批評して、いわれたように「スミス・ヘーゲル・マルクス」ではなく「スミス・ヘーゲル・難波田」と題すべきであったかもしれない。(15)じつに、この大河内、難波田論争こそ、「文献史的形態で遂行された政策論争」だったわけである。

(1) 太田可夫「アダム・スミスの道徳哲学について」(一橋論叢、昭和一三年一二月)。おなじ年にでたエリック・ロールの『経済思想史』は、全体としてはすぐれたものであるが、スミスかいしゃくのこの点については、太田教授よりもはるかにおくれている。すなわちロールは、自愛と同感を他の諸性向とともに、同一平面で、「人間行為の基本的な六つの動機」としてとらえ、この六動機の自然法的均衡をかんがえるからである。E. Roll, *A history of economic thought*, Lond. 1938, p. 148.

(2) 高島善哉『経済社会学の根本問題』一七三ページ。大河内一男、一橋新聞、スミス死後一五〇年記念号所収の論文。

(3) 高島善哉「大道安次郎著・スミス経済学の発展と生成——書評——」(一橋論叢、昭和一六年四月)。

(4) 大道『スミス経済学の系譜』。田中吉六『スミスとマルクス』一五〇ページいかの批判をみよ。系譜学はしばしば歴史的にちがったいみをもつ二つの思想を、表面的類似のゆえにかんたんにむすびつけてしまうが、大道教授にもそれはみられる。系譜学が歴史的諸対立へのするどい感覚をともなわぬならば、すべては坦々たる大道になってしまうであろう。大塚史学においては、類型的はあくが、この感覚の表現だともいえるが、その反面ではかえって系譜学的欠陥を助長している点もあるようにおもわれる。

(5) 高島善哉『アダム・スミスの市民社会体系』昭和二二年、第二、三章。本書は前掲『経済社会学の根本問題』第二部に、序論と、経済理論、歴史観についての二章とをくわえたもの。

(6) この二元論は、また国家と社会の問題として、功利の原理と権威の原理の問題としてもあらわれる(高島、前掲書第四章)。スミスの「保守主義」については、本稿ではふれないが、十分な検討が必要である。〔内田義彦氏は、スミスが、功理の原理によるウィッグと、権威の原理によるトーリとを、ともに批判しているとかいしゃくする。『経済学の生誕』

一一―一六ページ、参照。〕
(7) 大塚久雄『近代資本主義の系譜』昭和二二年、二四七ページ。
(8) 舞出長五郎『経済学史概要』上巻、昭和一二年、一九七ページ。
(9) 大河内『スミスとリスト』八二ページ。
(10) 難波田春夫『スミス・ヘーゲル・マルクス』(前出)、三九ページ。
(11) 〔水田洋『近代人の形成』昭和二九年（とくに前篇）を参照されたい。〕
(12) しかし、難波田氏の著書は、スミスかいしゃくとしても、全体としても、けっして水準のたかいものとはいえない。それは、いぜんとして『国家と経済』における氏の立場の継承であり、個々の点では、スミスの「慎慮」概念を、イギリス経験論の伝統を無視して利己心への制限と解したり、ジェイムズ・ステュアートをスミスの亜流とするような、軽率さがみられる。
(13) 高島『アダム・スミスの市民社会体系』一四〇ページ。
(14) 昭和研究会『協同主義経済の倫理』、難波田、前掲書、二二一―八ページに引用。
(15) 内田義彦、『読書新聞』所収の書評。

3

前節にのべたような、スミスにおける経済と道徳のパラドクスは、かれの論理的あるいは体系上の矛盾であるというよりは、歴史的矛盾なのであった。だから、この矛盾のただしいはあくとは、それを論理的に整理し解消してしまうことではなく、スミスの歴史的位置づけの問題としてかんがえることであろう。

もういちど利己心についていえば、事情はこうである。すなわち、まず、利他心は、スミスにとっても、やはり推奨すべきものであり社会の装飾であり、うつくしいものであったから、そのいみでは利己心に優越している。

けれども、スミスじしんのことばによれば、中世哲学の「徳」とは、「この世の幸福と一致しないとされ、天国は、人間の自由で寛大で元気な行動によってでなく、ざんげと禁欲と、修道僧の苦行と卑下によってのみ、えられるといわれた(1)」のであり、スミスはこれにたいして、「この世の幸福に一致」するようなかたちで徳をかんがえる。ところで、徳が幸福と、利他心が利己心と、対立しないようなかたちでかんがえられることは、徳や利他心そのものの変質をいみする。

道徳の世界で、ふるい徳が、いぜんとして上位にありながら、近代的に変質していったのと対応して、政治の世界でも、ふるい服従原理としての権威が変質する。スミスが、「契約が政府にたいする服従の原理となるのではなく……権威の原理と功利の原理がそうなのである(2)」というとき、権威の原理は、その存在をみとめられていながら、功利とならぶことによって変質し、封建的身分的性質をうしなうのである。「すぐれた富は、いかなる性質よりも権威を賦与するのに有力な貢けんをする(3)」といわれることによって、権威もまたブルジョア化されたのであった。

これがスミスのパラドクスの、ひとつのいみであったが、パラドクスの全体だとはいえない。大塚＝大河内的スミスかいしゃくにもっとも顕著な、プロテスタント的禁欲倫理の末裔ないし倒錯形態としてのスミス像が、パラドクスの別のすがたをしめしている。スミスの思想は、たしかに、利己心を道徳とし、利潤追求＝蓄積を倫理的命令とするような、傾向ないし側面をふくんでいるが、けっして利己心を唯一の、あるいは最高の徳としたのではない。これは前節でも指摘したところである。のみならず、利益追求が倫理であるということじたいが、ふたつの面をもっている。なぜなら、それは中世的な「利己心否定の倫理」にくらべると巨大な前進ではあるが、しかもなお、利益追求は、それじたいとして是認され自律的に進行するのではなく、倫理として命令されることによってのみ、存立しえたのである。田中吉六氏が、「スミスにあっては、価値法則の実現は、労働価値法則のかんてつによって説明されるのではなく、正義の法をまもる利己心によって説明される」[4]というのは、この点をついたものであった。

だが、スミスは、この点でとまったのではなく、すくなくとも、それから一歩の前進をしている。かれが「いかなる国においても、商業が導入されるときは、いつも誠実と正確がそれにともなっておこる。……これは……利己心に帰することができる。……これらは商業国民の主要な徳なのである」[5]というとき、利己心＝商業が、それじしんのあたらしい徳をつくりだすことを、のべているのである。もちろん、ここでも、「利己心」とか「徳」とかいうことばがしめすように、問題は経済社会の規律ないし客観的な法則＝機構の面からとらえられてはいないが、とにかくここの「徳」が、経済によってあたらしくつくりだされるものであることは、注目されていいであろう。大河内教授が前掲引用において、「あたらしいいみでの倫理性」といわれたとき、この点が正確に理解されていたであろうか。論敵難波田氏においては、かかる理解の可能性さえないのである。

くりかえしていうが、わたくしは、スミスにおいて利己心が倫理となったことが、事実でないとも進歩的でないとも、かんがえてはいない。そういうことをみとめながら、しかもそのことじたいのうちにスミスの限界をみるのでなければ、スミスの現代的にして歴史的なはあくは、不可能だとおもうのである。かれの自然法思想においても、事情はまったくおなじであって、それは、スミス経済学に実践性と客観性とをともにあたえた反面において、やはり形而上学的残滓とならざるをえなかったのである。

社会科学の成立における自然法の役割については、ブルジョアジーの実践的要求の表現・客観法則の認識・形而上学的性格という、三つの面からのかいしゃくがあるが、これらの三側面の整理ないし統一は、まだ、十分におこなわれていない。つぎにいくつかの例をあげてみよう。

たとえばミュルダールは、科学と価値判断を分離する立場から、「自然法的考察方法の特殊性は、くわしい証明なしに直接に存在と当為とを同一視……しようとする点にある」[6]といっているし、山田雄三教授もこれを支持される。[7]太田教授が「自然法における自然は形而上学的性格をもつ」[8]といわれるのも、自然法思想における超論理的な当為的な要素にたいする、批判と解しうるであろう。そして、山田教授の、「われわれは自然法経済学から離脱すべき方途を探らねばならない」[9]という主張に、まさに呼応するかのごとく、長谷川正安氏が、法律学における「自然法からの離脱」を、ベンサム研究から帰結する。[10]また、ビッターマンは、スミスにもっとも大きなえいきょうをあたえた思想家が、ハチスンではなく、ヒュームであったことを説明しつつ、したがって、スミスの自然法は、自然神学的（形而上学的）摂理ではなくて経験法則的なものであったことを、あきらかにしようとした。[11]

こうみてくると、自然法は、社会科学の成立史において、たんに否定されるべき残滓であったようにおもわれる。けれども、山田教授も「自然法の思想が科学的運動そのものをまきおこしたことを」承認されているし、またミュルダールによれば、「自然法的構想は、すべての欠点にもかかわらず、ひとつの実証的で論理的にただしい核心を、ふくんでいて、そのまわりに経済科学がきわめて徐々に結晶しうる」ものであった。そうすると、マルクスが、フィジオクラシイについて、「それは、資本主義生産を分析し、資本が生産されるための、また資本が生産するための諸条件を、生産の永久的自然法則として叙述した、さいしょの体系であった」[12]といったのは、いまのべた見解とむすびつくであろうか。

だが、ミュルダールは、「革命性の程度がひくく、むしろ現状維持のつよい政治的傾向は……フィジオクラットの体系に、たかい科学的価値をあたえた」[13]というのだから、自然法の科学性はその保守性にもとづくと、みているのである。すなわち、保守的現状維持的な立場にとっては、当為＝規範は現実のそとにあるのではなく、現実そのものなのだから、ここでは規範意識と現実認識とが一致し、当為と存在の混同からくる欠陥は生じえないと、かれは主張するのである。ボルケナウが「自然法則的研究の本来の領域はオプティミズムである」[14]というときも、だいたいおなじことをいみしているようにおもわれる。

この立場からすれば、自然法の科学性とは、本来のいみの実践性を拒否するものだということになるだろう。したがって、たとえばケェネーの亜流メルシエ・ド・リヴィエールが、「人間は、社会のなかで生活するようにさだめられている」[15]というばあいの、さだめられていることによって、すでに、専制主義のもとで生活するようにさだめられていることによって、既存社会秩序の正当化としての自然秩序概念や、また、デカルトの「絶対主義を前提する合理主義」[16]などは、ミュルダールやボルケナウによって、科学的自然法思想の表現とみられるであろう。ところが、マルクスの前掲のことばは、あきらかに、絶対主義ようご者としてのフィジオクラットではなく、資本主義のイデオローグとしてのそれについて、社会の法則的はあくの功績をみとめているのである。「そのあらゆるいつわりの封建的外観にもかかわらず、フィジオクラットは、アンシクロペディストと手をとって行動する」[17]というマルクスにとって、問題の中心が「封建的外観」ではなかったことは、あらためて指摘するまでもあるまい。だから、けっきょく、マルクスは自然法の革命的側面に、ミュルダールはその保守的側面に、それぞれのいみで科学性をみとめていたわけである。そして、この革命的側面が、産業資本の立場であることは、まえにもいっておいた。

自然法の科学性にかんする、このふたつの立場の対立は、じつは科学の実践性にかんする見解の対立なのであるが、ここでは、それを直接にとりあげることはできない。むしろ、スミス経済学の実践性の解明からこの点にちかづくことが、さしあたっての課題なのである。

スミスにおける倫理と経済のかんけいをのべたときに、わたくしは、倫理が経済の自律化を促進しながら、そのことによってしだいに経済に従属してゆくという、自己否定的媒介的な側面を指摘した。自然法と客観的社会法則のかんけいも、まさにこれに対応する。すなわち、スミスは自然法の思想のなかで、当時のイギリス産業資本家の意欲を、永遠の人間性（人間の自然《ヒューマン・ネイチャー》）として表現したが、それはけっして、かれの非現実的妄想ではなく、スミスをかこむ歴史的社会条件のもとでは、十分に現実的であった。なぜなら、そこにおいては、産業資本家こそが、過去のあらゆる非人間的な抑圧を克服して歴史をおしすすめる、人間の代表者だったからである。産業資本家は、歴史の主体となることによって、自己の意欲と客観的な歴史的発展の方向とを一致させる。自然法は、このようないみで、まず歴史の主体の意欲であり、つぎにそのことから転じて、客観的法則をあらわすにいたる。しかし、資本主義経済がかんぜんに自律的秩序を確立してしまうと、倫理が不用となったように、自然法も不用となる。そしてまさにそのときに、産業資本家は、歴史の主体としての革命的性格をうしないはじめるのである。前述のミュルダールやボルケナウの見解が、この点をさしているとすれば、たしかにただしいものをふくんでいるのだが、フィジオクラットやデカルトが例とされているところからみれば、あまり好意的なかいしゃくはひかえなければならぬであろう。

このような自然法の槓杆的媒介的性格は、これまでのスミス研究において、かならずしも十分に意識されていなかった。自然法はせいぜい、スミス経済学の調和論的オプティミズムの表現として、かんがえられたにすぎない。自然法をスミス経済学における理論と実践の問題として、正面からとりあげたのは、おそらく、高島、田中両氏がさいしょであろう。

田中氏が、「このばあい、産業資本によって提起された課題は、たんに主観的願望を表示するだけにとどまらず、また、社会の物質的生産力、それの客観的な発展方向を同時に自己の階級的発展の方向とする、イギリス産業資本のそのような歴史的地位によって不可避にされたところの客観性を表示することとなる(18)」といったのは、もちろん前述のマルクス的理解のうえにたったものであったが、しかもここでは、自然法はやはり客観性の面だけでとらえられているために、けっきょく、実践性の点ではきわめて消極的なものとならざるをえなかった。市民社会の形成が、経済学の対象の客観的成立としてのみかんがえられて、その社会を形成する主体がわすれられたのである。そのけっか、田中氏は、スミス経済学がマルクス経済学と「きわめてちかい近親かんけい」をもつと、ただしく指摘しながら(19)、両者の主体的実践性(客観法則へのたんなる適応ではない)を、十分にはあくしえなかったのである。近代自然法の実践性は、それを自然権と自然法との(前者の優位における)統一としてとらえるときにのみ、あきらかになるであろうが、そのためには、スミス経済学の成立史の究明が必要となってくるのである(20)。そしてそのことによって、ブルジョア社会科学の実践性が理解されるであろう。

封建制を克服して自己の秩序をきずいていたブルジョア自然法思想が、いま、その資本主義秩序をのりこえようとする危機の社会科学になにかをおしえるとすれば、それはまず、主体と客体、実践と理論との統一の一典型としてである。しかも、封建制のそとがわからこれを否定する自然法と、資本制の内がわから(その歴史的発展の帰結として)これをのりこえる唯物史観とのあいだには、まさに後者が、「ただひとつの科学すなわち歴史の科学」を強調するというちがいがある。スミスからマルクスへの思想史的研究の課題のひとつは、かかる歴史意識がどこからあたえられたかを、あきらかにすることであった(21)。そこで、ドイツ思想(とくにヘーゲル)の重要性が、あらためて確認されなければならないのである。スミス＝ヘーゲル＝マルクスは、難波田氏的に道徳の問題としてでなく、社会科学における理論・歴史・政策の統一の問題として、理解されるべきではないかとわたくしはかんがえている。

（1）Smith, *W. of N.*, bk. 5, ch. 1, pt. 2.
（2）Smith, *Glasgow Lectures*, p. 13.
（3）Smith, *ibid.*, p. 9.
（4）田中吉六『スミスとマルクス』二一五ページ。
（5）Smith, *ibid.*, pp. 253—5.
（6）G. Myrdal, *Das politische Element in der nationalökonomischen Doktrinbildung.* (deutsch Übers.) Berlin 1932, S. 49. 山田雄三訳（昭和一七年）六七ページ。
（7）山田雄三『計画の経済理論』昭和一七年、第一章、自然法経済学批判。同『経済学の史的発展』昭和二二年。同「自然法経済学の成立と崩壊——スミス一五〇年記念講演」（経済往来——新経済学全集附録）一〇号所収。
（8）太田可夫『イギリス社会哲学の成立』昭和二三年、八ページ。本書について、わたくしが認識論的偏向を指摘したのは、この点にかかわりをもつ（『近代人の形成』後篇補論I）。
（9）山田雄三『計画の経済理論』二〇ページ。
（10）長谷川正安「エルヴェシウスとベンタム」（民科・理論、昭和二三年六月）。ただし功利主義もまた、ミュルダールおよび山田教授によれば、当為と存在を混同する点で自然法と同一系統にぞくする（そしてこのばあいには、このかいしゃくの方がただしい）。だから、長谷川氏の論文をここにおくことについては、双方から異議が提出されるであろう。長谷川氏が、「われわれはまったく反自然法的な、相当完備した科学的立法論のきそをあたえられている」というばあいの、科学的立場とはなんであろうか。もちろん、それは、ベンサム直系のブルジョア実証主義ではないであろうが、もしそれをこえるものだとすれば、やはり理論と実践との統一形態がもんだいになるであろう。自然法はかかる統一のひとつの例なのであった。——なお、厚生経済学にもおなじような形而上学がひそむことを指摘する山田教授と、そのイギリス資本家的実践性を強調する杉本教授とが、反対の方向から、同一の事実を確認する結果となっている点に注意されたい（杉本栄一、前掲論文、二三年)。これらはいずれも、「厚生経済学」のなかに科学的な「社会全体の立場」をみることを拒否するが、中山教授は、マルクスとピグーを対比して「労働階級の立場だけがなぜ科学的で、人間社会のいわゆるコモンウェルスのウェルフェアの発展をかんがえる立場が、なぜ非科学的であるか」と疑問を提出される（経済評論、二三年九月、座談会、経済学者と経済学)。「社会全体の立場」と階級とのかんけいについては、本文で言及したはずである。

(11) H. J. Bittermann, Adam Smith's empiricism and the law of nature, *The journal of political economy*, Vol. 48, 1940.

(12) K. Marx, *Theorien über den Mehrwert*, heraus. von Kautsky. Stutt. 1921, Bd. 1, SS. 40—1. 向坂訳（改造社版新訳）五七ページ。

(13) Myrdal, *ibid.*, p. 52. 邦訳、七二ページ。

(14) F. Borkenau, *Der Übergang vom feudalen zum bürgerlichen Weltbild*, Studien zur Geschichte der Philosophie der Manufacturperiode, Paris 1934, S. 475. しかしこれは、ペシミズムのみがブルジョア社会の固有性格としての「矛盾」をはあくしうるとして、オプティミスト・デカルトとペシミスト・パスカルを対比する。だから、わたくしが本文でボルケナウについてのべていることは、かれの一面にすぎない。この点の全面的とりあつかいは、近代自然法の基本的性格の問題として、べつの機会におこなうつもりである。

(15) メルシエ・ド・ラ・リヴィエール『政治社会の自然的および本質的秩序』——Marx, *ibid.*, S. 46.（邦訳、六一ページ）に引用。ただしミュルダールのいう保守的自然法とは「フィジオクラットが現に支配的な所有かんけいを、たまたま自然的なものとして観察した……市民的・保守的性格」であって、革命的自然法とは「ルソーをきそとする社会主義的ないし無政府主義的な理想構造」をいみするのであるから、ここにあげたような絶対主義的保守性には、直接にはむすびつかない。だから、じつは、ミュルダールによるフィジオクラットの性格規定そのものに、まだ問題があるわけであるが、それをここでとりあげることはできない。ただ、現状維持的なばあいにのみ科学的たりうるという、中心点だけがさしあたって主要なのである。

(16) Borkenau, *ibid.*, S. 470.

(17) Marx, *ibid.*, S. 46. 邦訳、六二ページ。
(18) 田中、前掲書、九ページ。
(19) 同書、一五―六ページ。この本について、くわしくは、つぎの節をみよ。
(20) 水田、『近代人の形成』、とくにその前篇をみよ。
(21) 「スミスからマルクスへの道は、たしかに自然主義的ヒューマニズムと歴史哲学的ヒューマニズムとの結合の可能性を指示しているようにおもわれる」(高島『アダム・スミスの市民社会体系』二四二ページ)。

4

以上において、スミスが、歴史の主体としての産業資本家の立場にたっていたことが、しばしばのべられた。しかし、歴史の主体とはなんであるか。自己の主観的意欲が同時に歴史の方向ないし法則であるような人間集団とは、なんであるか。このものの、主体としての資格は、どのようにして客観的にしめされるのか。歴史の主体とは生産力の主体のことであるといいかえても、生産力そのものがあきらかにされぬかぎり、問題のすりかえにすぎない。問題はのこっているにしても、スミス経済学を、生産力のにない手であり歴史の主体である産業資本の立場として、とらえたことは、やはり大塚史学の功績にぞくするであろう。

大塚史学の基礎的はんちゅうのひとつが、「中産的生産者層」であり、それが「独立自営農民」から「産業資本家」へのみちをあらわすことは、いまさらいうまでもないが、大塚教授によれば、スミスが資本投下の自然的順序としてあげている「農業・工業・国内商業・輸出貿易・輸入貿易・仲継貿易」(1)という順序は、まさにこの産業資本家の成長過程におうずるものであった。そして、このような国内産業の保護育成こそ、「歴史上げんみつないみで重商主義とよばれるもの」であり、スミスは、こうした「イギリス的重商主義の伝統のうえにしかとたち、その原理をてってい的におしすすめ、しかもその極、ついにこれを止揚するにいたった人」なのである。(2)

このスミスかいしゃくは、張漢裕氏が、商業資本と産業資本との峻別にもとづいて、重商主義を分析し、大内教授が、「どぎもをぬかれた」(3)ところに端緒をもつが、スミスかいしゃくとしての具体化は、大塚、大河内両教授によっておこなわれ、さらに、藤塚知義、内田義彦両氏によって、批判的にうけつがれた。

大河内教授によれば、(4)「利潤が社会全般の利害と対立するとかれ〔スミス〕が主張し、商工業階級にたいするなみなみならぬ不信をしめしているのは」、いわゆる重商主義的な独占商工業者への攻撃であり、「生産者の立場」も、こういう特権的生産者の立場として、スミスの攻撃のまととなる。これにたいしてかれは、「消費者の立場」ということばで国内市場の重要性を強調する。そして「賃銀または地代の増加は、そのまま国内消費力の増加……をいみしたということにおいて」、社会全体の利益と一致するといわれ、産業資本家は、スミスにおいては、むしろ、「中流ならびに下層の階級」とよばれて、賃銀取得者と一括されている。(5)当時においてはこの両者の対抗はまだ顕在化しなかったし、資本と土地の対立もあらわれていないから、(6)スミスは、近代的な資本家と労働者をふくめたいみでの産業資本家の立場を、社会の進歩の代表とかんがえることができた。この立場に反する利害かんけいをもつのは、前期的諸勢力だけである。

この見解を、資本蓄積を中心とするスミスの経済理論の内部分析へおしすすめたのが、藤塚氏である。(7)藤塚氏の問題の端初もまた『国富論』における「資本家にたいするはげしい憎悪の叙述」をいかに解すべきか、ということであった。そして、この点にかんしては、大河内教授とおなじく、スミスの利潤憎悪は前期資本への憎悪であると解し、スミスが利潤率低下をのべるときも、そこに「資本がその前期的形態を清算してゆくところの過程を、混入せしめていた」と藤塚氏はかいしゃくする。

しかし、まえにもいったように大河内教授においては、しばしばスミスが理想化されがちであったのに、藤塚氏はかれの歴史的定位をとくに重視する。そうすることによって、たとえば、スミスの生産的労働概念の混乱、つぎのような歴史的いみが指摘される。すなわち、この概念は、価値生産労働、剰余価値生産労働、商品生産労働という三重の内容をもっていたが、第二の規定が産業資本の立場をあらわすことはいうまでもないとして、のこりのふたつは、逆に、利潤が生産から抽出されぬという前期的見解をしめしているのである。スミス経済学は、商業資本から産業資本へのヘゲモニイの転換期を、このような二重性として反映したばかりではない。この段階においては、「生産手段生産部門……の生産体系上の主導性は、まだその確立をみず」したがって、スミスの再生産論における不変資本の脱落が生じたのであった。

（1） *W. of N.*, bk. 3, ch. 1.

（2） 大塚久雄『近代化の歴史的起点』昭和二三年、とくに第七論文。

（3） 大内兵衛「古典の探求と重商主義についての新解釈」(『経済学散歩』、昭和二三年、所収)二七七ページ。張漢裕、トーマス・マン『外国貿易によるイギリスの財宝』邦訳解説。

（4） 大河内『スミスとリスト』二〇〇―六ページ(旧版)。

（5） H. W. Peck, *Economic thought and its institutional background*, London 1935, pp. 75—82. は、古典学派を、handicraft workers の思想的後えいとして規定する。

（6） Roll, *ibid.*, p. 273.

（7） 藤塚知義「アダム・スミスにおける資本の蓄積について」(金融経済研究、五号)。同続篇(社会科学、九・一〇号)。

——季刊『理論』九号、昭和二四年七月発行——
(註の〔 〕は、一九五四年の附記)

＊　＊　＊

藤塚氏のスミス研究は、そのご雑誌に発表されたものもふくめて、あたらしく統一的にかきなおされ、『アダム・スミス革命』（昭和二十七年）として公刊された。この本の「論理的」方法について、わたくしはすでに別のところで言及したので、[1]ここではくりかえさないが、内容については、かんたんながら、ふれておきたい。

藤塚氏は、スミスの、価値・剰余価値論、貨幣論、生産的労働論における、それぞれの二重規定の、歴史的論理的ないみの究明を、中心的テーマとしているようにみえる。二重規定というのは、価値・剰余価値論においては、投下労働＝分解価値説と支配労働＝構成価値説であり、貨幣論においては、流通手段説と独立存在説であり、また、生産的労働論においては、剰余価値生産労働と商品生産労働とのふたつの概念なのである。[2]これらの二重規定は、そのごの古典学派の分解過程からふりかえって、スミスにおける科学的な要素と俗流的な要素となづけられたものに、ほぼ対応している。しかしながら、スミスじしんについて、それを科学的と俗流的というように、機械的にわけることは正当ではない。

この点は、藤塚氏によって、つぎのように理解されている。貨幣論を例にとれば、流通手段としての貨幣のはあくは、モネタール・ジステームの批判であり、古典学派貨幣論のほんらいの線なのであるが、他方、貨幣の独立的存在の諸形態がはあくされたことは、それじたいとしては、モネタール・ジステームの継承でありながら、流通手段としてのはあくを経過することによって、あたらしい段階にたっする。それは、貨幣の流通法則のはあくと、貨幣の資本化（↓信用制度の発展）の認識であり、このことは、イギリス産業資本の確立によって、貨幣輸出がむしろ有利になった段階に、対応する。[3]だから、このばあいに、二重規定は、まず古典学派の論理と重商主義の論理との、並列をいみするのだが、スミスは、両者を並列させることによって、かえって資本主義経済の本質にせまっていったのである。

生産的労働の概念においても、第二規定は、それじたいとしては、『労働力』なる商品はんちゅうから抽象された原基的《エレメンターリッシュ》な形態としての商品の立場に、相応するものである」(4)が、スミスは、この規定を、第一規定につけくわえることによって、「資本を生産する労働」のいみを、正確にあらわすことになった。というのは、「資本主義生産が支配的となり、資本対賃労働のかんけいが全社会的に確立されてくると、一切の労務《サーヴィス》が賃労働の形態をとり、したがって資本と交換されて資本のために剰余価値を生産する（資本を生産する）ということのない『不生産的労働』のばあいにも、その生産的労働者じしんにおいて『労働力』が形成され、かれじしんにとっての商品と化する」のだが、ここに、スミスの第二規定がもちこまれると、生産的労働の概念の、不当な拡大を阻止することができる。(5)

価値論における二重規定についても、「マルクスは、むしろ二つの規定の並列そのものの中に、価値をつくる労働としての『一般的・社会的・労働』（＝抽象的・人間的・労働）が、事実上はあくされていることをみている。(6)」このようにみてくれば、すでにあきらかであろうが、本書の「全篇五章の想源はマルクスの論理で、しかも著者一流にマルクス『資本論』の篇別構成＝構造理解にたったうえでの、その論理の『国富論』復元解釈への適用である。(7)」それであるから、「論点多岐にわたるが、著書がスミスを対象として縦横にふるう論理のメスは、至極かんたんである(8)」とさえ、いわれることになる。

著者は、『資本論』の篇別構成を、第一巻一、二篇の、単純な商品流通という原基的な領域の論理と、三―七篇の、資本の直接的生産過程の論理とにわけて、(9)経済学史における重商主義から古典学派への発展が、この論理的展開に対応するとかんがえる。この論理的展開を、経済学の歴史的展開にひきうつし、それを、資本の歴史的展開とむすびつけて説明することが、著者の目的であったようにも、おもわれるのである。ただ、歴史のなかから論理をひきだすことと、歴史に論理をおしつけることとは、まったく別である。著者が論理の武器をもって歴史に足をふみいれたとたんに、歴史は著者に反逆する。

たとえば、著者は、スミス経済学の、『国富論草稿』『グラーズゴウ講義』から、フランス旅行をへて『国富論』への発展を、価値学説史上のアダム・スミス問題としてとらえ、これをスミスにおける重商主義が、重商主義の媒介によって、古典学派へ発展する過程とみている。ところが、このような論理的な単純化のけっか、いわゆる重商主義のなかにふくまれる商業資本家、マニュファクチャラー、独立生産者などの、対立が無視されてしまって、「おなじ『重商主義的』論理のなかでの対立物たる『独立的生産者』の観点」という著者じしんの規定が、いきてこないのである。[10] そのけっかとして、さらに、スミスにおける産業資本の立場と、独立生産者の立場とが、ときには対立させられ、[11] ときにはむすびつけられる。[12]

おそらく著者は、『講義』および『草稿』と『国富論』とのあいだに、思想的には連続でありながら、学説史的には、質的な飛躍がとげられて[13]」いることを、強調するのであろう。このことは、原則的にはただしいかもしれないが、それだからといって、本書の歴史的分析のよわさを、[14] カヴァーしうるものではない。わたくしじしんとしては、本書の論理的部分からは、おおくをおしえられながら、その歴史的部分には、おなじくらいおおくの不満をもたざるをえなかった。

（1）　水田、『近代人の形成』四〇四ページ。——ただし、著者からの私信によれば、この部分は、「若干誤解を含む」とされている。

（2）　藤塚、前掲書、二一、二〇三ページ。

（3）同書、七七ページ。
（4）同書、一四一ページ。
（5）同書、一四二ページ。
（6）同書、三一ページ。
（7）平瀬巳之吉、書評（読書新聞、昭和二七年七月九日）。
（8）遊部久蔵、書評（三田新聞、昭和二七年六月三〇日）。
（9）藤塚、前掲書、一六三—四、二一一ページ。
（10）同書、四四—五七ページ。
（11）このばあいに、独立生産者は、重商主義の論理のなかに、すがたをあらわす。同書、五〇—二ページ。
（12）このばあいには、独立生産者は、産業資本の前身である。同書、一六六—七ページ。
（13）同書、五三—四ページ。
（14）「歴史的背景論は、『大塚史学』のごとき高度の理論に訓育された日本の読者には、いささかお粗末である」（平瀬、前掲書評）。（一九四九・七・一三）

——季刊『理論』九号、一九四九・七——

第二節　経済学成立史の問題と方法

——田中吉六『スミスとマルクス』について——

1

いわゆる経済学成立史にかんする著作は、豊富ではないまでも、それほどめずらしくはない。オンケン、ハスバッハ、ちかくは久保田明光、大道安次郎両氏の研究など、すべてこの領域にぞくするであろう。田中氏の『スミスとマルクス』も、たんなる平面的な両者の対比ではなくて、スミス経済学の歴史的こんきょをたずねることにより、その科学性と限界とを、ともにあきらかにし、そのいみでマルクスと歴史的に対比しているのであるから、あきらかに経済学成立史だといってよい。しかしながら本書は、従来の経済学成立史にくらべると、つぎにあげるようないちじるしい特色をもっている。

第一に著者は、資料主義的内在主義的な、「歴史的」方法ではなく、あきらかに現在の（マルクス主義の）立場からの、批判的歴史的方法によっている。はしがきによれば、「著者がスミス経済学の科学性を本格的に反省しはじめたのは……資本論の研究を一わたりしてから以後のことであった。」その反省というのは、「科学としての経済学のはんちゅう体系はその組織においてどうあるべきか、資本論の理論体系をくみたたせ、その中につらぬかれている論理は、歴史的にいかに形成されてきたものか、一体経済学が科学として樹立されるにはいかなる条件を必要とするか」――このような問題を中心に展開されたのであるが、ここにもしめされているとおり、著者は、抽象的普遍妥当科学としての古典派経済学の成立史と、それから歴史的科学としてのマルクス経済学にいたる過程については、今後の課題として「マルクス主義の三つの源泉の思想史的究明」を提示している。

本書が経済学成立史でありながら、『スミスとマルクス』となづけられた理由は、この点にあるのであろう。著者はこうした立場を「超越的批判」（二四ページ）ともよんでいるが、それはさしあたり大道氏などと対照的な性格をもつことになる。

つぎに、しかも著者は、この超越的批判を、「歴史的」批判としておこなおうとしている。そのために、経済学の成立を、対象としての経済社会の成立の側面からとらえようとして、この点で、まず杉村広蔵氏の方法論主義に、するどく対立する。なぜならば、杉村氏によれば、経済学の成立は、もっぱら経済学者の主観的な方法態度や世界観の問題に、解消されてしまうからである。さらに著者は、このような対象面からの規定とともに、思想そのものの歴史的発展のなかにも、経済学成立の契機をとらえようとする。といっただけでは、従来の観念論的思想史とすこしもかわらないことになるが、本書の特色は、経済思想を単独にとりあげないで、自然科学および哲学という、イデオロギー諸部門の総体として、また同時にそれらの相互関連において、とりあげた点にある。そしてそのうえで、さらに全思想のイデオロギー的構造を、問題にしているのである。

　こうして本書は、たんなる観念的専門科学的な経済学成立史ではなくて、総体的な近代社会観の成立史となる（ただし、のちにふれるように、この用語そのものは、本書については問題がある）。対象としてこれをささえるものは、いうまでもなく産業資本の形成であるが、思想史的にこれをつらぬくものは、著者によれば「自然法」であり、この角度からの近代社会観成立史の総過程的はあくが、本書においては、ホッブズ、ロック、スミスを中心にこころみられている。このばあい、著者は武谷三男、戸坂潤両氏の研究成果を利用しつつ、他方、フランツ・ボルケナウを、批判的にではあるが継承している。

　本書の問題と方法のりんかくは、だいたい以上の素描にしめされたであろう。わたくしじしんもまた十年ちかくまえに、ボルケナウから出発して、近代社会観の成立史を手さぐりしながらたどってきたのであるが、それゆえに、本書にたいして深い興味と若干の疑問とを、同時にもたざるをえなかった。つぎに本書を紹介しながら、疑問をのべて著者のおしえをあおぎたいとおもう。

2

まず、方法論的にいって、杉村学説の「対象ぎらい」の批判は、うたがいもなくただしいのであるが、それだけにまた、なぜこのようにおおくの紙数をさく必要があるのかといいたい。もっとも、これは、「はしがき」で、「当時の著者の未熟な理論を展開するには、著者の見解ともっとも鋭角的に対立し、観念論哲学のなかでもその論理の精緻をほこる杉村学説の批判が必要とされた」とのべられているとおり、著者の研究過程におけるひとつの手段であったわけだが、それにしても、メンガーと計画経済を「経済性原則」の名のもとに一括する（『経済学方法史』一七一ページ）杉村学説が、われわれの意図する経済学史ないし社会観史と縁がないことは、現在ではあまりに明瞭であって、この点についての著者の努力が、本書においてどれほどの客観的ないみをもつかは、疑問であろう。

方法論的にみてはるかに重大なのは、著者のボルケナウ批判（さらにそれにかんれんして知識社会学批判）である。著者はまず、ボルケナウとともに出発して近代社会観の端緒をつぎのように規定する。封建的人間にとって、社会は直接にあたえられたものであったのに、市民社会においては、個人の社会からの解放によって、「種々の形態の社会的結合は、……外的必然として個人に対立するにいたった」（『経済学批判』）。「市民的個人はその生活上の意義や目標をもはや旧秩序からうけとることができず、……じぶんじしんの自然的本性のなかにこれをもとめることしかできなかった。……個人の本性や理性をよりどころとして……合理的秩序をさがしもとめなければならなかった。……このような近代的要求をみたしうる自然法は、ただ経験主義的にあるいは内在主義的に構成されるほかなかった」（『スミスとマルクス』二九―三二ページ）。この点は、わたくしもまた、かつてボルケナウからまなびとったところであった。

著者はさらに、近代的経験的自然法の成立のための、主観的客観的条件を提示するのだが、それは、自然科学的（実験的経験的）方法の近代哲学による一般的確立、この確立を促進しかつ逆にそれによって変化せしめられた、生産技術のマニュファクチャー的展開、かかる展開の帰結としての生産かんけいの資本主義的変革や商品生産の拡大、市民社会の固有矛盾（個人と社会との分裂、その結合の恣意性）の明確な発現である。これらの条件のもとにはじめて「それまで道徳的行為や社会秩序の規範の原理として、理念的にのみ解されてきた自然法を、感性的経験にうったえて科学的に構成しようとするこころみが生じた。それと同時にまた人間が逆に自然から理解されるといった自然法則概念のてんとうも生じた」（三二ページ――傍点引用者）。すなわち著者のいう近代自然法とは、じつは近代自然科学の自然法則概念なのであって、人間についても、それは「個人をば無機的自然の法則を介して理解する」分析原理であり、個人から社会をつくるいわば構成原理ではない。近世以前においては、「重点は社会にあり、……個人も社会から理解され……自然の理解も……人間の側から規定されてきた」（三三ページ）。このように、社会あるいは人間の側から自然が規定される（この三者のかんけいのあいまいさに注意）といういみで、自然法則が自然法のなかに吸収されていた時代（分離の直前の時代）を、ボルケナウは、トマス・アクィナスをもって代表させる。高桑純夫氏もまた（おそらくボルケナウによって）トマスをこう理解する（展望、一九四七年十月）のだが、この点はトマスかいしゃくとしても、ボルケナウかいしゃくとしても、問題だとおもう。なぜなら、封建社会と市民社会との質的な差を無視して、社会、人間、自然をかんがえてもいみをなさないからである。

しかしとにかく著者としては、ここまではボルケナウを支持するのであり、批判は、かれが近代的世界観の成立のきそとして、「社会秩序とその変動とによって規定される『人間の自己観察』に重点をおく」ことにたいして、むけられる。著者の要約にしたがうと、ボルケナウはつぎのように主張する――「技術のなかにさしあたり思惟材料として存在するものの理論的普遍化をよびおこすものは、生産かんけいの側である。ある時代の技術に反しては、むろんいかなる世界像も存立を主張しえない。だが、技術の思惟材料から何が生ずるかは、人間相互のかんけいに依存する。そこで最初のマニュファクチュアの散在的出現が、機械論的世界観の貫徹の原因とはならないで、社会的諸かんけいの強力な変革こそ、その原因となった。」これは著者によれば、「生産力に優位をおいてそれと生産かんけいとのあいだの内的関連を弁証法的に把握」しないで、両者を機械的に分離する見解であり、「機械的世界像の普遍化はむろんのこと、その成立すらも、生産かんけいの側面から直接規定される」（三五ページ）という結論にたっする。かくして「自然像の変せんは、ただ一般的世界像（……ひろく社会生活を地盤とし、そのうえになりたつ世界観、すなわち、感性的直観的把握としての世界観……）の変せんを通じてのみ、充分理解しうる」ことになり、「一般的世界像の変せんは、ただ即自的にのみ把握され、――これに反して、この世界観が自然像との対立において相互浸透的に止揚され……高次の世界観としてみずからを発展させていく側面」は理解されない（三七ページ）。

わたくしじしんは、ボルケナウにおおくのあいまいさ（たとえば訳者が指摘しているような、生産かんけいと社会生活との同一視）があるにせよ、基本的にはただしいとかんがえるものであり、批判は「機械的分離」にではなく、あいまいな混合にむけられるべきだとおもうのであるが、それはそれとして、著者の見解を延長していけば、このボルケナウ批判の角度が、ほとんどそのまま、知識社会学批判にも適用されているようである。すなわち、知識社会学も、科学の存在拘束性をみとめながら、「科学と社会的存在とのあいだに、人間学を介在せしめることによって、イデオロギー論の中心課題たる科学の階級性、真理意識と真偽意識の検討」（三二三ページ）をごまかしてしまうと、著者はいうのであるが、この人間学は、ボルケナウの一般的世界像の階級性をもっとぼかしたものとみていいであろう。

3

以上のような方法論的諸批判を経て、著者はなにを積極的に展開していくのか。杉村学説の主観主義にたいして、経済学成立のためには、対象としての経済社会の成立を主張し、知識社会学の抽象的アントロポロギーにたいしてイデオロギー論を強調することは、もとよりただしい。問題は、ふたたび、ボルケナウ批判のつぎにくるものである。

著者はボルケナウを批判しながら、生産力の優位における、これと生産かんけいとの弁証法的統一を、主張したのであるが、これを当面の思想史的課題に適用するとつぎのようになる――「人間の自然へのはたらきかけ、すなわちマニュファクチュアの技術的地盤から出発した近代力学は、哲学の……媒介を通して人間および人間社会へもその論理的規定をおしおよぼすことによって、人間の人間への働きかけ（生産かんけいの変革）を完結させる」（九〇ページ）。すなわち、生産技術から出発した自然科学の成果が、哲学によって一般的に確立され、そこから社会科学へ方法・論理・はんちゅうが供給され、これが生産かんけいに作用するという、哲学の媒介を中心とする円環（生産技術→自然科学→哲学→社会科学→生産かんけい）が成立するのであって、「近代哲学による、こうした科学的方法の一般的確立をまってはじめて、感性的世界観の真理内容や論理的核心は、その非合理的外観を払拭させつつ、みずからを自由にし、かつ純粋にすることも可能になる」（三八―九ページ）。

ここで、前述の、自然法の近代化の問題を想起しなければならない。というのは、著者のかいしゃくによると、いまのべた円環過程によって、自然科学から哲学の媒介を経て、自然法則概念が社会科学に輸入されたことが、「自然法のてんとう」なのだからである。

したがって、ボルケナウ説の紹介のはじめの部分で指摘しておいたような、人間の本性（人間的自然《ヒューマン・ネイチャー》）から出発する社会の形成原理としての自然法概念は、いつのまにか見うしなわれてしまったわけである。この転換は、わたくしが傍点を附して引用した「それと同時にまた」のところでおこなわれたのであり、わたくしは、ここですでに著者がボルケナウからはなれているとおもうのだが、それはまたあとでふれることにしよう。

こうした方法論上の対立は、わたくしのみるところでは、つぎのような系列として要約される。すなわち、一方には、マンハイム・三木・大道的な、知識社会学＝人間学とボルケナウ的な社会生活＝一般的世界観の系統、それに対立するものとして、著者は主に戸坂的な技術主義的論理主義的科学論に依拠している。そして、さらに著者の強力な支柱となっているものは、自然法思想の功績が客観法則の認識にあったとする、マルクスの見解である。しかし、さいごの点については、マルクスの問題がケェネー＝スミス段階の自然法にあったことを、指摘しておかなければならない。

わたくしが、本書を近代社会観成立史とよぶことをちゅうちょしたのは、この点をさしていた。著者の問題は科学史（または限定されたいみでの科学成立史）であって、社会観史ないし思想史ではない。著者が世界観というばあいも、前述の媒介者としての哲学とおなじものであり、ボルケナウの一般的世界観ではない。こういう技術＝論理主義のために、著者の「円環」行程においては、運動はつねに技術の側からのみあたえられるようにみえる。換言すれば、「感性的世界観」の、哲学による純化だけが問題となって、かかる世界観がそのまま社会観、社会思想として、社会的実践的に機能することがわすれられている。

この角度から著者の方法を検討すると、おなじような疑問が、別のかたちをとって提出される。すなわち、科学論とイデオロギー論が分離していないかということ、さらに著者のボルケナウ批判を逆にして、生産力と生産かんけいの分離は、かえって著者の図式のなかにあるのではないかということである。とすれば、科学のイデオロギー性を明確にとらえようという、すぐれた意図から出発しながら、けっかが逆になったわけである。わたくしもボルケナウのあいまいさをみとめ、かつ著者のシェマを全面的に否認するのではないが、まえにもいったように、まだボルケナウのなかで純化の余地があるとおもうのである。たとえば生産かんけいと社会生活の混同を、生産力と生産かんけいの統一の角度から、整理できないであろうか。そして、科学史、とくに社会科学の成立史のためには、社会観史的な視点が不可欠だとかんがえる。

　わたくしとしては、著者のボルケナウ批判は、そのままではうけいれがたいのみならず、著者のボルケナウかいしゃくにも疑問をもつのである。それは、すでにのべたように、近代自然法の自然法則的性格が、ボルケナウの中心概念であるかという点である。わたくしは近代自然法の基本的性格（そしてボルケナウの基本テーマ）を、分解された近代的個人が、自己を中心に近代的社会秩序をつくる、形成原理としてはあくするのであり、著者が自然法の客観法則への転化を強調するのにたいして、むしろ、自然法の主体的な自然権《ライト》への転化（さらにそれにもとづいたあたらしい法の形成）に、力点をおく。このいみで、著者の立場を客観主義的といえるとすれば、わたくしじしんのそれは、主体主義的だということになるであろう。そこで、つぎに、著者による近代イギリス思想（ホッブズ、ロック、スミス）のかいしゃくを紹介しながら、わたくしじしんの見解を、ひとつの提案としてしめしたいとおもう。

4

近代自然法思想史におけるホッブズのいみは、著者によれば、それまで「感性的経験を軽視して上から理念的にのみとらえてきた自然法理論」にたいして、「感性的経験から出発して、それ以外のいかなる権威ともかかわりなく構成」したところにある（六〇ページ）。したがって、著者の理解する近代自然法の科学的構成にとっては、ホッブズは土台をすえたにすぎない。そしてこのように、自然的存在としての利己的個人から出発したホッブズは、社会において秩序ないし法則ではなく、万人対万人の闘争のみをみた。これは、ガリレオ力学が、「因果法則的認識」（八一ページ）になっていなかったことに対応する。

しかし、ホッブズは、このような無秩序無法則な経験的存在としての自然人を発見しただけではない。「猜疑抗争的世界における市民的個人＝中小生産者としてのヨーマンは、当時非合理的な運命にさらされていたにもかかわらず、なお、この運命をば合理的に楽観的に説明しようとする」（六〇ページ）。そこで、「理性をもたぬ人間の本性から理性的な社会秩序が導出されなければならない」（五八ページ）。このようにして成立したホッブズの絶対主権は、中産者層の自己分解にともなう内部的混乱を克服するための、「小市民層の革命的独裁をきそづけるにいたった」（六三ページ）。だから「ホッブズの自然法理論が……ピュアリタン革命期を反映したことは……明らか」（六二ページ）だと著者はいう。ところが、その数ページあとで「ホッブズにおいて絶対主義のきそ理論となった自然法思想」（六八ページ）ということばがでてくる。著者の絶対主義論には、混乱があるようだが、じつは、著者にとって、この点は、さしあたりどうでもいいのである。なぜならば、著者の意図は、ホッブズが経験的事実から出発したことを指摘するにあったのであって、こういう個人の自然権が、社会契約＝絶対主義の否定的媒介によって、権利＝秩序として確立されるということは、副次的ないみしかもたないからである。それだからこそ、「理性をもたぬ人間の本性から理性的な社会秩序が導出されなければならない」といったおなじページで「人間に理性があるかぎり、ホッブズによればこの（相互反目の危険の――引用者）発見は容易だ」とのべて、きわめて重大なこの理性問題を見のがしているのである。(1)

だが、もしこのように、きそとしての自然人の発見だけをとりあげるならば、なにもホッブズをもってくる必要はない。むしろ、ルネサンス、とくにマキアヴェルリあたりをとった方が、てきとうではないだろうか。トマスにおいて、中世的社会観としての自然法のなかにかんぜんにつつまれていた個人（自然権なき自然法）が、マキアヴェルリにおいて、旧秩序の解体によって、赤裸の近代的個人となり（自然権も自然法もない無秩序）、この転換点から、しだいに経験的な個人の側からあたらしい秩序を確立していく――このような過程は著者の視野のそとにおかれているので、マキアヴェルリとホッブズを、おきかえてもかまわないようなことになるのである。わたくしは、こうした角度からの自然法のはあくを、主体的立場とよんだのであるが、これはいうまでもなく、この主体が近代市民社会のにない手、生産力のにない手として自己を確立していく過程をとらえようとするものであって、そのいみでは、田中氏のいう対象としての経済社会の成熟を、別の面からみているわけである。そして、さらに田中氏の視点に言及するならば、このような歴史的社会的な主体のみが、潜在的な自然法則を、自己の技術として具体的に適用しうるのだといいたいのである。

著者のホッブズかいしゃくには、まだ疑問がのこっている。たとえば、デカルト解析の意義や、ホッブズが代数の幾何学への適用を否定したこと（無限数学のウォーリスとの論争）は、本書の問題にとって不可欠の重要性があるにもかかわらず、まったく無視されているし、ベイコンとのかんけいは、著者のことばとは反対に、「伝記的事実」（四二ページ）にもかかわらず、あまり密接ではないのである。また『神聖家族』におけるホッブズのかいしゃくについても、わたくしは、とくに、その「人間ぎらい《メンシェン・ファインドリヒ》の唯物論」ということばの、田中氏的な理解に疑問をもつ。

さて、こうしてとにかく、近代自然法のガリレオ＝ホッブズ段階は、著者によって、経験的事実からの出発としてとらえられた。したがってここには、ほんらいのいみでの法則はない。法則としての自然法概念は、ニュートン＝ロック段階において樹立される。著者は武谷氏にしたがってこの段階を、自然認識の本質論的認識の段階と規定する（七三ページ）。ニュートンによる法則科学としての物理学の樹立が、ロックによって哲学的に深化され、物的世界の確認および模写説となる。こうして「客観＝自然と主観＝精神とを截然と対立せしめ、前者の根源性において後者の可能と限界とを確定したロックの唯物論が、自然とのこのような対立と限界とを、人間精神に自覚させることによって、かえって自然をも社会をも人間精神から独立した客観的自然として、その原理や機構を科学的に洞察せしめる」（八九ページ）にいたったのである。「自然法思想はホッブズにおいてまず経験的構成をみ、ロックにいたって科学的原理への転生をみることになった」（八三ページ）のであり、「経済学の方法原理としてスミス経済学のなかに具体化される」（八九ページ）きそができあがったのである。

ロックの自然法的社会理論が、自然状態を、戦争ではなく産業資本家の社会的秩序として、理解したことは、ここにのべられたような自然法則概念からも説明できるだろう。だが、市民秩序の国家秩序にたいする優位、革命権の問題、または、ロックの抽象的実践的自然法とよばれるものは、「自然法思想は経験主義の地盤にたつと、否応なく、現実の変化に対応してその動性にたえうるように洗練され、陶冶され、批判的に改作されざるをえなくなる」（六八ページ）というだけでは、説明しきれないのではないか。つまり、経験論の実践性そのものが、歴史的社会的主体の見地から、説明される必要がありはしないかというのである。もう一度くりかえすと、このような主体（産業資本）の要求が同時に客観的きそをもちえたことの理解が必要なのであって、ここでふたたび、田中氏の「対象」とわたくしの「主体」が一致するならば（一致すべきだとおもう）、問題はないのである。

（1）『近代人の形成』一〇七ページいか。わたくしは、ここで田中氏を批判してのべたことを、上掲書において、積極的に展開しようとした。

5

そこでつぎに、ロックによってかんぜんに近代的自然法則概念へてんとうせしめられた、この自然法が、スミス経済学においていかなる役割をえんじているかを、検討すべきであろう。

著者によれば、スミス経済学の歴史的階級的課題は、市民社会の固有矛盾の調和的統一であった。固有矛盾とはなにか。それは個人と社会、私益と公益の矛盾である。「このブルジョア社会に固有な矛盾とその効果なき克服のこころみが、……そうじて近代科学の中心課題」であり「この課題をめぐって近代的世界像は形成された」（ボルケナウ）という。基本的にはたしかにそうなのだが、ここでわたくしは、この固有矛盾のかいしゃくについて、ひとつの疑問を提出したい。

それは、マンダヴィル的な、私人の悪は公益をもたらすという表現は、はたしてたんに、市民社会における直接的全体性の喪失という「固有」の矛盾だけを、いみするであろうか、ということである。この表現は、同時に、あたらしい個人の利己的行為が、旧来の道徳規準からみれば「悪」でありながら、しかもあたらしい秩序の建設者として是認されざるをえないという、「歴史的」矛盾をいみしていないであろうか。わたくしは、マキアヴェルリやシェイクスピアなどにおける、悪虐の善用というような形容矛盾、政治の倫理外化技術化、さらに、田中氏がかなり安易に使用しているようなスミスその他の「性悪説」を、かかる歴史的矛盾として理解する。マキアヴェルリからスミスへのみちは、市民的個人の主体的秩序確立へのみちであり、したがってこの歴史的矛盾の解消過程である。もちろんこの過程において、歴史的矛盾は固有矛盾とつねにさまざまな度合でからみあっていて、同時に解決を要求しているであろう。けれども、固有矛盾そのものは、極言すれば市民社会の「固有性格」であって、それは、封建社会と市民社会の対抗をしめす「歴史的矛盾」や、市民社会のなかからそれの克服者をうみだす階級対立とは、質的に別のものだといわなければならない。

そうだとすれば、前述の、スミス経済学の課題は、むしろ歴史的矛盾の克服、市民的秩序の主体的確立として規定した方が、ただしいであろう。そして経験的自然法のスミスにおける一応の完成は、このような主体的秩序確立の思想的支柱としての、いみをもつことになる。

しかしながら、田中氏的な自然法の客観主義的理解によれば、事情はまったく別のものとなる。すなわち、スミスにおける私益と公益の調和、市民的利己的活動の社会的妥当性の証明は、同感の原理によってこころみられるが、この原理の観念論的（経験論的）限界のために、目的を完遂することができず、自然法原理による唯物論的客観性への方向がとられるにいたるという。もうすこしくわしくいえばこうである。スミスは、利己的行為の客観的妥当性を、第三者の是認によって保証しようとした。そしてこの第三者じしんが、偏頗な観察者、たんなる観察者、公平な観察者、仮想の公平な観察者＝内なる人＝良心、というように、客観化のみちをたどりながら、しかもさいごは主観的転化をとげる。このこころみの補足として、利己心を外側から規定してその客観性を確保するために、一般的規律として正義の法がおかれるのだが、その正義の法も、ほんらいは等価交換として利己的行為そのもののなかからでてくる秩序、法則であるはずなのに、スミスにおいては、外側からの規律という色彩をついに脱することができない（大河内『スミスとリスト』八二—七ページ）。これは、スミスの三つの世界における経済の優位が、かなりあいまいなものだった（高島『アダム・スミスの市民社会体系』）ことに対応しているわけで、スミスのこういう限界の指摘は、もとよりただしい。問題はそのつぎにある。

われわれのかいしゃくでは、利己心の社会的是認にかんする、こうしたスミス的な限界がそのまま、スミスの自然法の限界であった。しかるに著者によれば、同感原理を中心とするスミスのこの半面は、俗流的弁護的性格をしめすものであり、反対に自然法原理は、市民社会を階級対立においてはあくするスミス経済学の科学性をあらわす。投下労働と支配労働の二元論も、同様に、市民社会の本質分析と現象観察の分離という、スミス経済学の二面性にむすびつけられる（一四一ページ）。

ここで、経験論の革命性実践性を、著者が、ホッブズ、ロックについていかに強調したかをおもいおこすならば、いささか奇妙な感じがするであろう。スミスについては、「現象のうえをはいまわる経験論」（一三四ページ）の俗流性が、はげしく非難されているからである。そして、これまで経験論とともにあった自然法が、いつのまにか経験論の敵となる。この自然法はどこからきたのか。ホッブズがガリレオを、ロックがニュートンを、円環行程の支配者、自然法則概念の供給者として、もっていたごとく、スミスにも誰か自然科学者の主人がいて、自然法則をくれたのか。あるいは産業革命前夜の技術と自然科学全体がそうなのか。そうではなくて、じつは田中氏が、マルクスからとった自然法則概念を、スミスにおしつけたのである。

だから、スミスの二面性も、スミスじしんの分裂として理解される（そうならば、内在的に一応の統一をあたえられるはずである）かわりに、ホッブズ、ロックからの線とマルクスから溯行してきた線とが衝突する点が、スミスだというかたちになってしまう。[1]

自然法思想の、社会観としての主体面を無視した、田中氏の不幸な客観主義は、スミスかいしゃくにおいて、このような分裂にたっした。これをすくうものは、氏によれば理神論である。すなわち、「自然法原理だけをもってしては、なおいまだ私利と公利とのあいだの調和性は、論証されえなかった。ここにいたって、スミスの自然法原理は、理神論とむすびつき……自然法的楽天主義ともいうべき思想形態に変形される必要が生じた」（一五七―八ページ）。こうして田中氏もまた、「みえざる手」によってすくわれる。

ここまできて、著者はあらためてスミスとマルクスを、つぎのように対比する。「マルクスの経済学のばあい……経済人の利己心は歴史の産物でありかつ社会関係の体現物である資本の性格からくるものであり……これに反して、スミス経済学のばあい、経済人の利己心が商品生産者の資本主義的関係を決定するものとなる……対象を歴史的に規定しえぬ自然法原理の適用から、かかるさかだちとなったものなのである」（一七九ページ）。「スミスにあっては、価値法則の実現は労働価値法則のかんてつによって説明されるのではなく、正義の法をまもる利己心によって説明される」（二一五ページ）。まさにそのとおりであって、資本主義社会の建設と克服、内側と外側という、二人の課題と位置のちがいが、ここにあらわれている。そしてそれゆえにこそ、スミスの自然法は、内側からの主体的自然法として、はあくされなければならないのである。しかるに著者は、これをふたたび「物的要因」、生産技術に直結しようとする（一七九ページ）。

さらに著者は最終章において、スミス経済学のイデオロギー的性格をとりあげ、「スミス経済学の階級性と科学性」の一致のきそが、「階級闘争の未成熟」すなわち産業資本が、「新時代への方向を同時に自己の階級的発展の方向としたこと」にみている。これもまたわたくしのかんがえでは、産業資本が歴史的主体として自己を確立していくことによって、同時に客観性を証明するという過程であり、著者がさきにスミスによる市民社会の固有矛盾の調和とよんだ私益と公益の問題は、産業資本の主体的な私益追求が、公益としての客観性をもつことを、証明しようとするにほかならない。

（1）　ここで、マルクスの自然法かいしゃくすなわち、経済社会の客観法則のはあくとしての自然法、というかんがえについて、わたくしじしんの見解を略示しておかなければならない。前述のように、封建的現実秩序に対立するものとして、自然権＝個人がおかれ、これがしだいに生長してみずからの秩序をもつにいたると、この秩序を自然法とよぶ。そして旧秩序、現実秩序に、新秩序＝理想秩序＝自然秩序が対置される。この自然秩序が実現されるにつれて、自然法はもはや無用となって、現実の客観法則の認識に席をゆずる。このような自然法が、客観法則と対立するたんに主観的なものではなくて歴史的主体＝客観的な性格をもつことは、くりかえしていったとおりである。こうして、自然法は、近代世界観の展開、近代科学の成立を促進する槓杆であり、絶対主義やヨーマンのごとく、すぐれて過程的媒介的である。それは、近代科学の法則概念の成立にとって不可欠の前提ではあるが、その法則概念自体ではない。だから、法則概念が確立されるリカードゥ＝ベンサム段階では、自然法は明白に否定される。しかもなお、自然法の媒介機能はスミス＝ケネー段階ではきわめて重要であって、マルクスの見解はこのいみでただしいのである。

6

まだ個々の点について疑問はのこっているが、以上で、ややながすぎたこの書評を一応うちきる。著者のすぐれた問題はあくは、いかんながら方法論上の客観主義によってうらぎられたように、わたくしはおもう。けれども、くりかえしのべておいたとおり、わたくしの主体的方法と著者の方法との統一は、充分に可能であり、すくなくともわたくしじしんとしては、必要だとかんがえている。そして、それにもかかわらず、わたくしが対立を強調しすぎたとしたら、それは問題の親近性にもとづくものだとして、著者の寛恕をえたいのである。なお、著者の叙述方法、資料的処置についても附言しておきたいことがある。著者の結論あるいは著者が他からまなんだ結論だけを、そのまま、かみくだくことなく示されるために、浅学のわたくしには、しばしば論理の飛躍とさえ感じられたし、資料については、思想史の原典としてはスミスの『国富論』がもちいられているだけであることも、それらの思想家の論理が内在的にたどられていないというけっかをうんでいる。このあとの問題については、はしがきに「大学教授などとちがって」といわれるような事情があるであろうが、そのために、著者のせっかくすぐれた問題提起が、みのりすくないものとなるとすれば、不幸はひとり著者のみのものではなくなるのである。

この書評は、ボルケナウをよみかえすひまもないほどの短時日でかかなければならなかったため、その点からも、おおくの誤解が生じているであろうが、あわただしいながらも一応方法論的反省の機会をあたえられたことを感謝して、田中氏の叱正をあおぎたいとおもう。（一九四八・八・二）

――季刊『理論』六号・一九四八年九月――

〔田中氏のこの本の、客観主義を批判したものとして、高島善哉（一橋新聞、昭和二三年一一月一〇日）、内田義彦（読書新聞）両氏の書評がある。なお、内田義彦『経済学の生誕』四二―三ページをもみよ。〕

第三節　スミス研究の現段階

――内田義彦『経済学の生誕』について――

1

この本については、すでに長短いくつかの書評がかかれたし、[1] なおかかれるであろう。それらが、若干の疑問点を指摘し、希望をのべたとしても、いずれにせよ、この本が、一九五三年に出版された社会科学書の中で、もっともすぐれたもののひとつであることには、だれも異論がないはずである。そのような評価がなりたつ第一の根拠は、序説「古典研究の現代的課題と基準」に集中的に表現され、全篇にわたってつらぬかれた、方法と問題の意識である。経済学＝社会科学の歴史が、これほど強烈な方法的自覚をもって、分析された例は、たしかにまれであった。

さらにこの自覚のみなもとをさぐるならば、日本の社会科学史におけるふたつの傾向ないし問題に到達するであろう。そのひとつは、日本資本主義論争とよばれるものであり、他のひとつは、一九四〇年（スミス死後一五〇年）ごろからあたらしい段階にはいった、経済学における古典（とくにスミス）の研究である。もともと、これらのふたつは、無関係のものではなく、とくに、前者における『日本資本主義分析―日本資本主義における再生産過程把握』と、後者における「大塚史学」との、親近性は、すでにあきらかである。だから、著者は、大塚史学をスミス研究として評価し、それを批判的に継承することによって、『日本資本主義分析』の視角を、スミス研究のきそにすえた、といってもいいであろう。

だが、そうだとすれば、そこでただちに疑問が提出されるかもしれない。それは、第一に、価値論＝剰余価値論、再生産論が、社会体制の科学としての経済学の、核心であり、その確立が、経済学の確立をいみすると、いいうるかどうか、もしいいうるならば、どのようないみにおいてか、ということなのであって、この問題はただちに、日本資本主義分析が、「再生産論の日本資本主義への具体化」（『分析』序言　一ページ）であったことが、ただしいかどうかという問題になるし、さらに、「再生産論研究への序説」（三二ページ）としてのこの本の存在理由をとうことになるであろう。第二には、再生産論がそのようなものであるとしても、スミスにおいて、それが確立されたか、という問題である。第二の問題については、『経済学の生誕』という題名が、一応はこたえているのだが、これについては、またあとでふれたい。そして、第一の問題を、ここでとりあげることは、わたくしの能力をこえているから、それを提出するだけにして、内容にはいっていこう。

（1）　わたくしのしるかぎりで、三田新聞（一九五三・一一・三〇・遊部久蔵）、図書新聞（同・一二・五・平田清明）、経済評論（一九五四・一・小林昇）、一橋新聞（一九五四・一・二〇・横山正彦）、経済学論究（一九五四・一・行沢健三）および読書新聞（一九五三・一一・一六・水田）。

2

「序説」は、日本の「古典研究における二つの潮流と問題点」から、はじまる。著者によれば、「わがくにの科学的なスミス研究」には、ふたつの流れがある。第一の流れは、「マルクスの『剰余価値学説史』を典拠としながら、マルクス価値論＝剰余価値論を基準にして、スミス＝リカードゥの古典経済学の批判的解明」をおこなおうとするものであり、第二の流れは「イギリス市民社会形成史の一環として」スミスを社会史＝社会思想史的にとりあげようとするものであった。両者はそれぞれ、かなりの高水準にたっしたにもかかわらず、またそれぞれのいみで、「歴史の科学としての古典経済学」のはあくが、ふじゅうぶんであった。そのために、前者は、スミス＝リカードゥの価値論が、マルクスの価値論の前段階であったことを強調するにとどまり、スミスの価値論が、当時の歴史分析の武器としてもった、積極的役割をみおとした。これに反して後者は、スミスの全体系を、歴史的な背景とともにえがきだすけれども、その思想の歴史的相対的な妥当性（著者によれば「時論的有効性」）を強調するあまり、それが「社会体制（＝歴史）認識の基礎科学としての経済学」でありえたかどうかを、問題にしなかった。

ところが、経済学が真のいみの歴史科学であるかどうかは、価値論の検討によってあきらかになるのであって、価値論をこのような角度から、経済学における理論と実践の問題の集約点としてとらえることは、同時に、スミス研究の二つの流れを、統一することをいみする。スミスの価値論をこの視角から追求すれば、一方では、スミスの社会科学体系の実践的有効性が、理論的にどのように、価値論によってささえられていたかが、あきらかになり、他方では、その体系が、真の歴史科学たりえなかったのは、核心としての価値論の、どんな欠陥によるのかが、あきらかになる。そこで著者は、前編「経済学の生誕——旧帝国主義批判としての『国富論』——」において、スミス体系の実践的有効性が、重商主義のようなたんに時論的なものにとどまらず、体制批判の歴史科学への方向をたどりつつあったことを、あきらかにし、後編『『国富論』体系分析」では、そのような方向を可能にした理論の性格を、価値＝剰余価値論、再生産論においてさぐりながら、同時にその限界をも、しめそうとするのである。

したがって、この本の前篇は、社会史＝社会思想史的なスミス研究の深化であるともいえよう。スミスを封建的ないし前期資本的体制の批判者として、市民社会体制の全体的な認識者として、えがきだしたことは、戦前から戦後にかけての、大河内、高島、大塚教授のかがやかしい業績であったが、そのばあい、ふたつの問題がのこされた。ひとつは、とくに大塚史学において、産業資本保護政策としての「ほんらいの重商主義」と、商業資本的自由主義との対立が強調されるあまり、前者とスミスとのかんけいが、直線化されてしまったことである。そして、たとえば、リストをドイツのスミスとする見解が、そこからうまれてくる。第二には、いわゆるアダム・スミス問題の画期的な解決において、スミスの道徳哲学と経済学とのあいだに、矛盾がないことが強調されるあまり、経済学の独立の必然性が、じゅうぶんに認識されなかった。そのけっか、スミス経済学は、道徳哲学のたんなる現実化・具体化にすぎぬことになり、スミスはピュアリタンの後えいとなってしまう。これでは、スミスにおいて、なぜ、既存の道徳哲学の「改造」でなく、「経済学の生誕」がおこなわれたかが、みのがされるのである。

著者はこのけっかんを、つぎのようにしてのりこえる。第一の、スミスと重商主義とのかんけいについては、原始資本主義段階の帝国主義戦争（レーニン『ユニウス・ブロシューレについて』）としての、七年戦争に表現された、イギリス原蓄国家＝パーラメンタリ・コルベルティズムの危機において、著者はスミスを、旧帝国主義体制の全面的批判者（社会体制＝歴史認識の科学の成立）としてとらえるのだが、それは、スミスが、トーリ的な権威の原理とウィッグ的な功利の原理との、両面批判をおこなっていること（一一五―六ページ）を、いみする。したがってスミスは、ブルジョア・ラディカルとしてえがかれ、その経済的きそとしては、グラーズゴウ＝バーミンガム主導の産業革命が、とりあげられる。

このばあい、「危機」の分析については、H. Butterfield, *George III, Lord North and the people, 1779—80,* London, 1949. が、産業革命におけるグラーズゴウの地位については、L. Hogben, *Dangerous thoughts,* ch. 13, the theoretical leadership of Scottish science in English Industrial Revolution. が、それぞれ典拠となり、スミスの危機意識および両面批判については、『エディンバラ・リヴィウ』の、「刊行者への手紙」と『グラーズゴウ講義』のさいしょの一節の、するどいかいしゃくが、きそになっている。わたくしは、『講義』のこの部分の理解について、おしえられるところがおおかったが、しかもなお、それを著者のようにラディカルによむことには疑問をもっている。(1) この疑問はおそらく、小林昇氏が、この本にたいする三つの疑問の第一として、提出された問題にも、(2) つらなるであろうが、小林氏の見解をおしすすめると、こんどは、タッカー＝スミスの線が強調されすぎて、一方では本来の重商主義と古典学派との境界がぼやけ（大塚史学への復帰）、他方では、ブルジョア・ラディカルズの歴史的位置がわからなくなってきそうである。ついでにいえば、小林氏の、「文明社会の危機に対する処方箋としてのスミスの意図と、その薬効のくいちがい」という指摘は、内田氏が、『エディンバラ・リヴィウ』を手がかりとして、スミスからルソーへ危機意識をさぐるばあいの、ルソーかいしゃくについても、いえるのではないかとおもう。すなわち、「近代資本主義を成立せしめるための基礎条件をうちたてるために『反資本主義』のスローガンをまっこうからかかげたルソー」（九一ページ）というのは、ルソーじしんの意識的な逆説であるよりも、歴史の逆説として理解すべきものではないだろうか。

第二の問題——スミスにおける経済学の独立——についての、著者の分析は、スミスが、『道徳感情論』で、社会における人間の欲望と行動を、「自然の欲求をみたすためでなく、自己の地位の上昇それじたいのため」（一二〇ページ）として、とらえた点からはじめられる。社会において富が自己目的となるという、自然の偽瞞＝英知に注目することによって、スミスは、このような人間の社会的行動の、客観的法則の解明へと、たちむかわざるをえなくなるのである。

著者は、もとより、以上の二つの問題を、ばらばらにはあくしたのではなく、両者は、『国富論』の篇別構成の、つぎのような理解において、結合される。著者によれば、「スミスの全問題は、まさしく、ヨーロッパの危機の現状分析にあてられた、第四篇に集中している。……第四篇に先行するところの……各篇は、スミスが、……現状分析……にさいしてどうしてもとらねばならなかった分析の手つづきとして、それぞれ抽象の段階をことにし、論理的に必然的な序列をもっている。そしてそれに内面的な統一をあたえているのが、スミスの経済理論＝再生産論である」（一三二ページ）。この危機を克服して建設すべき、あるいは、危機のなかにはなお自然法則としてつらぬかれる、自然的世界としての「商業社会」の、理論的はあくが、危機の分析に論理的に先行して、第一、二篇でおこなわれる（一五三―四、一三三―八ページ）。

ところで、著者は、スミスにおける「富概念の二面的な把握にくれぐれも注意」（一二六ページ）をもとめている。それは「行為の原動力を規定するものとしての富――この限り富は使用価値ではなく、社会的地位＝支配力の表示――と過程の final cause たる真実の富――この限り『富は生活の必需品及び便宜品』――」とである。だが、このように、富の二重性に支配される社会を、自然的な「商業社会」としてとらえ、「自然の英知を信じて個々人の目的と手段との倒錯を容認したスミス」が、なぜ、「ただちにこのおなじ原理でもって、重商主義政治家のいわゆる『上級の慎慮』を批判する」ことができたのか。個々人の倒錯が自然であるのに、政治家の倒錯が不自然であるのはなぜなのか。すこしちがった角度からいえば、スミスが、富を二面的にとらえる立場と、重商主義にたいして主張する「消費者の立場」とは、どんなかんけいをもつのか、ということである。このような質問にたいして、著者は、それこそ前篇の三（とくに3）と後篇の三において、説明したところであり、スミスの二重の富概念、P……Pとしての再生産論の性格が、理解のかぎなのだと、こたえられるであろう。たしかにそうであろうが、スミスの重商主義への対立のしかたと、富の二面的はあくとのつながりを、スミスじしんの論理に即して、もうすこし追求することが、できないであろうか。すくなくとも、スミスは「ただちにこのおなじ原理でもって」重商主義を批判したのだとは、いいきれぬようにおもわれる。

（1）　スミスは、「契約が、政府への服従の原理となるのではなく、……権威の原理と功利の原理とが、その原理となるのである」といい、また、権威の原理がトーリの、功利の原理がウィッグの、中心的主張であるという（『グラーズゴウ講義』キャナン版九―一三ページ）。このことばが、ウィッグとトーリへの両面批判をいみするとしても、それは両者をともに否定することによってではなく、両者をともに肯定することによってではないかと、わたくしはおもっている。

（2）　小林氏は、スミスとブルジョア・ラディカリズムとの、ふかいかんけいをみとめつつも、『時論』としての『国富論』の有効性」を、バーミンガムの工業資本家層、そのイデオローグとしてのジョウサイア・タッカーとの、むすびつきにもとめる。かれらは「ラディカリズムに対抗する立場から、一面ではこれよりも徹底して旧帝国の解体とヨーロッパ市場の開拓（生産力に基礎をおく自由主義）を唱えるとともに、他面ではロック主義（急進主義）批判のかたちで政治（議会改革）に反対したのであって、産業革命のその後の進展は右のプランとこそ結合していると思われる。そうしてこの場合、スミスは政治上のラディカリズムを経済的改革におきかえて（生得の人権から消費者の利益へ）ラディカリズムの直接の目標をそらせた意味において、またイギリスが締結を欲する諸通商条約のための武器として現実に用いられたという意味において」時論的有効性をもっていたと、小林氏は主張する。この見解は、同氏の「ジョサイア・タッカー小論」（商学論集、一九五四年・三月・五月・七月号）において、くわしく展開されつつある。この「小論」という名の大論文は、まださいごの章と結論をのこしているが、内田氏の著書とともに、スミス研究としても注目すべきものである。〔小林昇『重商主義解体期の研究』が、この論文の完成形態である。〕

かぎられた紙数では、後篇の内容に、あまりたちいることはできないが、そこでは、市民社会における階級的不平等にもかかわらず、分業による生産力の増大が、「社会のすみずみにまでゆきわたる全般的な富裕」をもたらす、という『国富論草稿』の見解から、分業論、価値＝剰余価値論、再生産論へと、分析がすすめられる。

わたくしは、この部分からもおおくをおしえられたし、とくにさいごの「価値を存続する労働」のかいしゃくについては、そうであった。(1) しかし、それにもかかわらず、序説と前篇からうけた強烈な印象が、後篇まで存続しなかったのは、なぜであろうか。この感じは、わたくしだけのものではないらしく、小林氏もあるいみでは表明されたし、二人の友人からの手紙にも、「前篇のひろいパースペクティヴのすばらしさと力強さに比して、後篇は腰がくだけているようにみうけられます」とか、「いわば社会思想史的研究である前篇と、スミスをマルクスによって批判する後篇とが、なお平行していませんか」とかかれていた。

小林氏の指摘のように、「後篇は、まだ理論の基礎論に関する分析であって、……理論の上層構築としての貨幣理論は、ここではスミスに即してとりあげられるということがなく、そのかぎり、重商主義理論……の提起した諸問題へのスミスの対決は、十分に分析されていない」ということが、ひとつの原因であるかもしれない。また、前篇と後篇とを逆にすれば、かなり印象はちがったかもしれない。けれども、基本的には、スミスを内在的に積極的に評価しながら、マルクスとの対比によってその限界を指摘するという、著者の方法に問題がひそんでいるのではないだろうか。それは、この本でくりかえし強調される時論的実践的有効性と、社会体制＝歴史認識としての有効性との、峻別にもかかわりがあるし、[2]また、「現代のようなはげしい社会的激動のさなかにあって一人のインテリゲンチャが、なぜ経済学史を研究しなければならないか」という、遊部氏の疑問にもつらなっている。

もし、現実の資本主義の科学的分析と克服だけが、最大のしごとであるならば、まずその現実のなかにとびこむこと、せいぜい『資本論』を研究することが必要なのであって、スミスまでとおまわりするには、およばないかもしれない。それどころか、「資本主義の発生やマルクス経済学の前史のみにもっぱら研究を集中することによって、発展し没落しつつある資本主義、およびマルクス経済学の新しい発展段階について、研究を深めようとせず、……マルクス主義経済学のただしい理解にとって有害である」と、豊田四郎氏の批判をうけることになる(『経済学教程』、二七六ページ)。これにたいして、内田氏にもっともちかい一人として、田添京二氏は、「学説史研究が、……日本資本主義の自己認識に参与し、こうしてその現代性を獲得するとともに、その科学性をも深化することができる」方向として、第一に、「一国資本主義分析の基本的武器たる『資本論』が、『経済学批判』としてのみ成立しえたこととの必然性を追求することによって、その論理構造を、より正確にわがものとすること」第二に、「日本の諸イデオロギーを、その本来の理論的背景と歴史的根底にさかのぼって批判し、これらを、日本資本主義の仕組の必然的な上部構造として、正しく位置づけ」ることを、あげている(成蹊大学新聞、五三年一一・一二)。第二の方向を、内田氏は、この本で、日本におけるスミス的なものの批判として、遂行したのであり、その批判は、主として資本主義社会を「階級社会のなかでも自由な、他ならぬ市民の社会として」理解し、賃労働者を「労働力という商品の所有者」(二〇二ページ)として理解する、法社会学にむけられている。この点について、わたくしは、磯田進氏の『労働法』の読後感をかいた新制大学の一年生たちが、ほとんど、労働者が労働力という商品の所有者＝販売者になる資本主義をもって、民主主義の完成とみなしていたのを、おもいだす。したがって、現代におけるスミス批判は、けっして不必要ではないのである。

けれども、それが、なぜ歴史的な迂回によっておこなわれなければならないのか。この疑問は、第一の方向についても、提出されるであろう。たしかに批判すべきイデオロギーや分析の諸範疇についての、歴史的な研究は、それらにたいする理解をふかめるが、なぜ、研究は歴史的でなければならないのか。もし、経済学の発展が、資本主義分析の論理の精密化を、直線的にたどっていくならば、マルクスは、スミスやリカードゥまでさかのぼらなくても、かれの直前の経済学をとりあげるだけで、よかっただろう。「科学としての経済学の理論」は、「理論的には従来獲得せられたものを更に深化してゆくにすぎない」から、「思想史としてはむしろそれ自身の歴史を有さないが、学説史としては一種の歴史的発展をみとめられる」のだとすれば（宇野弘蔵『資本論の研究』一五ページ）、かえって、学説史の存在理由がなくなってしまうのである。[3]

マルクスは、スミスやリカードゥどころか、ケェネーやアリストテレスにまで、さかのぼった。たとえば再生産論は、内田氏の指摘のとおり、スミスからというよりケェネーから、マルクス＝レーニンにうけつがれた（二七八ページ）。このことは、分析の用具としての理論の中立性、あるいは「社会史的発達と理論的継承との間の乖離」（小林昇『重商主義の経済理論』二七三ページ）をあらわすのであろうか。マルクスはむしろ、ケェネーまたはスミスを、社会史的に継承することによって、理論的に継承したのではないか。資本主義社会のそれぞれの段階において、実践的有効性をもった諸理論を、統一して、その社会の科学的批判の武器とするには、それらの理論をよせあつめるだけでなくそれらの実践の総決算が必要である。それは人類の歴史を継承する立場にたつことであり、人間の歴史、思想の歴史の研究は、そこに到達する重要な（唯一ではないにせよ）道程である。わたくしは、歴史研究を、革命的人間の自己形成の道とかんがえている。

ところで、こうして、マルクスにおける歴史研究の、いみをとうならば、もう一度この本の序説にかえって、社会科学における理論と実践と歴史の関連を、検討しなければならない。けれども、わたくしは、この本の紹介よりも、まとまりのないじぶんの感想に、紙面をつかいすぎたようだし、これいじょうつづけても、すっきりした説明はできそうもない。くりかえしていうが、わたくしは、この本を、さまざまないみで、スミス研究の最高水準とかんがえている。それだからこそ、じぶんのもっているもやもやした疑問を、できるだけおおくこの本になげつけて、わたくしじしんの問題を、整理してみたかったのである。（一九五四・一・一〇）

——『思想』一九五四年三月号——

（1）スミスが、「商品に固定する労働、あるいは価値を存続する労働」を、生産的労働とみなしたのは、「剰余価値の生産と、生産された剰余価値の資本家による個人的消費とが、『価値の存続』＝単純再生産のなかにふくまれていること」を、かれがみぬいていたからであった（三一三—二二ページ）。

（2）わたくしは、著者が、じっさいにこのふたつのものを分離しているとはおもわないけれども、著者の方法論的意識では、分離が強調されすぎるようにおもう。時論的実践的有効性をとおしてのみ（ただし、それだけで十分なのではない）、科学としての有効性が確立されることを、無視しえないのである。

（3）『近代人の形成』終章をみよ。

第二章　世界におけるスミス研究

第一節　スミス研究の五十年

1

『学生および教授としてのアダム・スミス』の著者、ウィリアム・ロバート・スコット[1]は、フランス旅行直前までのスミスをとりあつかったこの大著の、公刊後まもなく、一九四〇年に七二歳で病死し、そして、「さいごの病気がスコット教授をおそったとき、かれがとりかかっていた論文」の草稿が、マクフィーによって整理され、『さいきん五十年間におけるアダム・スミス研究　W. R. Scott, *Studies relating to Adam Smith during the last fifty years*, edited by Alec L. Macfie. From the proceedings of the British Academy, Vol. XXVI (1940). 28 pp.』として公表された。その主内容は、表題のように、一八九〇年から一九四〇年まで、すなわちスミス死後百年から百五十年までの、スミス研究の展望である。ただし、この表題が、正確にいえば「アダム・スミスにかんする研究」となっているように、スコットがとりあげているのは、狭義のスミス研究だけではない。

スコットがのこした手稿は、「未完成の最終のしたがき」と「それよりまえのあらいしたがき」とにわかれ、後者の一部は、前者のなかに使用されて、破棄されたらしい。前者は、「全体主義国家における計画の考察」という主題がはじめられたところで、きれているから、あきらかに未完成であるが、しかし、かかれたかぎりでは、筆者によってじゅうぶんに検討されたものである。そして、後者は、さらに二つにわかれ、附録Ⅰおよび Ⅱとして発表されたが、Ⅰは、スミスにおける法学と経済学の問題、Ⅱは、一七五五年のスミスの報告原稿の捜索を、それぞれ中心としている。マクフィーによれば、「ここに再生された資料は、発見された手稿のすべてをつくしている。」ただ、附録の部分にたいする注は、不完全なので除去された。

わずか二八ページが、のこされたすべてであるとすれば、あの大著の続篇を期待していたものとしては、すくなくとも量的な点では、失望を感ぜざるをえないであろう。しかしこの二八ページの内容は、さすがに巨匠の手になるだけあって、いかなる読者をも単純な失望にみちびくことはない。

本書は、その内容からいって、一八九〇―一九四〇年間のスミス研究の書誌でもあるので、言及された文献はすべて、注にあげておくことにしたが、スコットが筆者名、雑誌名しかあげていないものについては、いなかにいるわたくしには、そのすべてを正確にしらべることは、とうてい不可能であった。

（1）　William Robert Scott. 1868—1940. は、グラーズゴウ大学のアダム・スミス講座の教授であり、キャナンの後任として Royal Economic Society の会長となった。著書としては、*Francis Hutcheson*, 1900. ***The** constitution and finance of English, Scottish and Irish joint-stock companies to 1720*, 3vols., 1910—12. *Scottish economic literature to 1800*, 1911. があるが、そのほかに、ボーンズ・ライブラリの『国富論』の編者として、序文をかいている。

2

スコットによれば、スミスの死後百五十年間におけるスミス研究は、二段階にわかれる。第一は、さいしょの百年間で、それは、「スミスがきそづけた科学の発展」の時期であり、スミスじたいについての研究とは、いえないかもしれない。第二は、それ以後の五十年間であるが、第二期の研究の傾向はさらに二つにわけられて、スミスの生涯にかんするものと、その体系の成長過程にかんするものとがある。この二傾向はすでに一八七六年(『国富論』出版後百年)にバジョット[(1)]とオンケン[(2)]によって表明された。前者は、ドゥーガルド・ステュアートを、「もっとも嫌悪すべき伝記家」とよび、スミスを人間として理解すべきことを主張したのであり、後者は、『道徳感情論』と『国富論』とのあいだに対立がないことを立証したのである。

二傾向はうけつがれて、一八九〇年をすぎると、ボナー[(3)]やレイ[(4)]がステュアートの欠陥の是正をくわだて、ハスバッハ[(5)]が、スミスとケェネーが、十八世紀の自然主義を共通の想源としていることを、あきらかにした。「ハスバッハの諸研究は、さいきんのもっともめざましい文献的諸発見のひとつというべきものの、先導であった。」ところで、スミスとケェネーのかんけいについては、ずっとまえから、スミス経済学の独創性の問題として、論争がおこなわれていた。ガルニエは、一八〇二年の『国富論』フランス訳の序文において、スミスの独自性をみとめたのであるが、その後の研究の傾向としては、フィジオクラットの著作刊行の時間的優先が、強調されるようになった。そのけっか、モンジャン[(6)]のごときは、スミスが死ぬまえに手稿をやいたのは、フィジオクラットをしるまえにじぶんの経済学がいかに不完全であったかを、かくすためだとさえいったのである[(7)]。これほど極端ではないまでも、イギリスにもこのような見解があらわれた[(8)]。

しかし、それは、スミスじしんがコクレーンの経済クラブで報告し、ステュアートが引用したところに、明白に対立する。そこで、ステュアートが『追憶』をかいたときにもっていた、スミスの手稿のゆくえが、問題になるし、そうじて、スミスがフィジオクラットをしるまえにかいた、経済学かんけいの著作の、内容をしることが必要になる。問題がこうなってきたとき、キャナンが[9]『グラーズゴウ講義』の筆記を発見して、公刊したのである。そして、それから約四〇年のうちに、さらに諸発見がおこなわれて[10]、絵はしあげられた。キャナンは、また一九〇四年に、『国富論』の決定版をだすことによって、「経済学の初期の歴史の研究者たちに、もうひとつの大きな恩恵をあたえたのである。」

(1)　W. Bagehot, Adam Smith as a peson, *Fortnightly review*, Jan. 1876. のちに *Biographical studies*, 1881. 所収。長洲一二訳「人としてのアダム・スミス」――高島編『国富論講義』1、2所収。

(2)　A. Oncken, *Adam Smith und Immanuel Kant*, Leipzig 1877. オンケンのこの問題にかんするさいごの発言は、*Economic journal*, 1907. Vol. 7, pp. 443―50. であると、スコットはいっているが、この雑誌の一九〇七年は十七巻であり、オンケンの論文はない。むしろ、つぎの論文をあげるべきであろう。Das Adam Smith-Problem, *Zeitschr. f. Soz-wiss.* 1898.

(3)　J. Bonar, *A catalogue of the library of Adam Smith*, London 1894, 2nd ed. 1932. Addenda: by Bonar, *Economic journal*, 1934 (p. 349) and 1936 (p. 178 f.); by C. Jones, *Economic history*, 1940 (pp. 326―8).

(4)　J. Rae, *Life of Adam Smith*, 1895.

(5)　W. Hasbach, *Die allgemeinen philosophischen Grundlagen der von F. Quesnay und Adam Smith begründeten politischen Oekonomie*, Leipzig 1890. (Tr. fr.; Les fondements philosophiques de l'èconomie politique de Quesnay et Smith, *Revue d'economie politique*, 1893. 山下芳一訳『古典経済学の哲学的背景』大正一三年。) Derselbe, *Untersuchungen über Adam Smith*, Leipzig 1891.

(6)　Monjean, "A. Smith", *Dictionnarie d'économie politique*, tom. 2, p. 625.

(7)　スコットによれば、この焼却は、当時の投機的出版業者の慣行だった「遺稿集」の出版を回避するためであった。

(8)　おそらく、ロジャーズの国富論序文などをさすのであろう。

(9)　*Lectures on justice, police, revenue and arms*, ed. with an introduction and notes, by E. Cannan, Oxford 1896.

高島善哉・水田洋訳『グラスゴウ大学講義』昭和二二年。

(10) スコットじしんによる『国富論』の初期の草稿および『エディンバラ講義』の一部の草稿の発見。

3

スミスを十分に理解するには、かれをその思想的祖先からきりはなしてはならないということが、しだいにわかってきた。すでにフランスでは、デール[1]、オンケン[2]、シェル[3]によって、フィジオクラットの著作のすぐれた版が公刊されていたが、一八九〇年代には、パリやリモージュで、ケネーとミラボーの手紙やおぼえがき、およびアンシクロペディに掲載するつもりだったケネーの論文が、発見された。それらのうちのあるものは、クニース[4]、バウアー[5]、オンケン[6]、シェル[7]によって公刊され、ウーレルス[8]が、コレクションの目録を作成した。フィジオクラットのグループ全体の像は、ヒッグズ[9]とウーレルス[10]によって、えがかれた。カンティロンもまた、ヒッグズ[11]の注目するところであった。

研究のこのような発展の、ひとつのあらわれとして、スミスと他の著作家（たとえば、ヒューム、ステュアート、テュルゴ、ケネー、ファーガスン、ベンサム）とのかんけいがとりあげられた[12]。けれども、以上はすべて大陸における成果であって、この点ではイギリスはずっとおくれていた。ここでは、ロックやヒュームなどをのぞけば、スミスの先駆者の著作は入手困難であり、アシュリやホランダーによる復刻は、それぞれ一八九五年と一九〇三年にはじめられたにすぎない。資料も関心もないこの領域の、パイオニアはカニンガムであった[13]。かれは、その大著を増補するかたわら、一八九〇年には若干の無視されたイギリス経済学者（とくにマッシー、パウンル、ステュ

アート）に注目したのである。(14)

キャナンの『生産と分配の理論』(15)は、表題によれば一七七六年以後をとりあつかうとされているが、じっさいは、それ以前のおおくの経済学者の、批判的評価をふくんでいる。その二年後には、フィジェラルド〔フィッモーリスの誤記？〕がペティの未発表文書をふくむ伝記(16)を公刊し、つづいてハルがペティ著作集(17)を編集した。スコットの『ハチスン』(18)やシューウォルの『スミス以前の価値理論』(19)も、ここにあげるべきであろう。

一九一四―一八年の戦争、とくに、戦後の緊迫した社会的経済的諸問題は、古典の研究を圧倒したが、それにもかかわらず、生誕二百年の記念事業は、イギリスから日本にいたるまで、盛大におこなわれ、『国富論』出版一五〇年は、クラークその他の論文集(20)によって記念された。

（1）*Physiocrates, avec une introduction sur la doctrine des physiocrates, des commentaires et des notices historiques*, par E. Daire., 2 toms, Paris 1846. スコットはこれをさしているものとおもわれるが、デールは、このほかにも編集者としておおくの仕事をのこしている。

（2）*Oeuvres économiques et philosophiques de F. Quesnay,……*, publicées avec une introduction et des notes par A. Oncken, Francforts et Paris 1888.

（3）G. Schelle は、『テュルゴ著作集』を編集しているが、出版の時期からみるとスコットがさしているのは G. Schelle, *Du Pont de Nemour et l'école physiocratique*, Paris 1888. あたりのようである。

（4）G. Knies (ed.), *Correspondance inédite de Du Pont de Nemoure et du Marquis de Mirabeau avec le Margrave et le prince héréditaire de Eade*, 2 toms., Paris 1892.

（5）Bauer, Quesnay's Tableau Économique, *Economic journal*, March 1895.

（6）A. Oncken, *Geschichte der National-Oekonomie*, Leipzig 1907.

（7）G. Schelle, *Le Docteur Quesnay*, Paris 1907.

(8) G. Weulersse, *Manuscrits économiques de Quesnay et Mirabeau*, Paris 1910.

(9) H. Higgs, *The Physiocrats*, London 1897.

(10) G. Weulersse, *Le movement physiocratique en France 1756—1770*, Paris 1910. これを要約したものとして, Ditto, *Les Physiocrates*, Paris 1931.

(11) H. Higgs, *Economic journal*, 1890 (Vol. 1). Ditto, *Quarterly journal of economics*, 1892 (Vol. 6). ヒッグズによるイギリス語原文の再構成と, ヘラ・ハイエクによるドイツ訳は, いずれも一九三一年。エイナウディは, カンティロンとロウとのかんけいをとりあつかった。Einaudi, On a forgotten quotation about Cantillon's life, *Ec. J.* 1933(Vol. 43). pp. 534—7.

(12) S. Feilbogen, Smith und Hume, *Zeitschr. f. d. ges. Staatsw.* 1890. Derselbe: James Steuart und Adam Smith *Zeitschr. f. d. ges. Staatsw.*, 1889. (スコットは, *Tübingischer Zeitschrift*, 1889 u. 1891. をあげているが, わたくしはこれをみることができなかった)。Derselbe: *Smith und Turgot*, Wien 1892. Hasbach, *ibid.* H. Huth, *soziale und individualistische Auffassung in 18. Jh. bei Adam Smith und Adam Ferguson*, Leipzig 1907. F. Hoffman, *Bentham und Adam Smith*, 1910.

(13) W. Cunningham, *Growth of English commerce and industry*, 1882. enl. ed. 1892.

(14) W. Cunningham, *Ec. J.* 1890 (Vol. 1).

(15) E. Cannan, *A history of the theories of prodouction and distribution in English political economy from 1776 to 1848*, 1893. 3rd., London 1917.

(16) E. Fitzmaurice, *Life of Sir William Petty*, 1895.

(17) C. Hull (ed.), *Economic writings of Sir William Petty*, 2 vols., Cambr. 1899.

(18) W. R. Scott, *Francis Hutcheson*, Cambr. 1900.

(19) H. R. Sewall, *The theory of value before Adam Smith*, N. Y. 1901 (Publication of the American Eco. Ass.).

(20) J. M. Clark, P. H. Douglas, J. H. Hollander, G. R. Morrow, M. Palyi and J. Viner, *Adam Smith, 1776—1926*,

Chicago 1928.

4

一九三〇年以後の十年間における、スミスとその先駆者への注目は、一九一四年以前の二五年間におけるそれをこえた。これは、一方では不安な世界情勢からの逃避であり、他方では、スミスをチャンピオンとする「自由」への攻げきが増大して、半無意識的な反抗をうんだためであろう。

十九世紀における、スミスの先駆者の研究は、重商主義を非難するのがつねであったが、一九三〇年代におけるそれは、経済的国民主義の出現にかんけいある衝動を理解することを目ざしていた。ヴァイナー(1)が数年にわたって、重商主義とスミスとのかんけいを研究し、コルベール以前のフランスについてはコール(2)の、イギリスについてはジョンスン(3)の、さらにこの運動全体の詳細にわたっては、リプスン(4)、ヘクシャー(5)の、大著があらわれた。

フィジオクラットの研究は、一九一四年までにほぼ完成し、それ以上に進む余地はあまりなかった。特筆すべきものとしては、ブルトミュウ(6)が、フィジオクラシイの哲学的基礎にかんして、ルソーとケェネーの対立をあきらかにし、マリオ・エイナウディ(7)が、フィジオクラットにたいする自然法思想のえいきょうを、あとづけた。一九三九年にでた二著作は、フィジオクラシイの目標について、相反する見解をとった。すなわちベーア(8)は、「中世封建主義の復活」を、シュレーダー(9)は「国民社会主義のまえぶれ」を、そこにみたのである。その他にロウのさいしょの全集(10)とエイナウディのマレトルワ研究(11)がこの時期の収穫であった。

初期の文献の復刻は、ホランダーによってつづけられたほかに、王立経済学会、ロンドン大学、コロンビア大学、ハーディング書店によっても開始された。ヒッグズの『経済学書誌』[12]は、一七五一—七五が一九三五年に出版され、一七〇〇—五〇は、校正中とつたえられたまま、消息不明である。ペティの著作の追加、[13]ヒュームの手紙、[14]スウィフトの『ドレイピアの手紙』の新版がつづいてあらわれ、[15]ジョンスンは、[16]一九三七年に、アダム・スミスの先駆者のくわしい研究を公刊した。

これまで、主として、スミスの先駆者にかんする研究をあげてきたが、さいきん二五年間（第一次大戦ごろから一九四〇年まで）の、スミスじしんについての研究はどうかといえば、それらは、特殊問題と原理的問題とに分類される。特殊問題としては、第一に、スミスの著作の各国への伝達が、とりあげられた。ドイツについてはハゼク、[17]パリイ、[18]デンマークについてはデーゲン、[19]イタリアについてはエイナウディ[20]がそれを追究した。ここでスコットは、十八世紀のドイツで『国富論』をうけいれたのはハノーファーだけであったという、ハゼク＝パリイ説に疑問を提出する。なぜなら、スコットがもっている一七七六—八年版ドイツ訳には、一七八四—一八〇〇年における『国富論』かんけいの文献目録がついているので、この目録がハノーファー以外のドイツでつくられたとすれば、ハゼク＝パリイ説への反証となるからである。

そのほかの特殊研究としては、ジョーンズが、[21]『国富論』の表題はドライドゥンにもとづくことをあきらかにし、さらに、地代、[22]貨幣の流通速度、[23]資本、[24]マーカンティリズム、[25]自由貿易、[26]植民地、[27]財政などについてのスミスの見解がそれぞれ分析された。[28]

原理的問題は、さらに三つにわけられる。第一は、哲学の経済学にたいするえいきょう、[29]第二は、法学の経済学にたいするえいきょうであり、[30]第三は、自由主義と全体主義の対立である。イギリス語諸国においては、国家計画への転換点は一九二〇年代の後半であって、一九二二年にはまだ、カーヴァーが、自由競争の必要をのべていたのに、一九二六年にはヴァイナー[31]が、「自然秩序は、その行程のままに放任されると、一般福祉のためにでなく、それに反して作用する」といったのである。ケインズ[32]の『レッセ・フェールのおわり』が出版されたのもこの年であった。

とはいえ、自由と計画との論争は、そこでおわったのではない。キャナン[33]が、『国富論』の提案のうちで存続しているのはきわめてわずかにすぎないといったあとでさえ、ボナー[34]は、われわれはすべてスミスの精神的な曽孫だとのべたのである。一九三五年にピグー[35]は賢明にも、計画について、なにごとでも、その目的におうじて善悪がわかれるといったが、その後の世界の諸事件は、砲弾や爆弾の破裂によってそれを説明した。アビシニア、エスパーニァ、カレリアの諸事件がそうであって、それらは、一種の計画の副産物なのである。「一国民の全体利益にかんするその国民のかいしゃくが、じっさいにいかに危険なものであるかは、一九三九年九月以来の事件が証明している。」

（1） J. Viner, Adam Smith and Laissez-Faire, *Adam Smith, 1776—1926*. 1928, pp. 117—55. Ditto, English theories of foreign trade before Adam Smith, *J. of Pol. Ec.*, Aug. 1930. Ditto, *Studies in the theory of international trade*, London 1937.

（2） C. W. Cole, *French mercantilist doctrine before Colbert*, N. Y. 1931. コールはその後もこの研究をつづけて発表している。Cole, *Colbert and a century of French mercantilism*, 2 vols., 1939. Ditto, *French mercantilism 1683—1770*, London 1943.

（3） E. A. J. Johnson, British mercantilist doctrine, *J. of Pol. Ec.*, Dec. 1932.

（4） E. Lipson, *Economic history of England, the age of mercantilism*, Vols. 2 and 3, London 1931.

（5） E. Heckscher, *Mercantilism*. Engl. tr. London 1935. Sw. ed. 1931.

（6） Ch. Bourthoumieux, *Essai sur le fondement philosophique des doctrines économiques ; Rousseau contre Ques-*

nay, Paris 1936.

（7） M. Einaudi, *The Physiocratic doctrine of judicial control*, Harvard U. P. 1938.

（8） M. Beer, *An inquiry into Physiocracy*, London 1939.

（9） P. F. Schröder, Ueber den Begriff der natürlichen Ordnung der Wirtschaft bei François Quesnay, ***Jahrb. f. Nat. Oekon.***, 1939.

（10） P. Harsin, *John Law*, 3 toms., Paris 1934.

（11） L. Einaudi, *Paradoxes inédits du Seigneur Malestroit*, Torino 1937.

（12） H. Higgs, *Bibliography of economics 1751—75*, London 1935. 続篇は，まだ出版されていないようである。

（13） Marquis of Lansdowne, *The Petty papers*, 2 vols., London 1927. スコットは，これが一九三七年に出版されたとかいている。

（14） J. V. T. Greig (ed.), *Letters of David Hume*, 2 vols., Oxf. 1932. さいきん，補巻が出版された。

（15） J. Swift, *The Drapier's letters…against Wood's Halfpence*, ed. H. Davis, Oxf. 1935.

（16） E. A. J. Johnson, *Predecessors of Adam Smith*, N. Y. 1937. Cf. Ditto, *Am. Ec. Rev.*, 1931.

（17） C. W. Hasek, *Introduction of Adam Smith's doctrine into Germany*, Studies in history, economics and public law of Columbia Univ., 1925.

（18） M. Palyi, Introduction of Adam Smith on the continent, *Adam Smith, 1776—1926*.

（19） H. Degen, Om den Danske Oversaettlse af Adam Smith, *National ökonomisk tidsskrift*, 1936.

（20） スコットは，エイナウディが一九三三年と一九三七年に，イタリアの騎士アニオリニがスミスからうけた印象を叙述した，とかいているだけで，書名をしめしていない。

（21） R. L. Jones, *Dalhousie review*, Oct. 1938.

（22） Bodaz, *Rev. d'hist. écon. et soc.*, 1938.

（23） M. W. Holthrop, *Economic history*, Jan. 1929.

（24）R Goetz-Girey, *Rev. d'hist. écon. et soc.*, 1936—7.

（25）T. A. Navje, *Econ. record*, 1937.

（26）Ashley, *Ec. J.*, 1924.

（27）J. Mazzei, *Pol. ec. inter. Inglese, Prima di Adamo Smith*, Milano 1924. C. R. Fay, *Imperial economy, 1600—1932*, Oxf. 1934.

（28）Nicholson, *Ec. J.*, 1920. G. Albrecht, Das Problem der öffentlichen Ausgaben in der älteren Finanzwissenschaft, *Jb. f. Nat. Oekon.*, 1938.

（29）O. F. Boucke. *Development of economics*, N. Y. 1921. A. Smith, *Theorie der ethischen Gefühle*, 2 Bde., Leipzig 1926, Einleitung von Eckstein. J. Bonar, *Moral sense*, London 1930.

（30）これについては附録でのべられる。

（31）J. Viner, Adam Smith and Laissez-Faire, *Adam Smith, 1776—1926*.

（32）J. M. Keynes, *The end of Laissez-Faire*, London 1926. Cf. Hans Gering, Der sozialpolitische Gehalt von Smiths Untersuchung, *Jb. f. Nat. Oekon.*, 1912.

（33）E. Cannan, *Review of economic theories*, 1929.

（34）J. Bonar, *Canadian J. of Econ.*, 1935.

（35）A. C. Pigou, *Economics and practice*, London 1935.

5

附録一は、スミス経済学にたいする法学のえいきょうを、とりあつかう。この点を強調したのはヤストロウ[(1)]であって、かれは、スミスの思想的源泉を、フィジオクラットへとたどるのは、まちがいだとし、自然法の概念が真の源泉だというのである。スコットは、この見解の発表後におけるスミス研究の諸成果が(2)、ヤストロウを支持する傾向をしめしつつあることを、一おうみとめながら、しかし「この説明は……真理の全体ではない」といっている。

スコットの反駁はつぎのとおりである。エディンバラ講義の手稿によれば、スミスは、法学と倫理学をふくむ「正義の自然的諸原理」の研究をくわだてていた。そして、この全体が『道徳的諸感情の理論』となづけられるはずであったのだが、ヤストロウが強調する自然法は、この著作計画の倫理学的部分の説明とはならない。したがって、もっと一般的に、十八世紀の自然主義のえいきょうを、かんがえるべきであろう。

ところで、スミスの法学講義の内容は、キャナンが発見した学生の筆記によってしか、しりえなかったが、その後もう一つの道がひらかれた。それは、モスクワ大学がグラーズゴウ大学に派遣した二人の学生のうち、デスニツキイが(3)、スミスの講義を筆記してもちかえり、みずからそれにもとづいて講義をしたからである。デスニツキイがグラーズゴウでとったノートは、焼失したが、かれじしんのモスクワ講義の草稿は、のこっている。スコットによれば、これは、序説のイギリス訳から判断すると、キャナン版よりかなりくわしい。もちろんデスニツキイの誤解と追加を考慮しなければならないとはいえ、きわめて重要な資料であることはうたがいをいれないのである。

附録二は、スミスのフィジオクラシイにたいする独自性を、立証するために、ステュアートが引用したスミスの報告書の捜査がおこなわれた、その経過をのべている。それは、いままでのところでは、さいしょの目的をたっしていないのだが、スミスの書籍や文書の全体の行方が追究されたために、いくつかの副産物があった。紙数のつごう上、過程を省略して、結果だけをつぎに列挙する。

1、『国富論草稿』の発見。

2、スミスとタウンゼンドの、公債《ファンズ》についての共同著作のうち、後者の執筆部分の発見。スミスが、トゥールーズで「ひまつぶしにかきはじめた」というのは、『国富論』ではなくてこの共同著作のうちの、じぶんの分担（国際比較）であった。

3、スミスにかんする若干の手紙の発見。

4、一七五五年報告書は、ステュアートがカニンガム・コレクションに返却し、その後になくなったらしい。

5、スミスは、「純粋にストア主義の諸原理によってかかれた、セネカの書簡についての省察」と題する、小型八折版一二〇ページの論文を、一七五三年六月一三日から一七五七年六月一三日までのあいだにかいた。これはかなりあとまでのこっていたが、現在ではみることができない(4)。

6、スミスは、フランス時代に日記をかいていた。それは二〇年ばかりまえに、エディンバラの書店から、自治領《ドミニオン》かアメリカ合衆国のものらしい買手にわたったまま、行方不明になっている。

7、「言語のさいしょの形成にかんする考察」は、『道徳感情論』三版にはじめて発表されたのではなく、*Philological Miscellany* に、一七六一年に発表された。

8、ヒュームのハチスンへの手紙にある「スミス氏」はアダム・スミスではなく、抜萃をつくったのはヒュームじしんであった。このことは、ケインズによって立証された。

（1）J. Jastrow, Naturrecht und Volkswirtschaft, *Jb. f. Nat. Oekon.*, 1927. その内容は、邦訳『グラスゴウ大学講義』解説に紹介されている。スコットは、スミスと法学の問題をあつかった著者として、Dedieu (1913), Eckstein (1927), Gesell, Taylor (1930), Cooke, Fletcher をあげているが、わたくしが書名をしりえたのは、O. H. Taylor, Economics and the idea of 'Jus Naturale', *Quart. J. of E.*, Feb. 1930. C. A. Cooke, Adam Smith and jurisprudene, *Law Quart. Rev.*, Apr. 1935. にすぎない。しかし、この問題については、さらに、Hoffmann, Sommer, Bittermann などの研究を考慮すべきであろう。

（2）　スミスがベリオル時代に、熱心に法学を研究していたこと、エディンバラ講義のすくなくとも一課程は、市民法についてのものであったこと、ヤストロウの死後に発見された文書によれば、スミスはのちになっても、法の哲学ないし法の体系化をかんがえていたこと。

（3）　Desnitsky or Desunckij. モスクワ大学の留学生については、スコットの大著の附録に、アレクセーフがのべている。

（4）　これは、ヒッグズが、ロンドンのトリガスキス書店のカタログによって、かれの『経済学書誌』に採録（四一〇）したものであり、ヒッグズは、著者名に疑問記号をつけることさえしないで、スミスのものと断定した。ボナーは『アダム・スミス蔵書目録』の再版の追記（二〇四ページ）で、これに言及している。しかしながら、そのとき行方不明であったこの手稿が、じつは一九二三年に、オーストラリアの、ヴィクトリア公共図書館に購入されたことがわかり、ラ・ノーズはこれを調査したけっか、筆蹟からも内容からも、スミスの著作ではないと結論した。J. A. La Nauze, A manuscript attributed to Adam Smith, *Ec. Jl.*, 1945, pp. 288—91.

6

スコットが、主として年代順に配列したスミス研究は、問題的にみれば、三つの群に大別しうるであろう。それは、スミスの生涯について、スミスの思想的系譜と独創性について、自由放任と国家統制について、である。しかも、三つの主題がなんらかの統一ないし関連においてあつかわれることは、むしろまれだったようである。たしかに、思想的系譜の問題は、スミスとケェネーの先陣あらそいとかんがえられたから、スミスの生涯の問題とみっせつにむすびつけられた。けれどもそれはいわば、研究の手続上むすびつけられたのであって、問題意識の内面的結合ではなかった。というのは、スミスの経済学を、一定の歴史的社会的諸条件のもとに成立した社会観として、理解することが[1]、ほとんどこころみられていないからである。

自然法がとりあげられるときも、ヤストロウもスコットもともに、狭義の法学としてとりあげたにすぎず、スコットはせいぜい、自然主義一般を対置したにとどまった。近代自然法が、近代社会の自然法則の形成と把握の過程、すなわち社会科学の成立過程においてはたした役割は、すでに、ミュルダール、ビッターマン、ボルケナウなどによって、不十分ながら追究されている[2]にもかかわらず、スコットはすこしもその点にふれなかった。

このような、歴史的社会的な分析をともなわぬ思想史は、たとえば、スミスとケェネーの、思想の部分的な同一ないし相異を指摘するにとどまり、従属か独創かというほとんど無いみな論争[3]に転落してしまう。従来の観念論的な思想史の方法をもってしては、この同一ないし相異の根拠といいみを問うことは、できなかったのである。

スミスが、自由か計画かの問題としてとりあげられるばあいにも、こういう欠陥はあらわれてくる。すなわち十八世紀後半の自由と、二〇世紀前半の計画とが、無ぞうさに並置され比較され、しかも、カレリア地峡の砲声（ソヴェート＝フィンランド戦争）とアビシニアの砲声（イタリア＝エチオピア戦争）とが、無ぞうさに同一視される。もちろん、われわれは、スコットをとりまくイギリス資本主義の性格を、考慮しなければならないであろう。それにしても、スコットの死後まもなく発表された『スミスとリスト――経済倫理と経済理論』が、この点でも本国の研究水準をこえているのではないかと、かんがえてもいいようである。

（1）　つぎの三つの経済学史においても、それにちかい方向はとられているが、成功したとはいえない。H. W. Peck, *Economic thought and its institutional background*, London 1935. E. Roll, *A history of economic thought*, London 1938, rev. ed. 1945. 隅谷三喜男訳『経済学説史』二巻、昭和二七年。W. Stark, *The history of economics in relation to social development*, London 1944.

（2）G. Myrdal, *Das politische Element in der nationalökonomischen Doktrinbildung* (deutsch. Uebers.), Berlin 1932. 山田雄三訳『経済学説と政治的要素』昭和一七年（一九五三年にイギリス訳がでた）〔改訳、昭和四二年〕。H. J. Bittermann, Adam Smith's empiricism and the law of nature, *J. of Pol. Ec.*, 1940 F. Borkenau, *Der Übergang vom feudalen zum bürgerlichen Weltbild*, Studien zur Geschichte der Philosophie der Manufakturperiode. Paris 1934. 横川次郎、新島繁訳『近代世界観成立史』昭和十年〔新訳、昭和三四年〕。

（3）キャナンでさえ、こういう論争は「無益で不愉快だ」といっている。Intr. to W. of N. p. lv.（一九五〇・六・三）

――『経済学論集』二十巻四号――

第二節　スミス研究の近況

1

スコットの死後、あるいはスミスの死後一五〇年を経てから、日本のスミス研究は、まえにのべたように、飛躍的に前進した。しかし、諸外国においては、成果は比較的とぼしいようである。注目すべきものとしては、アメリカで、グレイディス・ブライスンが、スミスとヒュームを中心とした、『人間と社会――十八世紀スコットランドにおける探求』[1]をだしているし、イタリアで、バゴリニが『道徳および法における同感――アダム・スミスの思想の諸側面』[2]をだしているが、わたくしは、ここでそのいずれをも、とりあげることができない。というのは、ブライスンの本は、わたくしがそれに気づいたとき、すでに絶版となっていたし、そのご、アメリカでは新聞広告で、イギリスでは二、三の古本屋にたのんで、この本をさがしたのだが、ついに入手できなかった。他方バゴリニの本は、わたくしが、本書の校正にとりかかったとき、ようやく到着したが、わたくしのとぼしい語学力では、短時日にその内容を紹介しえなかった。

そのほかに、イギリスでは、「近代理論」の指導者のひとり、ライオネル・ロビンズの『イギリス古典学派経済学における経済政策の理論』(3)がでているし、オランダでは、フューズの『ベイコンからスミスにいたるイギリスのユートウピアにおける、厚生経済学』(4)がでていて、これらはいずれも、スミスだけをとりあげたものではないが、スミス研究の成果のなかにかぞえることができる。けれども、ロビンズの本については、すでに内外ふたつの書評が指摘しているように(5)、「こんにちの講壇経済学における、きわめてなまなましい動揺の表現」をみることができても、古典学派あるいはスミスの、すぐれたはあくを期待することはできない。フューズにいたっては問題意識そのものが、陳腐で、かつ弁護論的である。

ロビンズが、古典学派とよぶものは、ヒューム、スミスから、リカードゥ、マルサス、トレンズ、シニアー、マカロクを経て、両ミルにいたる人々であるが、ここには、「重商主義的統制と地主の阻止戦術とに対抗して、自由企業の拡大をもとめた、初期の著作家」と「新興労働階級の攻げきにたいして、それをまもろうとした、後期の著作家」(6)とが、十把ひとからげにされている。そして「ロビンズ教授は、これらのうちの進歩的な経済学者のことばを、反動的なものの罪をかくすために、使用する」ことになり、そのために、かれの古典学派からの引用は、原典の文脈ないし歴史的位置からきりはなされて、恣意的に、かつ目的意識的におこなわれる。だから、スミスは、ここでもまた、「厚生経済学の闘士」(7)として、労働者の生活状態にふかい関心をもち、利己心が社会の利益に従属すべきだと、主張したことになる。また、マルサスの『人口論』の再版における、「道徳的抑制」の導入を強調することによって、ロビンズは、『人口論』が社会改良的意図をもっていたと主張するのである。

厚生経済学的なスミスかいしゃくの伝統は、南アフリカにもみいだされる。一九五〇年に、ロバートスンが、ケイプ・タウン大学の経済学教授に就任したときの、就任講演「アダム・スミスの伝統」(8)は、スミスの伝統というよりも、スミスかいしゃくの伝統を、かたったものであった。わたくしは、ロバートスンが、一九二七年にはケインブリジにおけるケインズの経済学クラブで、ホブスンを支持してマーシャルを批判し(9)、一九三三年には、プロテスタントの倫理について、マルクスによって、ウェーバーを批判したこと(10)を、かんがえあわせると、この「経済史家(11)」の思想の発展過程を、すこし分析してみたいとおもうのだが、いまはそれをするばあいではない。

ロバートスンが、スミスについていっていることは、かなりかんたんである。かれは、まず、クリフ・レズリーのような、スミスとわれわれとの歴史的きょりのゆえにスミスの現代的意義を否定する相対主義を、しりぞけて、スミスの思想が、いくつかの重要な点で、こんにちなお、十分な存在理由をもつことを、主張する。かれによれば第一に、スミスは、自由競争を、「社会改革の実践的理想」とかんがえただけで、じっさいには、「知識の欠如、てきとうな手段や機会の欠如、およびその他の不可避的な障碍が、商品についても生産諸要素についてもかんぜんな市場の出現をさまたげたことを、しめしただけでなく、それらがひきおこした不平等が、いかなるところでもものごとを自由にしておかないヨーロッパの政策によって、再強化されたことを、強調した(12)」のであった。こうして、ロバートスンは、スミスを、「古典的伝統」のさいごに位置したマーシャルの、ほとんどすべての競争には独占的要素が存在するという主張に、むすびつけるのだが、経済史家が、これほどかんたんに、ふたつの経済理論の経済史的きそのちがいを、無視していることに、わたくしはおどろきさえ感じる。

さらに、ロバートスンは、「スミスにとって、個々人は、社会からはなれて、社会にたいしてなんの義務をおわずに、存在する」というのは、「きわめて皮相なみかた」であるとして、いくつかの反証をあげる。かれは、スミスにおける、マンダヴィル的な、「みえない手」の非合理的信仰が、このばあいの論拠ではないと、とくに明言しているが、かれが、『国富論』と『道徳感情論』から、この点についてひきだした、スミスの思想は、ほぼつぎのとおりである。すなわち、スミスは、わるい政府の致命的なけっかは、それが、人間のだらくから生ずる害悪を十分に阻止しないことから、おこるのだといい、かつ、若干のグループの反社会的行動を、はげしく非難している。スミスにおける人間の利己心は、「かんぜんに自己中心的なものではなくて、まず正義によって……つぎに、隣人への本能的な同感の感情によって……制限されている。」人間は、じぶんが、じぶんにとってどうみえるかではなく、他人にとってどうみえるかを、考慮すべきだと、スミスはいい、自由競争は、フェア・プレイの原理のもとでのみ、ゆるされるのだという。

このようにスミスの思想をみるならば、それは、ふるくは、「じぶんにたいしてしてもらいたいと、あなたがおもうことを、他人にたいしてもなすべきだ」（ルカ伝）とか、「あなたの隣人を、あなたじしんとおなじように、愛すべきだ」（マルコ伝）とかいう、福音のおしえとも一致するであろうし、(13) あたらしくは、マーシャルの「経済騎士道」とも一致するであろう。(14)

ロバートスンは、これにもうひとつのことを、つけくわえる。「わたくしのかんがえでは、アダム・スミスの伝統のうちで、もっとも価値あるもののひとつは、空論家《ドクトリネア》にたいする嫌悪である。」すなわち、スミスは、主義《マン・オ》の人《ヴ・システム》が、社会をチェスのように左右しようとするのを攻げきして、つぎのようにいっている。「チェス盤上の駒が、手がそれにあたえるよりほかの運動の原理を、もたないのに、人間社会というおおきなチェス盤においては、それぞれの駒は、立法府があたえようとするかもしれないものとは、まったくちがった、じぶんじしんの運動の原理をもっているのだ、ということを、かれ〔主義の人〕は考慮しないのである。」こうして、スミスの伝統は、ついに、チャーチルのケベック放送につながることになる。「人類のうちの、もっともかしこい、もっとも洞察のあるものにさえ、なにがかれらの利益であるかを、かくじつにしることは、まかされていない。しかも、なにがかれらの義務であるかを、まいにちしることは、多数の素朴な民衆に、まかされているのである。」

スミスの正義や同感の概念が、上昇期のイギリス資本主義にささえられていること、また、かれの独占や主義の人にたいする攻げきが、重商主義体制批判をいみすることを、われわれはすでにみた。これらの点を無視して、かれが、たとえば、利己心を、そとがわから、道徳や政治によって統制したとか、あるいは、公益を実現する手段として利己心を利用したとか、かいしゃくすると、ロバートスンのような見解がうまれてくる。そこでは、資本主義末期における社会と個人の対立と統一について、スミスがすぐれたみとおしをもっていたこと[15]、そしてまた、社会主義社会にも、これと同様な問題があり、したがって、スミスの原理はそのばあいにも妥当することな[16]どが、強調される。これが、もしただしいとすれば、自由経済・統制経済・計画経済をつうじて、社会と個人のかんけいについて、なんらかの問題が存在し、スミスは、その問題についてふかい分析をもっていたという、それだけのいみでただしいにすぎない。スミスの労働者を、スタハノフ労働者とよぶことは[17]、もちろん、ひとつのアイロニイにほかならないのであって、ロバートスンのスミスかいしゃくは、経済史的にも、経済学史的にも、ナンセンスだといわざるをえない。むしろそれは、かれじしんが、この講演のおわりの方でふれているように、南アフリカにおける人種的対立についての[18]、スミス的処方箋を、かこうとしたものなのであろう。

(1) Gladys Bryson, *Man and society: the Scottish enquiry of the eighteenth century*, Princeton U. P. 1945.

（2）Luigi Bagolini, *La simpatia nella morale e nel diritto Aspetti del pensierodi Adam Smith*, Bologna 1952.

（3）Lionel Robbins, *The theory of economic policy in English chassical political economy*. London 1952.

（4）J. K. Fuz, *Welfare economics in Engilsh utopias from Francis Bacon to Adam Smith*, Den Haag 1952.

（5）山田秀雄、経済研究、四巻四号。R. L. Meek, Bias in political economy, *Labour monthly*, Jan. 1954.

（6）Meek, *ibid.*

（7）福田徳三「厚生哲学の闘士としてのアダム・スミス」商学研究、第三巻第二号。

（8）H. M. Robertson, *The Adam Smith tradition*, Oxf. U. P. Cape Town 1950.

（9）Robertson, *ibid.*, p. 6.

（10）Robertsn. *Aspects of the rise of economic individualism, a criticism of Max Weber and his school*, Cambridge U. P. 1933.――そのときすでに、ロバートスンは、ケイプ・タウン大学の講師であった。

（11）かれは、みずから「経済史家」と称し、経済理論についての「公平な観察者」の地位にあるとかんがえている。そして、かれが、現代の理論経済学が、一方で、人為的モデルの構成に熱中し、他方では「行政の婢」となっていると、指摘するとき、「経済史家」の観察は公平である。Robertson, *ibid.*, pp. 15―6, 22―3. Cf. Robertson, Economic historians and their colleagues, *South African journal of economics*, Vol. 14, No. 3. Sept. 1946. pp. 202―11.

（12）Robertson, *ibid.*, pp. 9―10. Cf. Smith, ***W. of N.***, bk. 1, ch. 10, *Modern library*, p. 99. 邦訳、上巻八八―九ページ。

（13）Robertson, *ibid.*, pp. 12―4.

（14）Robertson, *ibid.*, p. 20.

（15）スミスにおける利己心が、手ばなしの自由をあたえられていないことは、ふるくからいわれている。Cf. E. Cannan, Adam Smith as economist, *an economist's protest*, London 1927, pp. 417―30. T. Sūranyi-Unger, *Philosophie in der Volkswirtschaftslehre*, Bd. 1, Jena 1923, S. 366.

（16）ロバートスンは、この点で、スミスとJ・M・クラークを、むすびつける。

（17）内田義彦『経済学の生誕』二五ページ。――なお、この問題については、上田辰之助『蜂の寓話』昭和二七年、を参照のこと。

(18) Robertson, *ibid.*, p. 21.

2

もちろん、ロバートスンが、スミスかいしゃくの現代的水準を、代表しているとは、かんがえられない。日本を別としても、いくつかのあたらしい、スミスかいしゃくの方向は、あらわれつつある。ここでは、アメリカの、ふたつの雑誌論文を、とりあげてみよう。それは、アルバート・サロモンの「社会学者としてのアダム・スミス」[1]と、ケネス・マクリーンの「想像と同感――スターンとアダム・スミス」[2]であって、社会学および文学の視点から、スミスに光をあてている。このような例からすれば、外国におけるスミス研究もまた、スミスの総体はあくへすすみつつあると、みていいようにおもわれる。

サロモンは、スミスにおいて、「社会諸科学が、まだ一つで不可分であり、ステーツマンの科学という概念を中心としていた」ことから出発する。スミスの諸著作は、「すべて、きたるべき……ステーツマンの科学の、じゅんび」であったとみなされ、かれが、さいごまで努力していた法学かんけいの著作が、まさにそれにあたるとかんがえられる。そして、スミスは、グローチウスを、この科学の創始者として、もっとも包括的な学者として、しばしば賞讃したが、サロモンによれば、スミスは、「具体的なものへの傾向」において、グローチウスにまさり、そのような社会の経験科学は、すでに『道徳感情論』のなかできそづけられたのである。

このかいしゃくは、そのかぎりでは、たしかに正当なのだが、反面において、スミスの統一社会科学における経済学の重要性、あるいは、それから経済学が独立する必然性が、みのがされるおそれがある。もちろん、サロモンが、いじょうのような角度から、スミスを分析していけば、意識するといなとにかかわらず、この問題に直面せざるをえないのであるが、そのばあいにも、意識的な問題設定にたっしえない点に、「社会学者としてのアダム・スミス」をとりあげた「社会学者としてのサロモン」の、限界があったのである。この限界を、いちおうみとめたうえで、サロモンの分析のりんかくを、のべておこう。

スミスにおいては、相互性《ミューチュアリティ》が社会かんけいのきそであって、そこには個体と全体との対立のはあくはない。しかし、平等で有能で生産的な、かつ貧窮した不かんぜんな存在としての、人間は、理性によって矛盾なく、全体をつくりあげるのではない。人間は、「かれの行為が社会全体にあたえるえいきょうをかんがえることなしには、個人的な福祉をえられない」という、利己心《セルフ・インタレスト》と自己保存の弁証法的性格によって、行動を規定されている。利己心が自己保存を実現する過程、すなわち、人間の社会的行動については、スミスは、社会理論としての同感の理論を、ヒューム批判をつうじてきたえあげる。

ヒュームの同感概念は、「有効性の体系における、技術的完成のよろこび」であったが、スミスは、ヒュームが有効性を最高の価値の規準としたときに、目的と手段の混同だと、反対した。スミスによれば、同感概念は、社会かんけいにおけるかんぜんな行為の尺度であり、かれは「あきらかに、同感が、社会的状況の批判的理解、すなわち、行為者の動機、かれの行為の目的、行為をうけるものの反応についての、評価をいみするということをのべているのである。」

ところが、社会的全体《ソーシャル・ホール》は、ふたつの対立的な価値態度《ヴァリュー・アティテュード》(respectable virtues と amiable virtues)、ふたつの対立的な社会的善 (justice と benevolence) をもっているし、しかも、それに、個人的欲望充足をもとめる慎慮の徳がくわわるから、人間生活は、二重のアンティノミーをふくむことになる。スミスは、正義と仁愛というふたつの社会的善の対立と、さらに社会的善と個人的善（慎慮）との対立とを、調停して、慎慮・正義・仁愛の諸徳が結合している状況が、最善のものだとした。しかしながら、スミスにおける諸徳の位置づけは、明白ではないし、すくなくとも、アンティノミーを解消するようなかたちでは、おこなわれていない。そのことは、同感の性格のなかに、またあらわれてくる。

　同感は、一定のグループのなかでは、慣習化し、世論の形成を可能にする。そして、このことをつうじて、社会は、国家が強制しえない社会的義務の実行を、強制する。このいみで、「公平な観察者」は、社会における共同《コモン・》善《グッド》についての、共通の規準を反映するのだが、しかもそれと同時に、スミスの「公平な観察者」は、「内なる人《マン・ウイジン》」であり、「世論の圧力から解放されたものとして、個人的な良心である。」あとのばあいには、それは、「社会制度のわくをこえて価値を追求するとき、はじめて自分じしんとなるような、人間的存在の映像」なのである。

　世論としての同感は、優越者をそんけいする「自然的衝動」としてもあらわれるが、それは、「正義と平和にたいするわれわれの希求に、ふかくつらなっている。」原始社会においては、体力と智力のゆうえつが、同感の対象となり、そこに、軍事的英雄と老人の権威が成立したが、近代社会においては、経済力のゆうえつと、名門のうまれであることが、そんけいの根拠となる。この点について、スミスは「理論的には共和主義者だったけれども、じっさいには、いぜんとしてイギリスの政治的伝統に忠実であった」と、サロモンはいっている。だからスミスは、人間の社会的義務の第一のものとして、祖国の国家構造（とそのわくのなかでの改良）への愛をあげたのであり、『道徳感情論』の最終版における「主義の人《マン・オヴ・シスツム》」の攻げきは、フランス革命への批判をいみするのである。かれは、チャールズ二世の宮廷の放縦と腐敗を、寛大の徳に転化した、イギリスの中産階級に、ふかい信頼をよせていた。

しかし、権威へのそんけいは、世論としては、秩序をつくりだすが、それは、他方で、各個人の競争のまととして、秩序を動揺させることにもなるであろう。スミスによれば、人間はつねに幸福をもとめるものであり、幸福とは、有機体としての個人にとっては、健康と経済的必要の充足、社会的存在としての人間にとっては、てきとうな安全と独立、両者に共同なものとしては、平和と心のやすらかさであった。だが、このような幸福を獲得するのは、下層階級にとっても、困難ではない。問題は、人々が、そのはんいに満足してとどまらないこと、賞讃とゆうえつ、社会的な名声と身分を、是認するだけでなく、みずからもそれらをもとめようとすること、なのである。(3) そのけっか、無限の競争が生じ、それは転じて文明の進歩をもたらす。スミスによれば、「自然は賢明にも、富と力の価値について、人間をだましているのである。」

この種のぎまんは、社会的行為そのもののなかにも、存在する。すなわち、もっとも貪欲な企業者でさえ、その利益を、小作人、労働者とともに、わかつことにならざるをえないのである。こうして、社会かんけいが、主観的利己的な情念を、ただしい幸福な社会の客観的な善に、転化して、文明の無限の進歩を可能にする。「進歩は、かれの思想のきそ概念」であった。

だが、スミスは、こういう進歩が、そのまま、社会の歴史的過程なのだと、かんがえていたわけではない。かれは、軍隊、学校、教会などの、社会的機関を分析したときに、これらの機関における相互かんけい（たとえば教師と学生）がやぶれると、機関の社会的機能がうしなわれて、それが没落することを、のべているし、もっと一般的に、人々はつねにその社会的責任をのがれて特権化しようとする傾向があり、そのために社会ぜんたいにおける権利と義務のバランスがくずれることを、指摘している。あるいはまた、封建制度や都市制度（とくに封建都市）が、経済発展を阻害するものでありながら、とにかく現実の歴史過程のなかで、発生してきたことも、かれにとってはおなじようないみをもつ。

近代都市や分業のばあいは、事情はもっとふくざつである。スミスによれば、都市の商工階級が、近代史における発展を可能にしたのだが、それは事物の自然的行程に反して生じた。しかし、こういう「歴史的過程の恣意的非合理的状況にもかかわらず」、これは進歩なのである。分業が、労働を標準化・専門化して、非人間化するものでありながら、しかもなお、経済的進歩をもたらすと、スミスがいうときも、同様である。

このような点から、サロモンは、スミスにおける「進歩」が、社会の歴史的過程ではなくて、社会かんけいの目的なのだと、かんがえるのである。わたくしは、社会の歴史的過程と社会かんけいの目的との区別が、スミスかいしゃくとしてどれほどの有効性をもつかを、うたがいたいし、この問題は、基本的には、スミスの歴史への対決として（あたらしい歴史の開始として）理解すべきだとおもう。しかし、とにかくサロモンは、スミスにおける社会かんけいを、このようにとりだすことによって、それが同時に、神からも独立した、人間だけの領域であることを、説明しようとしたのであろう。

いじょうに紹介したサロモンの見解は、やや断片的で、わたくしは、それをまとめるために、いくらかじぶんのかんがえを、いれなければならなかった。それでもなお、いくつかの疑問が、断片的にのこされる。たとえばスミスにおける諸徳の統一的な位置づけは、たしかに不十分ではあるが、サロモンはこの点の追究を、あまりにはやく放棄したようにおもわれる。そのことは、まえにものべたようにサロモンが、スミスにおける社会科学の統一性のみを強調して（それじたいはただしい）、経済学の独立の必然性をみのがしたことと、かんれんしているであろう。

もうひとつ、サロモンは、スミスがあげている政治社会の原理のうち、権威の原理だけをかなりくわしくとりあつかって、これとならぶ功利の原理については、かんたんな言及にとどめている。そのけっか、スミスの保守性が、不当につよくえがかれることになるし、また、そのひとつの論拠としての、スミスの中産階級論も、ゆがめられているようにおもわれる。スミスには、ピュアリタン的下層階級の道徳への信頼が、あったはずである。もちろん、権威の原理も、スミスにおいてはブルジョア化されているし、逆に、功利の原理をそのままもちだしても、ウィッグ体制とスミスとの区別が、つかなくなるおそれがある。しかし、とにかく、スミスのラディカルな側面を、もうすこしはっきりさせないと、「公平な観察者」と世論とのたたかいの重要な側面が、みおとされてしまう。したがって、サロモンが、『国富論』における大学批判を、「イギリス社会の危機」の批判としてとらえたときも、それだけの指摘でおわってしまったのである。

（1） A. Salomon, Adam Smith as sociologist, *Social Research*, Feb. 1945, Vol. 12, No. 1, pp. 22—42.

（2） K. MacLean, Imagination and sympathy. Sterne and Adam Smith, *Journal of the history of ideas*, June 1949, Vol. 10, No. 3, pp. 399—410.

（3） ここにも、個人的価値と社会的価値との、前述のアンティノミーが、ちがったかたちであらわれていると、みていいであろう。

3

マクリーンは、表題のように、スターンの『センティメンタル・ジャーニ』（一七六八）とスミスの『道徳感情論』との共通の思想として、想像と同感を、とりあげる。

マクリーンが、『国富論』を、「たしかに、オプティミズムの森の最大の毒の樹であった」というのには、すくなからずおどろかされるけれども、かれがここで強調したかったのは、スミスの同感概念の機械的性格だったのであろう。一七六〇年のパリにおけるスミスの人気は、「道徳体系の主張者としてではなく、想像《イマジネイション》にかんする、精巧な論文の著者としての」かれにたいするものであったと、マクリーンがいうのも、おなじいみである。かれによれば、スミスの同感は、「精神の想像力にもとづいて、他人の受難の像が、意識にうつしだされる」ところに成立する。しかも、この同感的想像は、受難者の救済のための、仁恵の義務に逆比例して、積極化する。スミスは、このことを、苦痛の非現実性によるたのしみだとまでは、いっていないが、マクリーンによれば、スターンの同感概念は、スミスよりも、その方向へすすんでいる。

『センティメンタル・ジャーニ』のヨリックは、一七六〇年代のフランスで、「こころをいたましめるものごと」をもとめる。しかし「ヨリックは、かれの同感的想像にもかかわらず、めぐみぶかい、あるいはかなしみをせおった人間にはならない。このような想像は、財布や心に苦痛をあたえることなしに、やわらげられうる。同時に、それは人のこころを、よろこびでみたしうる。想像だけの苦痛には、あじわいがある。」ヨリックにとっては、「同感というしごとの全体は……自己満足である。」ここまでくれば、同感は、いわゆる道徳的色彩をうしなうだけでなく、他人の苦痛を傍観者としてたのしむという、利己的な感情となる。

スミスとスターンの同感概念の、このような比較から、われわれは、なにをまなぶべきであろうか。スミスがロマンティシズムの道徳論の先駆者であるという、マクリーンの指摘はそれほど重要性はない。スターンの同感との比較によって、スミスのそれが、市民社会の日常的感情としての性格をもつことが、あきらかになったのは、マクリーンの最大の功績であろう。けれども、ヨリックが、十八世紀イギリスの典型的な市民であるかどうかは、まだ検討の余地がある。

スターンもヨリックも、あるいみでは異常だといわれているのだから、マクリーンの比較研究は、典型的ブルジョア芸術としての小説の、典型的市民の生活感情と、ブルジョア社会の解剖学としての経済学との、対応かんけいにまで、拡大されなければならない。ところが、かれは、市民を、かんたんに、ヨリックひとりで代表させているだけでなく、スミスのがわについても、同感概念だけを抽象してくるのである。スミスの同感概念の日常性だけを指摘してみても、その社会科学的性格の全体が、あきらかになったとはいえないであろう。そのいみでは、小説と社会科学を、機械的に並列して共通点をひろいだすという、方法じたいにも、問題があるといわざるをえない。（一九五四・七・一九）

4

この本の前身がかかれてから、十三年が経過し、そのあいだにスミス研究は、いくつかの方向で前進をしめした。資料的には、ロジアンが、グラーズゴウ大学におけるスミスの講義ノートを、二種類、発見し、そのうち『文学論』を公表した。のこりの『法学講義』ノートは、一七六二年十二月二四日に開始されたものらしく、六巻に製本されている。キャナン版ノートよりも、はるかにくわしいが、歴史的方法については、かならずしも新発見ノートの方がまさっているわけではないであろう。とにかく、新版スミス全集の一部分として公刊されるまで、われわれはそれを利用しえない。

伝記的（および研究史的）には、レイの『アダム・スミス伝』のリプリント（一九六五年）の、巻頭につけられた、ヴァイナーの大論文があり、フェイの『アダム・スミスとかれの時代のスコットランド』[1]（一九五六年）がある。じつは、スコットは、晩年に、スミスの匿名評論と推定されるものについて、かなりの大著をかき、フェイに原稿をおくった形跡があるのだが、二人の死によって、それは行方不明になったらしい（本書巻末の書誌、二二ページをみよ）。

思想的および理論的には、まず、スミスの著作における思想史的統一性を、哲学論文をもふくめて主張したクロプシーの著書[2]がある。ミークの論文集[3]についでマクフィー[4]のそれも、出版された。

そのほかに、スコットランド歴史学派が、全体として、あるいは部分的に、ほりおこされつつあることは、補論の一にかいたとおりである。けれども、スミスを、同時代の諸思想のなかで、あるいは、近代初期の思想史のなかで、位置づけるしごとは、ほとんどできていないといってよさそうである。スコットランド歴史学派についての、先駆的業績のひとつであるブライスンの著書[5]は、意識的にスミスを除外していたし、テイラーの『アダム・スミスの先駆者としてのフランシス・ハチスンとデイヴィド・ヒューム』[6]（一九六五年）は、まだ羅列的である。むしろ、ケトラーの『アダム・ファーガスンの社会政治思想』[7]（一九六五年）が、ノイマンの指導によるためか、アメリカにはめずらしい問題意識をもち、アダム・スミスをふくめたスコットランド歴史学派の、あたらしい研究段階のはじまりを、予告しているかのようである。

（1）C. R. Fay, *Adam Smith and the Scotland of his day*, C. U. P. 1956.

（2）J. Cropsey, *Polity and economy*, The Hague 1957.

（3）R. L. Meek, *Economics and ideology and other essays. Studies in the development of economic thought*, London 1967.

(4) A. L. Macfie, *The individual in society: papers on Adam Smith*, London (Allen & Unwin) 1967.

(5) G. Bryson, *Man and society : the Scottish inquiry of the eighteenth century*, Princeton University Press 1945.

(6) W. L. Taylor, *Francis Hutcheson and David Hume as predecessors of Adam Smith*, Duke University Press 1965.

(7) D. Kettler, *The social and political thought of Adam Ferguson*, Ohio University Press 1965.

あとがき

この本の前身である『アダム・スミス研究入門』は、昭和二九年の秋に出版された。それからすでに一四年になるわけであり、著者はそのあいだに、一年半のグラーズゴウ留学をはじめとして、あわせて四回、スミスの故郷スコットランドをおとずれる機会をもち、若干の研究資料を入手することもできた。したがって、それらの条件をできるだけ利用して、旧著を改訂することが、著者の義務となったのである。

そこで、旧著の前編に、第二章として産業革命論をくわえ、第六章となった『国富論』にかんする部分に、産業革命の反映と教育論とをとりあつかった二論文をくわえたほか、各所（とくにおわりの方）の注を、あたらしい資料にもとづいてかきなおし、補論の一として、旧著刊行後にかいたアダム・スミス関係の論文を、ほとんど全部あつめた。補論の二は、旧著の後篇に、そのごの研究の発展を考慮して、若干の加筆をおこなったものである。産業革命にかんしてつけくわえられた部分は、高島善哉編『国富論講義』第五巻に掲載され、旧著では伝記的叙述のなかにうまくくみいれられなかったので、べつにかきなおして河出書房の『経済学説全集』第二巻（昭和二九年）に収録しておいたものを、分解再編成してできあがった。教育論は、『一橋論叢』第三九巻第四号（昭和三三年四月）に発表されたものである。もともと、旧著のあとがきにもかいたように、伝記として必要な統一性・均質性を維持しながら、著作や思想の内容、あるいは歴史的背景にふかくたちいることは、きわめて困難なしごとであって、今回の挿入の効果についても、自信があるわけではない。旧著の前編にたいする、予想しなかった好評が、このようなこころみを勇気づけてくれたのであるが、正直のところ、同時に、全面的かきなおしをちゅうちょさせた。およそ、一度かかれたものをかきなおすということは、すくなからぬ苦痛と労力を要求するのであって、とくに伝記がもつ統一性を破壊して再構成するのは、容易ではない。部分的な追加と修正にとどめたことについては、著者のがわでのこのような内面的理由のほかに、はじめは出版社のがわで、できるだけ旧紙型を利用して価格をおさえたいという経済的理由があった。しかし、じっさいには紙型がすでに破損して使用にたえないことがわかり、この考慮はむだになってしまった。

なお、この本の中心は、こうして伝記的部分におかれているが、著者としては、いわゆる伝記的思想史を目ざしたのではなく、伝記は思想史への一補助手段にすぎないと考えていることを、あきらかにしておきたい。現代に生きているのは、過去の思想であって人間ではないのである。

補論一を構成する諸論文は、それぞれの章末に付記しておいた時期に発表され、やがて「アダム・スミス時代の思想」とでも題する一冊のなかに、ふくまれるはずであった。この意図を放棄したわけではないが、最終的にしあげるまでにはなおかなりの時間がかかるものと考えられるので、この機会に一応まとめておくことにした。第三章のように、ギルバート・ステュアート論をねらいながら、資料不足のため論文の体をなしていないものを、あえて収録したのは、あくまでそういう中間報告であり補論であるという意味においてである。

巻末の書誌もまた、旧著巻末につけておいた書誌の大幅な増補によってできたものである。増補にあたっては、留学中にえられた資料を利用しただけでなく、天野敬太郎氏の Bibliography of the Classical economics, Part I〔Smith & Part II Malthus〕Tokyo 1961 によるところもおおきかった。天野氏の書誌は、アダム・スミス書誌としては最大の規模をもっていて、そのための苦心と情熱はたかく評価されなければならないが、それは、研究者の能力をこえた成果でありながら同時に、研究者の手で阻止しえたはずのまちがいを、いくつかふくんでいた。たとえば、あきらかにアダム・スミスの著作でないものが混入しているのである。この書誌が日本学術会議によって出版されたとき、第三部幹事として事務にあたった著者としては、それらの点を指摘されるたびに、研究者としての協力が十分でなかったことについて、責任を感じないわけにはいかなかった。そのほかに、収録範囲や分類についても疑問があったので、ほぼ一九六七年末までの書誌を、あらためて作成してみたのである。もちろん、完全に網羅的であるとはいえないし（通史や概論におけるスミスへの言及は原則としてけずり、そのほかにもちいさな記事をはぶいた）、収録したかぎりでも、全部を直接に点検したわけではないから、まちがいがあるかもしれない。しかし、研究者や司書のひととおりの使用には、十分にたえられるであろう。

未来社の西谷能雄氏から本書の改訂版についてはなしがあったのは、数年まえのことであったが、『アダム・スミス蔵書目録』の編集におわれて、昨秋までひきのばしてしまい、たいへんご迷惑をおかけした。そのため、本書のしごとは学部長の任期中におこなわれることになり、ついに、本文の再校から索引カード作成までを、同朋大学の舟橋喜恵氏におねがいし、書誌の資料整理と全体の校正について、名古屋大学大学院の天羽康夫、近藤譲治両氏の協力をもとめざるをえなくなった。記して謝意を表したい。

東京商科大学予科において、著者を学問への道にひきいれて下さった、恩師のひとり、太田可夫先生が、定年をまえに、昨年七月、逝去された。イギリス思想史にかんする先生の業績の一部には、本書のなかで言及しておいたが、著者の個人的な感慨をもあわせて、一週忌の前後に世にでるであろう本書を、先生にささげることをゆるしていただきたい。

一九六八年三月一八日

水田洋

三回目の増刷にあたって、書誌を追加し、気づいたかぎりの誤植を訂正した。書誌の追加については、名古屋大学大学院の川久保晃志君に資料の整理をおねがいした。

一一九ページ以下に引用したヒュームの手紙は、グリーグ版の原文が不十分であることがわかったが、とりあえずクリバンスキー＝モスナー版の本文の存在を注でしめすにとどめた。そのほか、ケイムズ卿ヘンリ・ホームは、ヘンリ・ヒューム、カーコールディは、スコットランドの発音にしたがうかぎりカコーディと、かくべきであるが、ここでは旧版のままにした。

著者自身のスミス研究は、『道徳感情論』各版対照による翻訳や、第三回啓蒙思想国際会議での報告などを契機として、ややあたらしい段階にはいりつつあるようにおもわれるし、とくにこの本におけるスミスの道徳哲学の理解には、不満を感じるが、多少ともまとまったかたちで成果をしめしうるには、なお、すくなくとも数年を必要とするであろう。

一九七二年六月

水田　洋（みずた　ひろし）
1919年　東京生
1941年12月　東京商科大学卒業
現　在　名古屋大学名誉教授，日本学士院会員，経済学博士。
著　書：『近代人の形成』(東京大学出版会)，『社会科学の考え方』(講談社)，『アダム・スミス』(講談社)，『社会思想小史』（ミネルヴァ書房）他。
訳　書：アダム・スミス『国富論』(河出書房新社，世界の大思想 14-15)，『国富論草稿』(日本評論社，世界古典文庫)，『グラスゴウ大学講義』(高島善哉共訳，日本評論社)，『道徳感情論』（筑摩書房)，『哲学論文集』(共訳，名古屋大学出版会)，ホント他『富と徳』(監訳，未來社)
現住所：名古屋市名東区貴船3−1105

〔新装版〕アダム・スミス研究

1968年10月25日　初　版　第1刷発行
1984年12月10日　　　　　第8刷発行
2000年5月25日　復　刊　第1刷発行

定価（本体5800円＋税）

著　者　水　田　　洋
発行者　西　谷　能　英

発行所　株式会社　未　來　社
〒112-0002　東京都文京区小石川3−7−2
電話 03-3814-5521(代)　振替 00170-3-87385
http://www.miraisha.co.jp/　E-mail: info@miraisha.co.jp

装本印刷＝形成社／組版＝暁印刷／本文印刷＝平河工業社／製本＝富士製本

ISBN 4-624-32029-8 C0033

人 名 索 引

(書誌およびあとがきをのぞく)

ア　行

カ　行

タ　行

ナ　行

ハ　行

マ　行

ヤ　行

ワ　行

アダム・スミス書誌

I. 著　　作

アダム・スミスが，生存中に公表した著作は，雑誌論文4篇と『道徳感情論』および『国富論』だけであって，『哲学論文集』は，かれが出版を承認したとはいえ，遺著であった。ところが，そのご「国富論草稿」(1763年夏あるいはそれよりおそく執筆，とスコットは推定)，「グラーズゴウ講義」(1762—3年または1763—4年とキャナンは推定，スコットは1762—3年と推定)，「修辞学・美文学講義」(1762年11月19日—1763年2月18日)，「法学講義」(1762年12月24日開始)，アメリカ問題にかんする「おぼえがき」(1778年2月）が発見され，このうち「法学講義」は未刊である．以上に，手紙と，雑誌『蜂』にけいさいされた会見記とをくわえたものが，われわれが利用できるアダム・スミスの著作および著作に準ずるものの，すべてである．

未刊の講義は，もしキャナン＝スコットの推定がただしいとすれば，キャナン版『講義』(これも表題は「法学」である）とおなじ時期にとられたノートであることになり，内容の対照はあたらしい問題をうむかもしれない．このほかに，ロシアからの留学生デスニツキイが，スミスの講義ノートをもちかえって，自分の講義に利用したが，そのノート自体はしられていない．おなじような意味では，ミラーやD・ステュアートなどの弟子たちが，それぞれにスミスの痕跡をのこしているわけである．

つぎにあげるのは，これらの著作の重要な版だけであって，とくに『国富論』と『道徳感情論』については，網羅的にあげることは紙面のかんけいで不可能であるし，意味がないとも考えた．

1. 道徳感情論 The theory of moral sentiments. (T. M. S. と略す.)

著者の生存中に6版までがでたが，そのうちでおおきな改訂がおこなわれたのは，2版と6版である．3版では，本文にちいさな修正があり，「言語の起源にかんする論文」がつけくわえられた．4版には副題がつけられ，わずかの修正がおこなわれ，5版は無修正であった．最大の改訂は，6版にみられる．これらの改訂については，エックシュタイン版のドイツ訳およびこれを参考にした邦訳によって，しることができるが，かんじんのイギリス版には，それだけの配慮をしたものがないのである．

T. M. S. By Adam Smith, Professor of Moral Philosophy in the University of Glasgow. London : Printed for A. Millar, in the Strand; And A. Kincaid and J. Bell, in Edinburgh. MDCCLIX. 551 pp.

T. M. S. The second edition. London…and…Edinburgh. MDCCLXI. 436 pp. (sold by T. Cadell となっているのがあるらしいが，みたことはない.)

T. M. S. To which is added a dissertation on the origin of languages. The third edition. London…and…Edinburgh. 1767. 478 pp.

T. M. S.; or, An essay towards an analysis of the principles by which men naturally judge concerning the conduct and character, first of their neighbours, and afterwards of themselves. To which is added, a dissertation on the origin of languages. The fourth edition. London, Printed for W. Strahan, J. & F. Rivington [etc.] 1774. 476 pp.

T. M. S.;……The fifth edition. London……1781. 478 pp.

T. M. S.;……The sixth edition, with considerable additions and corrections. London, Strahan and Cadell; Edinburgh, Creech and Bell, 1790. 2 vols.

著者の死後，7版から11版までが，ロンドンで，1792, 1797, 1801, 1804, 1812年に出版された．11版が1巻であるほかは，2巻本であり，版次が明示されているのは，ここまでである．ただし，べつに6版がダブリンで (1777年となっている)，11版がエディンバラで1808年に，12版がグラーズゴウで1809年に出版された．バーゼル版 (1793年) には a new edition とあるだけで版次がなく，フィラデルフィア版はエディンバラ版12版 (これは，前記グラーズゴウ版とおなじかどうか，たしかめえなかった) による，となっている．

19世紀なかば (1846？) に，Bohn's Standard Library の1冊として，ステュアートの回想記をつけた1巻本 (lxix＋538 pp.) が出版されて，20世紀はじめまで版をかさねたほか，『哲学論文集』をもあわせた Essays philosophical and literary……London, A. Murray & Son, 1869. (のちに Ward, Lock, & Co.) として出版された．いずれも，特別な編集上の努力はみられない．

翻訳は，フランスで3種類 (訳者不明1764年版，ブラーヴ訳1774年版，コンドルセ公爵夫人訳1798年版)，ドイツで3種類 (ラウテンベルク訳1770年版，コーゼガルテン訳1791—95年版，エックシュタイン訳1926年版) 出版され，それぞれ最後のものが最良とされている．コンドルセ訳には，1860年の新版があるので，それをエックシュタイン版とともにあげておく．

Théorie des sentiments moraux. Tr. par mme. S. de Grouchy, marquise de Condorcet; précédée d'une introduction et accompagnée de notes par H. Baudrillart. [Paris] Guillaumin, 1860.

Theorie der ethischen Gefühle; oder, Versuch einer Analyse der Prinzipien, mittels welcher die Menschen naturgemäss zunächst das Verhalten und den Charakter ihrer nächsten und sodann auch ihr eigenes Verhalten und ihren eigenen Charakter beurteilen; nach der Auflage letzter Hand übersetzt und mit Einleitung, Anmerkungen und Registern herausgegeben von Dr. Walther Eckstein. 2 Bde. Leipzig, Felix Meiner, 1926. Der philosophischen Bibliothek, Bd. 200.

邦訳は，各版の異同その他について，エックシュタイン版に依存するところがきわめておおきいが，原文に忠実とはいえない．

道徳情操論，米林富男訳，2巻，東京，日光書院，昭和23—24年．

2. 国富論 An inquiry into the nature and causes of the wealth of nations. (W. of N. と略す.)

著者の生存中に，第5版まででたが，第5版は第4版と大差がなく，第4版はまた第3版と大差がない (いずれも，完全に同一ではない)．
最大の改訂増補は，第3版でおこなわれ，それは，先行の二つの版にたいする別冊のかたちで出版されるとともに，第3版にくみいれられたのである．この別冊は，現在では，第2版といっしょに製本されていることがおおい．

著者の死後，第6版（1791年）から第10版（1802年）までが，そのまま，おなじ書店から出版され，第11版（1805年）にプレイフェアによる注，補章，伝記がつけられた．それからあとは，版次なしに，ガルニエのフランス訳への序文を逆輸入してつけたもの，ビュキャナン，ウェイクフィールド，マカロック，ニコルスン，ロジャーズ，バックス，キャナン，セリグマン，スコットがそれぞれ注や序文をつけたものが，出版された．キャナン版にさらにラーナーが序文をつけたアメリカ版は，本文に欠陥（一行脱落）があるにもかかわらず，ラーナーの簡潔で適確な序文のために，一定の価値をもっている．

エディンバラ版およびグラーズゴウ版は，ビュキャナン版のほかはほとんど，マカロック版またはガルニエ版であるから，とくにあげる必要はないであろう．ダブリン版は，すでに1776年にでているが，現在しられているかぎりでは，第4版が1785年，第5版が1793年と，ロンドン版と版次がくいちがっていて，相互に関連がなく，したがって偽版と考えていいものである．バーゼル版，アメリカ版も，ともに，とくにあげる必要がないとおもわれる．

W. of N. By Adam Smith, LL. D. and F. R. S. Formerly Professor of Moral Philosophy in the University of Glasgow. In two volumes. London: Printed for W. Strahan; and T. Cadell, in the Strand. MDCCLXXVI.

W. of N. ……The second edition. London : …W. Strahan; and T. Cadell. 2 vols. 1778.

Additions and corrections to the first and second editions of Dr. Adam Smith's Inquiry into the nature and causes of the wealth of nations. [London 1784.]

W. of. N. ……The third edition, with additions. 3 vols. ……London…W. Strahan; and T. Cadell. 1784.

W. of N. ……In three volumes……The fourth edition.……London……W. Strahan; and T. Cadell. 1786.

W. of N.……The fifth edition.……London……W. Strahan; and T. Cadell. 1789.

W. of N.……The eleventh edition; with notes, supplementary chapters, and a life of Dr. Smith. by William Playfair. In three volumes.……

London, Printed for T. Cadell and W. Davies. 1805.

W. of N. ……With a life of the author. Also, a view of the doctrine of Smith,……from the French of M. Garnier……London, J. Maynard……3 vols. 1811.

W. of N.……In three volumes. With notes and an additional volume, by David Buchanan……Edinburgh, Printed for Oliphant, Waugh & Innes; London, J. Murray, 4 vols. 1814.

W. of N.……With a life of the author, an introductory discourse, notes and supplemental dissertations. By J. R. McCulloch. 4 vols. Edinburgh; Black, Tait. London; Longman. 1828. Edinburgh : Adam and Charles Black; and Longman, Brown, Green, & Longmans, London. 1838. Fourth edition corrected and improved. 1849.

W. of N. ……With a commentary by the author of "England and America" [E. G. Wakefield]. In six volumes. London, C. Knight, 4 vols. 1835—39. Vols. 5 & 6 not published in this edition.

W. of N.……With a commentary by the author of "England and America" [E. G. Wakefield].……London, C. Knight, 4 vols. 1835—40.

W. of N.……With notes from Ricardo, M'Culloch, Chalmers and other eminent political economists. Ed. by Edward Gibbon Wakefield, esq. With life of the author, by Dugald Stewart. A new edition in four volumes.……London, C. Knight & co.… 4 vols. 1843.

W. of N.……Ed. by James E. Thorold Rogers. Oxford, At the Clarendon Press, 2 vols. 1869.

W. of N.……Ed. by James E. Thorold Rogers. The second edition. Oxford, At the Clarendon Press, 2 vols. 1880.

W. of N.……With an introductory essay and notes by Joseph Shield Nicholson.……London, New York……T. Nelson and Sons. 1884.

W. of N.……Reprinted from the sixth edition with an introduction by Ernest Belfort Bax.……London, G. Bell and Sons, 2 vols. 1887. Bohn's Standard Library.

W. of N.……Edited, with an introduction, notes, marginal summary and

an enlarged index, by Edwin Cannan……London, Methuen & Co. 2 vols. 1904. (A new edition in the University Paperbacks, 1961.)

W. of N.……Introduction by Edwin R. A. Seligman. London, J. M. Dent & Sons, Ltd.; New York, E. P. Dutton & Co. 2 vols. 1910. Everyman's Library.

W. of N.……Reprinted from the sixth edition with an introduction by William Robert Scott.……London, G. Bell and Sons Ltd., 2 vols. 1921. Bohn's Standard Library.

W. of N.……Edited, with an introduction, notes, marginal summary and an enlarged index, by Edwin Cannan……With an introduction by Max Lerner. New York, Random House, Inc. 1937. The Modern Library.

翻訳は，きわめて種類がおおいが，序文や注をつけたものとして，フランス訳ではガルニエ版とそれにもとづくブランキ版，ドイツ訳ではシュティルナー版とそれにもとづくヴェンティヒ版，イタリア訳ではクーザン版とロリア版をあげておけばいいであろう．フランス訳のひとつには，コンドルセの注解が別冊としてつけられることになっているが，その存在は確認されていないらしく，また，イタリア訳にクーザンが著者の伝記をかいていながら，フランス訳にはそれに対応する版がないのも，いささかふしぎである．

Recherches sur la nature et les causes de la richesse des nations, traduction nouvelle, avec des notes et observations; par Germain Garnier. Paris, chez H. Agasse, An X [1802]. 5 vols.

Recherches……, traduction du comte Germain Garnier, entièrement rev. et cor. et précédée d'une notice biographique par m. Blanqui……avec les commentaires de Buchanan, G. Garnier, MacCulloch, Malthus, J. Mill, Ricardo, Sismondi; augm. de notes inédites de Jean-Baptiste Say, et d'éclaircissements historiques par m. Blanqui.……Paris, Guillaumin, 2 vols. 1843.

Untersuchungen über das Wesen und die Ursachen des Nationalreichtums.……Deutsch mit anmerkungen von Max Stirner.……Leipzig, O. Wigand, 4 Bde. 1846—47.

Eine Untersuchungen über Natur und Wesen des Volkswohlstandes.……
Unter Zugrundlegung der Übersetzung Max Stirners, aus dem englischen Original nach der Ausgabe letzter Hand (4. Aufl. 1786) ins deutsche übertragen von Dr. Ernst Grünfeld und eingeleitet von Prof. Dr. Heinrich Waentig. Jena, Gustav Fischer, 1908 [Bd. 1], 1920 [Bd. 2]. Sammlung Sozialwissenschaftlicher Meister.

Ricerche sopra la natura e le cause della ricchezza delle nazioni.……
Traduzione eseguita sull'ultima editione inglese del sig. MacCulloch, preceduta vita dell'autore, del sig. V. Cousin. Torino, Cugini Pomba e comp., 1851.

Ricerche……Con prefazione di Achille Loria……Torino, Unione tip. editrice torinese. 1927.

邦訳は，石川暎作によるものが，『東京経済学講習会講義録』の明治15年4月から連載されたものをはじめとして，明治25年には分冊本を上下にあわせた『富国論』が出版され，竹内謙二，気賀勘重，神永文三，青野季吉，大内兵衛による訳が，大正末期から第二次大戦末にかけて，出版された．現行訳としては，つぎの三つがあり，そのうち竹内訳と大内・松川訳はキャナン版によるが，水田訳は，初版によって，そのごの各版の変化を注で示し，訳者解説，ロイ・パスカルの「スコットランド歴史学派」およびアダム・スミスのアメリカ問題についてのおぼえがきの訳をつけている．いちばんあたらしい中央公論社版は，抄訳をまじえることによって，約半分に圧縮している．

国富論，竹内謙二訳，昭和34—35年，東京，慶友社．Ⅰ—Ⅴ．

国富論，水田洋訳，東京，河出書房新社，上下，昭和40年，世界の大思想14—15.

諸国民の富，大内兵衛・松川七郎訳，東京，岩波書店，1—5分冊，昭和34—41年，岩波文庫．

国富論，玉野井芳郎・田添京二・大河内暁男訳，東京，中央公論社，昭和43年，世界の名著．

3.　哲学論文集　Essays on philosophical subjects.

ロンドン＝エディンバラ版の初版のほかに，ダブリン版（1795年），バーゼル

版 (1799年), ストラスブール版 (1799年) およびニュー・ヨーク版 (18—?) があるが, 編集上の特徴はない. 翻訳もまえの二著にくらべて問題にならぬほどすくなく, フランス訳 (1797年) がしられているだけである.

Essays on philosophical subjects, by the late Adam Smith.……To which is prefixed, an account of the life and writings of the author; by Dugald Stewart, F. R. S. E. London, Printed for T. Cadell jun. and W. Davies (successors to Mr. Cadell) in the Strand; and W. Creech, Edinburgh. 1795. XCV+ 244 pp.

さいきんアメリカで, 『哲学論文集』に雑誌論文などをあわせたものがでたが, これによって入手が容易になったというだけで, 編集者の序文さえない.

The early writings of Adam Smith. Preface to William Hamilton's *Poems on Several Occasions*, 1748. Articles in the *Edinburgh Review* of 1755. Essays on Philosophical Subjects 1795. Considerations concerning the First Formation of Languages 1761. Edited by J. Ralph Lindgren. New York, Augustus M. Kelley, 1967. Reprints of Economic Classics.

4. 雑誌論文

A Dictionary of the English Language, by Samuel Johnson……. [Anon.] *The Edinburgh Review*, Numb. I. Edinburgh: Printed for G. Hamilton and J. Balfour 1755. Pp. 61—73.

A LETTER to the Authors of the Edinburgh Review. [Anon.] *The Edinburgh Review*, Numb. II. Edinburgh……1756. Pp. 63—79.

Considerations concerning the First Formation of Languages, and the Different Genius of Original and Compounded Languages. *The Philological Miscellany*, I (1761). Pp. 440—479.

A letter to William Strahan concerning the death of David Hume, Nov. 9. 1776. *Scots Magazine*, XXXIX (Jan. 1777.)

以上四つが, スミスの雑誌論文として確認されているものであって, そのうち第一, 第二論文は, 1802年にエディンバラ評論が再建されたとき (および1818年) に, 他の諸論文とともにリプリントされたほか, 後掲のアダム・スミス全集および前掲の『初期著作集』におさめられている. 第三論文は, 『道徳

感情論』第3版に収録され，そのごはともに版をかさねた．第四論文は，ヒューームの自伝の付録として出版されて，はげしい非難をうけた．

The Life of David Hume, Esq., written by himself. London : W. Strahan & T. Cadell 1777. Pp. 37—62.

第一，第二論文の邦訳は，後掲，大道安次郎訳『国富論の草稿その他』に収録され，第三論文の邦訳は，前掲，米林富男訳『道徳情操論』下巻にある．

なお，スコットはその晩年に，アダム・スミスの雑誌論文が，ほかにもあるのではないかと推定して，調査をすすめ，*Critical Review*, 1756—1774 に，スミスのあきらかな影響をしめす書評が，無署名でけいさいされていることを指摘した（*Times Literary Supplement*, 8th June 1939）．かれは，この問題についてかなりながい論文をかいて，それを1939年8月にフェイにおくったが，そのごどうなったか不明である．グラーズゴウ大学図書館所蔵のスコットからフェイへの手紙（7 Dec. 1938, 7 Aug. 1939, 19 Aug. 1939, 22 Sept. 1939, 29 Oct. 1939, 5 Nov. 1939, 24 Nov. 1939, 5 Dec. 1939）をみよ．

5.　序　　文

スミスの著作（というほどのものではないが）のうちで，最初に公表されたのは，ハミルトン詩集へのみじかい序文で，前掲『初期著作集』中にある．

William Hamilton, Poems on Several Occasions. Glasgow : Printed and sold by Robert & Andrew Foulis M. D. C. C. XLVIII.

6.　講義ノート

スミスの時代には講義の筆記が，そのままあるいは転写されて，うられたらしく，スミス自身については，それが三種類，発見され，ひとつは『国富論』200年を記念するアダム・スミス全集のなかで，はじめて公刊される．

Lectures on Justice, Police, Revenue and Arms. Delivered in the University of Glasgow by Adam Smith, reported by a student in 1763, and edited with an introduction and notes by Edwin Cannan. Oxford at the Clarendon Press 1896.

Lectures on Rhetoric and Belles Lettres. Delivered in the University of Glasgow by Adam Smith. Reported by a student in 1762—63. Edited

with and introduction and notes by John M. Lothian. Thomas Nelson and Sons Ltd. London Edinburgh etc. [1963.]

Jurisprudence. MSS. 6 vols. Anon.

第一のものが，従来は『グラーズゴウ講義』とよばれていて，邦訳も二種類ある．第三のものも，ほとんどおなじ時期の講義にもとづいているので，公刊をまって両者の異同が検討されることになろう．

樫原信一訳，政治経済国防講義案，昭和18年．

高島善哉・水田洋訳，グラスゴウ大学講義，東京，日本評論社，昭和22年．

スミスがエディンバラ時代におこなった公開講義の草稿と推定されるものが，スコットによって発見され，かれの著書のなかにその約半分が写真版で公表された (W. R. Scott, *Adam Smith as student and professor*, Glasgow 1937, pp. 379—85, cf. pp. 57—59.) が，のこりの部分は，*Journal of Hist. of Ideas*, 1969 に，ラフィルによって，独立の草稿として公表された．

7. 国富論草稿 An early draft of part of the *Wealth of Nations*.

スコットによって発見されて，かれの前掲書 (Pt. III) におさめられた．邦訳は二つある．

大道安次郎訳，国富論の草稿その他，東京，創元社，昭和23年．

水田洋訳，国富論草稿，東京，日本評論社，昭和23年．世界古典文庫．

8. アメリカ問題にかんするおぼえがき Smith's thoughts on the state of the contest with America, Febr. 1778.

アメリカのミシガン州アナーバーのクレメンツ図書館に，ロスリン文書というのがある (Rosslyn MSS., William L. Clements Library, Ann Arbor, Michigan)．そのなかの Alexander Wedderburn Papers に，上記の表題をもったおぼえがきがふくまれていて，1932—33年の『アメリカ史学雑誌』に公表され，のちにフェイの著書にも収録された．邦訳は，水田洋訳『国富論』の下巻の，解説のなかにある．

Guttridge, G. H., Documents: Adam Smith on the American Revolution, an unpublished memorial. *American Historical Review*. Vol. 38, 1932—33, pp. 714—720.

Fay, C. R., Adam Smith and the Scotland of his day. Cambridge U. P. 1956, pp. 110—114.

ウェダーバーンは，ノース内閣の検事総長で，サラトガ陥落後の危機における支柱のひとりであった．このおぼえがきは，内閣が各方面の意見をもとめたさいに，ウェダーバーンをつうじて提出されたものらしく，スミスの名前はどこにもないが，ウェダーバーンがスミスの学生であったこと，1777年冬にノース内閣がスミスを税関委員に任命し，1779年にはアイアランド問題について意見をもとめたことなどから，このおぼえがきもスミスのものと推定される．文体は，『国富論』やアイアランド問題おぼえがき（カーライル卿あての手紙，Rae, pp. 350—357）に類似しているし，文中にある「孤独な哲学者」ということばも，スミスの自称としてふさわしいと考えられる．

9. 手　紙

新版アダム・スミス全集の一巻として，かれの手紙がまとめられて公刊されるのは，まだ数年さきのことである．それまでは，スコット，レイ，フェイなどの伝記的著作に収録されているものが，役にたつであろう．ただし，6通の手紙が，つぎのように，独立に公表されている．

Adam Smith on prohibitory duties; text of letter to William Eden. *Nation*. Jan. 30. 1896.

Letter of Adam Smith to the Duke of La Rochefoucauld; with comment by John Rae. *Athenaeum* (London). Dec. 28. 1895.

Two letters of Adam Smith's, by Edwin Cannan. *Economic Journal*, Sept. 1898, pp. 402—4.

An unpublished letter of Adam Smith. *Economic Journal*, Sept. 1923, pp. 427—28.

A letter of Adam Smith. In manuscript collection of the Henry E. Huntington Library. San Marino, California. Presented to the members of the Pacific Coast Economic Association at their Sixteenth Annual Meeting at Pomona College, December 28 to 30, 1937 by Lewis A. Maverich, University of California at Los Angeles. 4 pp.

10. 全　集

『哲学論文集』までをふくめた全集には，つぎの二つの版がある．1811—12年版は，第5巻のおわりに，付録として『エディンバラ評論』の二論文をおさめている．1822年の構成も，これとおなじではないかとおもわれるが，確認できなかった．

The Works of Adam Smith, LL. D. and F. R. S. of London and Edinburgh : one of the Commissioners of His Majesty's Customs in Scotland; and formerly Professor of Moral Philosophy in the University of Glasgow. With an Account of His Life and Writings by Dugald Stewart, ……in five volumes. London : Printed for T. Cadell and W. Davies; …… : and W. Creech, and Bell and Bradfute, at Edinburgh. 1812—11. (Vols. 1—2, 1812; Vols. 3—5, 1811.)

The Whole Works of Adam Smith,……A new edition with a Life of the Author. London……J. Richardson…… 5 vols. 1822.

つぎの二つの版は，全集にちかいものとしてあげておく．前者は『哲学論文集』をふくまず，後者は，出版社がおなじだというだけで，全集の体裁をとっていない．

The Works of Adam Smith……With a Life of the Author. In five volumes.……London, Printed for T. and J. Allman……1825.

W. of N.……London, A. Murray & Son, 1874. Essays Philosophical and Literary……London, A. Murray & Son, 1869. Murray's Choice Reprints.

1811—12年版全集は，さいきんアメリカでリプリントされたが，『国富論』出版200年を記念するあたらしい全集が，計画されていて，その内容はつぎのとおりである．

T. M. S., edited by. A. L. Macfie and D. D. Raphael (University of Glasgow).

Lectures on Jurisprudence edited by R. L. Meek (Leicester), D. D. Raphael (Glasgow), and P. G. Stein (Aberdeen).

W. of N., edited by S. G. Checkland (Glasgow) and R. L. Meek (Leicester).

Lectures on Rhetorics and Belles Lettres, edited by J. C. Bryce (Glasgow).
Essays on Philosophical Subjects, edited by G. E. Davie (Edinburgh).
Adam Smith's Correspondence, edited by E. C. Mossner (Texas) and I. S. Ross (British Columbia).

そのほかにスミスの伝記（モスナー）とスミス研究論文集（ウィルスン編）が，ふくまれる．全集の編集委員会は，アダム・スミス200年記念委員会として，グラーズゴウ大学内につくられ，国際諮問委員会が，エックシュタイン，ヒックス，ロビンズ，スティグラー，ヴァイナー，水田によって構成されている．出版には，オクスフォード大学出版部があたる．

Ⅱ．書　誌

ここでアダム・スミス書誌というとき，その内容は，スミス自身の著作，スミスについての研究，スミス自身の蔵書にわけられる．この三部門を A, B, C とすれば，これまでのべてきたのは，Aに該当し，つぎの項目（Ⅲ）がBである．

Aは，スミスの著作の初版のリストだけなら，かんたんなのだが，そのごの版を網羅するとなると，かなりめんどうである．いままでのところ，もっとも網羅的なのは，ヴァンダブルー・コレクションのカタログで，これは，ハーヴァードのクレス・ライブラリにあるコレクションの内容をしめすと同時に，そこにない版本も追跡している．しかし，T. M. S. のマレー版が Essays のところにしかでていないし，W. of N. のウェークフィールド版三種類の異同が明確でなく，ダルリンプルの著作をスミスのものとするなど，いくつかのまちがい乃至あいまいさがある．

The Vanderblue Memorial Collection of Smithiana. An Essay by Charles J. Bullock……and a Catalogue of the Collection presented to the Harvard Business School by Homer B. Vanderblue, Ph. D. in memory of his father, Frank J. Vanderblue and deposited in the Kress Library of Business and Economics. [1939]. Baker Library, Harvard Graduate School of Business Administration. Boston, Massachusetts. 68 pp.

つぎにあげるのは，AとBをあわせたものであるが，Aについては，ヴァンダブルーをほぼ踏襲し，若干のまちがいをつけくわえている．Bについては，

収録範囲のひろさの点で，最大のスミス書誌であるといえよう．

Bibliography of the Classical Economics, Part I [Adam Smith & Part II Malthus] by Keitaro Amano. February, 1961, Tokyo, Japan. [The Science Council of Japan, Division of Economics, Commerce & Business Administration, Economic Series No. 27.]

日本のアダム・スミス文献のリスト（主要文献には解題がつけられている）としては，つぎのものがある．

アダム・スミスの会編，本邦アダム・スミス文献――目録および解題――，東京，昭和30年，弘文堂．

Cには，つぎの三種類がある．ボナー版は先駆者であり，もっとも包括的だが，きめがあらく，矢内原版は，東京大学経済学部所蔵本と，スミス自身がつくらせた蔵書カタログにもとづくものであって，水田版は，その蔵書カタログのショート・タイトルから原典を追跡するとともに，あたらしく発見された蔵書をくわえ，全体についての索引をつくった．

A Catalogue of the Library of Adam Smith,……edited with an introduction by James Bonar. London and New York, Macmillan, 1894. xxx + 126 pp.

A Catalogue of the Library of Adam Smith……second edition prepared for the Royal Economic Society by James Bonar with an introduction and appendices, Macmillan and Co., Limited……London 1932. xxxiv +218 pp.

A full and detailed Catalogue of Books which belonged to Adam Smith, Now in the possession of the Faculty of Economics, University of Tokyo. With Notes and Explanations by Tadao Yanaihara. Tokyo, Iwanami Shoten, 1951. x+126 pp.

Adam Smith's Library. A supplement to Bonar's Catalogue with a Check-list of the whole Library by Hiroshi Mizuta. Cambridge, at the University Press for the Royal Economic Society, 1967. xx+154 pp.

なお，次項が若干の書誌をふくむことに注意されたい．

Ⅲ. 研　究

アダム・スミスについての研究は，四種類にわけて考えることができよう．A．スミスの同時代者が，直接にスミスを対象としたもので，げんみつには，スミス研究とはいえないばあいがおおい；B．経済学史，倫理学史などの一部分でスミスをとりあつかったもので，とくに経済学史でスミスにかなりの紙面をさかないものはないが，これもまた，スミスについての研究とは，かならずしもいいがたい；C．スミスの伝記的な，あるいは全体像についての研究；D．スミスの個別問題についての研究である．ここでは，B（および辞典項目としてのスミス）を除外するだけでなく，A. C. D. いずれについても，あまりにこまかいものは除外する．（雑誌名・双書名，および当該論文を収録した単行書名はイタリックでしめし，全体を分類せずに著者のアルファベットで排列する．なお，雑誌論文が単行本に収録されたばあいは，そのことが確認できるかぎり，論文をはぶく．）

Anon. Adam Smith and highland laird. *Blackwood's magazine* (Edinburgh). Vol. 3.

Anon. Adam Smith and Ricardo. *Blackwood's magazine*. Vol. 52.

Anon. Adam Smith and the United States. *Boston monthly magazine*. Vol. 1.

Anon. Centenary of Adam Smith. *Banker's magazine* (New York). Vol. 31, 1876.

Anon. Smith on wealth of nations. *Monthly review*. Vol. 163.

Anon. Smith on the wealth of nations and the slave power. *Macmillan's magazine*. Vol. 7.

Anon. The wealth of nations, with notes, supplementary chapters, and a life of Dr. Smith. By William Playfair. *Edinburgh review*. Vol. 7. Jan. 1806.

Anon. An inquiry into the nature and causes of the wealth of nations, by Adam Smith, LL.D.; with a life of the author, an introductory discourse, notes, and supplemental dissertations. By J. R. M'Culloch, Esq. A new edition, in one volume, octavo. London: 1838. *Edinburgh review*. Vol. 70. Jan. 1840.

Anon. An inquiry into the nature and causes of the wealth of nations, By Adam Smith, LL.D.—With a life of the author, an introductory discourse, notes, and supplemental dissertations, By J. R. McCulloch,

Esq. Professor of Political Economy in the university of London.— 4 vols. 8 vo. Edinburgh ; Black, Tait, London ; Longman. 1828. *Westminster review.* Vol. 17. 1832.

Anon. Wealth of nations. *Little's museum of foreign literature* (Philadelphia). Vol. 22.

Anon. Wealth of nations. *Banker's magazine* (New York). Vol. 4.

Anon. Adam Smith. *London quarterly review.* Vol. 85.

Anon. Celebration of centenary pub. of Smith on wealth of nations. *Banker's magazine* (London). Vol. 36. 1876.

Anon. Centenary celebration of publication of wealth of nations. *Economist.* June 3, 1876.

Anon. Commemoration of Adam Smith at Glasgow. *Economic journal.* Vol. 48. 1938.

Anon. German critics of Adam Smith. *Penny monthly* (Philadelphia). Vol. 3, 1872.

Anon. The Adam Smith centennial to commemorate the hundredth aniversary of the publication of the wealth of nations. New York 1876.

Anon. The opinions of the late Mr. Ricardo and of Adam Smith, on some of the leading doctrines of political economy, stated and compared. *The Pamphleteer* (London). Vols. 23, 24, 1824.

Andrade Muños, Carlos. Comentario a las máximas de tributación de Adam Smith. *Investigación económica.* Escuela nacional de economía, México. Vol. 2, no. 4. 1951.

Anon. Adam Smith and recent finance. By the author of "Our Deficient Revenue and Income Tax." etc. London [1881].

Adelman, Irma. Theories of economic growth and development. Stanford U. P. 1961.

Albrecht, G. Adam Smith als Student und Professor. *Jahrbücher für Nationalökonomie und Statistik.* Bd. 147. 1938.

Amicus. Anecdotes tending to throw light on the character and opinions of the late Adam Smith. LLD, — author of wealth of nations, and

several other well known performances. *The bee, or literary weekly intelligencer*, for Wednesday, May 11, 1791, Edinburgh.

Anoyaut, Marcel. L'état progressif et l'état stationnaire de la richesse nationale chez A. Smith et St. Mill. Thèse. Paris 1907.

Aono, Suekichi (青野季吉) 国富論反訳の完成に際して——下巻の内容及び其れについての感想 (思想春秋 第11号 1928. 12.)

Aono, Suekichi (青野季吉) 国富論のスミスと資本論のマルクス (思想春秋 第12号 1929. 1.)

Aono, Suekichi (青野季吉) アダム・スミス (大思想エンサイクロペヂア 第15巻 東京 1928.)

Appeldoorn, G. De leer der sympathie bij David Hume en Adam Smith. Drachten 1903.

[Archard, T.] Suppression of the French nobility vindicated, in an essay on their origin, and qualities, moral and intellectual, by the Rev. T. A., a Paris; to which is added, a comparative view of Dr. Smith's system of the wealth of nations, with regard to France and England. London 1792.

Arkin, M. A neglected forerunner of Adam Smith; an appraisal of the place of Henry Martin's considerations on the East-India trade (1701) in the history of economic thought. *South African journal of economics* (Johannesburg). Vol. 23, no. 4, Dec. 1955.

Arrowood, C. F. Theory of education in the political philosophy of Adam Smith. Austin, Tex. 1945.

Ascanius 〔David Steuart Erskine, eleventh Earl of Buchan〕. To the editors of the Bee. *The bee.* June 8, 1791. *See* Amicus.

Ashley, William. A retrospect of free trade doctrine. *Economic journal.* Vol. 34, no. 136, Dec. 1924.

Aiso (相曽生) スミスの教育観 (三田評論 第312号 1923. 7.)

Asobe, Kyûzô (遊部久蔵) 古典経済学とマルクス 東京 1955.

Asobe, Kyûzô (遊部久蔵) 経済価値論 東京 1954. 改訂 1955.

Aspelin, Gunnar. Den Osynligahanden; ett tankemotiv i Adam Smiths

Socialfilosofi. Vetenskaps-Societeten i Lund, Lund 1933.

Awaji, Kenji（淡路憲治）　封建制より資本主義への移行における商業の役割について——「国富論」第三篇についての一考察（富山大学紀要・経済学部論集　第5巻1号　1959. 8.）

Awaji, Kenji（淡路憲治）　アダム・スミスの貿易理論（富山大学紀要・経済学部論集　第8号，第9号，第10号　1955. 11—1956. 6.）

Ayres, C. E. Wealth of nations. *Southwestern social science quarterly* (Austin). Vol. 21, no. 1, 1940.

Baba, Katsuzô（馬場克三）　賃金形態論序説（労働問題研究　第45号　1950. 8.）

Baba, Keinosuke（馬場啓之助）　経済学の哲学的背景　東京　1951.

Baert, Johannes Franciscus Benjamin. Adam Smith en zijn onderzoek naar de rijkdom der volken. [Diss.] Leiden 1858.

Bagehot, Walter. Adam Smith as a person. *Fortnightly review*, July 1876. 長洲一二訳：人としてのアダム・スミス（上），（下）——高島善哉編「スミス国富論講義」1，2所収. *See*, Do.: Biographical studies, London 1881.

Bagehot, Walter. Economic studies. Ed. by Richard Holz Hutton. London 1880.

Bagolini, Luigi. La simpatia nella morale e nel diritto; Aspetti del pensiero di Adam Smith. Bologna 1952.

Banke, Niels. Ved Adam Smith grav. *Nationaløkonomisk Tidsskrift* (København). Bd. 92, H. 1/2. 1954.

Banke, Niels. Om Adam Smiths forbindelse med Norge of Danmark. *Nationaløkonomisk Tidsskrift*. Bd. 93, H. 3/4. 1955.

Basford de Wilson, F. A. Analysis of Adam Smith's "Wealth of Nations", bks. i and ii. Oxford 1885.

Bastable, C. F. Adam Smith's lectures on "Jurisprudence." *Hermathena*. Vol. 10, Dublin 1898.

Baudrillart, Henri. Publicistes modernes. Paris 1862; 2e éd. 1863.

Baxa, Jakob. Der Streit um Adam Smith in den Berliner Abendblättern; Ein Beitrag zur Geschichte der deutschen Adam Smith-Kritik. *Nationalwirtschaft*. Jg. 1, H. 6, Berlin 1928.

Baxa, Jacob. Geschichte der Produktivitätstheorie. Jena 1926.

Becker, C., Clark, J. M., Dodd, W. E. The spirit of '76 and other essays. Washington 1927.

Becker, Hermann. Zur Entwicklung der englischen Freihandelstheorie. Jena 1922.

Becker, J. F. Adam Smith's theory of social science. *Southern economic journal*. Vol. 28, no. 1, July 1961.

Lell, J. F. Adam Smith, clubman. *Scottish journal of political economy* (Edinburgh). Vol. 7, no. 2, June 1960.

Benians, E. A. Adam Smith's project of an empire. *Cambridge historical journal*. Vol. 1, 1925.

Bentham, Jeremy. Defence of usury ; showing the impolicy of the present legal restraints on the terms of pecuniary bargains. In a series of letters to a friend, to which is added, a letter to Adam Smith Esq., LL.D., on the discouragements opposed by the above restraints to the progress of inventive industry. London 1787.

Bergemann, Paul. Adam Smiths pädagogische Ansichten und Kritik derselben. *Pädagogischen Zeit- und Streitfragen*, H. 47, 48. Wiesbaden 1896.

Bergemann, Paul. Adam Smiths pädagogische Theorien im Rahmen seines Systems der praktischen Philosophie. Hefte 1. Wiesbaden 1896.

Bernhardi, Theodor. Versuch einer Kritik der Gründe, die für grosses und kleines Grundeigentum angeführt werden. St. Petersburg 1849. 2. Aufl. Leipzig 1925.

Bittermann, Henry John. Adam Smith's empiricism and the law of nature. *Journal of political economy* (Chicago). Vol. 48, nos. 4—5, Aug., Oct. 1940.

Biermann, W. E. Staat und Wirtschaft. I. Die Anschauungen des ökonomischen Individualismus. Berlin 1905.

Bladen, V. W. Adam Smith on productive and unproductive labour ; A theory of full employment. *Canadian journal of economics and poli-*

tical science (Toronto). Vol. 26, no. 4, Nov., 1960.

Bladen, V. W. Adam Smith on value. *Essays in political economy in honour of E. J. Urwick.* Ed. by H. A. Innis. Toronto 1938.

Blakey, Robert. History of moral science. London 1833.

Bock, August. Der 'Produit Net' der Physiokraten unter besonderer Berücksichtigung von Quesnay und sein Gegensatz zum Grundrenten-Begriff von Adam Smith und Ricardo. [Diss.] Berlin 1912.

Bonar, James. Philosophy and political economy in some of their historical relations. London 1893; 2nd ed. 1909; 3rd ed. 1922. 東晋太郎訳：経済哲学史 東京 1921.

Bonar, James. Disturbing elements in the study and teaching of political economy. Baltimore 1911.

Bonar, James. Adam Smith, 1723 and 1923. *Economica.* Vol. 3, no. 8, June 1923.

Bonar, James. Adam Smith, an address. London 1924.

Bonar, James. The table turned; A lecture and dialogue on Adam Smith and classical economists, etc. London 1926.

Bonar, James. "The theory of moral sentiments" by Adam Smith 1759. *Journal of philosophical studies* (London). Vol. 1, no. 3. July 1926.

Bonar, James. Moral sense. London & New York 1930.

Bonar, James. Current topics. *Economic journal.* Vol. 44, no 174. June 1934.

Bonar, James. Adam Smith's library. *Economic journal.* Vol. 46, no. 181. March 1936.

Borawski, Z. A. Podstawy teorii Adama Smith'a w swietle teorii Leona Petrazyckiego. Beirut 1949.

Bordaz, Robert. La conception de la rente chez Adam Smith. *Revue d'histoire économique et sociale* (Paris). Tome 24, no. 2, 1938.

Bordewijk, H. W. C. Adam Smith en de belastingen. *De economist* (Amsterdam). Vol. 72, no. 6, 1923.

Bordollo, Otto. Der Begriff "Productiv" bei Adam Smith und bei Fried-

rich List. [Diss. Erlangen] Borna - Leipzig 1909.

Bourne, Edward G. Alexander Hamilton and Adam Smith. *Quarterly journal of economics* (Harvard). Vol. 8, no. 3, Apr. 1894.

Brandenburg, S. J. The place of agriculture in British national economy prior to Adam Smith. *Journal of political economy.* Vol. 39, 1931.

Braun. Die religiösen und sittlichen Anschauungen von A. Smith. *Theologische Studien und Kritiken* (Hamburg). Jg. 51, 1878.

Brentano, Lujo. Die klassische Nationalökonomie. Leipzig 1888.

Brentano, Lujo. Eine Geschichte der wirtschaftlichen Entwicklung Englands. Jena 1929.

Brentano, Lujo. Oncken, Aug., Adam Smith und Immanuel Kant. *Jahrbuch für Gesetzgebung, Verwaltung und Volkswirtschaft im deutschen Reichs* (Leipzig). Bd. 1. 1877. *See* Oncken.

Brentano, Lujo. Kommentar. *Jahrbuch für Gesetzgebung* usw. Bd. 1. 1877. *See* Oncken.

Briefs, Goetz. Untersuchungen zur klassischen Nationalökonomie. Jena 1915.

Brougham, Henry Peter. Lives of men of letters and science who flourished in the time of George III. London 1846; 3rd ed. London 1855.

Brown, Thomas. Lectures on the philosophy of the human mind. Edinburgh 1820.

Bryson, Gladys. Sociology and moral philosophy. *Sociological review* (London). Vol. 24, Apr. 1932.

Bryson, Gladys. Some eighteenth-century conceptions of society. *Sociological review.* Vol. 31, 1939.

Bryson, Gladys. Man and society; The Scottish inquiry of the eighteenth century. Princeton U. P., 1945.

Buckle, H. T. History of civilization in England. 1857—61.

Bülow, Friedrich. Zur Einkommenslehre bei Adam Smith. *Festgabe für Georg Jahn zur Vollendung seines 70. Lebensjahres am 28. 2. 1955*, hrsg. von Karl Muhs. Berlin 1955.

Bulloch, J. M. Adam Smith. *Scottish notes and queries* (Aberdeen). March 1935.

Burton, John Hill. Life and correspondence of David Hume, contains numerous letters from David Hume to Adam Smith, together with an account of their friendship. 2 vols. Edinburgh 1816.

Cadet, Félix. Histoire de l'économie politique : les précurseurs : Adam Smith, Franklin : conférences faites, de 1869 à 1870 à la Société Industrielle de Reims. Paris 1871.

Campbell, William F. Adam Smith's theory of justice, prudence, and beneficence. *American economic review*. Vol. 57, no. 2, May 1967.

Cannan, Edwin. A history of the theories of production and distribution in English political economy from 1776 to 1848. London 1893; 2nd ed. 1903; 3rd ed. 1953. 渡辺一郎訳：キャナン分配論　東京　1926.

Cannan, Edwin. Notes on Adam Smith's "Lectures on justice, etc." *Economic journal*. Vol. 6, 1896.

Cannan, Edwin. Adam Smith on twentieth century finance. *Economica*. Vol. 3, 1923.

Cannan, Edwin. Adam Smith as an economist. The gospel of mutual service. *Economica*. Vol. 6, 1926.

Cannan, Edwin. An economist's protest. London 1927.

Cannan, Edwin. A review of economic theory. London 1929. 井上巌次郎抄訳：キャナンのスミス価値論批評（立命館学叢　第2巻11号　1931.9.）

Carlyle, Alexander. A letter to His Grace the Duke of Buccleugh on national defence; with some remarks on Dr. Smith's chapter on the subject in his book entitled "An inquiry into the nature and causes of the wealth of nations," by M. T. London 1778.

Catherwood, B. F. Basic theories of distribution. London 1939.

Chamberlain, J. Adam Smith as a symbol; reply to F. Franklin. *Saturday Review of literature*. Apr. 28, 1934.

Chaudhuri, Asoke Kumar. The concepts of productive and unproductive labour in the "Wealth of Nations." *The Asian economic review*. The

Indian institute of economics, Hyderabad. Vol. 1, no. 2, 1959.

Chaudhuri, Asoke Kumar. Adam Smith on international economics. *Asian economic review* (Hyderabad). Vol. 2, no. 3, May 1960.

Chaudhuri, Asoke Kumar. The wealth of nations and underdeveloped countries. *Asian economic review* (Hyderabad). Vol. 1, no. 4, Aug. 1959.

Checkland, S. G. Adam Smith and the biographer. *Scottish journal of political economy*. Vol. 14, no. 1, Feb. 1967.

Chevalier, Michel. Étude sur Adam Smith et l'origine de la science économique. *Journal des économistes* (Paris). Série 3, Vol. 33, 15 June 1874.

Chevalier, Michel. Étude sur Adam Smith et sur la fondation de la science economique. Paris 1874. (Extrait du "Journal des économistes".)

Christ, Harry. Die Verhaltensweisen der wirtschaftenden Menschen bei Adam Smith. [Diss. Köln.] Köln 1959.

Chô, Moriyoshi. (長守善) 古典経済学の理論体系 東京 1949.

Clark, Andrew. Adam Smith's status at Oxford. *Notes and queries*. 10 th series. 7, 1909.

Clark, J. M. and others. Adam Smith, 1776—1926. Lectures to commemorate the sesquicentennial of the publication of "the wealth of nations." Chicago 1928. [I. Hollander, J. H.: The dawn of a science. II. Hollander, J. H.: The founder of a school. III. Clark, J. M.: Adam Smith and the currents of history. IV. Douglas, P. H.: Smith's theory of value and distribution. V. Viner, J.: Adam Smith and laissez faire. VI. Morrow, G. R.: Adam Smith, moralist and philosopher. VII. Palyi, M.: The introduction of Adam Smith on the continent.]

Coelln, F. V. Die neue Staatsweisheit; oder Auszug aus Adam Smiths Untersuchung über die Natur und die Ursachen des Nationalreichtums. Berlin 1812.

Cole, Arthur Harrison. Puzzles of the wealth of nations. *Canadian journal of economics and political science* (Toronto). Vol. 24. no. 1, Feb. 1958.

Cooke, C. A. Adam Smith and jurisprudence. *Law quarterly review* (London). Vol. 51, no. 202, April 1935. 訳者不詳：アダム・スミスと法学（長崎高等商業学校研究館彙報 第23年5号 1935. 6.）

Cossa, Emilio. Il pensiero di Adam Smith nella teoria quantitativa del lavoro. Messina 1907.

Cotterill, Chales Forster. An examination of the doctrines of value, as set forth by Adam Smith, Ricardo, McCulloch, Mill, etc. London 1831.

Cousin, Victor. Cours d'histoire de la philosophie morale au dix-huitième siècle. Paris 1839.

Cropsey, Joseph. Polity and economy; an interpretation of the principles of Adam Smith. *International scholars forum* 8. The Hague 1957.

Crosara, Aldo. Saggio sulle teorie dello scambio e della capitalizzazione, con particolare riguardo alla dottrina di Adam Smith e alla attuale situazion economica italiana. Bologna 1926.

Cunningham, William. Adam Smith und die Mercantilisten. *Zeitschrift für die gesamte Staatswissenschaft* (Tübingen). Bd. 40, H. 1, 1884.

Cunningham, William. Back to Adam Smith; read to the Scottish Society of Economists on 15th Dec. 1903. Edinburgh 1904.

Cunningham, William. Richard Cobden and Adam Smith. Two lectures. London 1904.

Cunningham, William. The progress of economic doctrine in England in the eighteenth century. *Economic journal* (London). Vol. 1, no. 1, March 1891.

Currie, A. W. Literary views of Adam Smith. *Notes and queries for readers, writers, collectors, and librarians* (London). Vol. 9, no. 7, 1962.

[Cushing, Caleb] Summary of the practical principles of political economy; with observations on Smith's wealth of nations and Say's political economy, by a friend of domestic industry. Cambridge, Mass. Printed by Hilliard & Metcalf, 1826.

Daidô, Yasujirô (大道安次郎) アダム・スミス 経済学の性格——スミス 経済学の研究その1 (商学評論〔関西学院〕第12巻4号 1934.3.)

Daido, Yasujirô (大道安次郎) 経済的人間の研究 (商学論究〔関西学院〕第2号 1935.3.)

Daido, Yasujirô (大道安次郎) マンデヴヰキユとスミス——アダム・スミス研究の一節 (商学論究〔関西学院〕第3号 1935.10.)

Daidô, Yasujirô (大道安次郎) スミス経済学に於ける自然法 (商学論究〔関西学院〕第4号 1936.2.)

Daidô, Yasujirô (大道安次郎) アダム・スミスの自然価格論 (商学論究〔関西学院〕第7号 1936.12.)

Daidô, Yasujirô (大道安次郎) アダム・スミスの社会理論 (商学論究〔関西学院〕第9号, 第11号 1937.6, 12.)

Daidô, Yasujirô (大道安次郎) アダム・スミスの歴史的周辺——或る断層について (商学論究〔関西学院〕第19号 1940.6.)

Daidô. Yasujirô (大道安次郎) スミス経済学の地盤——スミス的自由主義の系譜の一節 (紀元二千六百年記念興亜経済研究 商学論究〔関西学院〕第20号 1940.11.)

Daidô, Yasujirô (大道安次郎) スミスに於けるイギリス的なものとフランス的なもの——彼の思想的系譜の一節 (商学論究〔関西学院〕第21号 1941.3.)

Daidô, Yasujirô (大道安次郎) スミスに於ける「自然的なもの」の系譜 (文化〔東北大〕第8巻9号 1941.9.)

Daidô, Yasujirô (大道安次郎) スミス経済学の生成と発展 東京 1940. 第2版〔付録と索引附加〕1948.

Daidô, Yasujirô (大道安次郎) スミスに於ける「経済」と「国家」(商学論究〔関西学院〕第11号 関西学院創立五十周年記念戦時経済研究 1939.10.)

Daidô, Yasujirô (大道安次郎) アダム・スミスの国家観の性格 (法学〔東北大〕第8巻1号 1939.1.)

Daidô, Yasujirô (大道安次郎), Kubo, Yoshikazu (久保芳和) 編 古典派経済学の研究 東京 1956. (堀経夫博士還暦記念論文集)

Daidô, Yasujirô (大道安次郎) スミス「正義論」の系譜 (商学論究 〔関西学院〕 第29号 1953.4.)

Daidô, Yasujirô (大道安次郎) スミス (近代思想講座 堀真琴等編 第2巻 1948.)

Daidô, Yasujirô (大道安次郎) スミス経済学の系譜 東京 1947.

Damalas, B. V. Essai sur l'évolution du commerce international, les théories, les faits. Préface de Gaétan Pirou. Paris 1940.

Das Gupta, A. K. Adam Smith on value. *The Indian economic review.* The Delhi school of economics, University of Delhi. Vol. 5. no. 2, 1960.

Das Gupta, A. K. Adam Smith on value. A postscript. *The Indian economic review.* Vol. 5, no. 3 1961.

Dankert, Clyde E. Adam Smith and James Boswell. *Queen's quarterly, a Canadian review* (Kingstone). Vol. 68, no. 2, 1961.

Davenport, H. J. The ethics of the 'wealth of nation.' *Philosophical review* (Lancaster, Pa.) Vol. 34, no. 6, Nov. 1925.

Davis, Joseph S. Adam Smith and the human stomach. *Quarterly journal of economics* (Harvard). Vol. 68, no. 2, May 1954.

De Berzeviczy, A. 150 th anniversary of publication of Adam Smith's 'wealth of nations.' *Akademiai ertesito*, 37.

Degen, Hans. Om den danske oversaettelse of Adam Smith og samtidens bedømmelse. af den. *Nationaløkonomisk tidsskrift* (København). Jg. 74, nr. 3, 1936.

Degenfeld-Schonburg, Ferdinand Graf von. Die Lohntheorien von Ad. Smith, Ricardo, J. St. Mill und Marx. München, 1914.

Dei, Moriyuki (出井盛之) 「国富論」の多面的価値 (思想春秋 第11号 1928.12.)

De Jong, A. M. Bijdrage tot de geschiedenis van de theorie der wisselkoersen voor Adam Smith. *De economist* (Amsterdam). Jg. 74, 1925.

Delatour, Albert. Adam Smith; sa vie, ses travaux, ses doctrines. Paris 1886.

De Quincey, Thomas. Adam Smith and Ricardo. *Blackwood's Edinburgh*

review. Vol. 52, 1842.

Desmars, J. Un précurseur d'A. Smith en France: J.-J.-L. Graslin (1727—1790). Paris 1900.

De Studnitz, A. Pélerinage à la tombe d'Adam Smith. *Journal des économistes* (Paris) 3e série, année 11, vol. 42, 1876.

Devletoglou, Nicos E. Montesquieu and the wealth of nations. *Canadian Journal of economics and political science*. Vol. 29, no. 1, Feb. 1963.

De Wilson, F. A. B. Analysis of Adam Smith's "wealth of nations," Books 1, 2; Book 4, Chapters 1, 2, 7; Book 5, Chapter 2. Oxford 1887.

Diamond, Sigmund. Banker Hill, Tory propaganda, and Adam Smith. *New England quarterly* (Brunswick, Me.). Vol. 25, Sept. 1952.

Dickinson, Z. Clark. A letter from Adam Smith [with text]. *Quarterly journal of economics* (Harvard). Vol. 72, no. 2, May 1958.

Dieterici, Carolus Ferdinandus. Num recte A. Smithius contenderit sortem in agricultura positem et singulorum, et universorum opulentiae esse commodissimum? [Diss.] Boston 1884.

Dörge, Friedrich Wilhelm. Menschenbild und Institutionen in der Idee des Wirtschafsliberalismus bei A. Smith, L. v. Mises, W. Eucken und F. A. v. Hayek. *Hamburger Jahrbuch für Wirtschafts-und Gesellschaftspolitik* (Tübingen). 1959.

Downs, Robert B. Books that changed the world. Chicago 1956. 木寺清一訳：世界を変えた本　1957.

Dragišió, Dragoljub B. Univerzalnost teorije radne vrednosti. *Ekonomski Anali* (Beogradu). Vol. 8, no. 12／13, 1962.

Drake, Samuel A. Our great benefactors; short biographies. Boston 1884.

Draper, William. Life of Dr. Adam Smith. *Lives of eminent persons*. London 1833.

Dunn, W. C. Adam Smith and Edmund Burke: Complementary contemporaries. *Southern economic journal* (Chapell Hill, N. C.). Vol. 7, no. 3, Jan. 1941.

Du Puynode, M. G. Études sur les principaux économistes, Turgot, A. Smith, Ricardo, Malthus, J. B. Say, Rossi. Paris 1868.

Earle, Edward Mead. Adam Smith, Alexander Hamilton, Friedrich List: the economic foundation of military power. *Makers of modern strategy*, military thought from Machiavelli to Hitler, edited by Edward MeadEarle, with the collaboration of Gordon A. Craig and Felix Gilbert. Princeton 1943.

Eckstein, Walther. Adam Smith als Rechtsphilosoph. *Archiv für Rechts- und Wirtschaftsphilosophie* (Berlin). Bd. 20, H. 3, April 1927.

Einaudi, Luigi. Saggi bibliografici e storici intorno alle dottrine economiche. Roma 1953.

[Elliot, A. R. D.] Adam Smith and his friends. *Edinburgh review*. Vol. 182. July 1895. *Living age*. Vol. 206, 1895.

Eliot, Thomas Dawes. The relation between Adam Smith and Benjamin Franklin before 1776. *Political science quarterly* (New York). Vol. 39, no. 1, March 1924. Sep. printed, N. Y. 1934.

Emerton, W. P. An analysis of Adam Smith's inquiry into the nature and causes of the wealth of nations. Oxford 1877—80.

Emerton, W. P., ed. Questions and exercises in political economy, with references to Adam Smith, Ricardo, John Stuart Mill, etc. Oxford 1879.

Endô, Hideo (遠藤英夫) 市民社会——スミスとヘーゲル (三田政治学会誌第33号 1950. 7)

Erämetsä, Erik. "Art" and "industry" in Adam Smith's the wealth of nations. *Mercurialia 1961*. Helsinki 1961.

Erämetsä, Erik. Adam Smith als Mittler englisch-deutscher Spracheinflüsse. The wealth of nations. *Suomalaisen Tiedeakatemian Toimituksia. Annales Academiae Scientiarum Fennicae*. Series B. 125, 1.

Erämetsä, E. Adam Smith als Mittler englisch-niederländischer Spracheinflüsse. *Mitteilungen, Neuphilologische* (Helsinki). Vol. 64, Jan. 1963.

Falck, Georg von. Kritische Rückblicke auf die Entwicklung der Lehre

von der Steuerüberwälzung seit Ad. Smith. Dorpat 1882.

Farrer, James Anson. Adam Smith (1723—1790). *English philosophers.* London 1881.

Fasspender, Hans. Die Lehre von Arbeitslohn bei Adam Smith und bei Ricardo. [Diss.] Düren 1925.

Fay, C. R. Great Britain from Adam Smith to the present day. London 1928; 5 th ed. 1950.

Fay, C. R. Adam Smith, America, and the doctrinal defeat of the mercantile system. *Quarterly journal of economics* (Harvard). Vol. 48, no. 2, Feb. 1934.

Fay, C. R. Adam Smith and the dynamic state. *Economic journal* (London). Vol. 40, no. 157, March 1930.

Fay, C. R. Youth and power; The diversions of an economist. London 1931.

Fay, C. R. Adam Smith and the Scotland of his day. Cambridge 1956.

Fay, C. R. Arthur Dobbs, Adam Smith and Walpole's excise scheme. *Cambridge historical journal.* Vol. 4, no. 2, 1961.

Fay, C. R. The world of Adam Smith. Cambridge 1960.

Feilbogen, Sigmund. James Steuart und Adam Smith. *Zeitschrift für die gesamte Staatswissenschaft* (Tübingen). Bd. 45, H. 1/2, 1889.

Feilbogen, Sigmund. Smith und Hume. *Zeitschrift für die gesamte Staatswissenschaft* (Tübingen). Bd. 46, H. 4, 1890.

Feilbogen, Sigmund. Smith und Turgot: ein Beitrag zur Geschichte und Theorie der Nationalökonomie. Wien 1892.

Ferguson, Adam. Of the principle of moral estimation; a discourse between David Hume, Robert Clerk, and Adam Smith: an unpublished ms. Ed. with a foreword by Ernest Cambell Mossner. *Journal of the history of ideas* (Lancaster, Pa.). Vol. 21, no. 2, Apr. 1960.

Ferrara, Francesco. Esame storico-critico di economisti e dottrine economiche del secolo XVIII e prima meta del XIX. Vol. 1, parte 1. Torino 1889.

Fey, Alfred. Der homo oeconomicus in der klassischen Nationalökonomie und seine Kritik durch den Historismus. [Diss.] Limburg 1936.

Forbes, D. Scientific Whiggism: Adam Smith and John Millar. *Cambridge journal.* Vol. 7, no. 11, Aug. 1954.

Foumnier, W. J. Adam Smith, moralist en econom. *Nederlands theologisch tijdschrift* (Wageningen). Vol. 15, no. 2, 1960.

Franke, Hans. Adam Smith. *Volkswohl* (Wien). Jg. 17, H. 8/9. 1926.

Franklin, B. and Cordasco, F. Adam Smith: a bibliographical checklist; an international record of critical writings and scholarship relating to Smith and Smithian theory, 1876—1950. New York 1950.

Franklin, F. Is Adam Smith dead? *Saturday review of literature.* Apr. 28, 1934.

Franklin, F. Ideas and circumstances; rejoinder to J. Chamberlain. *Saturday review of literature.* May 12, 1934.

Fujii, Kenjirô.（藤井健二郎） アダム・スミスの根本思想に就て（藤井博士全集 第5巻第1分冊，倫理と経済 東京 1932.）

Fujioka, Miyoji（藤岡三四治） アダム・スミスの新問題（尾道短期大学研究紀要 第3輯 1954. 1.）

Fujitsuka, Tomoyoshi（藤塚知義） アダム・スミス「国富論」（社会科学講座 第1巻，社会科学の基礎理論 東京 1950.）

Fujitsuka, Tomoyoshi（藤塚知義） アダム・スミス革命 東京 1952.

Fukuda, Keitarô（福田敬太郎） アダム・スミスの哲学思想（国民経済雑誌第34巻6号 1923. 6.）

Fukuda, Keitarô（福田敬太郎） アダム・スミスの「交易性向」について（名古屋学院大学論集 2号 1965. 6.）

Fukuda, Tokuzô（福田徳三）厚生哲学の闘士としてのアダム・スミス（商学研究〔東京商大〕第3巻2号 1923. 12.）

Fukuda, Tokuzô（福田徳三） 杉村広蔵学士の「福田博士のアダム・スミス論」に答ふ（国民経済雑誌 第36巻5号 1924. 5.）

Fukuda, Tokuzô（福田徳三） 使用価値と交換価値との区別に関するアダム・スミスの説に就て（法学新報〔中央大〕第20巻3号 1910. 3.）

Fukushima, Fumito (福島文人) 黎明期の厚生経済学 (1—3). その思想的背景——功利主義——; ——アダム・スミス——; リカードとマルサス(1) (山口経済学雑誌 11巻 3,5,6 号 1960. 11, 1961. 1, 3.)

Fulton, Robert Brank. Adam Smith speaks to our times. A study of his ethical ideas. Boston 1963.

Fuz, J. K. Welfare economics in English Utopias from Francis Bacon to Adam Smith. The Hague 1952.

Gay, Antonio. Di una recente interpretazione del pensiero economico di Adam Smith. *Studi economici* (Napoli). Vol. 19, no. 2/3, May/June 1964.

Gehrig, Hans. Der sozialpolitische Gehalt von Smiths "Untersuchungen über Natur und Ursachen des Nationalreichtums" und Ricardos "Grundsätzen der Volkswirtschaft und Besteuerung". *Jahrbücher für Nationalökonomie und Statistik* (Jena). Bd. 98 (Folge 3, Bd. 43), H. 2, Feb. 1912. 黒川幸吉抄訳：アダム・スミスの「富国論」及, リカードーの「国民経済及租税原論」に顕はれたる社会政策方面——国民経済雑誌〔神戸〕第14巻 1—2 号 1913. 1—2.

Gerber, J. C. Emerson and the political economists. *New England quarterly.* Vol. 22, summer 1949.

Ghio, Paul. La formation historique de l' économie politique. Paris 1923.

Gibbon, Edward. A letter of Gibbon to Adam Smith [with text]. Ed. by Ernest Dilworth. *Review of English studies* (Oxford). New series. Vol. 10, no. 40, Nov. 1959.

Ginzberg, Eli. The house of Adam Smith. New York 1934.

Giuliani, Alessandro. Attualità di Adamo Smith. *Il politico.* Universtà degli studi di Pavia. Anno 17, no. 1, 1952.

Goetz-Girey, Robert. Réflexions sur la théorie du capital d'Adam Smith. *Revue d'histoire économique et sociale* (Paris). Vol. 23, no. 4, 1937.

Goff, Frederick R. Adam Smith's wealth of nations. *Library of Congress quarterly journal of current acquisitions* (Washington). Vol. 4, no. 2, 1947

Gotô, Fumitoshi (後藤文利) 経済倫理における悪魔性——スミス，マルクス，ケインズの系譜 (商経学叢〔近畿大〕第7巻 1/2 号 (第 16/17 号) 1959.7.)

Graham, Henry Grey. Scottish men of letters in the eighteenth century. London 1901.

Graham, M. K. The synthetic wealth of nations; an enquiry into the nature and causes of the wealth of nations by Adam Smith. Nashville 1937.

Grampp, William D. Adam Smith and the economic man. *Journal of political economy*. Vol. 56, no. 4, Aug. 1948.

Grant, James. Cassell's old and new Edinburgh. 3 vols., London 1882.

Graul, Hugo. Das Eindringen der Smith'schen Nationalökonomie in Deutschland und ihre Weiterbildung bis zu Hermann. [Diss. Halle-Wittenberg] Halle/Saale 1928.

Gray, Alexander. Adam Smith. London 1948. Rep. 1968.

[Gray, John]. The essential principles of the wealth of nations, illustrated, in opposition to some false doctrines of Dr. Adam Smith, and others. London 1797.

[Gray, Simon] All classes productive of national wealth; or, the theories of M. Quesnai, Dr. Adam Smith and Mr. Gray concerning the various classes of men as to the production of wealth to the community, analysed and examined, by George Purves [i. e. Simon Gray]. London 1817.

Gray, Simon. The happiness of states; or, an inquiry concerning population, the modes of subsisting and employing it, and the effects of all on human happiness; in which the author refutes the productive and unproductive theory of Smith, and the notions lately propagated, that subsistence is the regulator of population, and that the increase of the letter has a tendency to promote poverty. 1815.

Graziani, Augusto. La politica economica degli economisti classici. *Riforma sociale* (Torino). 1894.

Graziani, Augusto. Adamo Smith. *Annali di economia* (Milano). Vol. 2, 1925/26. Economisti inglesi. Conferenze.

Graziani, Augusto. Studi di critica economica. Milano 1935.

Grosse, Walter. Die Würdigung des Versicherungswesens durch Smith und seine Schule. *Versicherungsarchiv* (Wien). Jg. 1, Nr. 4, 1930.

Grünfeld, Judith. Die leitenden sozial- und wirtschaftsphilosophischen Ideen in der deutschen Nationalökonomie und die Überwindung des Smithianismus bis auf Mohl und Hermann. Wien 1913. 星野勉三訳：スミスと独乙経済学（三田学会雑誌　第5巻3号　1911.4.)

Guttridge, George Herbert. Adam Smith on the American revolution; an unpublished memorial. *American historical review* (New York). Vol. 38, no. 4, July 1933.

Haldane, R. B. Life of Adam Smith. *Great writers*. London 1887.

Hamada, Tsuneichi（浜田恒一）　アダム・スミスの自由主義に就て（三田学会雑誌　第17巻10号　1923.12.)

Hanato, Ryûzô（花戸竜蔵）　アダム・スミスにおける国家と課税原則（国民経済雑誌　第82巻5号　1950.11.)

Hanato, Ryûzô（花戸竜蔵）　財政思想史（古典篇）　東京　1954.

Handwerkswissenschaftlichen Institut. Handwerk im Widerstreit der Lehrmeinungen. Das neuzeitliche Handwerks-Lehrmeinungen. Das neuzeitliche Handwerksproblem in der sozialwissenschaftlichen Literatur. *Forschungsberichte aus dem Handwerk* hrsg. von Handwerkswissenschaftlichen Institut Münster Bd. 3. Münster/Westfalen.

Harrison, Frederick. Is it consistent with design and practice of Adam Smith to treat the laws of industry as an independent and abstract science? ; Discussion led before Political Economy Club (London). Feb. 1, 1878. *Political economy club proceedings* II. London 1881.

Hasbach, Wilhelm. Untersuchungen über Adam Smith und die Entwicklung der politischen Ökonomie. Leipzig 1891.

Hasbach, Wilhelm. Les fondements philosophiques de l'économie politique de Quesnay et de Smith. *Revue d'économie politique* (Paris). Tome

7, no. 5, 1897.

Hasbach, Wilhelm. Adam Smith's lectures on justice, police, revenue and arms. *Political science quarterly* (New York). Vol. 12, no. 4, Dec. 1897.

Hasbach, Wilhelm. Die allgemeinen philosophischen Grundlagen der von François Quesnay und Adam Smith begründeten politischen Oekonomie. Leipzig 1890. 山下芳一訳：古典経済学の哲学的背景 東京 1924.

Haseda, Taizô（長谷田泰三） マルクスのアダム・スミス価値学説批評（経済学論集〔東大〕第1巻2号 1922.10.）

Haseda, Taizô（長谷田泰三） アダム・スミスと利己心（経済学論集〔東大〕第2巻1号 アダム・スミス生誕二百年記念論集 1923.6.）

Hasek, Carl William. The introduction of Adam Smith's doctrines into Germany. *Columbia University studies in history, economics and public law.* Vol. 117, no. 2. New York 1925.

Hatano, Kanae（波多野鼎） アダム・スミスの労働価値論（我等 第10巻5号 1928.5.）

Hatori, Takuya（羽鳥卓也） スミスの賃金論および人口論争について——小林，水田両教授の批判に接して（商学論集〔福島大〕第27巻2号 1958.9.）

Hatori, Takuya（羽鳥卓也） 古典派資本蓄積論の研究 東京 1963.

Hatori, Takuya（羽鳥卓也） アダム・スミスと重商主義（商学論集〔福島大〕33巻1号 1964.6.）

Hattori, Eitarô（服部英太郎） 賃銀政策論の史的展開 東京 1948.

Hazama, Masao（硲正夫） 農業経済学序説 東京 1942.

Heilbroner, Robert L. The worldly philosophers. New York 1953. The great economists. London 1955.

Held, Adolf. Adam Smith und Quetelet. *Jahrbücher für Nationalökonomie und Statistik* (Jena). Bd. 9, H. 3, 1867.

Held, Adolf. Zwei Bücher zur socialen Geschichte Englands. Hrsg. von George Friedrich Knapp. Leipzig 1881.

Helferich, J. A. R. Adam Smith und sein Werk: Über die Natur und die Ursachen des Reichtums der Völker; Rede. München 1877. *Zeitschrift*

für die gesamte Staatswirtschaft (Tübingen). Bd. 34, H. 1, 1878.

Heller, W. Adam Smith u. d. heutige Stand d. Wirtschaftlehre. *Akademiai ertesito* 37.

Henderson, J. P. The macro and micro aspects of the wealth of nations. *Southern economic journal* (Chapel Hill, N. C.). Vol. 21, no. 1, July 1954.

Heuser, Carl Otto. Der Einfluss von Adam Smith auf die Wirtschaftspolitik und das Wirtschaftsleben in England in den ersten 50 Jahren nach Erscheinen des "wealth of nations." [Diss.] Göttingen 1948.

Heuser, Carl Otto. Auf den Spuren von Adam Smith. Über das richtige Mass in Wirtschaft und Gesellschaft. Sammlung von Aufsätzen. Düsseldorf 1963.

Higgins, George Gilmary. Adam Smith, the wealth of nations. *Great books; a Christian appraisal*, ed. H. C. Gardiner. New York 1949.

Hijikata, Seibi (土方成美) 自由競争と独占 (経済学論集〔東大〕第2巻1号 アダム・スミス生誕二百年記念論集 1923. 6.)

Hirano, Yoshitarô (平野義太郎) 農業問題と土地変革 東京 1947.

Hirase, Minokichi (平瀬巳之吉) 経済学の古典と近代 東京 1954.

Hirayama, Gen (平山玄) 経済発展の一問題——アダム・スミス「国富論」を出発点として (同志社商学 第1巻3号 1950. 1.)

Hirst, F. W. Adam Smith. London 1904. 遊部久蔵訳：アダム・スミス 東京 1952.

Hirst, F. W. From Adam Smith to Philip Snowden; a history of free trade in Great Britain. London 1925.

Hitotsubashi University Library. (一橋大学図書館) Books relating to Adam Smith possessed by the Hitotsubashi Universitry Library. Tokyo 1952.

Hoene-Wroński, Józef Maria. System ekonomiczno przemyslowy Adama Smitha. Wstep do ekonomji politycznej filozofja gospadarcza i społeczna Hoene-Wrónskiego, Skreśli a Dr. Z. Daszyńska-Golińska. *Biblioteka Dzieł społeczno-ekonomicznych*, pod redakcja Dr. Z. Daszyńskiej Golin-

skiej. Serja 1, tom 5. Warszawie 1912.
Hoffmann, Friedrich.　J. Bentham und Adam Smith. Leipzig 1910.
Hoffmann, Gunther.　Adam Smith's philosophie in ihrem Verhältnis zu Naturrecht und Volkswirtschaft. [Diss.] Berin 1930.
Hollander, Jacob H.　The development of the theory ɔt money from Adam Smith to David Ricardo. *Quarterly journal of economics* (Harvard). Vol. 25, no. 3, May 1911.　松崎寿抄訳：アダム・スミスの貨幣学説（国民経済雑誌　第11巻4号　1911. 10.）
Hollander, Jacob H.　Adam Smith and James Anderson. *Annales of American academy of sciences.* Vol. 7, 1896.
Hollander, Jacob H.　Adam Smith, 1776-1926. *Journal of political economy.* Vol. 35, 1927.
Hollander, Samuel. Some technological relationships in the wealth of nations and Ricardo's principles. *Canadian journal of economics and political science.* Vol. 32, no. 2, May 1966.
Honjô, Eijirô（本庄栄治郎）　アダム・スミス生誕二百年（経済論叢〔京大〕第16巻3号　1923. 3.）
Honjô, Eijirô（本庄栄治郎）, Okazaki, Ayanori（岡崎文規）, Kawakami, Fukuhei（河上福平）　スミスに関係ある和書（経済論叢〔京大〕第18巻1号　アダム・スミス生誕二百年記念号　1924. 1.）
Honjô, Eijirô（本庄栄治郎）, Okazaki, Ayanori（岡崎文規）, Kawakami, Fukuhei（河上福平）　スミスの論著書簡及び伝記（経済論叢〔京大〕第18巻1号　アダム・スミス生誕二百年記念号　1924. 1.）
Hori, Mitsuki（堀光亀）　国防は富裕よりも遙かに重要なり（商学研究〔東京商大〕第3巻1号　アダム・スミス生誕二百年記念論集　1923. 6.）
Hori, Shinichi（堀新一）　価値理論と商業論　東京　1939.
Hori, Shinichi（堀新一）　アダム・スミスの支那経済論（東亜解放　第2巻3号　1940. 3.）
Hori, Shinichi（堀新一）　商業経済論　東京　1953.
Hori, Shinichi（堀新一）　価値学説の展開と商業説　東京　1954.
Hori, Shinichi（堀新一）　市場論　東京　1956.

Hori, Shinichi（堀新一）　古典学派の商業論　東京　1965.

Hori, Shinichi（堀新一）　経済社会はどこへ行くか（1—2）——イギリス古典学派（1—2）（商学研究〔愛知学院大〕9巻1号　1962. 2—3.）

Hori, Tsuneo（堀経夫）　経済と自由　京都　1923.

Hori, Tsuneo（堀経夫）　スミスの自由放任論の特徴（経済論叢〔京大〕第18巻1号　アダム・スミス生誕二百年記念号　1924. 1.）

Hori, Tsuneo（堀経夫）　地代論史　大阪　1939.

Hori, Tsuneo（堀経夫）　スミス時代の「道徳哲学」に就て（経済学雑誌〔大阪商大〕第4巻5号　1939. 5.）

Hori, Tsuneo（堀経夫）　スミスとリスト（経済論叢〔京大〕第51巻3号　1940. 9.）

Hori, Tsuneo（堀経夫）　アダム・スミス支配労働価値説について（経済学論究〔関西学院大〕第3巻合併号　関西学院創立六十周年記念論文集　1949. 10.）

Hori, Tsuneo（堀経夫）　D. ステウワートの価値及び価格論（経済学論究〔関西学院〕第4巻4号　1951. 3.）

Horie, Eiichi（堀江英一）　スミスに於ける重商主義の概念（経済論叢〔京大〕第58巻1/2号　高田博士還暦記念論文集　1944. 2.）

Horie, Kiichi（堀江帰一）　アダム・スミスの自由貿易除外論（三田学会雑誌　第16巻4号　1922. 4.）

Horie, Kiichi（堀江帰一）　アダム・スミスの財政学説（改造　第5巻6号　1923. 6.）

Horie, Kiichi（堀江帰一）　アダム・スミスの租税論（三田学会雑誌　第17巻7号　アダム・スミス生誕二百年記念号　1923. 7.）

Horie, Kiichi（堀江帰一）　アダム・スミスの国債・租税並に自由貿易論に関する研究（慶応義塾大学経済学部同人　経済学説研究　東京　1924. 10.）

Horie, Kiichi（堀江帰一）　アダム・スミスの国富論（改造　第10巻1号　1928. 1.）

Horike, Bunkichirô（堀家文吉郎）貨幣の職能についてのアダム・スミスの見解の変移とその解釈（早稲田政治経済学雑誌　第106号　1950. 10.）

Horike, Bunkichirô（堀家文吉郎）　貨幣数量説のアダム・スミスにおける埋

没（早稲田政治経済学雑誌 第111号 1951.8.）

Horike, Bunkichiro（堀家文吉郎） 資本の分類のアダム・スミスにおける晦渋——ことにそこでスミスが貨幣に与えた地位についての一解釈（早稲田政治経済学雑誌 第119号 1953.2.）

Horikiri, Zenbei（堀切善兵衛） アダム・スミスの植民論（三田学会雑誌 第5巻8号 アダム・スミス記念号 1911.4.）

Horne, George. A letter to Adam Smith LL.D. on life, death, and philosophy of his friend David Hume, Esq., by one of the people called Christians. Oxford 1777; 2nd ed. 1777; 3rd. ed. 1777; 4th ed. 1784; new ed. 1799.

Horne, George. Letters on infidelity, by the author of a letter to Doctor Adam Smith…… Oxford 1784.

Horton, Samuel Dana, The parity of moneys as regarded by Adam Smith, Ricardo and Mill; an open letter answering a question of member of the Royal Commission on Gold and Silver by Amicus Curiae. London 1888.

Hoshino, Akio（星野彰男） アダム・スミスにおける「同感」の構造（一橋論叢 54巻2号 1965.8.）

Hoshino, Akio（星野彰男） アダム・スミスの自然法思想（一橋論叢 54巻6号 1965.12.）

Hoshino, Akio（星野彰男） アダム・スミスの道徳と経済（1—2）（一橋論叢 55巻5,6号 1966.5,6.）

Hoshino, Benzô（星野勉三） アダム・スミスの財政学（三田学会雑誌 第5巻3号 アダム・スミス記念号 1911.4.）

Hozumi, Shigeyuki（穂積重行） 英国政治に於ける軍隊の問題——ブラックストーンとアダム・スミス（理想 第311号 1950.5.）

Huth, Hermann. Die Bedeutung der Gesellschaft bei Adam Smith und Adam Ferguson in Lichte der historischen Entwicklung des Gesellschaftsgedankens. [Diss.] Leipzig 1908.

Huth, Hermann. Soziale und individualistische Auffassung im achtzehnten Jahrhundert, vornehmlich bei Adam Smith und Adam Ferguson; Ein

Beitrag zur Geschichte der Soziologie. Leipzig 1907.
Ide, Fumio (井手文雄) 古典学派の財政論 東京 1948. 新版増訂 1953.
Ikeda, Isshin (池田一新) スミスの真正価格と自然価格との関連についての一解釈 (政経論叢〔明治大〕第21巻 2/3 号 1953. 2.)
Ikeda, Kazuhiro (池田一浩) 重商主義の穀物政策とアダム・スミスの批判——アダム・スミスの穀物条例論 (長崎大学 人文社会科学研究報告 第1号 1953. 3.)
Ikeda, Kazuhiro (池田一浩) 都市と農村との関係についてのアダム・スミスの見解 (長崎大学 人文社会科学研究報告 第2号 1954. 3.)
Ikeda, Kazuhiro (池田一浩) 「国富論」の教育観 (佐賀大学教育学部研究論文集 第9集 1960. 3.)
Ikemoto, Takashi (池本喬) Wealth of nations の文体について (山口経済学雑誌 第1巻 1/2 号 1950. 3.)
Imura, Kiyoko (井村喜代子) 古典学派における「賃労働」問題の分析視角——アダム・スミス (三田学会雑誌 第48巻11号 1955. 11.)
Inama-Sternegg, C. T. von. Adam Smith und die Bedeutung seines "Wealth of nations" für die moderne Nationalökonomie. Innsbruck 1876.
Inoue, Jirô (井上次郎) アダム・スミスの貿易利益論とデギッド・リカアドオの貿易利益論 (立命館大学論叢 第13輯 1943. 6.)
Inoue, Jirô (井上次郎) 古典学派の経済的自由の制度——スミスからリカアドオへ (立命館経済学 第4巻4号 1955. 10.)
Inoue, Jirô (井上次郎) 古典学派の二つの貿易理論 (立命館経済学 11巻, 5/6 号 1963. 2.)
Inoue, Teizô (井上貞蔵) 一経済学徒の断章 東京 1927.
Inoue, Yoshio (井上吉男) A. スミス賃金論の一考察 (八幡大学論集 第6巻2号 1956. 1.)
Irie, Susumu (入江奨) 自由放任主義批判者としてのジョン・レイ (松山商大論集 第2巻2号 1951. 6.)
Irie, Susumu (入江奨) スミスの自然価格体系と分配論との関連 (松山商科大学創立三十周年記念論文集 1953. 11.)

Irie, Susumu（入江奨）　スミスの真実価格論について——スミス価値論の研究の一（松山商大論集　第3巻 2,3,4 号，第4巻 1—2 号，第 6 巻 1 号 1952. 6—1955. 3.）

Irie, Susumu（入江奨）　「国富論」における価値法則論——スミスの労働体系論覚書（松山商大論集　第10巻 1 号　1956. 4.）

Irie, Susumu（入江奨）　A. スミスの地代論——価値論との関連において（松山商大論集　第 7 巻 4 号　1956. 12.）

Irie, Susumu（入江奨）　スミスの地代論（松山商大論集　17巻 1 号　1966.）

Irie, Susumu（入江奨）　資本理論における貨幣的要因の役割——アダム・スミスの場合（松山商大論集　第10巻 3 号(1)　1959. 12.）

Irurozqui, Manuel Fuentes. El moralista Adam Smith, economista. Madrid 1944.

Ishigaki, Hiromi（石垣博美）　スミス再生産論における問題点（北海道大学経済学研究　第10号　1956. 8.）

Ishigaki, Hiromi（石垣博美）スミスにおける地代論と自然価格論（北海道大学経済学研究　第 4 号　1953. 9.）

Ishihara, Tadao（石原忠男）　国富論——古典をいかに読むか（中央評論〔中央大〕第14号　1951. 6.）

Ishii, Ryûichirô（石井隆一郎）　A．スミス「真正手形理論」の展開——兌換停止時代におけるイングランド銀行（経営学，会計学，商学研究年報〔神戸大〕V．1960. 2.）

Ishikawa, Inaki（石川稲城）　アダム・スミス「国富論」原典研究の一齣（大阪商大論集　No. 24.　1967. 12.）

Ishiseki, Keizô（石関敬三）　マンドゥヴィルとスミス（理想　第268号 1955. 9.）

Itô, Atsumi（伊藤淳己）　スミス賃金思想とその展開（経済学雑誌〔大阪市大〕第20巻 6 号　1949. 6.）

Itô, Kaoru（伊藤薫）　アダム・スミスの富について——「富」把握方法発展史の一断面（六甲台論集〔神戸大〕第 1 巻 3 号　1955. 8.）

Itô, Osamu（伊東乃）　アダム・スミス論（西村信橘編　法学論泉　1925. 11.）

Itô, Osamu（伊東乃）　アダム・スミスと社会政策（社会政策時報　第50, 51

号 1924. 11, 12.）
Itô, Osamu（伊東乃）アダム・スミス（千里山学報〔関西大〕第9号 1923. 5.）
Itô, Susumu（伊藤迪） スミスの分業学説——「国富論」第三篇の一考察（商学論集［福島大］ 第21巻1号 1952. 5.）
Itô, Susumu（伊藤迪） 分業論と社会政策 京都 1954.
Iwamatsu, Shigetoshi（岩松繁俊） 「アダム・スミス問題」をめぐって(1)（経営と経済〔長崎大〕第36年3冊 第70号 1947. 2.）
Iwamatsu, Shigetoshi（岩松繁俊） 主観的価値論におけるスミスとジェヴォンズ（経営と経済〔長崎大〕第38年1冊 第75号 1958. 6.）
Iwamatsu, Shigetoshi（岩松繁俊） スミス賃金論の学史的意義（経営と経済〔長崎大〕第38年4冊 第78号 1959. 6.）
Jacoby, Walther. Der Streit um den Kapitalsbegriff; seine geschichtliche Entwicklung und Versuche zu seiner Lösung. Jena 1908.
Jastrow, J. Adam Smith. Berlin 1913.
Jastrow, J. Naturrecht und Volkswirtschaft; Erlörterungen aus Anlass der deutschen Ausgabe von Adam Smith' Vorlesungen. *Jahrbücher für Nationalökonomie und Statistik* (Jena). Bd. 126 (3. Folge, Bd. 71), H. 6, Juni 1927.
Jastrow, J. Ein neuer Adam-Smith-Fund und der Aufbau des nationalökonomischen Lehrgebäudes. *Zeitschrift für Nationalökonomie* (Wien). Bd. 8, H. 3, June 1937.
Jäy, François. Le système physiocratique et sa critique par Adam Smith. Lyon 1905.
Jenkins, Arthur H. Adam Smith today: An enquiry into the nature and causes of the wealth of nations, simplified, shortened, and modernized. N. Y. 1948.
Jentsh, Carl. Adam Smith, Leben und Lehre. Berlin 1905.
[Joersson, S. A.] Adam Smith, author of an inquiry into the nature and causes of the wealth of nations, and Thomas Paine, author of the decline and fall of the English system of finance. A critical

essay published in all languages. Germany 1796.

Johnson, E. A. J. The predecessors of Adam Smith; The growth of British economic thought. New York 1937.

Jones, Reginald F. A conjecture about Adam Smith. *Dalhousie review* (Halifax, N. S.). Vol. 18, Oct. 1938.

Joyce, Jeremiah. A complete analysis, or abridgement, or Dr. Adam Smith's nature and causes of the wealth of nations. 2 nd ed. Cambridge 1804.

Kada, Tadaomi.（加田忠臣） アダム・スミスの価値論に就いて（三田学会雑誌 第13巻6—9号 1919.6—9.）

Kada, Tetsuji（加田哲二） 経済価値論 東京 1921.

Kada, Tetsuji（加田哲二） 自由主義の国家観——ジョン・ロック及びアダム・スミス（三田学会雑誌 第23巻3号 1929.3.）

Kada, Tetsuji（加田哲二） 経済学者の話—— ケネーから ケインズまで 東京 1954.

Kadoya, Tamaki（門屋環） アダム・スミスの人間把握（哲学〔広島大〕第7号 1957.1.）

Kajitani, Masamitsu（梶谷正光） スミス労賃論の一断面（竜谷論叢〔佐賀竜谷短大〕第1号 1953.9.）

Kako, Tetsujiro（加古徹二郎） Adam Smith 価値論の研究（関西大学学報 第81号，第82号 1930.7,9.）

Kamakura, Takao（鎌倉孝夫） スミスにおける「資本の流通過程」（社会科学論集〔埼玉大〕16号 1965.12.）

Kamerschen, David R. Adam Smith's concept of man and human relations. *Journal of human relations*, Central State College, Wilberforce, Ohio. Wilberforce 1965.

Kanbe, Masao（神戸正雄） アダム・スミスと我国の実業界（時事経済問題 第11号 1923.7.）

Kanehara, Sampei（金原三平） アダム・スミスと日本（改造社経済学月報 第1号 1928.12.）

Kaneko, Haruo（金子ハルオ） アダム・スミスにおける生産的労働の概念

(東京都立大学　創立十周年記念論文集　法経篇　1960. 3.)

Katô, Yoshijirô (加藤由次郎)　市民社会の本質とアダム・スミスの経済思想 (関西大学経済論集　第2巻2号　1952. 6.)

Katsube, Kunio (勝部邦夫)　アダム・スミスの賃金格差論 (島根大学論集 11号　1962. 3.)

Kaufmann, M. Adam Smith and his foreign critics. *Scottish review* (Edinburgh). Vol. 10. 1887.

Kaufmann, P. Untersuchungen im Gebiete der politischen Oekonomie, betreffend Adam Smith's und seiner Schule staats- wirtschaftliche Grundsätze. Bonn 1829.

Kaulla, Rudolf. Die geschichtliche Entwicklung der modernen Werttheorien. Tübingen 1906.

Kautz, Gyula (Julius). Smith Adam mint a közgazdasàg- tudomàny megalapitoja. Budapest 1891.

Kautz, Gyula (Julius). Smith Adam mint a Közgazdasàlodásai magyar nyllven valò megjelenesenek, es elhalalozasa szazados evfordulojanak alkalmàbol. Budapest 1891.

Kawada, Shirô (河田嗣郎)　資本主義経済学の建立 (解放　第5巻6号 1923. 6.)

Kawada, Shirô (河田嗣郎)　スミスと現代思想 (週刊朝日　第3巻25号 1923. 6. 3.)

Kawada, Shirô (河田嗣郎)　スミスの経済学の思想的背景 (東京工場懇話会会報　第14号　1923. 8.)

Kawada, Shirô (河田嗣郎)　スミスの自然主義観と自由政策の見地 (経済論叢　第18巻1号　アダム・スミス生誕二百年記念号　1924. 1.)

Kawai, Teiichi (川合貞一)　倫理学者としてのアダム・スミス (三田学会雑誌　第5巻3号　アダム・スミス記念号　1911. 4.)

Kawai, Teiichi (川合貞一)　アダム・スミスの「道徳情操論」に就て (三田学会雑誌　第17巻7号　アダム・スミス生誕二百年記念号　1923. 7.)

Kawakami, Hajime (河上肇)　アダム・スミスの価値論に就て (三田学会雑誌　第7巻1号　1913. 1.)

Kawakami, Hajime（河上肇） 社会主義と個人主義的自由（社会問題研究 第35冊 1922. 7.）

Kawakami, Hajime（河上肇） 書簡一通――アダム・スミスの独身生活に就て（我等 第5巻7号 1923. 7.）

Kawakami, Hajime（河上肇） 「諸国民の富」のダブリン版について（経済論叢 第17巻1号 1923. 7.）

Kawakami, Hajime（河上肇） スミスの謂ゆる「真実の価格」について（経済論叢 第18巻1号 アダム・スミス生誕二百年記念号 1924. 1.）

Kawakami, Hajime（河上肇） アダム・スミス伝拾遺（経済論叢 第5巻3号 1917. 9.）

Kawasaki, Bunji（川崎文治） 労働価値説研究――スミスの部（久留米大学論叢 第6巻1号 1955. 3.）

Kawasaki, Bunji（川崎文治） スミスにおける価値と価格の乖離――労働価値法則貫徹の問題（一橋論叢 第34巻1号 1955. 7.）

Kawata, Tadashi（川田侃） 旧植民地体制批判としての反植民主義思想の抬頭（古典派経済学研究――矢内原忠雄先生還暦記念論文集 東京 1958. 11.）

Kawazu, Susumu（河津暹） アダム・スミスの生涯と環境（経済学論集〔東大〕第2巻1号 アダム・スミス生誕二百年記念論集 1923. 6.）

Keikoan, Takeo（稽古庵武夫） 貨幣理論における A. スミス問題の解釈に寄せて（経済学雑誌〔大阪市大〕第24巻3号 1951. 3.）

Keio University Library.（慶応義塾大学図書館） A list of Adam Smith's works. Exhibited at Keio University Library, from June 17 th to 22 nd 1940. Tokyo 1940.

Kennedy, William. English taxation, 1640—1799. London 1913.

Keynes, John Maynard. Adam Smith as student and professor by W. R. Scott. *Economic History.* Vol. 3, Feb. 1938.

Khan, Mohd. Shabbir. Adam Smith's theory of economic development in relation to underdeveloped economies. *The Indian journal of economics*, University of Allahabad. Vol. 34, 1954.

Kielstra, J. C. Adam Smith over de koloniën. *De economist* (Amsterdam).

Vol. 72, no. 6, June 1923.

Kiga, Kanjû（気賀勘重）　アダム・スミスの価値学説（三田学会雑誌　第5巻3号　アダム・スミス記念号　1911. 4.）

Kiga, Kanjû（気賀勘重）　アダム・スミスの賃銀論（三田学会雑誌　第17巻7号　アダム・スミス生誕二百年記念号　1923. 7.）

Kikka, Seiji（吉家清次）独占研究の系譜，その前史(1)——スミス・リカード（高崎経済大学論集　19.　1967. 3.）

Kimura, Motokazu（木村元一）　「国富論」における国家と経済（経済学新大系　9　国家と経済　東京　1953.）

Kimura, Takeyasu（木村健康）　ケンブリッヂ学派におけるアダム・スミスの伝統（東京大学経済学部創立三十周年記念論文集　第1部理論経済学の諸問題　1949. 7.）

Kinloch, T. F.　Six English economists. London 1928; 4 th ed. 1950.

Kishimoto Seijirô（岸本誠二郎）　一七七六年と経済学（経済集志〔日大〕第1巻3号　1928. 7.）

Kishimoto, Seijirô（岸本誠二郎）　労働価値論の研究　東京　1951.

Kita, Sôichirô（喜多壮一郎）　スミスとマルクスの経済学説——二大経済学者の片鱗（解放　第3巻11号　1921. 11.）

Kitamura, Masaji（北村正次）　アダム・スミスに関する新資料——ウィリアム・ロバート・スコット著「学生及び教授としてのアダム・スミス」に就て（平沼淑郎博士追悼記念論文集　早稲田商学第15巻3/4号　1939. 12.）

Kitano, Daikichi（北野大吉）　英国自由貿易運動史　東京　1943.

Kitô, Nisaburô（鬼頭仁三郎）スミスと数量説（法律春秋　第4巻10号 1929. 10.）

Knoll, August M.　Adam Smith, Zu einer neuen Kritik der klassischen Volkswirtschaftslehre. *Volkswohl* (Wien). Jg. 18, H. 4, 1927.

Kobayashi, Chikahei（小林智賀平）　Adam Smith の言語観（英語の研究と教授〔東京文理大〕第9巻4号　1940. 7.）

Kobayashi, Kaoru（小林郁）　英国古典学派の社会学説(1)（拓殖大学論集　第1巻2号　1931. 3.）

Kobayashi, Kensai（小林賢斎）　アダム・スミスの再生産論（武蔵大学論集

第7巻2,3,4号 1959.11.)

Kobayashi, Kôichirô (小林幸一郎) テュルゴとアダム・スミスの分業理論 (社会学評論 第11巻1号〔41号〕1960.7.)

Kobayashi, Masaichi (小林政一) アダム・スミスの農業論 (山梨大学法経論文集 第1号 1954.3.)

Kobayashi, Noboru (小林昇) 重商主義の経済理論 東京 1952.

Kobayashi, Noboru (小林昇) 重商主義解体期の研究 東京 1955.

Kobayashi, Noboru (小林昇) 経済学史研究序説――スミスとリスト 東京 1957.

Kobayashi, Noboru (小林昇) 経済学の形成――スミス(講座近代思想史 IV 理性と啓蒙の時代 二 1959)

Kobayashi, Noboru (小林昇) 経済学の形成時代 東京 1961.

Kobayashi, Noboru (小林昇) 「国富論」200年と経済学史学会 (思想 461号 1962.11.)

Kobayashi, Noboru (小林昇) 原始蓄積期の経済諸理論 東京 1965.

Kobayashi, Ushisaburô (小林丑三郎) アダム・スミスの環境と功績 (東京経済雑誌 第2135号 1923.7.)

Koch, Wilhelm Franz. Über den Zusammenhang von Philosophie und Theorie der Wirtschaft bei Adam Smith. [Diss.] Borna-Leipzig 1927.

Koebner, R. Adam Smith and the industrial revolution. *Economic history review* (London). 2 nd series, Vol. 11, no. 3, April 1959.

Koepke, Hildegard. Der Konkurrenz- und Monopolbegriff bei Adam Smith und seine methodologischen Folgerungen. Berlin 1930. *Volkswirtschaftliche Studien*. Heft 30.

Koizumi, Shinzô (小泉信三) スミス略伝及国富論諸版本に就て (三田学会雑誌第5巻3号 アダム・スミス記念号 1911.4.)

Koizumi, Shinzô (小泉信三) アダム・スミスの経済学 (婦人公論 第8巻 1923.)

Koizumi, Shinzô (小泉信三) アダム・スミスの理論経済学概論 (三田学会雑誌 第7巻7号 アダム・スミス生誕二百年記念号 1923.7.)

Koizumi, Shinzô (小泉信三) アダム・スミスの貿易論批判 (財政経済時報

第10巻14—15号 1923. 7—8.）
Koizumi, Shinzô（小泉信三） アダム・スミス（文芸春秋 第25巻9号 1947. 10.）
Koizumi, Shinzô（小泉信三） アダム・スミス論補遺（三田学会雑誌 第17巻8号 1923. 8.）
Koizumi, Shinzô（小泉信三） 経済行為の倫理的是認——アダム・スミスの倫理学と経済学（中央公論 第47年5号 1932. 5.）
Koizumi, Shinzô（小泉信三） 「国富論」と「道徳情操論」（経済学研究——福田徳三博士追悼論文集 1933. 4.）
Koizumi, Shinzô（小泉信三） アダム・スミスの経済観と道徳観（竜門雑誌 第540号 1933. 9.）
Koizumi, Shinzô（小泉信三） アダム・スミス，マルサス，リカァドオ 東京 1934； 再版 1950.
Kojima, Tsunehisa（小島恒久） スミスの地代論（経済学研究〔九大〕第23巻3/4号 森教授還暦祝賀論文集 1959. 4.）
Komatsu, Yoshitaka（小松芳喬） エドマンド・バァクとアダム・スミス（早稲田政治経済学雑誌 第32号 1933. 12.）
Kon, Wajirô（今和次郎） アダム・スミスの建築美学とその時代性について（建築雑誌 第65巻758号 1950. 1.）
Kondo, Bunji（近藤文二） アダム・スミスの保険論（大阪商科大学創立六十周年記念論文集 1941. 2.）
Koshimura, Shinzaburô（越村信三郎） スミス経済学説——経済循環理論を中心として 東京 1946. 10.
Koshimura, Shinzaburô（越村信三郎） アダム・スミスの労働争議観（経済 第1巻1号 1947. 2.）
Koshimura, Shinzaburô（越村信三郎） 賃銀の基礎考察——スミスとマルクス（経営管理 第1巻2号 1947. 7.）
Koshimura, Shinzaburô（越村信三郎） アダム・スミス 東京 1948.
Koshimura, Shinzaburô（越村信三郎） 五大経済学説ＡＢＣ——スミス・リスト・マルクス・マーシャル・ケインズ 東京 1964.
Krügel, Gerhard. Der Bullion-Bericht. Ein Abriss der englischen Geldtheo-

rie von 1797-1810. Rostock 1930.
Kubo, Yoshikazu（久保芳和） スミスとフランクリン——その系譜的考察（経済学論究〔関西学院大〕第7巻3号 1953.10.）
Kubo, Yoshikazu（久保芳和） スミスにおける「歴史」の問題——新発見の「修辞学・美文学講義」を中心として（経済学雑誌 51巻4号 1964.10.）
Kubota, Akiteru（久保田明光） 発見されたるアダム・スミスの「諸国民の富」の初期の草稿に就いて（早稲田政治経済学雑誌 第44号 1935.12.）
Kubota, Akiteru（久保田明光） 近世経済学の生成過程 東京 1942.
Kuczynski, Jürgen. Zur politökonomischen Ideologie in England und andere Studien. Berlin 1965.
Kudô, Shigeyoshi（工藤重義） アダム・スミスの「租税の原則」（国家学会雑誌 第32巻6号 1918.7.）
Kühn, Erich. Der Staatswirtschaftslehrer Christian Jacob Kraus und seine Beziehungen zu Adam Smith. Königsberg 1902.
Kume, Osamu（久米収） アダム・スミスの思想に就いて.「自愛心」が強調された経緯について（東海短期大学論叢 第1号 1956.3.）
Kuratsuji, Heiji（倉辻平治） アダム・スミスに於ける都市と農村の問題——一市民社会体系の一側面（経済と文化 大阪経済大学論集 第12号 1954.11.）
Kuratsuji, Heiji（倉辻平治） アダム・スミスの貨幣的 Fetichism（大阪経済大学論集 第21号 1957.11.）
Kuratsuji, Heiji（倉辻平治） アダム・スミスに於ける小生産者について（大阪経済大学論集 第25号 1959.5.）
Kuroda, Kenichi（黒田謙一） 植民経済論 東京 1938.
Kurokawa, Yoshizô（黒川芳蔵） アダム・スミスの「国富論」に見はれたる社会階級観（同志社論叢 第2号 1920.6.）
Kurokawa, Yoshizô（黒川芳蔵） アダム・スミスの資本概念（同志社論叢 第4号 1921.2.）
Kurokawa, Yoshizô（黒川芳蔵） アダム・スミスの賃銀論（同志社論叢 第10号 1923.2.）
Kurokawa, Yoshizô（黒川芳蔵） アダム・スミスの公債論に就いて（同志社

大論叢　第91号　1949.1.)
Kuruma, Samezô (久留間鮫造)　アダム・スミス誕生二百年に際して (大原社会問題研究所雑誌　第1巻1号　1923.8.)
Kushida, Tamizô (櫛田民蔵)　社会問題　東京　1935;　再刊　1949.
Kuwabara, Susumu (桑原晋)　佐藤信淵とアダム・スミス——その国富論について (彦根商高論叢　第22号　1937.12.)
La Nauze, J. A. A manuscript attributed to Adam Smith. *Economic journal*. Vol. 55, no. 218/19, June/Sept. 1945.
Laird, J. The social philosophy of Smith's 'wealth of nations.' *Journal of philosophical studies*. Vol. 2, no. 5, Jan. 1927.
Laski, Harold J. Political thought in England, from Locke to Bentham. London & New York 1920. 堀豊彦, 飯坂良明訳：イギリス政治思想　2　ロックからベンサムまで　東京　1958.
Laufer, Schmelka. Smith und Helvetius; ein Beitrag zum Adam Smith-problem. [Diss. Bern] Berlin 1902.
Lavergne, Léone de. Adam Smith. *Revue des deux mondes* (Paris). 2e période, tome 24, 1859.
Law, James J. The poor man's garden; or, a few brief rules for regulating allotments of land to the poor for potatoe gardens; with remarks and, a reference to the opinions of Dr. Adam Smith in his "wealth of nations". London 1830.
Leacock, Stephan. What is left of Adam Smith. *Canadian journal of economics and political science*. Vol. 1. 1935.
Leake, Percy Dewe. Capital: Adam Smith: Karl Marx. London, Gee & Co., 1933, 14 p. (*Accountant lecture series*, no. 21.)
Lee, Arthur. An essay in vindication of the continental colonies of America, from a censure of Mr. Adam Smith, in his theory of moral sentiments; with some reflections on slavery in general, by an American. London 1764.
Lee, Joseph. Adam Smith on the need for community service; quotations from wealth of nations. *Playground* (New York). Vol. 14, July 1920.

Leiserson, S. Adam Smith y su teoria sobre el salario. Buenos Aires 1939.

Leist, Alexander. Savigny und Adam Smith. *Schmollers Jahrbuch für Gesetzgebung, Verwaltung und Volkswirtschaft* (München). Jg. 41, H. 1, 1917.

Leser, Emanuel. Der Begriff des Reichtums bei Adam Smith; eine makroökonomische Untersuchung. Heidelberg 1874.

Leser, Emanuel. Untersuchungen zur Geschichte der Nationalökonomie. Heft 1, Aus der Lebensgeschichte des A. Smith. R. Malthus als Entdecker der modernen Grundrentenlehre. Jena 1881.

Leslie, Thomas Edward Cliffe. Essays in political and moral philosophy. Dublin & London 1879.

Letiche, J. M. Adam Smith and David Ricardo on economic growth. *Theories of economic growth* by Bert F. Hoselitz and others. Glencoe Ill. 1960.

Lewiński, Jan Stanisław. Twórcy ekonomji politycznej (fizjokraci, Smith, Ricardo) wstep do historji doktryn ekonomicznych. Nakładem uniwersytetu lubelskiego. *Biblioteka uniwersytetu lubelskiego*: Wydzia prewa i nauk społeczno-ekonomicznych, nr. 1. Lublin 1920. 山下英夫訳：経済学の建設者 京都 1925.

Liebknecht, Wilhelm. Zur Geschichte der Werttheorie in England. Jena 1902. 八木沢善次訳・英国価値学説史 東京 1926.

Lifschitz, Feitel. Adam Smiths Methode im Lichte der deutschen nationalökonomischen Literatur des XIX. Jahrhunderts; ein Beitrag zur Geschichte der Methodologie in der Wirtschaftswissenschaft. [Diss.] Bern 1906.

Limentani, Lodovico. La morale della simpatia, saggio sopra l'etica di Adam Smith nella storia del pensiero inglese. Genova 1914.

Lipowski, Isaiah. Die Frage der Arbeitslosigkeit in der Klassischen Nationalökonomie. [Diss.] Tübingen 1912.

Lisboa Silva, José da. Vísconde de Cayrú. Princípios de economia política.

Com uma introducao histórica do prof. Alceu Amoroso Lima. Edição comentada e anotada pelo prof. Nogueira de Paula. Em comemoração ao bicentenário do nascimento de Cayrú, 1756-1956. Rio de Janeiro 1956.

Lockwood, William W. Adam Smith and Asia. *Journal of Asian studies.* Vol. 23, no. 3. 1964.

Lorenz, Ottokar. Adam Smith als Vertreter der britischen Plutokratie. *Reich und Reichsfeinde.* Bd. 4, 1943.

Lotz, Walther. Adam Smith, ein Jubiläum Vortrag. *Schmollers Jahrbuch für Gesetzgebung, Verwaltung und Volkswirtschaft* (München). Jg. 51, H. 1. 1927.

Lowe, Robert. Lord Sherbrooke. What are the more important results which have followed from the publication of the 'wealth of nations' ……and in what principal directions do the doctrines of that book still remain to be applied; address. London 1876.

Lueder, August Ferdinand. Ueber Nationalindustrie und Staatswirtschaft. Nach Adam Smith bearbeitet. 2 Teile. Berlin 1800—02.

Lundberg, I. C. Turgot's unknown translator. The "Reflections" and Adam Smith. The Hague 1964.

Lutfalla, Michel. Smithiana. *Revista de economía política* (Madrid). Vol. 76, no. 1, Jan.-Feb. 1966.

Luxemburg, Rosa. Die Akkumulation des Kapitals. Berlin 1913. 長谷部文雄訳：資本蓄積論　東京　1952.

Luzzatti, Luigi. Le centenario pubblicazione dell'opera di Adamo Smith. *Atti della R. Accademia dei Lincei.* Ser. 3, pte. 2. Roma 1876.

Luzzatti, Luigi. Scienza e patria. Studi e discorsi. Firenze 1916.

Lynn, W. T. Adam Smith and Dr. Johnson. *Notes and queries.* 6th series, 6. 1885.

McCosh, James. The Scottish philosophy, biographical, expository, critical, etc. London 1875.

McCulloch, J. R. Principles of political economy, containing also the

introductory discourse, supplemental notes and dissertation to Adam Smith's wealth of nations. London 1886.

McCulloch, J. R. The literature of political economy. London 1845.

McCulloch, J. R. Treatises and essays on subjects connected with economical policy; with biographical sketches of Quesnay, Adam Smith and Ricardo. Edinburgh 1859.

Macdonald, Robert A. Ricardo's criticisms of Adam Smith. *Quarterly journal of economics.* Vol. 26, no. 4, Aug. 1912.

McDonnell, W. D. A history and criticism of the various theories of wages. Dublin 1888.

Macfie, Alec Laurence. The individual in society. Papers on Adam Smith. London 1967. 舟橋・天羽・水田訳：社会における個人　京都　1972.

Macfie, A. L. The moral justification of free enterprise—A lay sermon on Adam Smith. *Scottish journal of political economy.* Vol. 14, no. 1. Feb. 1967.

MacGarvey, Charles J. Notes on Adam Smith's library and the Bonar catalogue 1932. *Economic journal.* Vol. 59, 1949.

Machida, Giichirô (町田義一郎)　国富論と初期の独逸経済学者 (三田学会雑誌　第20巻4号　1926. 4.)

Mackintosh, James. Dissertation on the progress of ethical philosophy. Edinburgh 1835; 2 nd ed. 1837; 3rd ed. 1862; 4th ed. 1872.

Mackintosh, W. A. Adam Smith on education. *Queen's quarterly.* Apl. 1927.

MacLean, Kenneth. Agrarian age, a background for Wordsworth. New Haven 1950.

MacLean, Kenneth. Imagination and sympathy: Sterne and Adam Smith. *Journal of the history of ideas* (Lancaster, Pa.). Vol. 10, no. 3, June 1949.

Macpherson, Hector C. Adam Smith. *Famous Scots series.* Edinburgh & London 1899.

Maeda, Heihachi. (前田平八)　フィジオクラート主義及びスミス主義論　東

京 1930.

[N. L. M. Magon, marquis de la Gervaisais.] Du subside, selon Montesquieu, Necker, Smith etc. etc. etc. Paris 1832.

Maide, Chôgorô (舞出長五郎) アダム・スミス (岩波講座 世界思潮 第9輯 1928.)

Malthus, Thomas Robert. Definitions in political economy. London 1827; New ed. London, 1853; Reprint New York, 1954. 玉野井芳郎訳：経済学における諸定義 東京 1950.

[Marriott, J. A. R.] Adam Smith and some problems of today. *Fortnightly review* (London). Vol. 82, N. S. Vol. 76, Dec. 1904.

Marshall, Edward. Library of Adam Smith. *Notes and queries*, 8th series, 7. 1895.

Maruyama, Saburô (丸山三郎) アダム・スミスの倫理 (哲学論集〔東京文理大〕第15号 1953. 3.)

Massey, Dudley The wealth of nations. *Times literary supplement.* July 20, 1940.

Masui, Yukio (増井幸雄) アダム・スミスと其後の仏蘭西経済学説 (三田学会雑誌 第17巻7号 アダム・スミス生誕二百年記念号 1923. 7.)

Matsuda, Kôzô (松田弘三) アダム・スミスの再生産論 (経済論叢 第66巻1/3号 1950. 9.)

Matsuda, Kôzô (松田弘三) 科学的経済学の成立過程 東京 1959.

Matsui, Kiyoshi (松井清) 商業生産説の諸性格――アダム・スミスを中心としての一考察 (経済論叢 第41巻1―2号 1935. 7―8.)

Matsuo, Hiroshi (松尾弘) アダム・スミスの経済政策原理 (政経論叢〔明大〕第20巻1号 1951. 6.)

Matsuura, Kaname (松浦要) アダム・スミスの理論経済学体系に就て (法学新報〔中央大〕第33巻8号 1923. 8.)

Matsuzaki, Kuranosuke (松崎蔵之助) アダム・スミス氏の租税の四大原則 (財界 第8巻2号 1907. 11.)

Mautino, A. Adam Smith ed il mercantilismo. *Rivista di storia economica* (Torino). Vol. 5.

Mayer, Arthur. Friedrich Carl Fulda; ein Beitrag zur Geschichte der Smithischen Schule. [Diss.] Frankfurt a. M., 1907.

Mazzei, Jacopo. Politica economia internazionale inglese prima di Adamo Smith. Milano 1924.

Meek, Ronald L. Studies in the labour theory of value. London 1956. 水田洋，宮本義男訳：労働価値論史研究　東京　1957.

Meek, Ronald L. Political economy and the currents of history. Part 1: Classical political economy and the currents of history. (Typescript lecture notes.)　水田洋，永井義雄訳：古典政治経済学と資本主義　京都　1959.

Meek, Ronald L. Economics and ideology and other essay. London 1967.

Melmström, Åke. Adam Smith och Sverige : nägra kompletteranda notiser. *Ekonomisk tidskrift* (Stockholm). Årg. 36, häft. 2, 1934.

Mikami, Masayuki (三上正之)　価値及び価値形態の一考察――藤塚知義氏著「アダム・スミス革命」にみられるその叙述に関連して（経済論叢　第70巻6号　1952.12.）

Mikami, Masayuki (三上正之)　資本需給分析の諸方法――スミス・リカードおよびケインズについて（中京大学論集　第5巻2号　1958.7.）

Minabe, Seiichirô (三辺清一郎)　アダム・スミスの「道徳情操論」――著者の死後百五十年を記念して（財政経済時報　第27巻6号　1940.6.）

Minabe, Seiichirô (三辺清一郎)　アダム・スミス年譜とその歿後百五十年記念展覧会目録（経済往来　第10号　アダム・スミス記念号　1940.8.）

Minabe, Seiichirô (三辺清一郎)　アダム・スミス書誌（三田学会雑誌　第34巻9号　1940.9.）

Minabe, Seiichirô (三辺清一郎)　国富論書誌――アダム・スミス書誌続篇（三田学会雑誌　第36巻9号　1942.9.）

Minabe, Seiichirô (三辺清一郎)　翻訳「国富論」――国富論書誌続編（三田学会雑誌　第37巻9号　1943.9.）

Minabe, Seiichirô (三辺清一郎)　アダム・スミス書誌拾遺（三田学会雑誌　第38巻5・6号　1944.5.）

Minakata, Kanichi (南方寛一)　アダム・スミスの需給説（国民経済雑誌

第106巻3号 1962.9.)
Minakata, Kanichi (南方寛一) アダム・スミスの資本蓄積論 (1)再生産の構造(国民経済雑誌第92巻2号 1955.8.)
Minakata, Kanichi (南方寛一) スミス「国富論」における資本の用途——農業重視の意味(経済学研究〔神戸大〕14 1967.)
Minegishi, Tadanosuke (嶺岸忠之助) アダム・スミスの課税四原則(明治学院論叢 第30巻 1953.10.)
Mino, Sadao (見野貞夫) ケネーからスミスへの旅路——チュルゴーの利潤概念を中心として(商経学叢 9巻2号 1962.3.)
Minoura, Kakuryô (箕浦格良) 古典学派における財政思想(1)—(14) (立命館経済学 9巻6号 1961.2. 12巻2号 1963.6. 12巻3号 1963.9. 12巻4号 1963.10. 13巻5号 1964.12. 13巻6号 1965.2. 14巻1号 1964.4. 14巻3号 1965.8. 15巻1号 1966.4. 15巻4号 1966.10. 15巻5/6号 1967.2. 16巻1号 1967.4.)
三田理財学会 アダム・スミス研究書目(三田学会雑誌 第5巻3号 アダム・スミス記念号 1911.4.)
Mitchell, A. A. A restrospect of free-trade doctrine. *Economic journal.* Vol. 35, no. 138, June 1925.
Miura, Shinshichi (三浦新七) 東西文明史論考 東京 1950.
Miyake, Shikanosuke (三宅鹿之助) スミスおよびリカードの財政思想(社会経済体系 第13巻 東京 1927.)
Miyauchi, Hiroshi (宮内博) アダム・スミスの自然価格決定論——分配論との関連において(堀経夫博士古稀記念論文集 1964.4.)
Miyauchi, Hiroshi (宮内博) アダム・スミスの致富論について(大阪商業大学論集 第14号 1955.12.)
Mizokawa, Kiichi (溝川喜一) アダム・スミスの地代論について(経済論叢 第69巻5/6号 1952.6.)
Mizuta, Hiroshi (水田洋) アダム・スミスの会(一橋論叢 第23巻1号 1950.1.)
Mizuta, Hiroshi (水田洋) アダム・スミス研究入門 東京 1954.
Mizuta, Hiroshi (水田洋) 社会思想史の旅 東京 1956.

Mizuta, Hiroshi (水田洋) アダム・スミスの蔵書 (商学論集〔福島大〕第25巻1,3号 1956.5,11.) 増補：アダム・スミスの会編, アダム・スミスの味 東京 1965.

Mizuta, Hiroshi (水田洋) アダム・スミス (講座 現代倫理 第4巻 東京 1958.)

Mizuta, Hiroshi (水田洋) アダム・スミス遍歴 (エコノミスト 第38年6号 1960.2.)

Mizuta, Hiroshi (水田洋) スミスの放心癖 (エコノミスト別冊 1960.10.)

Mizuta, Junsuke (水田淳亮) アダム・スミスの大英帝国論 (山口商学雑誌第1号 1927.10.)

Mochizuki, Shôichi (望月昭一) 古典学派貨幣理論の発展に関する覚書 (早稲田商学 第132号 早稲田大学創立七十五周年記念論文第3集 1958.1.)

Montgomery, George S., jr. The return of Adam Smith. Coldwell, Io., 1949.

Moos, S. Is Adam Smith out of date? *Oxford economic papers.* New series. Vol. 3, no. 2, June 1951.

Mori, Kôjirô (森耕二郎) 労賃学説の史的発展 京都 1928；再刊 1949.

Mori, Shichirô (森七郎) アダム・スミスの財政論 (商経法論叢〔神奈川大〕12巻1号 1961.6.)

Mori, Shichirô (森七郎) 古典派財政思想史 東京 1964.

Mori, Shigeya (森茂也) アダム・スミスにおける市場価格の決定について——スミス需給論の一節 (アカデミア〔南山大〕第9号 1955.1.)

Mori, Shigeya (森茂也) Adam Smith における国富について (アカデミア〔南山大〕第11号 1955.12.)

Mori, Shigeya (森茂也) アダム・スミスに於ける資本形成について (アカデミア〔南山大〕第15号 1957.1.)

Mori, Shigeya (森茂也) アダム・スミスに於ける自然価格の決定について——スミス需給論の一節 (アカデミア〔南山大〕第19輯 1957.7.)

Morioka, Hitoshi (森岡仁) アダム・スミスの経済政策思想——特に経済発展との関連において (政経論集〔駒沢大〕No. 9, 1967.1.)

Morisono, Setsuo (森園節生) アダム・スミスの「道徳哲学」について——

スミス研究序章（跡見学園紀要　第2号　1955.10.）

Morrow, Glenn R. The ethical and economic theories of Adam Smith; a study in the social philosophy of the 18 th century. New York 1923. *Cornell studies in philosophy* no. 13.

Morrow, Glenn R. The significance of the doctrine of sympathy in Hume and Adam Smith. *Philosophical review* (New York). Vol. 32, Jan. 1923.

Morrow, Glenn R. The ethics of the wealth of nations. *Philosophical review* (Lancaster, Pa.). Vol. 34, no. 6, Nov. 1925.

Motohashi, Motobumi（本橋素文）　スミスとマルクス（経営科学　第2巻1号　1947.）

Mueller, Franz H. Was wollte Adam Smith? *Naturordnung in Gesellschaft, Staat, Wirtschaft.* Msgr. Univ.-Prof. ODr. ODr. h.c. Johannes Messner zur Vollendung s. 70. Lebensjahres v. seinen Freunden dargeboten. Hrsg. v. Johannes Höffner u. a. Innsbruck 1961.

Muir, Ethel. The ethical system of Adam Smith. [Diss.] Halifax, N. S. 1898.

Mukai, Shikamatsu（向井鹿松）　アダム・スミスの商業に対する思想（三田学会雑誌　第17巻7号　アダム・スミス生誕二百年記念号　1923.7.）

Muramatsu, Tsuneichirô（村松恒一郎）　アダム・スミスのフィヂオクラート批判（商学研究〔東京商大〕第3巻1号　アダム・スミス生誕二百年記念論集　1923.6.）

Muramatsu, Tsuneichirô（村松恒一郎）　アダム・スミス年譜（商学研究〔東京商大〕第3巻1号　アダム・スミス生誕二百年記念論集　1923.6.）

Murata, Shôji（村田昭治）　古典学派における商業理論の展開——アダム・スミスの商業観（三田商学研究　第1巻3号　1958.9.）

Murayama, Shigetada（村山重忠）　アダム・スミスの自然的自由の制度（講座〔大村書店〕第34号　1925.）

Murayama, Shigetada（村山重忠）　アダム・スミスの租税原理の研究（税第4巻7号　1926.7.）

Murchison, C. Revising Adam Smith. *Virginia quarterly review* (Char-

lottesville). Vol. 11, 1935.

Murray, David. French translations of the Wealth of nations. Glasgow 1905.

Mutô, Chôzô (武藤長蔵) アダム・スミス氏原著 The wealth of nations 厳復氏漢訳「原富」中に現はれたる Colony, New colonies, Colonist settlement 等殖(植)民又はそれに関係ある文字の漢訳語に就て(再び邦語の植民なる名辞の由来に就て)(国家学会雑誌 第33巻6号 1919. 6.)

Mutô, Chôzô (武藤長蔵) アダム・スミスの生涯及著作(商業と経済〔長崎〕第4年2冊, 第5年1—2冊 1923. 12—1925. 2.)

Mutô, Chôzô (武藤長蔵) スミスの名, 其生涯, 及其学説等を早く我国に伝へたる蘭文経済書(経済論叢 第18巻1号 アダム・スミス生誕二百年記念号 1924. 1.)

Mutô, Chôzô (武藤長蔵) アダム・スミスとジョン・ブルース並に彼等と蘇国政治家ダンダス父子との関係(経済学経済史の諸問題 坂西由蔵博士還暦祝賀論集 1929. 4.)

Mutô, Chôzô (武藤長蔵) アダム・スミス著 Wealth of Nations 初版の旧所蔵者 John Mitford の蔵書票並びにアダム・スミス記念教授 W. R. Scott 氏の筆蹟(学鐙 第45年1号 1941. 1.)

Mynt, H. Welfare significance of productive labour; a reinterpretation of the classical doctrine. *Review of economic studies*. Vol. 11, no. 1. 1940.

Nabeshima, Rikiya (鍋島力也) A.スミスの再生産過程把握についての一試論(大月短大論集 第1号 1957. 12.)

Nagata, Kiyoshi (永田清) 所謂アダム・スミス問題の一齣——財政思想史の立場から(三田学会雑誌 第37巻11号 1943. 11.)

Nagata, Tadashi (永田正) 人と学説 アダム・スミス——(経済往来 16巻11号 1964. 11.)

Nahrgang, Alfred. Die Aufnahme der wirtschaftspolitische Ideen von Adam Smith in Deutschland zu Beginn des 19. Jahrhunderts. [Diss. Frankfurt a. M.] Gelnhausen 1933/34.

Nakagawa, Yonosuke (中川与之助) アダム・スミスに於ける自由主義社会

の理念的構造に就いて（経済論叢　第44巻5号　神戸博士還暦記念論文集 1937.5.）

Nakajima, Masanobu（中島正信）　世界経済思想の発展——アダム・スミス（早稲田商学　第90号　1951.1.）

Nakajima, Yoshio（中島義生）　アダム・スミス理解の端緒（拓殖大論集　31号　1962.10.）

Nakamura, Hiroji（中村広治）　ソオントン「紙幣信用論」の一考察——スミスとの関連を中心に（金融経済　第46号　1957.10.）

Nakamura, Hiroji（中村広治）　スミス信用貨幣論の考察（経済論究〔九州大学大学院経済学会〕3号　1958.2.）

Nakamura, Hiroji（中村広治）　古典学派貨幣・信用論研究(1)(2)（経済論集〔大分大〕12巻3号 1960.12.　13巻1, 2号 1961.7, 10.）

Nakamura, Hiroji（中村広治）　スミス貨幣・信用理論の研究（経済論集 15巻1, 3号 1963.6, 12.　16巻1, 4号 1964.6, 1965.3.）

Nakamura, Hiroji（中村広治）　ジェイムス・ステュアートの銀行券論——スミスとの対比において（バンキング　203号　1965.2.）

Nakamura, Kenichiro（中村賢一郎）　古典派の経済成長論——スミスの分業と資本蓄積（政経論叢〔明大〕33巻2号　1965.6.）

Nakamura, Masafumi（仲村政文）　スミス分業論の再構成——生産力理論に即して（経済学研究〔九大〕31巻2号　1965.）

Nakanischi, Mitsuko（中西充子）　古典学派貨幣理論の発展（1—2）——アダム・スミスからデヴィド・リカァドオまで(経済研究〔成城大〕20, 21号 1964.10, 1965.3.）

Nakatani, Yoshio（中谷芳郎）　アダム・スミス先生を中心としてカーコーデーの人々と長崎の人（長崎高等商業学校研究館彙報　第2年3/4号　1923.7.）

Nakayama, Ichiro（中山伊知郎）　スミス国富論　東京　1936.

Nakayama, Ichirô（中山伊知郎）　スミスからピグウへの途（一橋論叢　第22巻1号　三浦新七博士記念論文集　1949.7.）

Nanba, Iwaji（難波巌二）　アダム・スミスの「分業論」の一研究——国富論研究〔其の1〕（商経雑誌〔関西学院〕第8号　1939.12.）

Naniwada, Haruo (難波田春夫) スミス・ヘーゲル・マルクス――近代社会の哲学 東京 1948.

Naniwada, Haruo. Smith-Hegel-Marx. Über den inneren Zusammenhang der drei Sozialphilosophien. *Zeitschrift für die gesamte Staatswissenschaft.* Bd. 111, H. 3, 1955.

Narasaki, Toshio (楢崎敏雄) 経済学の開拓者――スミス・マルサス・リカアドオ 東京 1949.

Nasse, Erwin. Das hundertjährige Jubiläum der Schrift von Adam Smith über den Reichtum der Nationen. *Preussische Jahrbücher* (Berlin). Bd. 38, 1876.

Navratil, Ákos. Smith Ádám rendszere és ennek bölcseleti alapja. Budapest 1898.

Neff, Frank Amandus. Adam Smith and his master-work. *Municipal University of Wichita bulletin* (Wichita). Vol. 15, no. 8, 1940.

Neto, A. Lino. Revisão da economis clássica Adam Smith, fundador da economia politica. *Universidade técnica de Lisboa. Instituto superior de ciências e financeiras. Boletim do cabinete de documentação económica e financeira britanica.* 1936.

Neurath, Wilhelm. Adam Smith im Lichte heutiger Staats-und Socialanffassung; nach einem Vortrage. Wien 1884.

Neurath, Wilhelm. Gemeinverständliche nationalökonomische Vorträge. Geschichtliche und letzte eigene Forschungen. Hrsg. von Edmund O. von Lippmann. Braunschweig 1902.

Nicholson, Joseph S. A project of empire; a critical study of the economics of imperialism, with special reference to the ideas of Adam Smith. London 1906. 関口健一郎訳：あだむ・すみす帝国主義観 東京 1917.

Nicholson, Joseph S. Adam Smith on public debts. *Economic journal.* Vol. 30, March 1920.

Nicholson, Joseph S. The British economists. *The Cambridge modern history.* Vol. 10, the Restoration. Cambridge Univ. Press, 1907; Cheap

ed. 1934.

Nicholson, Joseph S. The economics of imperialism. *Economic journal.* Vol. 20, no. 78, June 1910.

Niino, Kôjirô (新野幸次郎) スミスにおける資本配分と産業構造 (国民経済雑誌 第87巻 4 号 1953. 4.)

Nilson, S. S. La théorie de population d'Adam Smith. *Population* (Paris). July/Sept. 1952.

Nishida, Hirotarô (西田博太郎) アダム・スミスの追憶と本邦化学工業の現況 (化学工芸 第 7 巻 8 号 1923. 8.)

Nishimura, Takao (西村孝夫) アダム・スミスの東インド貿易論 (大阪府立大学経済研究 第 7 号 1959. 7.)

Nishimura, Takao. Historical elements in the economic theory of Adam Smith. *Bulletin of University of Osaka Prefecture.* Series D, vol. 4, March 1960.

Nishino, Kiyosaku (西野喜与作) アダム・スミス財政学説の研究 (経済論叢〔明大〕第23巻 5/6 号, 第24巻 6 号 1955. 2, 1956. 7.)

Nomura, Yoshio (野村義男) スミス農業論の一側面 (青山経済論集 第10巻 1/2 号 古坂嵓城・長谷川元吉・石橋近三・三教授古稀祝賀論文集 1958. 7.)

Nose, Tetsuya (能勢哲也) アダム・スミスの財政論と経済学——財政政策と経済法則の関連を中心として (商大論集〔神戸商大〕第14号 1954. 12.)

Nowikow, N. Über die Principien der Arbeitsteilung bei Adam Smith und Karl Marx. [Diss.] Bern 1894.

Nunomura, Kazuo (布村一夫) アダム・スミスの原始人——時代区分のために (歴史学研究 第241号 1960. 5.)

Ogawa, Gôtarô (小川郷太郎) スミスの公債論 (経済論叢 第18巻 1 号 アダム・スミス生誕二百年記念号 1924. 1.)

Ogawa, Hiroshi (小華和洋) アダム・スミスの賃銀論 (北海道立労働科学研究所創立10周年記念論文集 札幌 1959. 11.)

Ogawa, Kiichi (小川喜一) アダム・スミスの労働政策 (大阪市立大学経済学部 経済学年報 第 1 集 1951. 4.)

Ôhara, Satoshi (大原慧) イギリス賃労働成立史論序説 (1)アダム・スミスと賃銀（国学院大学政経論叢 第5巻3号 1957. 2.）

Ôhara Institute. 大原社会問題研究所所蔵 アダム・スミス著書並に「諸国民の富」引用図書（大原社会問題研究所雑誌 第1巻1号 1923. 8.）

Oka, Shigeo (岡茂男) アダム・スミスと初期自由貿易運動（金融経済 第24号 1954. 2.）

Okada, Junichi (岡田純一) 経済学における人間像 東京 1964.

Okajima, Katsumi (岡島克巳) アダム・スミスの手形理論（銀行研究 第20巻1号 1931. 1)

Okazaki, Eimatsu (岡崎栄松) 価値論および分配論におけるアダム・スミスとリカァドウ（立命館経済学 第6巻1—2号 1957. 5, 7.）

Ôkôchi, Kazuo (大河内一男) 「アダム・スミス文庫」余談（経友 第28号 1939. 12.）

Ôkôchi, Kazuo (大河内一男) スミスとリスト——経済倫理と経済理論 東京 1943.

Ôkôchi, Kazuo (大河内一男) スミス批判の現代的課題（経済評論〔日評〕第2巻8/9号 1947. 8/9.）

Ôkôchi, Kazuo (大河内一男) 人間に於けるスミスとマルクス（思索 第18号 1949. 1.）

Ôkôchi, Kazuo (大河内一男) 欧米旅行記 東京 1955.

Ôkôchi, Kazuo (大河内一男) アダム・スミスの生誕地を訪れて（文庫〔岩波書店〕第46号 1955. 7.）

Ôkôchi, Kazuo (大河内一男) アダム・スミスにおける「人間」の問題（経済評論 第9巻2号 1960. 1. アダム・スミスの会編 アダム・スミスの味 東京 1965.）

Ôkuma, Nobuyuki (大熊信行) 社会思想家としてのラスキンとモリス 東京 1927.

Oncken, August. Adam Smith in der Culturgeschichte; ein Vortrag. Wien 1874.

Oncken, August. Adam Smith und Immanuel Kant. Der Einklang und das Wechselverhältniss ihrer Lehren über Sitte, Staat und Wirtschaft.

Abtheilung 1, Ethik und Politik. Leipzig 1877. *See* Brentano.

Oncken, August. Das Adam Smith-Problem. *Zeitschrift für Socialwissenschaft* (Leipzig). Jg. 1, H. 1, 2, 4. 1898.

Oncken, August. Entgegnung [mit Kommentar von Lujo Brentano]. *Jahrbuch für Gesetzgebung, Verwaltung und Volkswirtschaft im Deutschen Reich.* Bd. 1, 1877.

Oncken, August. The consistency of Adam Smith. *Economic journal.* Vol. 7, no. 27, Sept. 1897.

Oncken, August. Adam Smith und Adam Ferguson. *Zeitschrift für Sozialwissenschaft* (Leipzig). Jg. 12, H. 3—4. 1909.

Ono, Eijirô（小野英二郎） アダム・スミスの追憶（東京経済雑誌 第2135号 1923. 7.）

Ôshima, Kiyoshi（大島清） スミスの価値尺度論（唯物史観 第1集 1947. 11.）

Ôta, Yoshio（太田可夫） アダム・スミスの道徳哲学について（一橋論叢 第2巻6号 1938. 12.）

Ôtani, Kurata（大谷内蔵太） 英国正統学派の地代論——特にスミス，マルクス，リカアドオを中心としての思想と学説（商経雑誌〔関西学院〕第9号 1941. 3.）

Ôtsuka, Kinnosuke（大塚金之助） アダム・スミス「富国論」一部初稿の新発掘（日本評論 第10巻12号 1935. 12.）

Ôtsuka, Kinnosuke（大塚金之助） 解放思想史の人々 東京 1949；訂正第2刷 1949.

Ôuchi, Hideaki（大内秀明） 価値の形態と実体——交換価値をめぐる古典経済学とマルクス（明治学院大学経済学部十周年記念論文集 1961.）

Ôuchi, Hyôe（大内兵衛） 経済学散歩 東京 1948；再刊 東京 1952.

Ôuchi, Tsutomu（大内力） 生産力理論に於けるスミスとリスト（社会科学研究 第2号，第3号，第4号 1948. 4, 9；1949. 1.）

Packard, Laurence Bradford. The commercial revolution, 1400—1776: Mercantilism, Colbert, Adam Smith. New York 1927.

Påhlman, Axel. Adam Smiths wealth of nations; spridd bibliografiska

anteckningar. *Ekonomisk tidskrift* (Stockholm). Årg. 35, häft. 5/6 1933.

Parish. W. J. With due respect to Adam Smith. *Southwestern social science quarterly* (Austin). Vol. 26, no. 3, Dec. 1945.

Partounau du Puynode, M. G. Etudes sur les principaux économistes. Turgot-Adam Smith-Ricardo-Malthus-J. B. Say-Rossi. Paris 1868.

Paszkowsky. Wilhelm. Adam Smith als Moralphilosoph. Leipzig 1890.

Patterson, W. H. Adam Smith's books. *Notes and queries*. 7 th series, 5. 1888.

Penty, Arthur Joseph. Jettisoning of Adam Smith. *American review* (New York). Vol. 4, Jan. 1935.

Perry, Charner Marquis. The genesis and operation of moral judgements; a study of British theories from Hobbes to Adam Smith. *University of Chicago abstracts of theses, humanistic series*. Vol. 5, 1928.

Piertranera, Giulio. La teoria del valore e dello sviluppo capitalistico in Adam Smith. Milano 1963.

Pioli, G. L'etica della simpatia nella "teoria dei sentimenti morali" di Adamo Smith. Roma 1920.

Platter, J. Der Kapitalgewinn bei Ad. Smith. *Jahrbücher für Nationalökonomie und Statistik*. Bd. 25. 1875.

Political economy club, London. Revised report of the proceedings at the dinner of 31st May 1876, held in celebration of the hundredth year of the publication of the "wealth of nations." Rt. Hon. W. E. Gladstone in the chair. London 1876.

Portolano, Pierre. Les mouvements du salaire et du profit chez Adam Smith. Paris 1935.

Postan, Michael. Adam Smith and Karl Marx. *Listener* (London). Nov. 23, 1950.

Powers, Richard Howard. Adam Smith, practical realist. *Southwestern social science quarterly* (Louisiana). Vol. 37, Dec. 1956.

Pownall, Thomas. A letter from Governor Pownall to Adam Smith, LL. D. and F. R. S., being an examination of several points of doctrine,

laid down in his "inquiry into the nature and causes of the wealth of nations." London 1776. Repd. 1967.

Prato, Giuseppe. Come scriveva Adam Smith. *Riforma-sociale* (Torino). Anno 30, serie 3, vol. 34, fasc. 7/8, Aug. 1923.

[Pratt, Samuel Jackson (Courtney Melmoth)] An apology for the life and writings of David Hume, Esq.; with a parallel between him and the late Lord Chesterfield; to which is added an address to one of the people called Christians, by way of reply to his letter to Adam Smith. London 1777.

Preti, G. Alle origini dell'etica contemporanea: Adamo Smith. 1957.

Price, L. L. A short history of political economy in England. London 1891; 14 th ed. 1931. 石渡六三郎訳 英国経済学史:東京 1928.

Purves, George. *See*, Gray, Simon.

Pütz, Theodor. Nationalökonomische Denken und Weltanschauung bei Adam Smith. [Diss. München T. H.] 1931. Wirtschaftslehre und Weltanschauung bei Adam Smith. München & Leipzig 1932.

Radda, Siegmund M. Ganzheitliche Gedanken zu der Lehre von der Arbeit und der Bewertung bei Adam Smith. *Ständisches Leben* (Berlin) Jg. 3, H. 10, Oct. 1933.

Radukanu, Jon. Adam Smith-Fridrich List. Prevod ot rumanski. *Ekonomist* (Varna) God. 4. 1942.

Rae, John Statement of some new principles on the subject of political economy, exporting the fallacies of the system of free trade and of some other doctrines maintained in the "wealth of nations." Boston 1834.

Rae, John The life of Adam Smith. London & New York 1895. Repd. with an introduction "Guide to John Rae's Life of Adam Smith" by Jacob Viner. New York 1965.

Raffel, Friedrich. Englische Freihändler vor Adam Smith; ein Beitrag zur Geschichte der politischen Oekonomie. Tübingen 1905.

Rao, T. Narayana. A note on Adam Smith's concept of economic growth.

Asian economic review. Vol. 5, no. 2, Feb. 1963.

Rappord, William E. L'économisme historique d'Adam Smith. *Les sciences économiques et sociales à l'Université de Genève.* Genève 1916.

Rasch, Hans. Adam Smith's Beziehungen zum Merkantilismus mit dem Versuch einer ideengeschichtlichen Einordnung. [Diss. Giessen] Giessen 1929.

Rehbein, Martin. Der Einfluss theistischer Weltanschauung in den Werken Adam Smiths. [Diss.] Kiel 1928.

Reichesberg, N. Adam Smith und die gegenwärtige Volkswirtschaft. Bern 1927.

Ricca-Salerno, G. L'economia politica di Adamo Smith. *Archivio giuridico* (Bologna). Vol. 17, 1876.

Rissen, Fujimatsu (立仙藤松) 経済的新教師論 東京 1925.

Robbins, Caroline. The eighteenth-century commonwealthman. Cambridge, Mass., 1959.

Robertson, Eric S. The author of the wealth of nations. *Dublin University magazine.* Vol. 92, N. S. vol. 2, 1878.

Robertson, Hector M. The Adam Smith tradition: lecture. Cape Town 1950. *University of Cape Town lecture series,* no. 2.

Robertson, H. M. & Taylor, W. L. Adam Smith's approach to the theory of value. *Economic journal.* Vol. 67, June 1957.

Roesler, C. F. H. Über die Grundlehren der von Adam Smith begründeten Volkswirtschaftstheorie. Erlangen 1868.

Roesler, Hermann. Zur Lehre vom Einkommen. *Jahrbücher für Nationalökonomie und Statistik,* Bd. 10. 1868.

Rogers, James E. Thorold. Historical gleanings: a series of sketches Montagu, Walpole, Adam Smith, Cobbett. London 1869.

Rogin, Leo. The meaning and validity of economic theory. New York 1956.

Romanes, John H. The economic studies of a lawyer. Edinburgh 1930.

Roscher, Wilhelm. Über die Ein-und Durchführung des Adam Smith'-

schen Systems in Deutschland. Leipzig 1867.

Rosenberg, Nathan. Adam Smith on the division of labour—Two views or one? *Economica.* Vol. 32, May 1965.

Rosenberg, Nathan. Some institutional aspects of the wealth of nations. *Journal of political economy.* Vol. 68, no. 6, Dec. 1960.

Rôyama, Masamichi (蠟山政道) 「国富論」に現はれたるアダム・スミスの政治思想と彼以後に於ける英国の政治及行政改革の基調 (国家学会雑誌 第37巻 7—9, 12号 1923. 7—9, 12.)

Rüstow, Alexander. Das Versagen des Wirtschaftsliberalismus als religionsgeschichtliches Problem. Istambul 1945.

Ryder, David Warren. Two men of Glasgow; reassessment of James Watt and Adam Smith. *Living age* (New York). No. 344, June 1933.

Sacke, Georg. Die Moskauer Nachschrift der Vorlesungen von Adam Smith. *Zeitschrift für Nationalökonomie* (Wien). Bd. 9, H. 3, Dez. 1938.

Saeki, Saburô (佐伯三郎) アダム・スミスの富国論 (関西大学学報 第71—73号 1929. 7, 9, 10.)

Saitô, Gorô (斎藤悟郎) 租税論上スミスは利益説か能力説か (新潟大学法経論集 第6巻1号 1956. 7.)

Saitô, Gorô (斎藤悟郎) スミスの租税第一原則における比論について (新潟大学法経論集 第7巻3号 1958. 3.)

Saitô, Hiroshi (斎藤博) 財政学と国家認識——スミスとマルクス (経済論叢 第79巻3号 1957. 3.)

Saitô, Hirotaka (斎藤博孝) A. スミス財政論成立の基礎的前提 (社会労働研究〔法政大〕16号 1963. 8.)

Saitô, Takasuke (斎藤隆助) アダム・スミスの商業観と商業政策 (アカデミア〔南山大〕第24輯 1959. 11.)

Saitô, Takeo (斎藤武雄) スミスの自由貿易論に関する消費者利益説と生産者利益説との対立について (日本経済学会連合 ブレティン 第6号 1955. 3.)

Sakakibara, Iwao (榊原巌) 社会科学としてのドイツ経済学研究 東京

1958.

Sakakibara, Iwao (榊原巌) 社会科学としての経済学の成立――スミスからミルまで 東京 1951.

Sakamoto, Yasaburô (坂本弥三郎) アダム・スミスの価値論 (国民経済雑誌 第48巻2号 1930.2.)

Sakamoto, Yasaburô (坂本弥三郎) スミス価値論の一節――利用, メリット及び稀少性と交換価値との関係 (神戸商業大学創立三十周年記念論文集 1935.10.)

Sakamoto, Yasaburô (坂本弥三郎) スミスの「経済学講義」に於ける自然価格に就て (国民経済雑誌 第60巻4―5号 1936.4―5.)

Sakuda, Sôichi (作田荘一) スミスの自由貿易観 (経済論叢 第18巻1号 アダム・スミス生誕二百年記念号 1924.1.)

Sakurada, Sukesaku (桜田助作) スミスの小伝 (東京経済雑誌 第85巻2128号 1923.4.)

Salomon, Albert. Adam Smith as sociologist. *Social research* (New York). Vol. 12, no. 1, Feb. 1945.

Samizo, Makoto (三溝信) A. スミスにおける人間の問題――「経済人」の概念を中心として (社会学評論 第42号 1960.10.)

Sanbe, Kinzô (三辺金蔵) アダム・スミスの価値論に就て (三田学会雑誌 第15巻2号 1921.2.)

Sanbe, Kinzô (三辺金蔵) アダム・スミスの価値論中に於ける難関に就て (三田学会雑誌 第17巻7号 アダム・スミス生誕二百年記念号 1923.7.)

Sanbe, Kinzô (三辺金蔵) カール・ディールのアダム・スミス論 (三田学会雑誌 第17巻9―10号 1923.11―12.)

St. Bernat. Wissenschaftliche Vorgänger Adam Smith's u. s. epochale bahnbrechende Persönlichkeit. *Akademiai Ertesito* 37.

Sano, Minoru (佐野稔) アダム・スミスと「労働の自由」 (経済理論〔和歌山大〕第3号 1951.6.)

Sargant, W. L. Essays of a Birmingham manufacturer. London 1870.

Sartorius von Waltershausen, G. F. C. Handbuch der Staatswirtschaft ……nach Adam Smith's Grundsätzen ausgearbeitet. 1796.

Sasaki, Tetsuo（佐々木哲郎） 生産的労働と不生産的労働――スミス，マルクス，ヒックス（経済経営論集〔東洋大〕第16/17号 経済学部創立十周年記念論文集 1959.11.）

Satô, Kazuya（佐藤一弥） アダム・スミスの正義論――自然価格に関連して（新潟大学法経論集 第16巻3号 1957.2.）

Satô, Kazuya（佐藤一弥） アダム・スミスの教育思想――教育財政における人間的視点（教育科学〔新潟大〕第8巻1号 1958.11.）

Satô, Kenzô,（佐藤謙三） アダム・スミスと重商主義（東北学院論集 第1号 1949.3.）

Satô, Kenzô（佐藤謙三） 古典学派の賃金理論――スミスとリカードウの「存在費説」（東北学院論集 第37号 1960.6.）

Satô, Kiyokatsu（佐藤清勝） 西洋経済学批判 東京 1941.

Savorini, Vittorio. Adamo Smith e i suoi tempi. *Archivio economico-amministrativo* (Roma). No. 3, Jun. 1879.

Sawa, Senpei（佐波宣平） スミス国富論における「運送貿易」の概念（経済論叢 第62巻5号 1948.11.）

Say, Léon; Laveleye, E. de; Rogers, J. E. T. etc. Le centenaire du livre d'Adam Smith. *Journal des économistes* (Paris). 3e série, année 11, vol. 44, 1876.

Say, Louis. Considérations sur l'industrie et la legislation, sous le rapport de leur influence sur la richesse des État. Paris 1822.

Schatz, Albert. L'individualisme économique et social. Paris 1907.

Schmenk, W. Die Lehre der Produktivität von den Merkantilisten bis zu dem Klassikern (A. Smith); Versuch einer dogmenhistorischen Darstellung. [Diss. Heidelberg] 1928.

Schmoller, Gustav. Hasbach: Untersuchungen über Adam Smith……*Jahrbuch für Gesetzgebung, Verwaltung und Volkswirtschaft im Deutschen Reich*. Bd. 16, 1892.

Schmoller, Gustav. Adam Smith. *Internationale Wochenschrift für Wissenschaft, Kunst, und Technik* (Berlin). 15 Juni 1907.

Schorer, Edgar. Das Wesen des Zinses. Jena 1939.

Schörry, Otto. Lohnfondstheorie und ehernes Lohngesetz; ein Untersuchung der Lohntheorien von Adam Smith, Malthus, Ricardo und John Steuart Mill. [Diss. Mannheim] 1934.

Schröder, Paul Friedrich. Wehrwirtschaftliches in Adam Smiths Werk über den Volkswohlstand. *Schmoller's Jahrbuch für Gesetzgebung, Verwaltung und Volkswirtschaft* (Berlin). Jg. 63, H. 3, Juni 1939.

Schubert, J. Adam Smith's Moralphilosophie. Leipzig 1890.

Schüller, Richard. Die klassische Nationalökonomie und ihre Gegner; zur Geschichte der Nationalökonomie und Socialpolitik seit Adam Smith. Berlin 1895.

Schutz, Wilhelm. Die Arbeit als Quelle und Masse des Werthes. Leipzig 1882.

Schweizer, Franz August. Geschichte der Nationalökonomie in vier Monographien über Colbert, Turgot, Smith, Marx. Nebst einer philosophisch. Systematik der Nationalökonomie. Bd. 3, Individualismus von Smith. Ravensburg 1905. Bd. 4 nicht erscheinen.

Scott, W. R. Adam Smith. *Proceedings of the British Academy* (London). Vol. 11, 1923.

Scott, W. R. Adam Smith, an oration. Glasgow 1938. *Glasgow University publications*, 48.

Scott, W. R. Adam Smith and the city of Glasgow. *Proceedings of the Royal Philosophical Society of Glasgow.* Vol. 52, 1923.

Scott, W. R. Adam Smith and the Glasgow merchants. *Economic journal.* Vol. 44, Sept. 1934.

Scott, W. R. Adam Smith as student and professor. Glasgow 1937.

Scott, W. R. Adam Smith at Downing Street, 1766—7. *Economic history review* (London). Vol. 6, no. 1, Oct. 1935.

Scott, W. R. Books as links of empire, 'the wealth of nations.' *Empire review* (London). July 1923.

Scott, W. R. An exhibition of recently discovered documents relating to Adam Smith. *Economic journal.* Vol. 47, June 1937.

Scott, W. R. Greek influence on Adam Smith. Athenai 1939.

[Scott, W. R.] Memoranda; a letter of Adam Smith to Henry Dundas, 1789. *Economic history review* (London). Vol. 3, no. 1, Jan. 1931.

Scott, W. R. New light on Adam Smith. *Economic journal*. Vol. 46, Sept. 1936.

Scott, W. R. New mss. relating to Adam Smith. *Economic history review* (London). Vol. 7, no. 2, May 1937.

Scott, W. R. Studies relating to Adam Smith during the last fifty years, ed. by A. L. Macfie. *Proceedings of the British Academy* (London). Vol. 26, 1940.

Scott, W. R. The commemoration of Adam Smith at Glasgow. *Economic journal*. Vol. 48, Sept. 1938.

Scott, W. R. The manuscript of Adam Smith's Glasgow lectures. *Economic history review* (London). Vol. 3, no. 1, Jan. 1931.

Scott, W. R. Manuscript of an early draft of part of the wealth of nations. *Economic journal*. Vol. 45, Sept. 1935.

Seidler-Schmid, Gustav. Die Systemgedanken der sogenanntem klassischen Volkswirtschaftslehre. Jena 1926.

Seitz, Felix. Interesse und Interessentenproblem bei Adam Smith und Christian Jacob Kraus. [Diss. Freiburg i. B.] Dresden 1939.

Seki, Yasaburô (関弥三郎) アダム・スミスの分業論 (法と経済〔立命館大〕第111号 1950. 7.)

Seki, Miyosaku (関未代策) アダム・スミスの経済学 (経済及商業〔明大〕第1巻7号, 第2巻2号 1922. 11—1923. 2.)

Seki, Miyosaku (関未代策) スミスの足跡を追ふて (政経論叢〔明大〕第1巻3号 1926. 11.)

Seki, Miyosaku (関未代策) アダム・スミスの学説 (明治大学政治経済学部五十周年記念論文集 1954. 11.)

Shibusawa, Eiichi (渋沢栄一) アダム・スミス生誕二百年所感 (東京経済雑誌 第2135号 1923. 7.)

Shimazaki, Takao (島崎隆夫) アダム・スミス「地代論」の一考察 (三田学

会雑誌　第41巻3号　1948. 3.)
Shimazaki, Takao (島崎隆夫)　アダム・スミス研究の展開——スミス理解とマルクス (三田学会雑誌　第42巻2号　1949. 2.)
Shimizu, Ikutarô (清水幾太郎)　アダム・スミスの社会概念　年報社会学第5輯　1938.　現実の再建　東京　1947.)
Shiosawa, Masasada (塩沢昌貞)　経済学に於ける想源としてのアダム・スミス〔講演要旨〕(国家学会雑誌　第37巻7号　1923. 7.)
Shirai, Atsushi (白井厚)　アダム・スミスとエドマンド・バーク——その社会観と経済思想をめぐって(1)(2) (三田学会雑誌　55巻3, 12号　1962. 3, 12.)
Shirasugi, Shôichirô (白杉庄一郎)　都市と農村との対立に関するアダム・スミスの見解 (経済論叢　第42巻1号　1932. 1.)
Shirasugi, Shôichirô (白杉庄一郎)　第一次大英帝国の崩壊とアダム・スミス (経済論叢　第55巻6号　1942. 12.)
Shirasugi, Shôichirô (白杉庄一郎)　古典経済学の成立——アダム・スミス (経済セミナー　第3号　1957. 6.)
Shirasugi, Shôichirô (白杉庄一郎)　アダム・スミスに於ける経済史観 (経済論叢　第36巻6号　1933. 6.)
Shirasugi, Shôichirô (白杉庄一郎)　アダム・スミスの廉価即豊富論 (経済論叢　第39巻2号　1934. 8.)
Shirasugi, Shôichirô (白杉庄一郎)　「道徳情操論」の研究 (経済論叢　第50巻6号　1940. 6.)
Shirasugi, Shôichirô (白杉庄一郎)　アダム・スミスに於ける正義の観念 (経済論叢　第51巻5号　紀元二千六百年記念論文集　1940. 11.)
Shirasugi, Shôichirô (白杉庄一郎)　アダム・スミスの自然的自由 (経済論叢　第52巻4号　1941. 4.)
Shirasugi, Shôichirô (白杉庄一郎)　アダム・スミスに於ける愛国心と人類愛 (経済論叢　第53巻1号　1941. 7.)
Shirasugi, Shôichirô (白杉庄一郎)　個人主義経済倫理の批判 (経済論叢　第53巻4号　1941. 10.)
Shirras, G. F.　Adam Smith as student and professor. *Indian journal of*

econiomcs. Oct. 1938.
Shôda, Seiichi (正田誠一) 市民社会発展の理想――アダム・スミス〔の〕批判によせて(叡智 第4巻3号 1949. 4.)
Sidgwick, Henry. Letter to editor on Smith's "relation between local and imperial taxation." *Economic journal*. Vol. 5, no. 19, Sept. 1895.
Siew, Maurice. Die Arbeitgeber und die Arbeitnehmer im Lichte von Adam Smith. *Jahrbücher für Nationalökonomie und Statistik* (Jena). Bd. 93 (Folge 3, Bd. 38), H. 3, Sept. 1909.
Silberner, Edmund. La guerre dans la penssée économique du XVIe au XVIIe siècle. Paris 1939.
Simpson, A. L. Pioneers, or biographical sketches of leaders in various paths. London 1861.
Sinclair, John. Memoirs of the life and works of Sir John Sinclair. Edinburgh 1837. Vol. 1.
Singh, V. B Adam Smith's theory of economic development. *Science and society* (New York). Vol. 23, no. 2, Spring 1959.
Skarzynski, Witold von. Adam Smith als Moralphilosoph und Schoepfer der Nationalökonomie; ein Beitrag zur Geschichte der Nationaloekonomie. Berlin 1878.
Small, Albion W. Adam Smith and modern sociology; a study in the methodology of the social sciences. Chicago & London, 1907. 松崎寿抄訳:アダム・スミスと近世社会学(国民経済雑誌 第13巻5号 1912. 11.)
Smellie, William. Literary and characteristic lives of John Gregory, Henry Home, Lord Kames, David Hume and Adam Smith. Edinburgh 1800.
Smith, Robert Sidney. Notas sobre las ediciones de "la riqueza de las naciones" de Adam Smith. *Revista de la Facultad de Ciencias Económicas de la Universidad de Cuyo* (Mendoza). Vol. 13, no. 38, May-Aug. 1961.
Smith, Robert Sidney. The wealth of nations in Spain and Hispanic America, 1780—1830. *Journal of political economy*. Vol. 65, no. 2, Apr. 1957.

Sommer, Arthur. Das Naturrechtskolleg von Adam Smith. *Archiv für Rechts- und Wirtschaftsphilosophie*(Berlin). Bd. 23, H. 3, April 1930.

Sorley, W. R. A history of English philosophy. Cambridge 1920.

Spengler, Joseph J. Adam Smith's theory of economic growth. *Sourthern economic journal* (Chapell Hill, N. C.). Vol. 25, no. 4; Vol. 26, no. 1, Apr., July 1959.

Stamm, August Theodor. Des Adam Smith und seiner Schüler Haupt-Irrlehre. [c. 1886.]

Stappershoef, H. van. Het apriorisme der economisten Adam Smith, E. de Condillac en Ottmar Spann. 's-Gravenhage 1950.

Stearns, J. M. Wealth of nations. *Hunt's merchant's magazine* (New York). Vol. 28.

Stewart, Dugald. Account of the life and writings of Adam Smith, with a portrait from a model by Tassie. *Transactions of the Royal Society of Edinburgh.* Vol. 3, part 1, 1793. *Biographical memoirs of Adam Smith, LL.D., etc. read before the Royal Society of Edinburgh. Now first collected into one voleme, with some additional notes.* 武田正二訳：アダム・スミスの生涯と著作について(中央評論 第21—24号 1961. 11.)

Stoffel, Wilhelm. Wirtschaft und Staat bei Adam Smith und David Ricardo unter besonderer Berücksichtigung des Staatseingriffs. [Diss. Emsdetten, Westf.] 1933.

Stöpel, Franz. Adam Smith im Lichte der Gegenwart; volkswirtschaftliche Studie. Berlin 1879.

Strong, Gordon B. Adam Smith and the 18 th century concept of social progress. [Thesis] St. Louis 1932.

Studnitz, Arthur von. Am Grabe von Adam Smith. *Die Gegenwart* (Berlin). Jg. 1876, Nr. 9.

Studnitz, Arthur von. Pèlerinage à tombe d'Adam Smith. *Journal des économistes* (Paris). 3e série, année 11, vol. 42, 1876.

Suenaga, Shigeki (末永茂喜) 古典派経済学研究 東京 1948.

Suenaga, Shigeki（末永茂喜）　経済学関係古典の難解さ――「諸国民の富」に関連して（文庫　第108号　1960.9.）

Sugimura, Kôzô（杉村広蔵）　倫理思想家としてのアダム・スミス（商学研究〔東京商大〕第3巻1号　アダム・スミス生誕二百年記念論集　1923.6.）

Sugimura, Kôzô（杉村広蔵）　福田博士の「アダム・スミス論」（商学研究〔東京商大〕第3巻3号　1924.3.）

Sugimura, Kôzô（杉村広蔵）　経済学方法史　東京　1938；再刊　1948.

Sugiura, Jishichi（杉浦治七）　銀行券に関するアダム・スミスの学説について（バンキング　第92号　1955.11.）

Sugiura, Jishichi（杉浦治七）　アダム・スミスにおける銀行券の問題（愛知大学法経論集　第15号　1955.12.）

Surányi-Unger, Theo. Philosophie in der Volkswirtschaftslehre ; ein Beitrag zur Geschichte der Volkswirtschaftslehre. Bd. 1. Jena 1923.

Suzuki, Kôichirô（鈴木鴻一郎）　アダム・スミスの市場理論――農村人口論序説（統制経済　第7巻5号，第8巻1号　1943.11, 1944.1,）

Tabuse, Seisaku（田伏正朔）　アダム・スミスの「国富論」に於ける植民観（拓殖大学論集　第1巻2号　1931.3.）

Tachitani, Seiji（立谷清治）　英国に於ける生産論の史的発展　東京　1931.

Tajima, Kinji（田島錦治）　スミス氏とコンヂャック氏の価値論（経済論叢　第18巻1号　アダム・スミス生誕二百年記念号　1924.1.）

Tajima, Tsukasa（田島典）　厚生経済学者としてのアダム・スミス（政治経済論叢〔成蹊大〕第2巻3号〔通巻7号〕1951.10.）

Takabatake, Motoyuki（高畠素之）　地代思想史　東京　1928.

Takagaki, Torajirô（高垣寅次郎）　アダム・スミス研究文献集録（商学研究　第3巻1号　アダム・スミス生誕二百年記念論集　1923.6.）

Takagaki, Torajirô（高垣寅次郎）　アダム・スミスの観たる貨幣理論（商学研究　第3巻1号　アダム・スミス生誕二百年記念論集　1923.6.）

Takagaki, Torajirô（高垣寅次郎）　正統学派経済学説研究　東京　1949.

Takagi, Juichi（高木寿一）　近世財政思想史　東京　1949.

Takagi, Juichi（高木寿一）　近代国家財政の理論　東京　1954.

Takagi, Masao（高木正雄）　「国富論」と「道徳情操論」との交渉（上，下）（商大論集〔神戸商大〕第9号，第26号　1952.8，1958.11.）

Takagi, Nobuya（高木暢哉）　利子学説史　東京　1942.

Takagi, Nobuya（高木暢哉）　アダム・スミスの蓄積論（経済学研究〔九大〕第16巻3―4号　1950.11―1951.2.）

Takagi, Nobuya（高木暢哉）　通貨学派と銀行学派――スミスの原理（講座信用理論体系　IV 第3部学説篇　東京　1956.）

Takagi, Nobuya（高木暢哉）　スミスの原理と通貨主義（バンキング　第99号　1956.6.）

Takagi, Tomosaburô（高木友三郎）　金利の高低原因と我国の金利――スミス，フィッシャー説に触れて（法政大学論集　第3巻1号　1927.7.）

Takahashi, Jirô（高橋二郎）　ウェストの地代論――特にスミスの地代論との関連に於ける（農政と経済――高岡熊雄先生在職三十五年記念論文集〔北大〕1932.）

Takahashi, Seiichirô（高橋誠一郎）　アダム・スミスの生涯（三田学会雑誌第16巻2―4号　1922.2―4.）

Takahashi, Seiichirô（高橋誠一郎）　アダム・スミスと仏国学者（改造　第4巻3号　1922.3.）

Takahashi, Seiichirô（高橋誠一郎）　マーカンチリズムとアダム・スミス（三田学会雑誌　第17巻7号　1923.7.）

Takahashi, Seiichirô（高橋誠一郎）　マーカンチリズムとアダム・スミス〔講演要旨〕（国家学会雑誌　第37巻7号　1923.7.）

Takahashi, Seiichirô（高橋誠一郎）　アダム・スミスの生涯〔講演〕（社会政策時報　第32号　1923.7.）

Takahashi, Seiichirô（高橋誠一郎）　徒弟条例とアダム・スミス（慶応義塾大学経済学部同人　経済学説研究　東京　1924.10.）

Takahashi, Seiichirô（高橋誠一郎）　「国富論」以後（三田学会雑誌　第19巻12号　1925.12.）

Takahashi, Seiichirô（高橋誠一郎）　アダム・スミスの「富国論」初版（改造社経済学月報　第16号　1930.2.）

Takahashi, Seiichirô（高橋誠一郎）　アダム・スミスと国民主義経済学〔講

演〕（三田学会雑誌　第34巻6号　1940.6.）
Takahashi, Seiichirô（高橋誠一郎）　大磯割記　東京　1944.
Takahashi, Seiichirô（高橋誠一郎）　西洋経済古典漫筆　東京　1947.
Takahashi, Seiichirô（高橋誠一郎）　アダム・スミスと社会主義（三田学会雑誌　第44巻1号　1951.1.）
Takahashi, Taizô（高橋泰蔵）　金属貨幣制度と自由主義経済――アダム・スミスを通じて見たる（経済学研究〔東京商大〕第5号　1937.7.）
Takahashi, Taizô（高橋泰蔵）　経済発展と雇傭問題――スミス，マルサス，ケインズ　東京　1948.
Takahashi, Taizô（高橋泰蔵）　「眼の人」アダム・スミス――「国富論」の第1編と第2編と（バンキング　190号　1964.1.）
Takarabe, Seiji（財部静治）　富国論の研究方法に就きて（経済論叢　第18巻1号　アダム・スミス生誕二百年記念号　1924.1.）
Takase, Sôtarô（高瀬荘太郎）　アダム・スミスの思想に於ける社会的自然律（商学研究〔東京商大〕第3巻1号　アダム・スミス生誕二百年記念論集　1923.6.）
Takashima, Michie（高島道枝）　古典学派の賃金論(1)――アダム・スミス（経済学論纂〔中央大〕3巻3号　1963.1.）
Takashima, Mitsuo（高島光郎）　J. S. ミルの価値尺度論――スミス，リカードと関連して（エコノミア　18号　1961.3.）
Takashima, Mitsuo（高島光郎）　古典派労働価値論と需要供給原理（エコノミア　21号　1964.9.）
Takashima, Zenya（高島善哉）　経済社会学の根本問題――経済社会学者としてのスミスとリスト　東京　1941.
Takashima, Zenya（高島善哉）　スミス―リスト―マルクス（経済評論　第2巻8/9号　1947.9.）
Takashima, Zenya（高島善哉）アダム・スミスの市民社会体系　東京　1947.
増補：近代社会科学観の成立　東京　1958.
Takashima, Zenya（高島善哉）　アダム・スミス（社会思想研究会編　自由主義思想十講　東京　1949.）
Takashima, Zenya（高島善哉）編　アダム・スミス　東京　1950.〔第一章

アダム・スミスの生涯，水田洋；第二章　アダム・スミスの道徳哲学，太田可夫；第三章　アダム・スミスの自由主義思想，鈴木秀勇；第四章　アダム・スミスの経済理論，高島善哉；第五章　アダム・スミスの財政論，木村元一；第六章　アダム・スミスと現代の立場，高島善哉〕

Takashima, Zenya (高島善哉) 編　スミス国富論講義 1—5　東京　1950—51.〔スミス国富論解説，高島善哉 (1,2,3,4,5巻)； 道徳感情論解説，鈴木秀勇 (1,2巻)； スミスを生んだ時代と社会， 水田洋 (1,2,3,5巻)； スミスとその後の経済学 (ｉ)—リカァドォのスミス批判，岡稔 (1巻)； スミスとその後の経済学 (ii)—マルサスのスミス批判，岡稔 (2巻)； スミスとその後の経済学 (iii) A—リストのスミス批判，高島善哉　B—近代経済学のスミス批判，末永隆甫 (ともに3巻)； スミスとその後の経済学——マルクスのスミス批判，長洲一二 (5巻)； ケェネーとスミス——「国富論」第四篇における「農業主義」批判をめぐって，平田清明 (4巻)； 人としてのアダム・スミス．ウォルター・バジョット　長洲一二訳；「国富論」序文 (1,2巻)； ジェルマン・ギャルニエ　平田清明訳　「国富論」編者序文 (3巻)； ジェイムス・T・ロジャース　山田秀雄訳 (4，5巻).

Takashima, Zenya (高島善哉) 編　古典学派の成立 (経済学説全集　第2巻) 東京　1954.〔第1部　アダム・スミスの時代，水田洋；第2部　アダム・スミスの経済学説　第1章　スミスの重商主義批判，小林昇；第2章　スミスの重農主義批判，平田清明；第3章　分業と交換，遊部久蔵；第4章　貨幣と価値，遊部久蔵；第5章　価格と所得，遊部久蔵；第6章　資本と再生産，山田秀雄；第7章　国家と経済，高島善哉；第3部　アダム・スミス批判の発展　第1章　スミスにおける古典と現代，高島善哉；第2章　スミスとリスト，小林昇；第3章　スミスとシスモンディ，平田清明；第4章　スミスとケインズ，末永隆甫；第5章　スミスとマルクス，内田義彦，長洲一二；むすび　社会科学者としてのアダム・スミス，高島善哉〕

Takashima, Zenya　(高島善哉)　原典スミス「国富論」解説　東京　1953.

Takashima, Zenya　(高島善哉)　アダム・スミス　東京　1968.

Takatsu, Hideo　(高津英雄)　スミス経済学についての覚え書 1—3　(法経論集〔佐賀大〕第2巻1—2号，第3巻2号　1953. 3, 9,　1956. 2.)

Takeda, Shôji (武田正二)　アダム・スミスの「見えざる手」の存在理由 (中央評論〔中央大〕特集　第1号　中央大学新制学部記念論集　1950. 7.)

Takeda, Shôji (武田正二)　アダム・スミスの価値尺度について——スミス研究覚書 (経商論纂〔中央大〕第45号，第54号　1952. 9,　1959. 2.)

Takeda, Shôji (武田正二)　アダム・スミスの方法意識について——道徳感情論と国富論の関連の覚書（経商論纂〔中央大〕第49号　1953.5.)

Takenaka, Seiichi (竹中靖一)「富国論」に於ける歴史的叙述（経済史研究第9号　1930.7.)

Takenaka, Seiichi (竹中靖一)　スミスの歴史学的教養と環境——特に彼の前半生に就て（経済論叢　第35巻1号　1932.7.)

Takenaka, Seiichi (竹中靖一)　アダム・スミスに於ける経済社会の本質について（経済論叢　第35巻4号　1932.10.)

Takenaka, Seiichi (竹中靖一)　歴史家としてのアダム・スミスの面影——特に「富国民論」の引用書及び彼の蔵書に於ける歴史的書物に就て（山口商学雑誌　第13号　1933.7.)

Takenaka, Seiichi (竹中靖一)　スミス経済学に於ける「歴史」の役割（山口商学雑誌　第7巻4号　1936.10.)

Takeshima, Tomisaburô (竹島富三郎)　アダム・スミスの生涯と学的地位（商業及経済研究〔大阪高商〕第31冊　1923.7.)

Takeuchi, Kenji (竹内謙二)　西洋経済思想の渡日は国富論出版の年を以て嚆矢と為すが如し（国家学会雑誌　第38巻1号　1924.1.)

Takeuchi, Kenji (竹内謙二)　アダム・スミス研究　東京　1926.

Takeuchi, Kenji (竹内謙二)　アダムスミス思想と経済学講義　東京　1952.

Takimoto, Seiichi (滝本誠一)　スミスの根本思想と東洋の学説（東京経済雑誌　第2135号　1923.7.)

Takimoto, Seiichi (滝本誠一)　ケネーとアダム・スミス（三田学会雑誌　第20巻6号　1926.6.)

Tamanoi, Yoshio (玉野井芳郎)　スミスの価値分解論（唯物史観　第1集　1947.11.)

Tamanoi, Yoshio (玉野井芳郎)　古典経済学の信用理論（講座信用理論体系Ⅳ　第3部学説論　東京　1956.)

Tamura, Yonesaburô (田村米三郎)　正統学派の経済学　東京　1950.

Tanabe, Tadao (田辺忠男)　アダム・スミスの株式会社論に就て（思想春秋　第2号　1928.3.)

Tanaka, Kichiroku (田中吉六)　スミスとマルクス　東京　1948.

Tanaka, Mitsuru（田中充） アダム・スミスの重農学派批判に関する一素描——ケネーの学説と関連せしめて（経済論集〔関大〕11巻3号 1961.8.）

Tanaka, Sadame（田中定） アダム・スミスの土地所有形態論——彼れの地代論への理解のために（経済学研究〔九大〕第2巻2号 1932.10.）

Tanaka, Sadame（田中定） アダム・スミスの地代論（経済学研究〔九大〕第3巻3—4号 1933.9,12.）

Tanaka, Sadame（田中定） 正統学派地代論の研究（九州帝国大学法文学部十周年記念経済学論文集 1936.11.）

Tanaka, Sadame（田中定） アダム・スミスの市場理論（経済学研究〔九大〕第23巻3/4号 森教授還暦祝賀論文集 1959.4.）

Tanaka, Suiichirô（田中萃一郎） アダム・スミッスの政治学説（三田学会雑誌 第5巻3号 アダム・スミス記念号 1911.4.）

Tanaka, Tadao（田中忠夫） 支那経済史研究 東京 1922.

Tanaka, Toshihiro（田中敏弘） マンデヴィルの社会経済思想 東京 1966.

Tanaka, Toyoki（田中豊喜） マーカンチリズムの階級的基礎——アダム・スミスの見解をめぐる覚書（明治大学商学論叢 49巻4号 1966.1.）

Tanaka, Yutaka（田中由多加） アダム・スミスの商業観とその基盤——「国富論」第2篇第5章を起点として（修道短期大学論集 第5巻1号 1956.10.）

Tango, Aijirô（丹後愛二郎） アダム・スミス利潤論（経済商業論纂〔中央大〕第27/28号 1942.9.）

Taniguchi, Kichihiko（谷口吉彦） 恐慌理論の研究 東京 1940.

Taniguchi, Yagorô（谷口弥五郎） 国富論に現はれた貨幣理論（金融研究第1巻2号 1923.1.）

Taniguchi, Yagorô（谷口弥五郎） 不朽の名著「国富論」（解放 第5巻6号 1923.6.）

Taniguchi, Yagorô（谷口弥五郎） アダム・スミスの経済思想 東京 1923; 増補改訂：1924.

Taniguchi, Yagorô（谷口弥五郎） アダム・スミスの植民地観に対する争点（我等 第8巻5号 1926.5.）

Tashiro, Masao（田代正夫） アダム・スミスの市場論（経済学論集〔東大〕

第17巻2号 1948.11.)

Tautscher, Anton. Ernst Ludwig Carl und Adam Smith; zur Neusichtung der Smithproblem. *Weltwirtschaftliches Archiv.* Bd. 54, H. 1, July 1941.

Taviani, Paolo Emilio. La teoria del profitto nello Smith. *Economia* (Roma). Anno 18, nuova serie vol. 26, no. 1/2. 1940.

Taviani, Paolo Emilio. La teoria del profitto nella scuola smithiana. 2. ed. Firenze 1961.

Taylor, Overton H. Economics and the idea of "jus naturale." *Quarterly journal of economics.* 1930.

Taylor, W. L. Eighteenth century Scottish political economy; the impact on Adam Smith and his work, of his association with Francis Hutscheson and David Hume. *South African journal of economics* (Johannesburg). Vol. 24, no. 4, Dec. 1956.

Tazoe, Kyôji (田添京二) スミスとリカード (本田喜代治，森宏一監修 近代思想十二講 1950.)

Temming, Gisela. Materialien zur Stellung der Klassiker zum Monopol- und Machtproblem. [Diss. Basel] Gelsenkirchen-Buer 1960. mimeogr.

Terao, Ryûichi (寺尾隆一) スミスの交換起源論及び土地と資本との別点に就て福田博士に教を乞ふ (法学新報〔中央大〕第22巻2号 1912.2.)

Thomson, Herbert F. Adam Smith's philosophy of science. *Quarterly journal of economics.* Vol. 79, no. 2, May 1965.

Thweatt, William O. A diagrammatic presentation of Adam Smith's growth model. *Social research* (New York). Vol. 24, no. 2, Summer 1957.

Tielsch, Elfriede. Adam Smith. *De Homine. Der Mensch im Spiegel seines Gedankens.* Von Michael Landmann u. a. Freibur./Br. 1962.

Toda, Takeo (戸田武雄) 機械の経済学 東京 1936.

Tokinaga, Fukashi (時永淑) アダム・スミス価値論の意義と限界——その成立史的考察 (経済志林〔法政大〕第22巻3—4号 1954.7, 10.)

Tokumasu, Eitarô (徳増栄太郎) スミス経済学に於ける重商主義批判の重

要性（商学〔横浜高商〕第17号　1935. 10.）

Tominaga, Yûji（富永祐治）　交通学の生成——交通学説史研究　東京 1943.

Tomizuka, Ryôzô（富塚良三）　アダム・スミスにおける資本の再生産と蓄積——可変資本把握の問題を中心として（商学論集〔福島大〕第23巻6号 1955. 3.）

Tomizuka, Ryôzô（富塚良三）　スミス蓄積論の基本構成（内田義彦編　古典経済学研究　上巻　東京　1957.）

Toshimitsu, Michio（利光道生）　アダム・スミスの教育政策——近世市民社会思想の一考察（広島大学教育学部紀要　第1部1号　1952. 5.）

Tôyama, Kaoru（遠山馨）　イギリス重商主義とアメリカ植民地——A. スミスの重商主義論（紀要〔西南学院〕2巻　1962. 10.）

Toynbee, Arnold. Lectures on the industrial revolution in England. London 1884. 5 th ed. 1896.　塚谷晃弘，永田正臣訳：英国産業革命史　東京　1951.

Treue, Wilhelm. Adam Smith in Deutschland. Zum Problem des "politischen professors" zwischen 1776 und 1810. *Deutschland und Europa.* Festschrift für Hans Rothfels zum 60. Geburtstag. Düsseldorf 1951.

Tsuda, Seiichi（津田誠一）　正統学派経済学説研究　東京　1926.

Tsunetô, Kyô（恒藤恭）　価値と文化現象　京都　1927.

Tucker, G. S. L. Progress and profits in British economic thought, 1650—1850. Cambridge 1960.

Turgeon, Charles, et Turgeon, Charles-Henri. La valeur d'après les économistes anglais et français. 2 e éd. revue et complétée, Paris 1921. 3 e éd. 1925.

Uchida, Yoshihiko（内田義彦）　イギリス経済学と社会科学（社会科学講座　第6巻　1951.）

Uchida, Yoshihiko（内田義彦）　スミス「国富論」（経済セミナー　第1号 1957. 4.）

Uchida, Yoshihiko（内田義彦）　経済学の生誕　東京　1953.　増補：1962.

Uchida, Yoshihiko（内田義彦）　資本論の世界　東京　1966.

Uchiike, Renkichi（内池廉吉） アダム・スミスの財政論梗概（商学研究〔東京商大〕第3巻1号 アダム・スミス生誕二百年記念論集 1923. 6.）

Ueda, Tatsunosuke（上田辰之助） アダム・スミスと投機的事業家《プロジェクターズ》（一橋論叢 第32巻4号 1954. 10.）

Ueda, Teijirô（上田貞次郎） アダム・スミスの経済政策（商学研究〔東京商大〕第3巻1号 1923. 6.）

Ueda, Teijirô（上田貞次郎） 渋沢子爵とアダム・スミス（竜門雑誌 第445号 1925.）

Ukekawa, Kenzô（請川健蔵） 労働価値説発達史上におけるスミス並リカルド 東京 1929.

Uraguchi, Bunji（浦口文治） 「見えざる手のみちびき」（社会学研究 第1巻3号 1926. 1.）

Usui, Natsumi（臼井夏巳） 再び「アダム・スミスの見えざる手」への理解のために（人文科学研究〔明大〕第3号 1956. 6.）

Usui, Natsumi（臼井夏巳） Smith の「経済人」と重商主義（人文科学論集〔明大〕第6輯 1958. 12.）

Vanderblue, Homer B. Adam Smith and the "wealth of nations"; an adventure in book collecting and a bibliography. Boston 1936.

Vanderblue, Homer B. An incident in the life of Adam Smith, commissioner of His Majesty's Customs. *American economic review.* Vol. 27, no. 2, June 1937.

Veblen, Thorstein. Preconceptions of economic science. *Quarterly journal of economics.* Vol. 13. Jan. & Jl. 1899.

Vercillo, Oslavia. Della conoscenza di Adamo Smith in Italia nel secolo 18. *Economia e storia* (Milano). Vol. 10, no. 3, 1963.

Verrijn Stuart, C. A. Adam Smith en de frijhandel. *De economist* (Amsterdam). Vol. 72, no. 6, 1923.

Viner, Jacob. Adam Smith and laissez faire. *Journal of political economy.* Vol. 35. Apr. 1927.

Virgilii, Filippo. Adamo Smith. Milano 1928.

Wada, Shigeshi（和田重司） 国富論における基礎理論と歴史分析（大阪経済

大学論集 51号 1966.）
Wada, Shigeshi（和田重司） 「国富論」における重商主義政策分析と基礎理論（大阪経済大学論集 56号 1967.3.）
Wada, Toshio（和田利夫） アダム・スミス公債論の蓄積論的把握——C→R範式と諸階級（立川短期大学論集 第1号 1958.12.）
Wagner, Donald O. Social reformers: Adam Smith to John Dewey. New York 1934.
Walcker, Carl. Adam Smith, der Begründer der modernen Nationalökonomie; sein Leben und seine Schriften. Berlin 1890.
Watanabe, Ichirô（渡辺一郎） アダム・スミスの倫理哲学（拓殖文化 第32号 1927.）
Watanabe, Ichirô（渡辺一郎） アダム・スミスの公益心と分配理念（経済集志〔日大〕第1巻2号 1928.4.）
Watanabe, Ichirô（渡辺一郎） アダム・スミスの分業論（拓殖文化 第40号 1928.12.）
Watanabe, Kôichirô（渡辺孝一郎） 「生産的労働」に就いて——アダム・スミス学説の一研究（商学論叢〔大倉高商〕第2号 1938.1.）
Watanabe, Takeshi（渡辺猛） スミスと自然的秩序（南邦経済〔台北高商〕第10巻2号 1942.3.）
Watanabe, Takeshi（渡辺武） アダム・スミスの道徳哲学における「同感」について（倫理学年報 第3集 1954.9.）
Watanabe, Tomisaku（渡辺富作） 古典経済学と倫理思想について（福岡学芸大学紀要 第8号 第2部社会系統 1958.12.）
Wecter, D. Adam Smith and Burke. *Notes and queries.* 30 Apr. 1938.
Weinschenck, Fedor. Das Volksvermögen. Jena 1896.
Weiss, B. Zu Smith's "Wealth of nations." *Zeitschrift für die gesamte Staatswissenschaft* (Tübingen). Bd. 33, H. 2, 1877.
Wenckstern, Adolph v. Mein Auge war auf's hohe Meer gezogen; Adam Smith, Karl Marx und die Seemacht des Reichs. Berlin 1900.
Wermel, Michel T. The evolution of the classical wage theory. New York 1939. 米田清貴，小林昇訳：古典派賃金理論の発展 東京 1958.

West, E. G. Adam Smith's two views on the division of labour. *Economica.* Vol. 31, no. 121, Feb. 1964.

West, Edward. Price of corn and wages of labour; with observations upon Dr. Smith's, Mr. Ricardo's, and Mr. Malthus's doctrines upon those subjects; and an attempt at an exposition of the causes of the fluctuation of the price of corn during the last thirty years. London 1826. 橋本比登志訳：穀物価格論 東京 1963.

Whitaker, Albert C. History and criticism of the labour theory of value in English political economy. New York 1904.

Wiedemann, Friedrich. Rapports et differences entre les principes de la doctrine du Dr. Quesnay et celle d'Adam Smith. Merseburg 1832.

Wilhite, Virgle Glenn. Founders of American economic thought and policy. New York 1958

Wilson, W. Adam Smith. *New Princeton review.* Vol. 6.

Wolff, Hellmuth. Das Selbstinteresse bei Adam Smith und Kants kategorischer Imperativ. *Archiv für Rechts- und Wirtschaftsphilosophie* (Berlin). Bd. 17, H. 3: Kant-Festschrift. 1924.

Yamada, Hideo（山田秀雄） 生産的労働について――スミスの二重規定を中心に（経済研究〔一橋大〕第6巻1号 1955. 1.）

Yamada, Hiroyuki（山田浩之） 運送貿易とイギリス海運業の確立（経済論叢 第78巻5号 1956. 11.）

Yamada, Nagao（山田長夫） アダム・スミスの逸話，アダム・スミス年譜（思想春秋 第12号 1929. 1.）

Yamada, Nagao（山田長夫） アダム・スミスの夢，続アダム・スミスの夢（経済系〔関東学院大〕第6輯，第8輯 1950. 7, 1951. 4.）

Yamada, Yûzô（山田雄三） 自然法経済学の成立と崩壊――アダム・スミス百五十年を記念して（経済往来 第10号 アダム・スミス記念号 1940. 8.）

Yamaguchi, Kazuo（山口和男） スミス経済学のドイツへの導入について（甲南経済学 63号 1965. 7.）

Yamakawa, Yoshio（山川義雄） アダム・スミスの研究の一齣（早稲田政治

経済学雑誌　第93号　1944. 5.）
Yamamoto, Akira（山本彰）　経済理論の基本考察――スミス国富論に基づく一試論（同志社大学経済学論叢　第5巻1号　1953. 12.）
Yamamoto, Miono（山本美越乃）　矢内原教授の「アダム・スミスの植民地論」を読みて（経済論叢　第21巻4号　1925. 10.）
Yamamoto, Miono（山本美越乃）　スミスの植民地観に関して再び矢内原教授に応ふ（経済論叢　第22巻2―3号　1926. 2―3.）
Yamamoto, Miono（山本美越乃）　植民政策研究　京都　1927.
Yamanouchi, Masaaki（山内正瞭）　アダム・スミスの殖民政策（商学研究〔東京商大〕第3巻3号　1924. 3.）
Yamanouchi, Yasushi（山之内靖）　イギリス古典学派の経済構造――自由主義段階政策分析の一素材（歴史学研究　288号　1964. 5.）
Yamashita, Hideo（山下英夫）　社会的総資本の再生産に関するケネーとスミスの学説（商学論集〔福島〕第7―8号　1933. 2, 6.）
Yamazaki, Kakujirô（山崎覚次郎）　アダム・スミス遺愛の書（経友　第2号　1921. 2.）
Yamazaki, Kakujirô（山崎覚次郎）　若干の貨幣問題　東京　1927.
Yamazaki, Masakazu（山崎正一）　ヒュームの自薦とスミス間違い（理想　第177号　1949. 1.）
Yamazaki, Satoshi（山崎怜）　アダム・スミス「グラスゴウ大学講義」研究序説（1―5）（六甲台論集〔神戸大〕第2巻2号―4巻2号　1955. 12―1957. 7.）
Yamazaki, Satoshi（山崎怜）　谷口博士のアダム・スミス論（香川大学経済論叢　第30巻2/3号　1957. 7.）
Yamazaki, Satoshi（山崎怜）　初期のスミス(1)　W. ハスバッハの「グラスゴウ講義」論とそれに対する一批判（香川大学経済論叢　第31巻5―6号　1959. 1, 3.）
Yamazaki, Satoshi（山崎怜）　アダム・スミスの財政論(1)　初期スミスの財政論（香川大学経済論叢　第32巻2号　1959. 7.）
Yamazaki, Satoshi（山崎怜）　アダム・スミスにおける租税の分類――税源との関連（香川大学経済論叢　第32巻6号　1960. 3.）

Yamazaki, Satoshi（山崎怜）　スミス財政思想の基礎視角（財政学の課題　花戸竜蔵博士古稀記念論集　1962. 9.）
Yamazaki, Satoshi（山崎怜）　アダム・スミスの経済発展論(1)（経済論叢〔香川大〕36巻5号　1963. 12.）
Yamazaki, Satoshi（山崎怜）　アダム・スミスといわゆる「安価な政府」（研究年報〔香川大〕5号　1966.）
Yamazaki, Satoshi（山崎怜）　明治・大正期におけるスミス租税第1原則解釈の諸類型——ひとつの接近（経済論叢〔香川大〕39巻2号　1966. 6.）
Yamazaki, Satoshi（山崎怜）　「安価な政府」をめぐる諸解釈について（経済論叢〔香川大〕38巻6号　1966. 2.）
Yamazaki, Satoshi（山崎怜）　初期スミスにおけるスコットランド——アダム・スミスとスコットランド歴史学派序説（研究年報〔香川大〕6号　1967.）
Yanagisawa, Yasuji（柳沢泰爾）　アダム・スミスの社会哲学と其の思想的背景（社会学雑誌　第32号，第34号　1926. 12—1927. 2.）
Yanai, Katsumi（楊井克巳），Ôkôchi, Kazuo（大河内一男），Ôtsuka, Hisao（大塚久雄）編：　古典派経済学研究　東京　1958.（矢内原忠雄先生還暦記念論文集上巻.）
Yanaihara, Tadao（矢内原忠雄）　スミスの植民地論に関し山本博士に答ふ（経済学論集〔東大〕旧第4巻2号　1925. 11.）
Yanaihara, Tadao（矢内原忠雄）　植民政策の新基調　京都　1927.
Yanaihara, Tadao（矢内原忠雄）　アダム・スミスの戦争論（東京大学経済学部創立三十周年記念論文集　第3部国際経済の諸問題　東京　1949. 7.）
Yasuda, Shinichi（安田信一）　経済成長・発展と産業構造　京都　1959. 改版　1960.
Yokoyama, Masahiko（横山正彦）　最近のスミス研究（人文〔人文科学委員会〕第2巻1号　1948. 2.）
Yorimitsu, Yoshika（依光良馨）　アダム・スミスにおける貨幣と銀行券（東京経済大学　六十周年記念論文集　1960. 10.）
Yoshida, Nagayoshi（吉田長義）　アダム・スミスの価値説の紹介（其の1）（商経雑誌〔関西学院〕第9号　紀元二千六百年記念号　1941. 3.）

Yoshida, Shôzô（吉田昇三）　スミスにおける競争と独占（競争と独占　その1）（経済理論〔和歌山大〕第43号　1958. 5.）

Yoshida, Tokusaburô（吉田徳三郎）　近代雇傭理論とスミスの賃金論について（日本法学〔日大〕第25巻 3, 4, 5 号　1959. 10.）

Yoshimura, Jirô（吉村二郎）　スミス価値論の一考察——価値の二重規定に現われたスミスの歴史的性質（愛知学院大学論叢　第3巻　1955. 1.）

Yoshimura, Jirô（吉村二郎）　「国富論」における「富裕」の概念について（中部経済学界　第5号　1957. 4.）

Yoshimura, Jirô（吉村二郎）　アダム・スミス市民社会体系における価値論の分析視点（愛知学院大学論叢　第5巻　1957. 5.）

Yoshimura, Jirô（吉村二郎）　アダム・スミスにおける資本蓄積論の分析視点（六甲台論集〔神戸大〕第5巻1号　1958. 4.）

Yoshimura, Jirô（吉村二郎）　「国富論」における均衡の概念について（愛知学院大学論叢（商学研究）第6巻2号　1959. 11.）

Yoshinobu, Susumu（吉信粛）　古典派経済学と国際分業論（経済論叢　第96巻3号　1965. 9.）

Young, William. Corn trade; an examination of certain commercial principles in their application to agriculture and the corn trade, the fourth books of Mr. Adam Smith's treatise on the wealth of nations, with proposals for revival of the statutes against for forestalling, etc. London 1800.

Yukizawa, Kenzô（行沢健三）　アダム・スミスと理神論（経済学論究〔関西学院〕第3巻合併号　関西学院創立六十周年記念論文集　1949. 10.）

Yumoto, Toyokichi（油本豊吉）　輸出奨励金問題におけるスミスとリカァドオ（経済学論集〔東大〕旧第6巻2号　1927. 9.）

Zall, Paul M. Adam Smith as literary critic? *Bulletin of the New York Public Library.* Vol. 70, no. 4, 1966.

Zeyss, Richard. Adam Smith und der Eigennutz; eine Untersuchung über die philosophischen Grundlagen der älteren Nationalökonomie. [Diss.] Tübingen 1889.

Addenda

Adam Smith no kai (アダム・スミスの会) アダム・スミスの味 東京 1965.

Akabane, Toyojirô (赤羽豊治郎) アダム・スミスの経済理論——所得理論を中心として——(政経論叢〔国士館大〕第7号 1968.1.)

Amô, Yasuo (天羽康夫)『道徳感情論』における政治と経済 (経済科学〔名大〕第18巻第3号 1971.)

Amonn, Alfred. Adam Smith und die Grundprobleme der Nationalökonomie. *Zeitschrift für die gesamte Staatswissenschaft*, Bd. 80, 1926.

Anikin, A. Adam Smit. Moskwa, 1968.

Barkai, Haim. A formal outline of a Smithian growth model. *Quarterly journal of economics*, Vol. 83, No. 3, 1969.

Bevilacqua, V. M. Smith's lectures on rhetoric and belles lettres. *Studies in Scottish literature*, 3, 1963.

Bevilacqua, V. M. Adam Smith and some philosophical origins of eighteenth-century rhetorical theory. *Modern language review*, Vol. 63, No. 3, 1968.

Bevilacqua, Vincent M. Hiroshi Mizuta, Adam Smith's Library. *Studies in Scottish literature*, Vol. 5, No. 4, 1968.

Black, R. D. Collison. Adam Smith's library. A note on the volumes at Queen's University, Belfast. *History of economic thought newsletter*, No. 3, Nov. 1969.

Blaug, M. Welfare indices in the Wealth of Nations. *Southern economic journal*, 1959.

Block, Maurice. Les progrès de la science économique depuis Adam Smith. Paris 1890.

Boulding, K. E. After Samuelson, who need Adam Smith? *History of political economy*, Vol. 3, No. 2, 1971.

Brissenden, R. F. Authority, guilt and anxiety in the Theory of Moral Sentiments. *Texas studies in literature and language*, Vol. 11, No. 2,

1969.

Cain, R. E. Hume and Smith as sources of the concept of sympathy in Hazlitt. *Papers in english language & literature*, 1, 1965.

Campbell, T. D. Adam Smith's science of morals. London 1971.

Coats, A. W. Adam Smith : the modern re-appraisal. *Renaissance and modern studies*, Vol. 6, 1962.

Dankert, C. E. Smith : man of letters. *Texas studies in literature & language*, 3, 1961.

Dankert, C. E. Two eighteenth-century celebrities. *Dalhousie review*, 42, 1962.

Deguchi, Yûzô (出口勇蔵) アダム・スミスの『修辞学および文学論』講義 (経済論叢〔京大〕 第107巻第1号 1971.1.)

Deguchi, Yûzô (出口勇蔵) アダム・スミスの『哲学小論文集』について (経済論叢〔京大〕 第108巻第3・4号 1971.9.)

Eagly, R. U. Adam Smith and the specie-flow doctrine. *Scottish journal of political economy*, Vol. 17, No. 1, 1970.

Enomoto, Hiroshi & Ishii, Nobuyuki (榎本弘, 石井信之) アダム・スミスの思想の方法論的基礎――遺稿「哲学論文集」を中心に―― 青山経済論集 第21巻第2号 1969.1.

Erämetsä, Erik. A study of the word 'sentimental' and of other linguistic characteristics of eighteenth century sentimentalism in England. Diss. Helsinki 1951.

Fay, C. R. "Adam Smith as student and professor." *Canadian journal of economics and political science*, Vol. 4, 1938.

Fukukama, Tadahiro (福鎌忠恕) アダム・スミスの初期思想――スコットランド道徳哲学者の生誕――(上)(東洋大社会学部紀要 第8号 1969.3.)

Fukukama, Tadahiro (福鎌忠恕) アダム・スミスの言語起源論 (政治公論 第48, 49号, 1963.9, 1964.6.)

Funakoshi, Keizô (船越経三) アダム・スミス(上) 東京 1966.

Funakoshi, Keizô (船越経三) スミス価値論の二元性とその相互補完性 (成蹊論叢 第8号 1969.12.)

Freeman, F. D. Adam Smith, education and laissezfaire. *history of political economy*, Vol. 1, No. 1, 1969.

Furukawa, Takuma (古川卓萬) アダム・スミス公債論の研究(研究論集〔大分大〕 第21巻第4号 1970. 2.)

Gee, J. M. A. Adam Smith's social welfare function. *Scottish journal of political economy*, Vol. 15, No. 3, 1968.

Gherity, James A. A quest for an unrecognised publication of Adam Smith. *Scottish journal of political economy*, Vol. 18, No. 1, 1971.

Giuliani, A. Le Lectures on rhetoric and belles lettres di Smith. *Revista della storia della filosophie*, 17, 1962.

Gordon, D. F. What was the labour theory of value? *American economic review*, Vol. 49, No. 2, May 1959.

Groenewegen, P. D. Turgot and Adam Smith. *Scottish journal of political economy*, Vol. 16, No. 3, 1969.

Greonewegen, P. D. A new catalogue of Adam Smith's library. *Economic record*, Vol. 44, No. 108, 1968.

Hamowy, Ronald. Adam Smith, Adam Ferguson, and division of labour. *Economica*, Vol. 35, No. 139, 1968.

Hatori, Takuya (羽鳥卓也) スミス蓄積論と重農主義的観念 (岡山大経済学会雑誌 第2巻第1号 1970. 6.)

Hiroto, Sadayoshi (広渡貞喜) スミス政治経済学の体系と国家の問題――スミスによるブルジョア社会の総括者としての国家把握とスミス財政論の基礎概念について―― (経済論究〔九大〕 21号 1968. 3.)

Hollander, Samuel. Some implications of Adam Smith's analysis of investment priorities. *History of political economy*, Vol. 3, No. 2, 1971.

Hollander, Samuel. The economics of Adam Smith. Toronto 1972.

Horibe, Masao (堀部政男) アダム・スミス,英米の法律家――人とその思想 (18―19) (法学セミナー 181, 182号 1971. 2, 1971. 3.)

Hoshino, Akio (星野彰男) イギリス思想史におけるアダム・スミス――道徳と経済の関連をめぐって――(経済系〔関東学院大〕 第74集 1967. 9.)

Hoshino, Akio（星野彰男） アダム・スミスの経験的自然法と歴史認識（経済系〔関東学院大〕 第75集 1967. 12.）

Hoshino, Akio（星野彰男） アダム・スミスの文明社会論（経済系〔関東学院大〕 第90集 1971. 1.）

Hoshino, Akio（星野彰男） A. スミス『道徳情操論』についての新研究と新資料（経済研究〔一橋大〕 第22巻第1号 1971. 1.）

Ichikawa, Taijiro（市川泰治郎） アダム・スミスの経済開発論（海外事情〔拓大〕 第18巻第4号 1970. 4.）

Ichikawa, Taijiro（市川泰治郎） アダム・スミスの経済成長論（海外事情〔拓大〕 第19巻第4号 1971. 4.）

Inoue, Shûhachi（井上周八） スミスの「価値論」と「地代論」（立教経済学研究 第24巻第3号 1970. 12.）

Irie, Susumu（入江奨） スミス国家論覚書――国家と国富――（松山商大論集 第20巻第4号 1969. 10.）

Ishii, Nobuyuki（石井信之） アダム・スミス『道徳感情論』の研究（1―2）（青山経済論集 第23巻第2，3号 1971. 10, 12.）

Kotô, Kazuo（加藤一夫） アダム・スミスの商業論（研究紀要〔秋田大学〕 第20号 1970. 2.）

Kawajiri Takeshi（川尻武） 外国貿易の必然性と国際価値法則――アダム・スミスの外国貿易把握をめぐって――（商学論纂〔中央大学〕 第10巻第1/3号 1968. 9.）

Kobayashi, Noboru（小林昇） イギリスにおける「市民社会」理論（岩波講座『世界歴史』 第17巻 東京 1970.）

Kobayashi, Noboru（小林昇） Hiroshi Mizuta : Adam Smith's Library.（立教経済学研究 第21巻第4号 1968. 1.）

Kodama, Sachiko（小玉佐智子） アダム・スミスにおける分配理論の形成とその意義（神戸女学院大論集 第16巻第3号 1970. 2.）

Koike, Motoyuki（小池基之） 1769年の Adam Smith――Adam Smith の Sir David Dalrymple, Lord Hailes 宛未刊の手紙について――（三田学会雑誌 第63巻第5号 1970. 5.）

Koyanagi, Kimihiro（小柳公洋） スミス「国富論」における近代社会への

移行の2つの道について（経済論究〔九大〕第22/23号　1969.3.）

Koyanagi, Kimihiro（小柳公洋）アダム・スミスのブリテン，アイルランド，北アメリカ合邦論について（北九州大商学論集　第6巻第1号　1970.11.）

Lantz, P. De la richesse des besoins à la richesse des nations. Etude sur Adam Smith. *Revue d'histoire moderne et contemporaine*, Vol. 46, No. 3, 1968.

Lindgren, J. R. Adam Smith's theory of inquiry. *Journal of political economy*, Vol. 77, No. 6, 1969.

Lothian, J. M. Smith as a critic of Shakespeare. *Papers mainly Shakespearian*, ed. G. I. Duthie 1966.

Lutfalla, M. MacCulloch critique de Smith et de Ricardo. *Revue d'économie politique*, No. 6, 1971.

Macfie, A. L. The invisible hand of Jupiter. *Journal of the history of ideas*, Vol. 32, No. 4, 1971.

Marion, Gérald. Les theories de la répartition hiérarchique des revenus d'Adam Smith à nos Jours. *Revue économique*, Vol. 19, No. 3, 1968.

Maruyama, Hiroichi（丸山広一）アダム・スミスにおける近代資本主義の成立過程の把握について（1）――イギリス資本主義分析に関する学史的研究の一試論――（長崎県立国際経済大学論集　第3巻第3号　1969.12.）

Maruyama, Hiroichi（丸山広一）アダム・スミスの「生産的労働」論の学史的位置づけの問題に寄せて（2）～（4）――ジェイムズ・スチュアートの「インダストリ」論との対比的視角からの分析――（長崎県立国際経済大学論集　第2巻第2，3号　第3巻第1号　1968.9,12, 1969.6.）

Matsukawa, Shichiro（松川七郎）A. スミスのドイツへの導入――その初期における若干の事例――（経済研究〔一橋大〕第19巻第4号　1968.10.）

Meek, Ronald L. Smith, Turgot, and the "four stages". *History of political economy*, Vol. 3, No. 1, 1971.

Mima, Takahito（美馬孝人）労働者状態論――スミスとマルクス――（北大経済学　第13号　1968.9.）

Mino, Sadao（見野貞夫）スミス研究の一視点――社会主義の立場より――（商経学叢〔近畿大〕第39号　1969.9.）

Minoura, Kakuryo（箕浦格良）　アダム・スミスの財政論（立命館経済学　第3巻第5号　1965.10.）

Mizuta, Hiroshi（水田洋）　アダム・スミスにおける同感概念の成立（一橋論叢　第60巻第6号　1968.12.）

Mizuta, Hiroshi（水田洋）　巨人スミスは復活する（月刊エコノミスト　1972.8.）

Mori, Shigeya（森茂也）　スミス価値論の展開に関する一考察——真実価格と自然価格の関連について——（アカデミア〔南山大〕第66/67号　1968.5.）

Morioka, Hitoshi（森岡仁）　政策主体としての国家——とくにアダム・スミスについての研究——（研究論集〔駒沢大〕　第14号　1968.10.）

Mossner, Ernest C.　Adam Smith, Lectures on rhetoric and belles lettres. *Studies in Scottish literature*, Vol. 2, 1965.

Mossner, E. C.　Adam Smith : the biographical approach. Glasgow 1969.

Murao, Yûji（村尾勇之）　アダム・スミスの思想体系とその方法論（東海学園女子短大紀要　第2号　1966.5.）

Murao, Yûji（村尾勇之）　価値論からみたスミス「経済人」とその限界（東海学園女子短大紀要　第3号　1967.5.）

Nakamura, Kenichiro（中村賢一郎）　資本・所得・貨幣——『国富論』の所説検討——（政経論叢〔明大〕　第36巻第3/6号　1965.9.）

Nozawa, Toshiharu（野沢敏治）　市民社会における社会的自己意識の内的構成——アダム・スミス『道徳感情の理論』研究序説——（経済科学〔名大〕第18巻第2号　1971.3.）

Ôbuchi, Toshio（大淵利男）　アダム・スミスの生涯と講義（政経研究〔日大〕第5巻第2号　1968.10.）

Ono, Seizaburô（大野精三郎）　アダム・スミスの歴史認識とウィリアム・ロバートソン」（経済研究〔一橋大〕　第23巻第2号　1972.4.）

Ouchi, Hideaki（大内秀明）　利潤率低下問題——スミスのばあい——（経済学〔東北大〕　第31巻第1号　1969.10.）

Papola, T. S.　A “primitive” equilibrium system——A neglected aspect of Smith’s economics. *Indian economic journal*. Vol. 17, No. 1, 1969.

Petrella, Frank.　Individual, group, or government? Smith, Mill, and

Sidgwick. *History of political Economy*, Vol. 2, No. 1, 1970.
Petrella, F. Adam Smith's rejection of Hume's price-specie-flow mechanism : A minor mystery resolved. *Southern economic journal*, Vol. 34, No. 3, 1968.
Pike, E. Royston. Adam Smith ; Founder of the science of economics. London, 1965. 中村恒矩・竹村孝雄訳：アダム・スミス　東京　1971.
Prybyla, J. S. The world of the Wealth of Nations. *University of Toronto quarterly* 30, 1960.
Raphael, D. D. Sympathy and imagination. *Listener* 5, March 1959.
Raphael, D. D. Adam Smith and 'the infection of David Hume's society'. *Journal of the history of ideas*, Vol. 30, No. 2, 1969.
Resenbluth, G. A note on labour, wages, and rent in Smith's theory of value. *Canadian journal of economics*, Vol. 2, No. 2, 1969.
Robinson, Joan. A defence of Adam Smith's deer and beaver model——Reply. *Journal of economic studies*, Vol. 3, No. 2, 1968.
Rosenberg, N. Adam Smith, consumer tastes, and economic growth. *Journal of political economy*, Vol. 76, No. 3, 1968.
Saeki, Takao（佐伯敬夫）「感情の適正」について，アダム・スミス『道徳情操論』の研究（Ⅰ）（福井大教育学部紀要Ⅰ　第19号　1969.）
Saeki, Takao（佐伯敬夫）「功・罪の情操」について，アダム・スミス『道徳情操論』の研究（Ⅱ）（福井大教育学部紀要Ⅰ　第20号　1970.）
Saeki, Takao（佐伯敬夫）「自己判断・道徳能力・道徳規則」について，アダム・スミス『道徳情操論』の研究（Ⅲ）（福井大教育学部紀要Ⅰ　第21号　1971.）
Saitô, Sumie（斎藤純枝）近代経済人の内面世界——アダム・スミスの場合——（比較文化研究〔東大〕第11号　1971.8.）
Scott, W. R. A manuscript criticism of the Wealth of Nations in 1776 by Hugh Blair. *Economic history* 3, 1938.
Seki, Takashi（関劭）アダム・スミスの賃金論（六甲台論集〔神戸大学〕第15巻第3号　1968.10.）
Sekiguchi, Kineo（関口甲子男）スミス価値論における「効用」の概念（経

済学紀要〔亜細亜大〕 第3号 1968.11.)

Seno, Gôkô (妹尾剛光) コミュニケーションの主体——アダム・スミスの場合—— (1—4) (関西大学文学論集 第17巻第1号 1967.5. 関西大学社会学論集 第1巻第2号 1967.7. 同 第2巻第2号 1968.8. 関西大学社会学部紀要 第2巻第1号 1971.1.)

Seno, Gôkô (妹尾剛光) Papers on Human Communication. Kyoto 1972.

Shizuki, Tetsurô (志築徹郎) 関税と厚生——A. スミスの「輸入に対して課せられる制限が一国にとって有利である場合」についての近代分析——(東京経大学会誌 第63号 1969.7.)

Skinner, A. Natural history in the age of Adam Smith. *Political studies*, Vol. 15, No. 1, 1967.

Sneider, Louis. The Scottish moralists. Chicago, 1967.

Stewart, M. M. Adam Smith and the comtesse de Boufflers. *Studies in Scottish literature*, Vol. 7, No. 3, 1970.

Stigler, G. J. Smith's travels on the ship of state. *History of political economy*, Vol. 3, No. 2, 1971.

Suzuki, Ryô (鈴木亮) スミス利潤論に関する一考察 (経済科学〔名大〕第15巻第2号 1968. 3.)

Suzuki, Ryô (鈴木亮) アダム・スミスの地代論にかんする覚書 (佐賀大学教養部研究紀要 第4巻 1972. 3.)

Takagi, Toshikazu (高木寿一) アダム・スミスの『国富論』における財政学説の重要課題の検討 (流通経済論集〔流通経済大〕 第5巻第2号 1970.9.)

Tanaka, Toshihiro (田中敏弘) スミスとヒューム——正金の自動調節メカニズムをめぐって—— (経済学論究〔関学大〕 第25巻第4号 1972.1)

Tokinaga, Fukashi (時永淑) アダム・スミスの労働=本源的購買貨幣説に関する一考察——久留間鮫造, 宇野弘蔵両氏の所説 (向坂逸郎, 宇野弘蔵編『資本論研究』と宇野弘蔵著『価値論』所収) を中心として—— (経済志林〔法大〕 第39巻第1号 1971.3.)

Tokunaga, Shôjirô (徳永正二郎) スミス「余剰捌け口説」の一検討——「外国貿易の必然性」について(1)——(商学論集〔西南学院大〕 第16巻第3

号　1969.11.）

Tôjô, Takanobu（東条隆進）　アダム・スミスと現代の問題（下関商経論集第14巻第1号　1970.9.）

Uchida, Tadatoshi（内田忠寿）　スミス体系の新考察（第一部・第二部）（学習院大経済論集　第7巻第2号　第8巻第2号　1971.3, 12）

Uchida, Yoshihiko（内田義彦）　社会認識の歩み　東京　1971.

Ueda, Masataka（植田政孝）　スミス財政論の準備的考察——「安易な政府」を中心とする国家把握の問題について——（経済学雑誌〔大分大〕 第61巻第1/2号　1969.6.）

Viner, Jacob. The intellectual history of laissezfaire. *Journal of law and economics*, Vol. 3, 1960.

Viner, Jacob. Adam Smith. *International Encyclopedia of the Social Sciences*, Vol. 14, New York, 1968.

Viner, J. Adam Smith's Library. *Studies in Burke and his time*, Vol. 9, No. 3, 1968.

Wada, Shigeshi（和田重司）　『国富論』第5篇における国家財政把握について（一橋論叢　第49巻第5号　1963.5.）

Wada, Shigeshi（和田重司）　『国富論』の編別構成についての覚え書（経済研究〔一橋大〕 第18巻第3号　1967.7.）

Wada, Shigeshi（和田重司）　二つのスミス論（経済学論纂　第12巻第5号　1971. 9.）

Wada, Shigeshi（和田重司）ステュアートの政策論とスミス（経済学論纂　第13巻第2号　1972. 3.）

West, E. G. Adam Smith and Rousseau's "Discourse on Inequality", inspiration or provocation? *Journal of economic issues*, Vol. 5, No. 2, 1971.

West, E. G. Adam Smith's philosophy of riches. *Philosophy*, Vol. 44, No. 168, 1969.

West, E. G. The political economy of alienation —— Karl Marx and Adam Smith. *Oxford economic papers*, Vol. 21, No. 1, 1969.

West, E. G. Adam Smith ; the man and his work. New York, 1969.

Willett, Thomas D. A defence of Adam Smith's deer and beaver model. *Journal of economic studies*, Vol. 3, No. 2, 1968.

Yamabe, Tomoyoshi（山辺知紀） アダム・スミスにおける市民像の成立――『道徳感情論』研究の一視点――（金沢大法文学部論集　第17号　1970.3.）

Yamazaki, Satoshi（山崎怜） スミスにおける経済学体系と国家範疇（研究年報〔香川大〕 第8号　1968.）

Yamazaki, Satoshi（山崎怜）「安価な政府」の基本構成（経済論叢〔香川大〕第41巻第2号　1968.6.）

Yamazaki, Satoshi（山崎怜） スコットランド歴史学派とその著作について（香川大学経済学部　研究年報9　1969.）

Yamazaki, Satoshi（山崎怜） あるスミスの蔵書について（経済論叢〔香川大〕第44巻第1号　1971.4.）

Yamazaki, Satoshi（山崎怜） アダム・スミス――ひとつの序章――（杉原四郎編『近代日本の経済思想』 京都　1971.）

Yamazaki, Satoshi（山崎怜） 明治期におけるスミス租税第一原則の解釈について――ひとつの試論――（『図書館学とその周辺――天野敬太郎先生古稀記念論文集』） 東京　1971.

Yamazaki, Satoshi（山崎怜） スミス租税第1原則の解釈とJ.S.ミルの影響――明治期を中心に――（香川大学経済論叢　第45巻　第1号　1972.4.）